김대중 외교: 비전과 유산

양성철 · 이상근 엮음

연세대학교 대학출판문화원

김대중 외교: 비전과 유산

엮은이 양성철 · 이상근
펴낸곳 연세대학교 대학출판문화원
주 소 서울시 서대문구 연세로 50
전 화 02) 2123-3380~2
팩 스 02) 2123-8673
e-mail: ysup@yonsei.ac.kr
http://press.yonsei.ac.kr
등 록 1955년 10월 13일 제9-60호
인 쇄 태화북스

2015년 10월 23일 1판 1쇄
2018년 1월 19일 1판 2쇄
ISBN 978-89-6850-124-1 (93300)

값 **25,000원**

이 책은 김대중 대통령의 외교를 현장에서 지켜본 분들과 학문적으로 연구한 분들의 글을 함께 묶었다는 점에서 색다른 시도이다. I부에 실린 글들은 김대중 정부 당시 주요 국가에서 한국 대사로 활동한 분들을 비롯하여 주로 김대중 대통령의 외교활동을 현장에서 관찰했던 분들의 회고와 평가를 담고 있다. II부는 전문 학자들이 김대중 정부의 외교를 분석 및 평가하고 현재의 대한민국 외교에 대한 시사점을 제시한 글들로 구성되어 있다. I부는 2013년 가을에 김대중도서관에서 열린 '김대중평화아카데미'의 강의 내용이고, II부는 김 대통령의 노벨평화상 수상 13주년을 기념하여 같은 해 12월 5일에 개최된 '제3회 김대중평화학술회의'에서 발표된 논문들을 정리한 것이다. 따라서 I부와 II부는 서술방식이나 접근방법에 차이가 있다. 그러나 내용적으로는 상호보완적이어서 김대중 대통령의 외교를 종합적으로 이해하는 데 도움이 된다.

위와 같은 I, II부의 구성을 벗어나는 예외적인 글들이 몇 편 있다. 중국 전문가인 성공회대 이남주 교수는 위에서 소개한 강의와 학술회의 발표에 모두 참여하였는데, I부 3장에 수록된 강의에서는 1998년 11월 중국을 국빈방문 중이던 김대중 대통령이 조어대(釣魚大)에서 열린 재중동포 간담회에서 말씀하신 내용을 소개하고 있다. 당시 북경대학에서 유학 중이던 이 교수는 이 자리에서 김 대통령의 "색시 외교론"을 듣게 된다.

> 한국은 4대국 사이에 끼어있는데 자칫 잘못하면 찢기고 당할 수도 있지만 잘만하면 우리의 지정학적 중요성 때문에 4대국이 서로 협력하려 할 것입니다. 말하자면 색시 하나를 두고 신랑감 넷이 프러포즈를 하게 만들 수 있는 것입니다. 그것이 외교입니다. 그 가장 중요한 외교 상대 가운데 하나가 바로 중국입니다. 그런 점에서 중국은 오늘 이 시점에서도 중요하지만 내일은 더 중요한 나라입니다….

한편 II부 12장 "협력동반자관계 구축과 한·중관계"에서는 오늘날의 한국 외교를 강화할 수 있는 다섯 가지 정책을 이 교수가 제안하고 있다: 한미관계와 한중관계 발전을 함께 추구할 수 있는 외교적 공간의 확대; 두만강 유역 개발 등 한중 지역협력을 지렛대로 북한 핵 능력 강화 제동; 아시아 지역 중소국가 연대 강화로 미국과 중국의 패권 추구 견제; 한중 간 핵심이익 충돌의 제도적 방지; 민간차원의 교류협력강화로 한중 양국의 상호연대성 강화 등이다.

또 하나의 예외로 I부에 실린 강의와 II부에 실린 학술회의 발표의 인선, 기획 등을 총괄한 연세대 김대중도서관장 문정인 교수의 글이 I부 1장에 실려 있다. 문 교수는 "김대중 대통령의 외교철학"이라는 주제로 국제정치 이론의 세 가지 큰 흐름—현실주의, 자유주의, 구성주의—을 쉽고 설득력 있게 설파한 다음, 김대중 외교를 이 틀 속에서 풀이하고 있다. 그러나 끝내는 김대중 외교를 자유주의, 현실주의, 구성주의 중 어느 한 틀에 담을 수 없을 만큼 김 전 대통령은 "복합적인 지도자"였다고 평가한다. 이 책을 엮은이들 중 한 사람인 필자도 같은 생각이다. 문정인 교수가 동서독의 통일과 유럽연합(EU)의 성장과 발전의 이론적 토대가 된 기능주의와 맥을 같이하고 있는 햇볕정책을 선공후득(先供後得), 선이후난(先易後難), 선경후정(先經後政), 선민후관(先民後官)이라는 네 가지 사자성어로 요약하고 있는 것도 흥미롭다.

이 책에 수록된 다른 글들도 다양한 시각에서 김대중 대통령의 외교를 회고, 평가하고 이를 바탕으로 오늘날의 한국 외교에 대한 제언을 하고 있다. 물론, 김대중 대통령에 대한 평가는 재임기간에 이루어진 외교와 내치뿐 아니라 그의 일평생 발자취에 대한 종합적이고 포괄적인 심층분석과 천착이 지속적, 누적적으로 진행되어야 할 것으로 사료된다. 이 책은 그 첫 시작, 첫 시도다.

I부와 II부에 실린 다른 글들을 지면 관계상 맛보기로 한두 마디씩만 소개해 보겠다. I부 2장 "한·미외교"에는 필자가 배석한 자리에서 이루어졌던 김대중 전 대통령과 키신저 전 미국 국무장관의 대화가 소개된다. 퇴임 후 미국을 방문 중이던 김 대통령은 키신저에게 미국의 일차적 중요성을 강조하면서 일본, 중국, 러시아와의 관계를 돈독히 해야 한다는 점과 이런 주변나라들의 부당한 간섭을 막기 위해서라도 통일 이후 미군 주둔이 필요하다는 입장을 밝히셨다. 또한 일본의 급격한 우경화를 우려하면서 독일과 달리 일본인들은 과거 침략행위에 대한 교육을 제대로 받지 않았기 때문에 65세 이하 일본인들 중 90%는 과거를 잘 모르고 있다며, 이러다가는 일본이 국제적으로 고립될 수도 있다고 하셨던 것이 7년이 흘렀는데도 필자의 기억에 생생하다. 한편, 키신저는 중국은 앞으로 더욱 강해질 것이지만 권력승계 등 내부문제에다 급속성장과 개발에 따르는 후유증도 만만치 않다는 점을 지적하였다. 특

히 한국이 중국과 미국 사이에서 왔다 갔다 하는 식의 플레이를 한다면 위험할 수 있으며 미국에 대한 신뢰감을 가지고 있다는 것이 한국의 큰 자산이라고 평가하였다.

4장 "한·일외교"에서 김대중 정부에서 주일 대사를 역임한 최상용 고려대 명예교수는 한·일 간 쟁점을 교과서, 독도, 야스쿠니의 세 가지로 크게 나누고 있다. 우선, 교과서 문제에 대해서는 2001년 당시 문제가 된, 산케이신문 계열의 후소샤(扶桑社)가 간행한 교과서의 채택율이 0.039%였음을 지적하였다. 이는 사실상 그 교과서가 전혀 채택되지 않은 것과 마찬가지라고 최 교수는 풀이한다. 더구나 "조사를 해보니까 지적 장애인을 수용하는 학교가 이 교과서를 채택했어요. 장애인들에게 활기를 불어넣어주기 위해서 애국심을 불러일으키려고 한 것 같아요."라고 밝힌다. 둘째, 독도는 실효지배를 하고 있는 우리가 앞장서서 분쟁지역화하는 것은 하수(下手)라며 우리 쪽의 자제를 주문한다. 마지막으로, 야스쿠니는 문제가 되는 A급 전범 14명을 분사(分祀)하자는 제안이 있지만 최 대사는 어려울 것으로 전망한다. 그리고 "죽은 사람들 영혼을 분리한다는 분령(分靈)" 쪽으로 의견이 모아지고 있지만, 이 문제 역시 일본이 스스로 결정해야 할 사안이라고 평가한다.

5장 "한·러외교"에서 김대중 정부의 주러 대사를 역임한 정태익 한국외교협회 회장은 세 가지 한·러시아 간 현안—남북철도와 시베리아 철도 연결사업; 나홋카 공단 건설사업; 러시아로부터 원양어선 명태 쿼터 획득—을 대사신임장을 받고 난 자리에서 김대중 대통령으로부터 주문 받았고 그 실현에 모든 힘을 쏟았다고 밝힌다. 베테랑 외교관인 정 대사는 다음과 같은 정책제안도 하고 있다.

지금 상황에서 북한이 살아남을 가능성은 제로입니다. 그래서 통일을 해야 하는데, 통일을 하려면 현재의 동맹구조에 더해서 다자 구조 … 복합구조로 가야 합니다 … 미국하고 동맹을 유지하면서 그 위에다가 다자질서를 구축해야 합니다 … 그리고 우리가 대륙으로 가야 됩니다. 시베리아로 한번 저하고 갑시다. 거기 가면 보이는 게 지평선이에요. 한국에서는 지평선을 바라볼 수가 없어요. 그런데 러시아를 가면 온통 지평선입니다 … [우리가] 중심국가가 되려면 인프라를 만들어야 됩니다. 전에는 강대국들이 서로 못 잡아먹어서 안달인 나라였는데, 앞으로는 일본이 변방에 있게 되는 거예요. 한국만 오면 유럽도 갈 수 있지. 캄차카로 해서 미국도 갈 수 있지. 이렇게 되면 명실공히 우리나라가 중심국가가 되는 것 아닙니까? 앞으로 일본 사람들이 우리를 부러워할 날이 머지않아요.

6장 "한·아세안외교"는 김대중 대통령 퇴임 뒤 초대 비서실장과 말레이시아 주재 대사를 역임한 양봉렬 대사의 글이다. 양 대사도 김 대통령이 "1동맹 3친선" 4강외교의 중요성을 강조하면서, 색시 하나를 두고 강대국들이 모두 구애하는 "고수(高手) 외교"를 강조하셨다고 상기한다. 더구나 거기서 그치지 않고 동북아시아와 동남아시아를 하나의 지역공동체로 보고, 1998년 아세안+3 회의에서 "동아시아 비전 그룹" 창설을 제안하셨고, 이 혜안은 2003년 동아시아포럼으로, 다시 2005년 동아시아정상회의(EAS)로 구체화되었다고 힘주어 말한다. 양 대사는 "코끼리가 서로 싸우든 서로 사랑을 나누든 풀은 다친다"는 동남아 속담을 인용하며, 지금 아시아에서 미·중 힘겨루기가 한창인 국제정치의 살얼음판에서 이제 동남아를 "인도네시아, 말레이시아, 베트남 따로따로 떼어놓고 볼 것이 아니라 동북아시아–동남아시아를 한 묶음, 한 덩치 통째로 봐야 한다며, 지금 한·중 무역이 1위, 한·아세안 무역은 2위이지만, 이미 2012년부터 우리의 투자대상 1위가 아세안"이라며, 아세안의 중요성과 상호성장을 위한 무한한 발전동력을 역설한다. 한마디로, 이 글은 읽는 이로 하여금 한줄 한줄 정독이 필요할 만큼 아세안의 미래 중요성이 설득력 있게 잘 정리돼 있다.

7장 "한·EU외교"는 김대중 정부에서 주영 대사를 역임한 라종일 한양대 석좌교수의 강의를 정리한 글이다. 라 대사는 이 글에서 유럽통합과 햇볕정책의 이론적인 기반이 된 기능주의를 상기시킨다. 기능주의의 정책적, 전략적 접근방법은 군사, 안보, 패권 중심 외교 등 "고위(高位)정치"는 뒷전에 두고 식량, 의료, 석유, 석탄, 철강, 사회복지 등 당장 먹고 입고 사는 문제를 앞세우는 "저위(低位)정치"라고 평가한다. 라 대사는 화가 이중섭의 두 마리 야수가 싸우는 그림을 소개한다.

> 특이한 점은 두 짐승의 꼬리가 묶여 있다는 거예요. 꼬리가 묶여 있어서 떨어질 수가 없어요. 그리고 짐승의 얼굴은 사람 얼굴이에요. 짐승 하나는 칼을 들고 또 하나는 망치를 들고 둘이 싸우고 있는 겁니다. 싸움을 안 하고 헤어질 수 있나? 헤어질 수가 없어요. 이중섭이 무엇을 생각했겠습니까? 남북한 관계를 생각한 것이지요. 둘이 헤어질 수도 없어서 어느 한쪽이 죽어야 하는 겁니다. 말하자면, 한반도 내에서 한쪽의 패권이 확립되지 않으면 안 된다는 것입니다. 어느 한쪽이 패권을 확립하는 것이 뭡니까? 이게 통일이에요 … 그러니까 패권의 추구는 두 마리 야수 중에 하나가 완전히 이겨야 하는 겁니다. 20세기에 벌어진 국가들의 패권추구는 전쟁으로 이어졌습니다. 그러니까 진

쪽은 물론이고 이긴 쪽의 피해도 굉장히 컸습니다. 이것을 피하려는 것이 햇볕정책이었어요.

라 대사는 하나를 죽이거나 둘 다 함께 죽거나 하는 패권싸움이 아닌 "상생"의 통일정책이 김대중의 햇볕정책이라고 정의하고 김대중 정부의 다변화 외교, 특히 유라시아 협력 비전도 같은 맥락이었다고 본다. 그 구체적인 보기로 2000년 10월 서울에서 열린 제3차 아시아유럽 정상회의(ASEM)를 든다. 그는 또 "유럽 정치인들에게 한반도 문제는 … 심한 표현일 수도 있지만 과외활동 정도로 생각하는 거죠"라며, 그가 70평생을 살면서 만난 "역사에 남을 위대한 사람들"에 대한 존평도 남겨 눈길을 끈다.

I부의 마지막인 8장 "한미·북미관계 비사"의 내용은 좀 색다르다. 이 글을 쓴 김동현 전 미 국무부 고위 통역관은 이 책의 다른 저자들과는 달리, 미국에서 수십 년을 사셨고, 특히 한·미 양국의 역대 대통령을 비롯하여 수많은 고위 외교관들의 대화를 미국 측에서 통역한 분이기 때문이다. 그의 이야기들 속에서 몇 가지만 발췌해 보겠다.

우리는 미국이 우리를 일제로부터 해방 시켜준 은인이라는 이야기를 합니다만 미국은 한국 국민을 해방시켜주기 위해서 전쟁을 한 것이 아니기 때문에 자신들이 한국을 해방시켜줬다는 생각은 안 합니다. 그러나 한국을 지켜줬다는 생각은 많이 합니다 … 제가 볼 때는 한미관계가 제일 좋았던 시기는 역시 김대중 정부와 클린턴 정부가 겹치는 시간입니다. 그리고 가장 나빴던 시기는 김영삼 정부와 클린턴 정부가 겹치는 기간입니다.

그가 기억하는 김정일과 미 올브라이트 회담 내용도 눈길을 끈다. 올브라이트가 미군이 동아시아 지역에 와 있는 것은 이 지역 안정에 기여하기 위해서라고 하자, 김정일은 다음과 같이 말했다고 한다.

> 우리도 그런 것 다 알고 있습니다. 김대중 대통령께서도 오셔서 주한미군이 필요하다는 이야기를 하셨는데 우리가 좋다고 했습니다 … 그러나 주한미군이 계속 있는 데 대해서 조건은 하나 있습니다. 남조선 군대하고 합동훈련만 하지 말아 주십시오 … 주한미군이 계속해서 조선반도에 있다는 것은 미국이 이 지역의 안정을 보장하는 역할을 한다는 확신을 우리한테 줄 때에만 가능한 것입니다. 우리에게 쳐들어오는 역할을 한다면 우리가 남조선에 있게 하겠습니까? … 만약에 주한미군이 동아시아에서 기능을 상실하게 되면 보나마나 중국과 일본이 소위 패권 다투기 위해서 경쟁을 벌이게 될 것입니다. 우리가 그 꼴은 이제 못 봅니다. 과거에도 우리는 이런 틈바구니에서 고생도 많이 하고 침략도 많이 받았는데, 다시는 이 조선 땅이 강대국의 전쟁터가 되게 하는 상황은 허용할 수 없습니다.

II부의 첫 번째 글인 9장은 김대중 대통령과 오랜 친분을 가져 온 와다 하루키(和田春樹) 일본 동경대학 명예교수의 제3회 김대중평화학술회의 기조발제 내용이다. 와다 하루키 교수는 군부독재하에서 '정치인 김대중'이 투옥, 가택연금 등 어렵고 어두운 삶을 살아가던 시절에 그의 구명운동에 앞장섰던, 일본의 보기 드문 "행동하는 양심"이기도 하다. 그는 유럽에서 고르바초프 소련 공산당 총서기가 주창했던 "유럽 공동의 집" 개념에 힘입어 1990년 7월 한국에서 "동북아시아 인류 공생의 집"을 처음 제안했고, 2003년 8월에는 『동북아시아 공동의 집: 신지역주의 선언』이라는 책도 출판한다. 이런 새로운 국제정치, 지역정치 환경에서 김대중 대통령은 2001년 11월 아세안+3 정상회의에서 동아시아 비전그룹(EAVG, East Asia Vision Group)을 처음 제안했고, 이를 이어받은 노무현 전 대통령이 2003년 2월 대통령 취임식에서 동북아시아 공동체 실현을 제안한다. 그리고 이러한 제안은 2005년에 동아시아 정상회의(EAS)로 현실에 가까워진다.

10장 "김대중 정부의 햇볕정책과 남북관계: 회고와 평가"에서는 경남대 김근식 교수가 햇볕정책은 2차 대전 직전 영국수상 체임벌린(Neville Chamberlain)이 채택했던 유화정책(appeasement)이 아니라 적극적인 포용정책(engagement)이라고 개념 정리를 한 다음, 대북포용정책을 둘러싼 논란을 크게 3가지로 나누고 있다: (1) 포용정책이 북한을 제대로 변화시킬 수 없다; (2) 상호주의는 사실상 남의 북에 대한 "퍼주기"다; (3) 북한 핵무기 개발을 막지 못했다. 그리고 이러한 비판에 대한 반론을 제기한다. (1)에 대해서는 북한체제 특성상 짧은 시일 내에 가시적인 변화를 기대할 수 없는데다, 그 변화는 곧 북한체제의 개혁, 개방을 뜻하기 때문이며, 북한집권층은 그 변화를 체제 위협 또는 붕괴로 받아들일 수밖에 없다는 분단국가의 특수성을 인정해야 한다고 지적한다. (2)에 대해서는 문정인 교수도 선공후득(先供後得)이 햇볕정책 기본원칙의 하나라고 밝혔듯이, 시차 개념으로 여유와 융통성, 인내심을 보여야지, 당장 주고받고, 사고파는 동시(同時), 등가(等價)개념으로 보는 것 자체에 문제가 있다고 반박한다. (3)에 대해서 그는 1994년 북핵 위기를 예로 들며 제2의 한국전쟁을 수용할 수 없는 관련국가들의 국제정치 역학을 거론한다. 하지만, 이 문제는 미국 부시 정부 때 일어난 9·11 사태, "북한 고농축 우라늄 Caper", 이라크 전쟁 등 미, 일, 중, 러를 포함한 다자간에 복합적으로 얽히고설킨 전략적 이해관계를 천착해서 훗날 국제정치사학자들이 그 실마리를 풀어야 할 것으로 사료된다. 김 교수는 햇볕정책의 대안으로 미국과의 '공동관여' 혹은 '공동포용'(co-engagement) 개념도 내놓지만, 그 실효성도 의문이다. 김대중 정부도 사실상 우리의 유일 군사동맹국인 미국과 그가 말하는 '공동관여'를 했는데도 위와 같은 사태가 발생했으니 말이다.

11장 "김대중 시대의 한·미관계"에서 한동대 김준형 교수는 김대중 정부 한미관계를 클린턴 집권기와 부시 집권기로 나누어, 클린턴 집권기와 겹친 1998년~2000년을 "한국주도의 대북정책이 꽃을 피운 시기였다"고 평가한다. 그러나 "결국 네오콘들은 우라늄농축 카드를 이용해서 제네바합의를 폐기하는 데 성공했는데, 그것도 미국이 아닌 북한의 합의위반으로 만들면서 그동안 꾸준히 유지되어왔던 한반도의 해빙무드를 일거에 반전시켰다. 이렇게 되자 북한도 핵 시설의 봉인을 해제하였고, 국제원자력기구 감시단을 추방한 뒤 핵확산금지조약 탈퇴선언으로 대응하였다. 1994년 1차 핵위기를 해소했던 제네바합의는 8년 만에 역사의 뒤안길로 사라졌고 한반도에는 2차 핵위기가 닥쳤다." 김 교수의 이러한 균형 잡힌 분석에 필자도 동의한다. 한편 김 교수는 "미국정부가 최우선순위를 두고 추진하려 했던 미사일방어체계(MD, Missile Defense)에 대해 한국이 미온적인 반응을 보이자 부시 대통령과 김대중 대통령의 첫 정상회담은 최악의 결과를 낳았다"고 평가하였다. 그러나 우리나라와 미국 대통령들 간의 정상회담 모두를 객관적인 기준을 가지고 포괄적으로 비교분석하기 전에는 "최악"이라는 표현은 부적절한 것 같다. 거꾸로, 한 주권국가의 정상이 중차대한 국가안보문제를 놓고 동맹국 정상에게 자국의 국가안보정책 기조를 견지하지 못하고 일방적으로 호락호락 밀리거나 끌려갔다면 그런 표현도 가능할 것이다. 김 교수 스스로 그의 글을 "김대중 시절 대북정책과 대미정책에서 발휘되었던 자율성과 실용성의 가치를 이 시점에서 다시금 절감하게 된다"라고 마무리했듯이 말이다.

13장 "미래지향적 동반자관계 발전과 한일협력"에서 성공회대 양기호 교수는 일본군 위안부, 야스쿠니 참배, 독도영유권 등 한일 간 기존 쟁점에다, 지금은 집단적 자위권, 일본헌법 제9조 개헌 추진, 한국 사법부의 징용배상 판결, 일본 극우세력의 혐한 활동 등으로 한일 갈등이 갈피를 잡지 못한 채 "한일 간에 가장 밀월관계를 보였던 김대중 정부 시기의 김대중–오부치 간 한일 파트너십을 상기하자는 주장이 자주 나올 정도로" 훨씬 심각하다고 평가한다. 특히, 김대중 대통령 임기 중에 전국 신문, 전체 지면에 나온 기사를 한국언론재단 기사검색 시스템을 활용하여 내용분석한 연구방법도 돋보인다.

김대중 정부 초기 우리가 외환위기로 극히 어려운 상황인데도 일본 정부는 우리정부의 외채연장 요청을 거부했고, 한일어업협정을 파기한 것은 물론이고, 재일교포의 지방참정권 부여도 거부하였다. 그럼에도 불구하고 한일 간 미래협력 구축이라는 흔들림 없는 일관된 신념으로 1998년 10월 김대중 대통령은 도쿄에서 신임 오부치 일본 수상과 양국 간 대화의 확충, 정상회담 연 1회 이상 개최, 북한 미사일 개발저지 협력과 방위교류, 국제평화 협력, 문화교류 증진 등 21세기 한일 파트너십 공동선언을 발표한다. 김대중 대통령은 일본의 역사인식, 위안부, 교과서 왜곡, 야스쿠니 참배 등에 시정, 사과, 사죄를 요구하면서도 동시에 전후 일본의 평화헌법과 비핵 3원칙이 동아시아 평화구축에 크게 기여한 점을 높이 평가한 최초의 대통령이었다. 그의 집권기는 대북정책 상호공조, 일본문화 개방, 한일월드컵 공동개최 등 실사구시를 추구한 외교의 원칙과 실용주의가 조화를 이룬 시기였고 그 결과 국교정상화 이래 가장 바람직한 한일관계 모델이 구축되었다고 양 교수는 평가한다. 김대중 집권기는 처음으로 일본인들의 한국에 대한 호감이 반감보다 높아지는 전환점이기도 했다고 양 교수는 덧붙이고 있다.

하지만, 김 대통령이 남북정상회담, 한일 파트너십 선언, 한중 협력 등 전통적인 양자 외교에 치중한 나머지, 양자관계를 다자주의 기구나 제도로 발전시키지 못했다고 양 교수는 비판한다. "한반도문제에 있어서 남북관계를 우선시하였고, 제도화보다는 리더십에 과도하게 의존함으로써 일정한 한계를 드러냈다. 이것은 과거사논쟁, 영토분쟁, 군비경쟁 등 현재의 동북아 위기를 사전에 해소하는 데 실패하였다는 것을 의미한다"는 주장이다. 그의 비판은 필자의 생각과는 크게 다르다. 우선, 5년이라는 대통령 임기의 시간적 제약에다가, 그를 승계한 대통령들이 펼친 외교정책의 지속성, 일관성 결여가 고려되지 않았다. 그가 비판한 위 논쟁, 분쟁, 경쟁은 미, 중, 일, 러 등의 양자 간, 다자간 협의와 합의를 요구하는 복합적인 아젠다로 보아야 하며, 이런 쟁점들은 미국이나 중국의 지도자도 빠른 시일 내에 해결할 수 없는 문제들이라고 할 수 있다.

14장 "상호보완적 동반자관계의 확립과 한·러관계"에서 국립외교원 고재남 교수는 김대중 정부의 러시아 정책은 크게 보아 한반도 안정과 평화구축; 남북평화통일에의 건설적 역할 확보; 러시아의 에너지, 광물자원, 첨단과학기술 획득; 극동, 시베리아 개발; 호혜적 경제, 과학기술 협력기반 확대; 역내 및 국제문제 해결을 위한 상호협력 등이었다고 설명하고 있다. 특히 남북한과 러시아의 3각 협력을 통한 북한 핵문제 해결, 정전체제의 평화체제 전환을 위한 러시아의 건설적 역할과 국제공조 강화에 초점을 맞추었다고 그는 평가한다. 구체적으로는, 김영삼 정부의 요청으로 '조러 우호·협력 및 상호 원조 조약'을 대체하기 위해 1997년 초부터 본격 추진된 "러시아·북한 선린우호조약"이 김대중 정부 출범 이후인 1999년 12월에 가서명되고 2000년 2월에 정식 체결되었다. 1999년 5월 김대중-옐친 간 모스크바 정상회담을 계기로 형사사법공조조약, 나호트카 한·러 산업공단 설립협정, 원자력협력 협정 등이 체결되었고 공동성명에는 경제 및 교역 부문에서 정부와 민간의 협력확대 등에 대한 합의가 포함되었다.

또, 2000년 7월 소련 및 러시아 지도자로서는 처음으로 푸틴 대통령이 평양을 방문한 뒤, 2001년 2월에는 서울을 방문하여 김대중-푸틴 회담을 가짐으로써 러시아의 남북한 "균형정책"이 구체화했다고 그는 풀이한다. 특히 푸틴 정부는 한·러 정상회담을 통해 갓 출범한 부시 정부가 당시 추진한 MD와 이를 위한 ABM 조약 수정에 반대하는 러시아의 입장에 대한 한국의 지지를 얻어낸다. 이는 "한국정부의 대러시아 관계개선 조급증 또는 미·러시아 관계에서 ABM 조약이 갖는 전략적 의미에 대한 무지로 인해 한·러 공동성명에 ABM 조약에 관한 러시아 측 입장을 지지하는 조항이 삽입되었다"고 평가한다.[1] 고 교수는 결론에서 여러 가지 정책 제언을 하고 있는데, 특히 러시아의 "대국주의 성향"에 대한 우리의 올바른 인식을 촉구하고 러시아의 대북 영향력이

1 이 사건은 2001년 3월 김대중-부시 간 한·미 정상회담에도 부정적인 영향을 미쳤다.

"현재로서는 그리 크지 않다는 평가가 정설이지만 남·북·러 3각 협력이 실현된다면 러시아의 영향력이 증대될 것"이라고 지적한 대목이 돋보인다.

15장 "동아시아공동체 비전과 한·아세안관계"에서 인도네시아 대사를 역임하시고 지금은 서강대 동아시아 연구교수이신 이선진 대사는 1999년 12월 아세안+3 정상회의에서 김대중 대통령이 동북아시아와 동남아시아를 하나로 묶는 포괄적인 지역공동체를 제안한 것이 2001년 11월 동아시아 비전그룹(EAVG)의 26개 장단기 사업 최종보고서 채택으로 이어졌음을 설명한다. 김 대통령이 2003년과 2004년 동아시아 포럼에서도 동아시아정상회의(EAS) 설립, 동아시아 자유무역 및 투자지대 창설, 동아시아포럼 설치를 거듭 주창하셨고, "한반도와 동아시아의 평화와 번영은 하나다"라고 강조하셨다는 점도 소개하고 있다. 6장에서도 소개되지만, 동아시아정상회의는 2005년 12월 아세안+3에 인도, 호주, 뉴질랜드를 포함한 16개국으로 발족하여 김 대통령의 비전은 현실이 된다. 동아시아 자유무역 및 투자지대 창설은 중·일 사이의 이견으로 2011년 11월 아세안 정상회의에서 아세안 주도의 역내 포괄적 경제동반자협정(RCEP, Regional Comprehensive Economic Partnership)을 추진하는 것으로 결정되었다. 이처럼 동아시아 공동체에 대한 비전이 구체화되어가는 가운데 한·아세안 경제통상 협력과 투자도 기하급수적으로 늘어났다. 그 보기로 이 교수는 아세안은 이제(2012년 기준) 우리의 최대 투자 대상지로, 제2의 통상 대상, 건설시장, 방문지역, 무역흑자 대상으로 자리를 굳혔다는 점을 지적한다. 특히 이 교수는 꽉 막히고 얼어붙은 남북관계를 풀어나가기 위해 아세안지역안보포럼(ARF)의 "공정한 중재자"로서의 역할을 활용할 것을 주문하고 있다.

이 요약을 끝내며 한마디 덧붙이려 한다. 동북아시아와 동남아시아를 하나의 공동체로 묶는 김대중 대통령의 비전은 현실이 되어가고 있다. 그러나 그가 일평생 그토록 꿈꾸었던 미, 중, 일, 러 4개국의 평화공존과 협력 속에서 남북화해와 협력, 평화통일을 이루는 길은 멀기만 하다. 또, 그가 추진했던 아시아와 유럽을 잇는 "철의 실크로드"는 박근혜 정부의 "유라시아 이니셔티브"로 둔갑하는 과정에서 일관성과 지속성을 잃고 시진핑의 "일대일로(一帶一路)"가 추진되면서 기선마저 빼앗긴 듯하다. 바로 지금 이 순간이 그의 뒤를 이은 우리나라 대통령은 물론이고 북한 지도자도 개과천선(改過遷善)을 해야 할 시점이 아닌가 한다.

이 책 저자들의 글을 한두 구절로 요약하기가 꽤 어렵고 고통스럽기까지 했지만 이 과정은 필자가 각 분야 지역 전문가들로부터 많은 것을 새롭게 배우거나 새삼스럽게 되새기는 기회이기도 했다. 이 기회를 마련해 준 문정인 교수께 감사드린다. 지면 관계로 너무 짧게 요약하는 과정에서 혹 필자들이 강조하는 핵심을 놓쳤다면, 그것은 전적으로 이 엮은이의 불찰임을 미리 밝힌다. 그리고 이 글들을 모아 책의 모양새를 갖추기 위해 크게 노력한 이화여대 통일학연구원 연구위원 이상근 박사와 연세대 김대중도서관 연구원 장신기 박사에게도 고마움을 전하고 싶다.

2015년 4월
양성철

차 례

제Ⅱ부 연구자들이 본 김대중 외교

제 I 부

현장에서 본 김대중 외교

제1장

김대중 대통령의 외교철학

문정인 | 김대중도서관 관장, 정치학

이번에 강연하실 분들의 면모를 보면 제가 먼저 큰 화두를 던지는 격으로 김대중 대통령의 외교철학에 대해 이야기할 자격이 있는지 좀 의문이기는 합니다만, 저는 학자이니까 학문적 시각에서 조명을 해보도록 하겠습니다.

국제외교의 사상적 흐름: 현실주의, 자유주의, 구성주의

오늘 대통령님의 외교철학을 얘기하니까, 외교철학이라는 것이 뭔가, 외교철학이라는 것이 있는가를 먼저 살펴보죠. 사실 대통령이 되면 기본적으로 국가의 이익을 제일 먼저 챙겨야 되거든요. 국익을 우선하는 것이 어느 나라 대통령도 다 마찬가지일 겁니다. 그럼에도 불구하고 국익을 추구하는 데 있어서 방법론적 차이점들은 좀 있는 것 같아요.

미국을 보면 우드로 윌슨(Woodrow Wilson) 대통령, 그분이 국제연맹도 창설하고 민족 자결의 원칙도 이야기했고, 민주주의 확산을 통해서만 국제질서라고 하는 게 안정적이 될 수 있다고 하셔서 그걸 윌슨주의라고 하는데, 국제정치사상에 있어서 자유주의의 대표적인 사례로 우드로 윌슨을 들 수 있거든요.

반면에 시어도어 루즈벨트(Theodore Roosevelt) 대통령이라든가 로널드 레이건(Ronald Reagan) 대통령 같은 사람들은 미국의 국익을 상당히 중시한 사람들이거든요. 그 유명한 1905년 가츠라-태프트 밀약이라는 것 있지 않습니까? 태프트 미 국무장관하고 가츠라 일본 외상이 러일전쟁 끝난 다음에 조선반도는 일본 세력권하에 두고 대신 스페인 전쟁에서 미국이 스페인을 이겼으니까 필리핀에 대한 지배권은 미국에 줬으면 좋겠다고 한 거죠. 그래서 조선반도에 대한 일본의 지배를 기정사실화 해주고, 대신 미국은 필리핀에 대한 식민지 지배를 기정사실화 했던 사례인데 이게 시어도어 루즈벨트 대통령이 있었을 때 일어난 일이거든요. 그래서 미국 사람들은 시어도어 루즈벨트 대통령을 프랭클린 루즈벨트(Franklin D. Roosevelt) 대통령보다 더 높게 보는 경향이 있습니다. 미국의 국가이익이라고 하는 것을 아주 명확하게 파악하신, 아주 덩치도 크고 곰 사냥을 잘 하시는 분인데, 빅 테드(big Ted)라고 부르거든요.

레이건 대통령도 마찬가지죠. 카터(Jimmy Carter) 대통령이 인권 위주의 외교를 하다가 닉슨(Richard Nixon) 대통령 때부터 같이 데탕트를 추구하던 소련이 어느 날 갑자기 아프가니스탄을 침공하면서 팽창주의로 나오니까 카터의 외교정책은 실패한 것 아니냐면서 레이건이 다시 현실주의로 전환해서 '전략방위구상' 같은 걸 밀고 나갔거든요.[1] 그래서

1 [편집자] 전략방위구상(Strategic Defense Initiative, SDI)은 1983년 레이건 대통

미국에선 레이건 대통령은 현실주의 대통령이라고 보통 얘기합니다. 이런 식으로 나라마다 대통령이 갖는 이미지가, 특히 미국 대통령들은 어떤 이미지가 다 있어요.

김대중 대통령을 우리는 어떻게 볼 것이냐? 보통 국제정치사상이라고 하는 측면에서 보면 세 가지 큰 사상적 흐름이 있다고 볼 수 있을 겁니다. 아까 언급했지만 첫째는 리얼리즘이라고 해서 현실주의죠. 이것은 국제관계의 기본은 국가다. 그리고 세계정부라는 중앙 권위체가 없기 때문에 결국 국가 간의 관계라고 하는 것은 아나키(anarchy), 즉 무정부적이다. 무정부적인 상태에서 살아남는 것, 즉 무정부 상태에서 국가의 생존을 유지하는 것이 국가의 가장 중요한 목표다. 그럼 이걸 어떻게 유지하는가, 결국 생존을 하려면 자력갱생을 해야 한다. 자력갱생의 핵심은 결국 국력에 있는데, 국력의 핵심은 군사력과 경제력이다. 그래서 경제력을 극대화해야 한다. 부국강병이라고 하는 논리도 결국 거기서 나왔거든요.

그런데 나라마다 사정이 다를 수 있어요. 작은 국가들은 강대국의 위협에 직면하기 때문에 혼자 지키기가 어렵거든요. 그렇기 때문에 다른 국가와 동맹을 맺죠. 동맹을 맺어서 지키려고 하는 거죠. 미국과 같은 강대국은 또 어떤가? 강대국일수록 자기의 힘을 극대화하고 싶어하거든요. 그러면서 패권적 지위를 확보하려고 하는데 어느 국가도 혼자 힘으로 패권국이 되기는 상당히 힘들거든요. 특히 요즘처럼 로마제국이나 오토만제국 같은 제국을 만들지 못하는 때에는 전 세계에 영향

령에 의해 계획되었으며 스타워즈라는 별칭으로도 불렸다. 위성체계와 레이저 무기 등을 이용하여 소련의 미사일을 우주에서 요격하는 방어체계를 구상한 것이다.

력을 행사하려면 작은 국가들과 동맹을 맺어야 되거든요. 오히려 패권국일수록 동맹을 맺는 경향이 강해지죠. 오늘날 미국이 대표적인 사례죠.

현실주의 사상이라고 하는 것은 국익 우선주의, 그다음에 생존이라고 하는 것이 국가의 가장 중요한 목표, 즉 안보가 중요한 거고, 그러면 국방력을 강화해야 하는 거고, 현명한 동맹정책을 전개해야 되고, 그 다음에 아주 실용적인 외교정책을 전개해야 된다. 이런 라인을 현실주의적 접근이라고 보통 얘기 합니다. 대표적인 사람은 아까 얘기했던 레이건, 시어도어 루즈벨트 대통령이고요.

프러시아라고 하는 작은 왕국을 중심으로 독일을 통일한 비스마르크(Otto von Bismarck)도 대표적인 현실주의자죠. 비스마르크가 1862년부터 세 차례 전쟁을 해요. 그러면서 1871년에 독일통일을 하거든요. 그 후에 빌헬름 2세가 나오면서 독일이 영국하고 자웅을 겨루는 유럽의 대국으로 부상하게 되는데 비스마르크의 역할이 상당히 컸거든요. 이런 분들을 현실주의 철학을 가진 정치인이라고 보통 이야기 합니다.

두 번째 흐름인 자유주의라고 하는 것은 현실주의하고 생각이 상당히 다릅니다. 현실주의자는 기본적으로 국제관계라고 하는 것은 무정부적이며 그렇기 때문에 토마스 홉스(Thomas Hobbes)가 이야기한 만인의 만인에 대한 투쟁이 국제관계에도 적용된다는 것이죠. 나라마다 자기 이익을 추구하다 보면, 이익이라고 하는 것이 보통 윈윈(win-win)의 상태로 확보되지 않고 소위 제로섬(zero-sum) 관계, 한쪽이 이기고 한쪽이 손해를 보는 관계로 가기 때문에 갈등을 피할 수 없다고 보는 것이죠. 그리고 협력은 어렵다고 보는 게 현실주의예요.

자유주의는 현실주의하고 상당히 시각이 달라요. 우선 우리 인간이 선하게 태어났다고 보고, 특히 민주주의를 하는 국가들의 경우에는, 시민들에게 시민정신을 심어주고, 시민정신을 가진 사람들이 민주주의 국가의 주인이 되면 지도자들이 마음대로 할 수 없게끔 한다는 거죠. 왜 이 자유주의 전통이 중요하냐 하면 19세기 말에 구라파에서 계몽주의 사상이 나왔어요. 계몽주의 시각에서는 제일 중요한 게 인간이고, 인간은 기본적으로 화목하게 다른 사람들 하고 살 수 있다고 봐요. 그래서 국내정치적으로 교육받은 인간들이 다른 동료 인간들 하고 화목하게 살 수 있다면 왜 국제사회라고 안 되겠느냐고 하는 것이죠.

이 자유주의 시각은 어쩌면 아담 스미스(Adam Smith)가 얘기한 보이지 않는 시장의 손 하고도 비슷한 거예요. 시장경제라고 하는 게 완벽해지면 자기의 이익을 아무리 추구해도 그 이익추구가 타인의 이익을 훼손하지 않는다는 주장이거든요. 그 이유는 보이지 않는 손이 있어서 시장에서 거래하는 생산자나 소비자나 항상 조화를 이룰 수 있도록 만들어 주기 때문이죠. 자유주의도 어쩌면 이 보이지 않는 손이라고 하는 아담 스미스 주장의 연장선상에 있다고 볼 수가 있거든요. 국제사회가 꼭 갈등관계는 아니다. 중앙정부가 없더라도 국가 간 협력은 얼마든지 가능하다. 국가 간의 협력을 통해서 더 큰 공공재를 만들 수 있다. 그리고 나라라고 하는 게 대부분 민주적인 국가들 아니냐. 민주적 국가라고 하는 것은 계몽된 시민들이 주도하는 국가들이다. 그럼 이런 시민들로 구성된 국가에 있어서는 국제법이나 국제기구나 이런 것들이 다 지켜진다. 그럼 국제적인 규범, 국제적인 원칙, 이런 게 지켜지기 때문에 현실주의자들이 얘기하는 것처럼 그렇게 강압적이거나 토마스 홉스가 얘기하는 만인의 만인에 대한 투쟁관계로 나타나는 것은 아니다. 그래서 자유주의라고 하는 건 기본적으로 상대방을 우선 선하게 보고 협력은 가능하게 된다고 보고 그리고 가끔가다 자기가 손해를 보더라도 상대방에 먼저 베풂으로써 같이 갈 수 있는 공존의 공간을 많이 만들어 놓는 거거든요. 부유한 국가들은 좀 더 많이 베풀고, 이런 것들을 자유주의라고 얘기합니다.

자유주의 시각에선 기본적으로 국제협력을 강조하면서 군사적인 것보다 비군사적인 것을 더 많이 강조하죠. 이유는 비군사적인 분야에 있어서의 협력이 잘 이루어지면 군사적 갈등이 일어날 가능성이 적기 때문이라는 겁니다. 그러니까 경제적으로 어떻게 협력정책을 펴느냐, 환경문제를 어떻게 다루느냐, 인권문제를 어떻게 다루느냐, 국제 환경문제를 어떻게 다룰 수 있느냐, 그다음에 개발도상국에 대한 개발 원조는 어떻게 될 것인가, 국제기구, 국제법이라고 하는 것을 어떻게 활성화시키느냐, 어떻게 미국과 같은 소위 패권국의 일방주의에서 벗어나서 유엔이 제대로 권능을 찾을 수 있도록 해주느냐, 이런 것들이 자유주의의 가장 기본적인 시각이 되는 겁니다.

세 번째 사상적 흐름은 사실상 지난 20여 년 사이에 많이 유행하게 된 건데요. 구성주의라고 하는 시각이 있어요. 엄격한 의미에서 보면 현실주의는 기본적으로 그 기초가 힘이에요. 국가의 힘에요. 그리고 국가의 힘에 기초한 아주 배타적인 국가이익을 기본 전제로 삼죠. 자유주의라고 하는 것은 힘이 아니고 보편적 이익이라고 하는 것을 앞세운다는 거죠. 협소하고 배타적인 국가이익보다는 보편적인 이익이라는 걸 추구하고 항상 윈윈의 논리, 소위 포지티브섬 게임(positive-sum game)이라고 하는, 국제협력에 참여하는 모든 국가들에게 더 큰 혜택이 갈 수 있다고 하는 그런 생각을 갖는 겁니다. 그러니까 보편적 이익이라고 하는 걸 강조하고 협력이라고 하는 게 가장 중요한 기제가 되는 거죠.

구성주의라고 하는 것은 어떻게 보면 아주 사소한 데서 시작하죠. 우리가 국제관계를 보면 꼭 힘만 갖고 되는 것도 아니더라. 석유수출국기구(Organization of the Petroleum Exporting Countries, OPEC)가 1973년에 엠바고를 했단 말이에요. 특히 이스라엘과 가까운 국가들에 대해서 금수조치를 했는데, 그때 석유라고 하는 건 미국을 포함한 OECD 국가들의 생명선과도 같은데 키신저(Henry A. Kissinger)가 그때 미국 국무장관이었는데 이들에 대해서 군사행동을 할 수가 없었어요. 세상이 그만큼 바뀌었기 때문에 과거처럼 약육강식으로, 현실주의가 얘기하는 것처럼 강한 국가가 약한 국가를 좌지우지 할 수 있는 건 아니죠. 물론 예외적으로 이라크 침공, 아프간 침공이 있었지만요.

시리아 사태가 대표적인 케이스죠. 시리아에서 진짜 화학무기가 사용됐다고 미국이 군사행동을 하겠다니까, 러시아와 중국이 제동을 걸고 유엔이 관여를 해서 결국 평화적인 타결이 되었다. 결국 힘만 갖고 되는 것은 아니더라. 그렇다고 자유주의자들이 말하는 것처럼 보편적인 협력만 갖고 되는 것도 아니더라. 이런 주장이 많이 나오기 시작했죠. 그러면서 현실주의에서 아나키, 무정부상태라고 하는 것이 국제정치를 이해하는 가장 기본인데, 아나키라고 하는 것이 객관적으로 존재하느냐? 이것에 대한 철학적 성찰을 하기 시작했어요.

그중에 대표적인 사람이 알렉산더 웬트(Alexander Wendt)라고 하는 당시 예일대에 있던 젊은 친구예요. 제가 미국에서 교수할 때 미네소타 대학교 박사과정에 있던 친구인데 이 친구가 구라파 철학들 중에 현상학(phenomenology), 하버마스(Jürgen Habermas) 등의 비판철학 같은 것들을 공부하면서, 가만히 보니 나라마다 무정부상태라는 것을 보는 시각이 다 다르더라는 거예요. 유럽국가들끼리는 자기들이 처한 안보환경을 아나키, 무정부상태로 보지 않더라는 거죠. 유럽에는 유럽연합이 있고, 유럽의회가 있고, 유럽정상회의가 있고, 유럽각료회의가 있고, 다양하게 있거든요. 그래서 거기에 참여하는 유럽국가들은 자기들의 안보환경을 무정부적 상태라거나 이것이 갈등을 가져오는 것으로 절대 보지 않아요. 오히려 협력적으로 보죠, 임마누엘 칸트(Immanuel Kant)가 『영구평화론』에서 얘기하는 것처럼.

임마누엘 칸트가 『영구평화론』에서 세 가지를 얘기하거든요. 어떻게 영구평화를 이룰 수 있는가? 첫 번째, 무역을 많이 하면 된다. 무역을 하는 국가들끼리는 별로 싸우지 않더라. 이유는 무역을 하는 사람들이 결국은 기득권을 갖고 있는 사람들이니까 전쟁이 나면 자기들이 손해를 보니까 그들이 정치적 압력을 행사해서 전쟁을 못 하게 하더라. 특히 19세기 이후 그런 현상들을 관찰해 본 거죠. 그런데 나중에 맨체스터 대학에 있는 경제학자들이 소위 무역을 통한 평화라는 이론을 갖고 현실적으로 검증을 많이 했어요. 그 결과 무역을 하는 국가들끼리는 무역을 안 하는 국가들보다는 훨씬 전쟁을 할 가능성이 적다는 거예요.

두 번째로 영구평화를 이루는 방법은 민주평화론이라는 것입니다. 공화정을 가진 국가들끼리는 싸움을 별로 하지 않는다. 칸트는 이것을 경험적으로 관찰해서 얘기한 것이 아니고, 철학자이니까, 이론적으로 공화정을 가진 국가들은 전쟁을 할 가능성이 적다. 이유는 공화정을 가진 국가들은 국내정치적으로 견제와 균형(check and balance)이 이루어지는데, 두 개의 민주주의 국가가 각각 견제와 균형이 이루어지면 지도자가 자의적으로 전쟁을 선포하지 못한다는 거예요. 그러니까 민주주의 국가들끼리는 싸울 가능성이 상당히 적다고 보는 것이죠.

세 번째 방법으로는, 시장경제와 민주주의하는 국가들은 가치가 같기 때문에 이들은 결국에 하나의 공동체를 형성해야 한다. 칸트는 평화연방(pacific federation)이라고 하는 일종의 세계정부 같은 것을 이야기 하는데, 유럽 같은 곳을 보면, 결국에 나토(NATO)도 만들어지고 그다음에 유럽안보협력회의(Conference on Security and Cooperation in Europe, CSCE)라는 것이 생겼다가 나중에 유럽안보협력기구(Organization for Security and Cooperation in Europe, OSCE)라는 상설기구가 되어서 일종의 안보공동체를 만들거든요. 이렇게 만든 세팅, 유럽과 같은 세팅에서는 전쟁이 일어날 가능성이 상당히 적다고 보는 것이죠.

이런 국가들에 있어서 안보환경이라고 하는 것은 만인의 만인에 대한 투쟁관계가 아니고 협력관계로 볼 수 있는 것이죠. 그래서 그 알렉산더 웬트라고 하는 사람은 그런 것을 칸트적인 아나키(Kantian anarchy)라고 그래요. 아나키, 즉 중앙정부가 없는데도 불구하고 칸트적인 평화가 가능한 그런 무정부적 상태도 있다는 거예요.

반면에 홉스적인 아나키(Hobbesian anarchy)도 있다고 그래요. 가령 북한 같은 경우에는 자기가 처한 안보환경이라는 것을 중국까지도 자기에게 적대적이나 준적대적이라고 보죠. 북한 입장에서는 국제환경이 홉스가 얘기하는 투쟁관계로 보이는 거예요. 그래서 북한은 주변국가들에 대한 의심이 많고, 자국이 생존하려면 국방력을 강화해야 하는데 재래식 군사력이 모자라니까 핵무기도 가지려고 하면서 모든 주변국가들과 각을 세우는 대표적인 예죠. 이렇게 나라마다 다 인식이 달라요.

세 번째로 알렉산더 웬트가 얘기하는 것은 로크적 아나키(Lockean anarchy)입니다. 존 로크(John Locke)라는 사람은 갈등과 협력 두 가지를 다 보았죠. 아담 스미스가 얘기한 것처럼 보이지 않는 손이 있어서 시장 거래라고 하는 건 모두에게 다 혜택을 가져오는 꼭 그런 것이 아니고 갈등과 협력이 공존하고 있는 것이 우리의 자연상태라고 보거든요. 국제관계에도 협력과 갈등이 공존하는 상태로 보는 것이죠. 한국이 대표적이죠. 우리가 북한하고는 적대적 관계 아닙니까? 일본하고는 사이가 좀 나빠졌고, 중국이 우리 우방도 되지만 잠재적 위협도 되죠. 이렇게 협력과 갈등이 공존하는 안보환경을 가진 국가들도 있어요.

그래서 알렉산더 웬트는 국력이라는 것, 또 국가이익이라는 것을 객관적 지표로 만들어서 한 국가의 행태를 분석하는 것은 문제가 있다고 합니다. 국제관계에서 제일 중요한 것은 그 나라 사람들이 자기 안보환경을 어떻게 보느냐, 결국 자신을 어떻게 규정하고, 자기를 둘러싸고 있는 국가들을 어떻게 인식하느냐라는 것입니다. 또 한 나라의 주변국가들이 그 나라를 어떻게 인식하느냐에 따라 관계가 달라진다는 거예요. 여기서 정체성(identity)이라는 문제가 나오는데, 정체성이라고 하는 것은 결국 내가 나를 어떻게 생각하느냐, 그다음에 상대방이 나를 어떻게 생각하느냐, 내가 상대방을 어떻게 생각하느냐, 이 세 가지 관계 속에서 나의 정체성, 한 나라의 정체성이 규정되거든요. 그러니까 이런 시각에서 국제관계를 볼 필요가 있다. 그러니까 국력, 국가이익, 보편이익, 협력과 갈등이라는 잣대만으로 국제관계를 파악할 수 없고, 한 국가의 정책을 결정하는 사람들, 또는 그 나라 국민들의 인식(perception), 더 깊이 들어가면 그들이 생각하는 정체성이 뭔가를 가지고 풀어내자는 것이죠.

이런 것이 최근의 트렌드인데, 많은 사람들이 정체성을 강조하죠. 리차드 네드 레보우(Richard Ned Lebow)라고 하는 다트머스대학교 명예교수가 2008년에 상당한 역작을 냈어요. 국제관계 문화이론(*A cultural theory of international relations*)이라는 책을 썼어요. 이 분이 보니까 국가 간의 전쟁이 국가의 욕망(appetite), 두려움(fear) 같은 것들 때문에 일어나는 것보다는 그 국가의 명예(honor), 존엄(dignity), 위상(status), 이런 비물질적인 가치가 손상됐을 때 전쟁이 일어날 가능성이 많다는 거예요. 2010년에 그 사람이 또 책을 하나 냈어요. 왜 국가는 싸우는가(*Why Nations fight?*)라는 책을 썼는데, 동양은 많이 다루어지지 않았습니다만, 펠로폰네소스 전쟁 이래 이라크 침공까지 한 96개 주요전쟁을 다 분석을 하는데, 그중에 국가이익이나 또는 국력의 추구 때문에 일어난 전쟁은 11개밖에 안돼요. 거의 80%가 정체성, 위상, 존엄, 위신, 이런 것과 관련해서 일어난 전쟁이라는 거예요. 이것은 지금 논쟁이 많습니다만, 구성주의라는 것은 바로 이런 것을 보는 것이죠.

김대중 대통령은 자유주의자

이렇게 국제정치에 있어서 세 가지 큰 사상적 흐름을 얘기했는데, 그러면 김대중 대통령은 어떤 대통령이셨나? 이것에 대해서는 논쟁점이 많은데요. 저는 김대중 대통령을 본질적으로 자유주의자라고 봅니다. 그는 국제체제를 약육강식의 무정부상태로 보지 않았다. 일련의 규범, 원칙, 규칙, 그리고 공동의 이익과 연계망 등이 국제사회에 존재하고 있기 때문에 국가 간 협력과 조화는 얼마든지 가능하다고 보았던 것이다. 토마스 홉스가 주장했던 만인의 만인에 대한 투쟁 또는 적자생존의 사회적 다윈주의가 국제정치 기본질서가 되어서는 안 된다는 신념을 뚜렷하게 보여주고 있다. 쉽게 말해 김 대통령은 인간이 기본적으로 선하기 때문에 진실한 자세로 교류와 협력을 해 나가면 신뢰를 구축하고 평화를 가져올 수 있다고 믿었던 것입니다. 이 점은 김 대통령의 자서전을 보시면 자세하게 나와 있습니다.

김 대통령의 자유주의 철학은 평화공존, 평화교류, 평화통일의 평화 3원칙을 기초로 하는 햇볕정책에서도 잘 나타나고 있습니다. 전쟁을 거부하는 평화 우선주의, 흡수통일과 무력통일을 공히 배제하는 점진적 합의통일론, 그리고 평화통일의 수단으로써 교류협력 극대화 등이 그 중요한 골자입니다. 특히 김 대통령께서는 군사적 억지력을 통해 평화를 유지하는 것도 중요하지만 한반도의 불안정한 평화를 남북한 신뢰구축, 군비통제, 평화체제를 통해 안정적으로 관리해 나가는 피스메이킹(peace-making) 과정에 역점을 두었습니다. 임동원 이사장께서도 『피스메이커』라는 책을 썼습니다만 그것이 핵심입니다. 이명박 정부나 어떻게 보면 박근혜 정부도 보통 한미동맹 강화를 통해서 대북 군사 억제력을 갖겠다는 것이 기본 개념인데, 김대중 대통령은 이미 그것만 가지고는 안 된다, 아무리 한미동맹이 강해도 우리에게 영원한 안보딜레마를 가져왔다고 보신 거예요. 동맹이라고 하는 것은 공동의 적과 공동의 위협을 기본적으로 상정하는 것이니까요. 한미동맹을 돈독히 하면 할수록 북한이라는 실질적인 위협, 그리고 중국이라는 잠재적 위협을 부각시킬 수밖에 없는 것이지요. 우리가 그들을 실질적, 잠재적 위협으로 간주하면 그들은 우리를 어떻게 보겠습니까? 그렇기 때문에 동맹 논리를 따르다보면 결국 우리는 안보딜레마에서 빠져나올 수 없었던 거죠. 바로 이것 때문에 김대중 대통령께선 피스메이킹이라는 것을 강조하셨던 겁니다. 그리고 시장경제와 민주주의 확산을 통해 통일과 안보공동체를 형성해 나가는 평화구축을 장기적, 대승적 목표로 두었던 것입니다.

김대중 대통령은 독일식 통일방안인 흡수통일에 대해 반대 입장을 취해 왔습니다. 고질화된 남북한의 이질화 현상, 높은 비용과 불안정성, 그리고 이러한 정책 추진 시 예상되는 남북한 간의 불신의 증폭 등을 감안할 때 흡수통일론이 현실적 대안이 될 수 없고, 베트남식의 무력통일은 더더욱 수용할 수 없다는 입장을 취했습니다. 통일은 한민족의 평화와 공동번영을 위한 수단이지 그 자체가 목적이 될 수 없기 때문에 평화와 번영을 파괴하는 전쟁을 통해 민족통일을 달성하겠다는 것은 빗나간 통일지상주의와 다를 바 없다고 보았던 것입니다.

김 대통령께서는 교류협력의 확대와 사실상의 통일을 모색해 왔습니다. 그러기 위해서는 1992년 남북기본합의서의 실천을 통해 경제, 사회·문화, 정치분야에 있어서의 교류협력을 강화해 나가고 남북한 간의 군사적 신뢰구축을 모색해야 된다고 믿었던 것입니다. 이 과정에서 김 대통령께서는 독특한 양태의 상호주의를 적용했습니다. 그 핵심은 선공후득(先供後得)이라는 것입니다. 먼저 베풀고 나중에 취하자. 이명박 정부나 박근혜 정부에서는 경제적 관계를 강조하고 있죠. 우리가 100달러어치 주면, 100달러어치 북에서 받아와야 된다. 그것이 소위 원칙 있는 남북관계고 그것이 원칙 있는 상호주의라고 얘기하는데, 김대중 대통령께선 그렇게 보시지 않았어요. 먼저 베풀자. 지금 우리가 100원 주고 10원 북에서 받아온다고 하더라도 시간이 지나서 신뢰가 쌓이면 우리 100원 준 것이 만 원으로 되돌아올 수 있다. 남북 간의 교환, 같은 민족끼리의 교환이라고 하는 것이 칼로 자르는 듯한, 시장에 있어서의 경제적 교환관계, 100달러어치 주고 100달러어치 물건 받는 그런 상호주의여선 안 된다. 사회적 교환관계처럼 있으면 베풀고, 없을 때는 얻어 쓰고, 그러면서 거기에서 신뢰를 구축하고 공동체를 구축하는 것이 더 바람직하지 않느냐. 거기에서 나온 것이 바로 선공후득 개념이에요.

두 번째는 쉬운 것부터 먼저하고 어려운 것은 서서히 하면 된다. 이게 선이후난(先易後難)이죠. 박근혜 정부에서 이걸 강조하고 있는데 이게 김대중 대통령께서 주장하신 것하고 맞는지 안 맞는지는 두고 봐야 할 것 같아요. 그다음 김 대통령께서 강조하신 것이 선경후정(先經後政)이죠. 경제부터 하고 정치는 나중에 하자. 이것의 대표적인 실패가 이명박 정부에서 나왔었죠. 비핵개방3000에서 핵문제가 해결되기 전에는 아무것도 안 한다. 선핵 그다음에 남북한관계, 이렇게 해서 결국 이명박 정부 5년 동안 모든 판이 깨지고 남북한 간 최고의 긴장관계에 있었거든요. 박근혜 대통령은 김대중 대통령 하신 것과 비슷하게 하려고 그래요. 그러니까 남북관계하고 북핵은 별도일 것이고, 두 개를 병행해서 추진하겠다고 하는데 아직까지 이에 대한 구체적 그림은 안 나타나고 있습니다.

그 다음이 선민후관(先民後官)이에요. 이것은 김대중 대통령과 노무현 대통령이 강조했던 건데요. 관이 어려우면 민부터 시작하자. 민간인들이 왔다 갔다 하면 관은 더불어 오갈 수 있는 것 아니냐. 우리가 이런 말이 있잖습니까? 바다가 높으면 배는 저절로 높은 것이라고. 민간부문의 교류협력이 많이 활성화되면 관은 저절로 갈 수밖에 없거든요. 또 북에서도 당국자가 나올 수밖에 없는 것이거든요. 그런데 이명박·박근혜 정부는 둘 다 선관후민(先官後民)이에요. “당국자끼리 뭘 만들어놓을 테니 그다음에 문 교수님도 평양 가십시오.” 이거예요. 저 같은 경우 평양에 가는 오픈 인비테이션(open invitation)이 있는데 방북허가를 안 해줘요. 이것은 엄격한 허가도 아니고 신고제인데 신고도 접수를 안 해버리면 그건 또 벌금 삼백만 원. 접촉하는 것도 그래요. 신고 안 하면 삼백만 원 이하의 벌금을 부과한다고 되어 있는데 이것은 문제가 좀 있는 것 같아요. 그런 점에서 박근혜 정부의 한반도 신뢰프로세스라는 것에 찬성을 함에도 불구하고 선관후민, 당국자 우선주의로 나가는 것은 좀 이해하기 어려운 부분인 것 같아요.

김 대통령은 정경분리도 대표적으로 추진을 했죠. 현 정부는 정경은 연계하는 것 같아요. 이명박 정부 때는 아주 심하게 연계했고요. 5·24 조치가 대표적인 것 중의 하나겠지요. 김대중 정부 때는 서해에서 교전이 있었는데도 금강산 가는 건 계속 가자. 그것만이라도 해서 평화의 바다를 만드는 것이 중요하지 않느냐. 그리고 전투를 하더라도 북 측하고 핫라인을 구축해놓고 있어야 전쟁을 막을 수 있을 것 아니냐. 2차 교전 같은 경우 그 핫라인이 잘 가동이 되어서 추가로 확전되는 것도 막을 수 있었던 것이지요. 김대중 대통령께서 강조했던 이런 것들이 자유주의 성향이 아닌가 생각합니다.

김대중 대통령은 남북관계뿐 아니라 동아시아에 있어서도 협력과 통합의 질서를 강조했습니다. 특히 자유주의자는 통합과 협력을 강조합니다. 동아시아공동체 구상이 대표적인 사례죠. 동아시아 비전그룹은 김대중 대통령이 제창해서 만드신 거예요. 그리고 아세안 10개국하고 한중일 3국이 같이 가는 아세안+3(ASEAN+3)의 제도화도 사실상 김대중 대통령과 마하티르(Mahathir bin Mohamad) 말레이시아 총리가 함께 했던 거예요.

뿐만 아니라 안보 면에서도 공동안보, 포괄안보, 협력안보를 기초로 한 동북아 다자안보협력 구상에 적극적인 자세를 보였습니다. 공동안보, 포괄안보, 협력안보라고 하는 것은 동맹과는 다른 겁니다. 동맹을 넘어서 일종의 안보공동체를 만드는 겁니다. 이걸 집단안전보장체제(collective security system)라고 하는데요. 집단안전보장체제라는 건 뭘 의미하느냐 하면, 이 지역에서는 하나의 안보공동체를 구축한다. 그러나 그중의 한 국가가 공동체의 다른 국가에 대해서 침략을 했을 때는 다른 모든 공동체 참여 국가들이 그 국가에 대해서 응징을 한다. 이 개념이 유엔헌장에 들어가 있어요. 그런데 유엔헌장에 따라 이 개념이 실질적으로 이행된 것은 역사상 딱 한 번이에요. 6·25전쟁이죠. 6·25 당시 16개국이 참전해서 북한이라고 하는 소위 침략국에 대해서 집단 응징을 가했던 사례밖에 없었거든요.

그런데 동맹이라고 하는 것이 영구적인 안보딜레마를 가져온다고 보면, 이것을 극복해서 상존하는 안보와 평화를 가져오려면 결국 집단안전보장체제밖에 없거든요. 김 대통령께서는 이런 현실을 인식해서 한미동맹이 중요하지만 궁극적으로 가야할 것은 공동안보, 협력안보, 포괄안보라고 보셨죠. 그런데 요즘 이것을 주창하는 분이 시진핑(習近平) 중국 국가주석이에요. 중국 외교정책의 기본으로 공동안보, 포괄안보, 협력안보를 들고 나왔죠. 이건 상당히 자유주의적인 성향이죠.

그리고 일부 진보세력의 비판이 있긴 했지만 김대중 대통령께서는 세계화의 흐름을 거부하지 않고 오히려 정면에서 수용하여 무한경쟁의 새로운 패러다임에 전향적으로 적응해 나간 바 있습니다. 또한 세계화가 야기하는 숱한 도전들, 특히 민주주의, 인권, 디지털 디바이드(Digital Divide)를 다자주의 협력을 통해 해결하려고 노력했던 것입니다. 소위 빈국과 부국의 차이가 옛날에는 경제력에서 구분이 됐고 과학기술로 구분이 됐는데, 정보화 시대에는 정보에 의해서 구분되고 있습니다. 왜냐하면 과학기술과 국가의 부라고 하는 것이 정보통신혁명기에 들어간 국가와 못 들어간 국가 간에 차이가 나거든요. 이런 디지털 디바이드를 제일 먼저 들고 나왔던 것이 사실 김대중 대통령이에요. 빌 게이츠가 이걸 들고 나왔던 것은 한국이 정보통신 쪽에서 앞서 가고 있으니까 디지털 디바이드, 정보통신 기술에 있어서의 양극화 현상을 극복하는 데 우리가 공헌하겠다고 선언하고 나서였거든요. 그다음에 개발협력 같은 것들을 김대중 대통령께서는 적극적으로 추진하셨죠. 그런 점들을 자유주의라고 볼 수 있는 겁니다.

김대중 대통령은 영토와 주권의 보존, 번영과 복지의 추구, 국격의 신장과 같은 국익을 소중히 여겼습니다. 그러나 이러한 국익의 추구가 지역의 이익, 세계의 이익과 상충되는 것을 바라지 않았습니다. 이들 사이의 상호보완성을 인정하고 공통분모가 있다는 전제하에 외교정책을 전개했던 것입니다. 따라서 배타적 민족주의, 중상주의, 패권주의를 배격했던 반면 국가, 지역, 세계수준에서 윈윈(win-win)과 상생과 공영이 가능하다고 믿었던 것입니다. 아마 이런 점에서 김대중 대통령은 아시아를 대표하는 탁월한 자유주의 지도자라고 평가할 수 있을 것입니다.

자유주의적 토대 위에서 국익과 정체성을 존중

그러면 김대중 대통령은 자유주의적이기만 했는가? 저는 그렇지는 않다고 봅니다. 보통 자유주의자들은 구성주의적 성격을 강하게 띱니다. 김대중 대통령은 자유주의자이지만 그 저변에는 강력한 구성주의적 정서가 있었습니다. 국제정치사상의 최근 사조인 구성주의는 국제관계에서의 조화와 협력은 상대방의 정체성을 인정하고 존중할 때 가능하다는 것을 이론적 기초로 삼고 있습니다. 사실 2차대전 이후 발생한 전쟁의 90%가 세력다툼이나 국가 이익의 충돌 때문이 아니라 민족, 종족 정체성의 충돌에서 유래한 것이라고 집계되고 있습니다. 상대방의 정체성을 부인하면 상대방 역시 나의 정체성을 부인하기 마련입니다. 그리고 상대방을 위협으로 간주하면 상대방 역시 나를 위협으로 간주할 수밖에 없는 것입니다. 바로 이런 이유 때문에 김대중 대통령님이나 노무현 대통령님께서 주적이라는 표현을 쓰지 않으셨던 거예요. 우리가 북한을 주적이라고 하면 북한도 우리를 주적이라고 하는거죠. 이스라엘이 팔레스타인을 주적이라고 표현하지 않습니다. 이유는 간단해요. 우리가 한 국가를 주적이라고 간주하면 그 국가도 우리를 주적이라고 할 것이고, 그러면 두 주적 간의 갈등관계만 깊어지고, 군비경쟁만 생기죠. 한국의 보수적인 분들이 주적 개념을 고집하는 것을 보면 이해가 안 돼요. 국제관계의 대가라고 하는 사람들까지도 그런 주장을 하고 있으니 안타까운 일이 아닐 수 없습니다.

김대중 대통령께서 강조하셨던 것은 역지사지(易地思之)입니다. 상대방 입장에 자신을 놓고 자신을 바라본다는 역지사지를 조화와 협력의 국제관계에 있어서 주요한 작동원리로 파악하셨습니다. 『김대중 자서전』을 꼭 한번 읽어보세요. 2권에 국제관계, 외교관계 이야기가 있는데 제일 앞부분에 나온 다음과 같은 내용을 보면서 김대중 대통령께서 탁월한 식견을 가졌고 세계 어느 지도자보다도 구성주의적 성향이 강했다는 결론을 내리게 되었어요.

> 나는 각국의 정상들과 대화를 할 때 나름의 몇 가지 원칙이 있었다. 첫째는 어떤 경우에도 상대방에게 "아니다(NO)"라고 하지 않는 것이다. 둘째는 되도록 상대방 말을 많이 들어주는 것이다. 셋째, 상대방과 의견이 같은 대목에서는 꼭 "내 의견과 같다"고 말해 주는 것이다. 넷째 할 말은 모아 두었다가 대화 사이사이에 집어넣고, 그러면서도 꼭 해야 할 말은 빠트리지 않는 것이다. 다섯째 회담 성공은 상대의 덕이라는 인상을 주도록 하는 것이다. 여섯째가 가장 중요한데, 상대를 진심으로 대하는 것이다.[2]

이게 핵심이에요. 정상회담 회의록을 가지고 노무현 대통령이 김정일 앞에서 자기비하를 했다고 비난하는데, "저는"이 나쁜 표현입니까? 박근혜 대통령은 안 그러겠어요? 그걸 가지고 문제를 삼는 사람들이 세상에 어디 있어요! 상대방을 올려주는 게 인간의 도리죠. 우리 한국사회에서도 그렇지 않습니까. 젊은 사람이 상대방에 존댓말을 써주면, 젊은 사람이 "저의 입장은 그렇습니다"라고 하는 것이 좋은 것이겠어요, "난 그런데"라고 반말을 하는 것이 좋은 것이겠어요? 대한민국 대통령만이 아니고 전 세계 지도자들이 김대중 대통령이 여기 적시해놓은 여섯까지 원칙을 따라야 할 것입니다. 이건 외교의 기본입니다. 그런데 많은 국가들이 이 외교의 기본을 지키지 못해서 판이 깨지는 경향이 있거든요.

제가 김대중 대통령을 수행해서 1차 남북정상회담 때 북한에 갔었어요. 그 말씀 좋아하시는 분께서 거의 들었습니다. 자서전에서 말씀하신

2 [편집자] 김대중 저 · 신길순 편, 『김대중 자서전 2』 (서울: 삼인, 2010), 315쪽.

것들은 1차 남북정상회담 때 김대중 대통령께서 거의 교조적으로 적용하셨던 원칙들이거든요. 노무현 대통령도 2차 정상회담 가셨을 때 김대중 대통령님이 하셨던 것을 엄청나게 학습을 하고 가셨어요. 그러니 김정일에게 가서 절하고, 김정일도 가끔 "나"라고 했다가 "저"라고 했다가 하고, 우리 대통령도 그렇게 왔다 갔다 한 것인데 그 것을 흠잡아서 이렇게 비난을 하니 이것이 제대로 가고 있는 나라입니까? 해도 너무 하는 거예요.

음원기록 공개하라고 하는데, 박근혜 대통령 것도 임기 끝날 때 공개해보죠. 그러면 박근혜 대통령은 할 말을 아무것도 못합니다. 연극배우가 되는 겁니다. 써주는 대로 코치 받은 대로 완전히 각본에 의해서 움직이는 꼭두각시밖에 안됩니다. 그런 대통령을 대한민국 국회가 원합니까? 음원공개요? 그러면 그 도야코에서 후쿠다(福田康夫) 총리하고 했던 이명박 대통령 독도 발언부터 시작해서 요미우리신문에 나왔던 내용 다 공개해 보죠. 캠프 데이비드에서 회담했던 것도 음원이 분명히 있을 거예요, 미국은 모든 것을 녹음하니까. 그것도 공개하라고 하죠. 역지사지, 구성주의적 자세가 없기 때문에 이런 현상이 생기는 거예요. 4년 후면 세상이 또 바뀌어서 어떻게 될지 모르는데 겸손하고 겸양을 해야지요.

김대중 대통령을 연구해야 되는 이유가 거기에 있는 거예요. 아마 이런 자세가 김 대통령을 존경받는 국제적 지도자로 만들었던 것이 아닌가 생각합니다. 물론 이러한 자세가 정치적 부담으로 작용하기도 했습니다. 북한인권 문제가 그것입니다. 김 대통령이 평소 강조했던 자유 등 보편적 가치 측면에서 보면 북한 인권은 즉각적인 비판과 규탄의 대상이 되어야 했습니다. 그러나 김 대통령께서는 미얀마의 민주주의와 인권문제에 대해서는 목청을 높이면서도 정작 북한인권 문제에 대해서는 소극적 자세를 취했습니다. 보수진영에서는 이를 두고 김 대통령을 위선적 자유주의자 또는 이중가치론자라고 폄하해왔습니다. 이러한 비판에도 불구하고 김 대통령이 신중한 자세를 취할 수밖에 없었던 것은 북을 역지사지 입장에서 배려하는 구성주의적 경향이 있었기 때문입니다. 국민의 정부가 북한의 인권과 민주주의를 정면에서 제기할 경우 북한은 이를 자신의 체제를 압살하기 위한 내정간섭으로 인식하고 교류협력을 단절하고 적대적으로 돌아설 것이 분명했기 때문입니다.

상대를 정면에서 비판하면서 대화하자고 제의하면 그 대화가 성사되기 어렵습니다. 이런 점을 미국이 배워야 할 것입니다. 미국이 북한하고 협상하는데 북한도 배워야 할 것이고요. 북한도 그렇게 남한과 미국을 비난하면서 평화 공존을 주장하니 그것도 말이 안돼요. 북한도 빨리 김대중 대통령에 대해 학습을 해야 될 것입니다. 더구나 인권문제 제기가 북한 내부의 실질적 인권개선으로 연결되지 않고 오히려 북측 주민들에 대한 인도적 지원마저 위태롭게 할 수 있기 때문에 김대중 대통령께서 그런 선택을 할 수밖에 없었습니다. 그 점은 자서전에 보면 자세히 나와요. 참고하시면 될 거예요.

자, 지금까지 보셨듯이 김대중 대통령은 자유주의자이고 구성주의자다. 그러면 국익을 포기했느냐? 그것은 아니라는 거죠. 김대중 대통령은 자유주의, 구성주의, 현실주의를 다 구비한 복합적 지도자라고 하는 것이 큰 의미가 있어요. 그리고 이 셋을 참 잘 조화시키셨던 것 같아요. 김대중 대통령의 외교정책을 자세히 잘 들여다보면 국익중시의 현실주의적 면모도 강하게 나타납니다. 특히 현실주의는 무정부적 국제관계에서 살아남기 위해서는 국력, 특히 군사력의 증강을 통해 자력갱생해야 한다고 처방하고 있습니다. 그리고 어떠한 국가도 완벽한 국력을 확보할 수 없기 때문에 동맹을 추구해야 하며 동맹은 곧바로 세력균형의 논리와 연결되는 것입니다.

햇볕정책의 제1원칙은 북한의 어떠한 무력도발도 용납하지 않겠다는 것입니다. 지금 대한민국에서 햇볕정책에 대해 물어보면 제1원칙 기억하는 사람이 하나도 없습니다. 심지어 김대중 정부 때 일했던 사람들에게 물어봐도 햇볕정책의 제1원칙이 북한의 군사적 도발 용납하지 않는다는 제로 톨러런스(zero tolerance)라는 것을 기억하는 사람들이 별로 없어요. 그게 넘버원이었어요. 이것은 두 가지를 함의하는데, 그 하나는 어떠한 수단을 써서라도 북한에 의해 한반도에서 전쟁이 발발하는 것을 막아야 한다는 의지의 표명이고, 다른 하나는 만에 하나 북한이 무력도발을 해올 경우에 이를 강력히 응징하겠다는 것입니다. 서해교전에서 볼 수 있듯이 북한의 군사도발은 강력히 응징했습니다.

그리고 김대통령은 전쟁 발발을 예방하고 평화를 유지하기 위해 한미동맹의 강화를 일관되게 강조해왔습니다. "주변 강대국들이 패권 싸움을 하면 우리 민족에게 고통을 주게 되지만, 미군이 있음으로써 세력균형을 유지하게 되면 우리 민족의 안전도 보장 받을 수 있습니다."[3] 이것은 2000년 남북 정상회담 시 김대중 대통령께서 김정일 위원장에게 했던 말입니다. 김정일 위원장도 이에 대한 화답을 했습니다. "김대통령께서는 통일이 되어도 미군이 있어야 한다고 말씀하셨는데 그것은 제 생각과도 일치합니다."[4] 두 정상이 공유했던 현실주의의 모습입

3 [편집자] 위의 책, 291쪽.
4 [편집자] 위의 책, 290쪽.

니다. 중국, 일본 등 주변국가의 개입이 우리 역사 속에 많았기 때문에 오히려 멀리 떨어져 있는 동맹으로서의 미국이 우리에게 더 안전할 수 있다는 인식이 김대중 대통령과 김정일 위원장에게 있었다는 것을 알게 해 주는 내용이라고 봅니다.

김 대통령의 현실주의는 '4대국 보장론'이라는 것에도 잘 나타나 있습니다. 1971년 대선에 야당 후보로 출마했던 김 대통령은 당시 반공 일변도의 냉전구조 하에서 감히 엄두도 낼 수 없었던 4대국 보장론을 들고 나왔습니다. 이 구상은 4대국, 즉 미국, 중국, 일본, 소련에게 한반도를 차지하고자 청일전쟁, 러일전쟁 같은 위험한 도발을 하지 않고 또 남과 북을 부추겨서 전쟁을 일으키지 않겠다는 약속을 받아 내겠다고 하는 것으로, 4대국에게 일종의 불가침조약을 요구한 것과 다를 바 없습니다. 당시 박정희 후보는 이 제안을 조국의 국방을 외국에 맡기려는 사대주의적 발상이며 미치광이 짓이라고까지 폄하했습니다. 역사를 보는 김 대통령의 혜안과 통찰력을 알 수 있는 대목입니다. 김 대통령 스스로 자서전에서 지적하고 있듯이 6자회담은 4대국보장론의 진화론적 변형이라고 볼 수 있기 때문입니다.

그때 김대중 후보가 4대국 교차승인론도 주장했어요. 중국과 소련은 한국을 인정하고 미국과 일본은 북한을 외교적으로 승인하는 방안을 들고 나온 것입니다. 이것이 1971년이었어요. 키신저가 1975년 9월 유엔총회 연설에서 남북한에 대한 교차승인을 제안했었죠. 그러니까 김대중 대통령께서 헨리 키신저보다 4년 앞서서 이 안을 내신 것이죠. 헨리 키신저는 닉슨 행정부의 데탕트라고 하는 외교정책을 만든 사람인데 그분보다도 한 4년 먼저 김대중 대통령께서 4대국 교차승인론을 들고 나왔으니까 그만큼 외교적 혜안이 있으셨던 거죠.

이렇게 보면 김대중 대통령께서는 다양한 외교책을 동시에 추구하고 있었던 것입니다. 모순적으로 보일 수 있으나 자신의 가치와 국익추구를 절묘하게 조화시킨 것이라고 하겠습니다. 그분이 즐겨 이야기하시던 선비의 양심과 상인의 지혜가 그의 외교철학에도 잘 녹아있는 대목입니다. 자유주의와 구성주의는 선비의 양심에서, 그리고 현실주의는 상인의 지혜에서 나온 것이 아닌가 하는 생각이 듭니다. 김 대통령이 노벨 평화상을 수상하고 국제사회의 존경을 받는 것은 이러한 철학적 성찰과 냉철한 실천력에 기초한 글로벌 리더십의 결과라 할 수 있을 것입니다. 그가 떠나고 없는 자리가 이렇게 크게 보이는 까닭이 여기 있는 것 아닌가 생각합니다.

제2장

한·미외교:
한반도와 주변의 틀과 판이 바뀌고 있다

양성철 | **전 주미대사**

1948년 8월 대한민국 정부가 출범한 뒤 지금까지 역대 대통령은 현 18대 대통령을 포함하여 열 한 분입니다. 김대중 전 대통령은 임기 순으로는 15대이고, 사람 순으로는 여덟 번째 입니다. 정치를 크게 외교와 내치로 이론적으로는 구분하지만, 현실 속에서는 외교와 내치가 따로따로가 아니고, 서로 얽히고설켜 있습니다. 21세기 다(多)우주, 초고속, 최첨단 '전자인'(the homo electronicus) 시대의 외교와 내치는 더더욱 그렇습니다.

인구 72억이 넘는 오늘의 지구촌에는 유엔 회원국 숫자로 보면, 193개 나라가 가입되어 있고, 유엔 비회원국(비가입국), 속령, 신탁통치령 등을 합치면 230여 개 국가, 준(準)국가, 기타 정치조직들이 있습니다. 『2013 외교백서』에 의하면, 현재 대한민국은 189개국과, 북한은 162개국과 수교를 하고 있습니다. 이들 가운데 우리나라는 미국 등 161개 나라에 상주공관(대사관, 총영사관, 대표부 등)을 두고 있고, 북한은 49개를 갖고 있습니다.

김대중 정부 5년 중 전반기는 이홍구 대사가, 후반기는 제가 대한민국 주미대사로 일한 바 있습니다. 하여, 오늘 밤 이 자리에 이렇게 서게 됐습니다. 오늘 저는 김대중 정부 후반기(2000.8—2003.4) 주미대사로서 김대중 대통령의 한미외교라는 주제로 여러분에게 몇 마디 하게 되어있지만, 이 기간 동안의 내 역할에 대해서는 이미 출간된 책자에서 비교적 상세히 밝힌 바 있기 때문에, 여기서는 대충 그 중요한 몇 가지 사안만을 여러분들에게 소개하고자 합니다.[5] 그리고 김대중 대통령과 키신저 전 국무장관과의 대화내용 한 부분만 소개해 드리기로 하겠습니다.[6] 그다음에, 지금 한반도를 둘러 싼 동북아에서 미국과 중국, 그리고 일본, 러시아 등, 100년 전 제국주의 시대의 각축은 아니지만, 어찌 보면 그보다 훨씬 더 첨예하고 심각한 전략적 지각변동(tectonic strategic shift)이 알게 모르게 진행되고 있기 때문에, 이 문제를 집중적으로 살펴보겠습니다.

---

5 북미 정상회담 불발에 대한 보다 상세한 분석은 다음을 참고 바람. Korea Economic Institute of America, ed., *Ambassadors' Memoir: U.S.-Korea Relations through the Eyes of the Ambassadors* (Washington, D.C.: Korea Economic Institute of America, 2009), pp. 145–176. 한글번역본은 Korea Economic Institute 편·최경은 역, 『대사관 순간의 기록: 한미 외교 비사의 현장들』(서울: 매일경제신문사, 2010).

6 키신저 박사의 저서는 미국 대학원 유학시절부터 몇 권 읽었지만, 내가 정식으로 한두 마디 대화를 나누며, 그를 만난 것은 이 자리가 처음이었다. 미국대사 재임 중 한 번 미 국방부 정책자문위원단 리셉션에 초대 받아, 그와 서로 잠시 서서 환담을 나눈 것이 첫 상면이었다. 주미대사 직이 끝날 무렵, 대사관 비서실을 통해 당시 미 월마트 회장과 나와 키신저 셋이 만나자는 저녁식사 초대도 받았지만 내가 사양했었다. 마지막으로, 노무현 대통령 당선자 인수위에서 대통령 취임식에 키신저 박사를 초청하겠다며 그 주선을 요청하여, 대사관 실무진이 접촉한 일도 있었다. 그러나 그가 자신 외에도 비서와 경호원 등 최소한 3인의 초청을 조건으로 제시해 무산된 바 있다.

이 문제를 우리의 최대, 최고의 국가적, 국민적 과제인 조국의 평화통일에 초점을 맞춰서 사람, 터, 틀, 판이라는 순수한 우리 한글개념을 가지고 제 나름대로 생각하는 오늘의 이 안팎 이야기를 여러분과 나누고자 합니다. 제가 이런 이야기를 하려는 것은 김대중 대통령이 1970년대 초부터 주창하신 남북한 평화통일을 이룩하기 위한 이른바 당시 미국, 소련, 중국, 일본 4대국 안전보장 구상과 그 뿌리와 맥이 같다고 생각하기 때문입니다.[7]

주미대사 재임기간의 현안 타결 또는 해소

먼저 저의 재임기간은 미국 민주당 클린턴 정부의 말기 5개월(2000.8-2001.1)과 이를 이은 공화당 부시 정부 1기의 26개월(2001.1-2003.4)과 겹친다는 것을 알려드립니다. 두말할 필요도 없이 이 기간 중 가장 두드러진 사건은 2001년 9·11 참사입니다. 이 사태는 미·소를 중심축으로 한 자유진영 대 공산진영 사이의 이념·군사 각축대결의 냉전시대를 접은 뒤, 미 대통령 부시가 선언한 이른바 "전 지구 차원의 테러와의 전쟁"(Global War on Terror)이 시작되는 극적인 계기를 마련합니다. 구체적으로, 부시는 테러와의 전쟁을 냉전시대의 "이념전쟁" 수준으로 격상시켜, 이라크 전쟁과 아프가니스칸 전쟁을 선도하게 됩니다.

2001년 9·11 참사는 미국 국민에게는 유례를 찾기 힘든 충격적인

7 4대국 안전보장 구상에 대해서는 다음을 참고 바람. 류상영 외 『김대중 연보(1924-2009), 1』(서울: 연세대학교 김대중도서관, 2011), 266쪽.

참상이었고, 결과적으로는 안타깝게도 그 불똥이 우리에게도 하루아침에 떨어졌던 셈입니다. 2000년 6·15 남북정상회담으로 무르익은 한반도에서의 남북 간 평화, 화해, 협력의 전환기에 찬물을 끼얹고, 어두운 그림자를 드리우는 상황을 낳게 됩니다. 부시 미 대통령은 2002년 1월 29일 미 의회 양원합동회의 연두교서에서 이란, 이라크, 북한을 "악의 축"이라고 단정하여, 보험용어로 말하면, 남북한은 9·11 참사의 직접적인 가해자나 피해자는 아니지만, 이 참사의 최대 피해국인 미국 다음으로 가장 큰 날벼락을 맞은 꼴(collateral damage)이 됩니다.

이러한 극히 어려운 국제환경, 동북아와 한반도 정세 속에서도 김대중 전 대통령은 그 특유의 흔들림 없는 혜안(vision), 조용한 뚝심과 끈기, 그리고 보기 드문 정치경륜의 무게로 햇볕정책을 5년 임기 동안 끝까지 고수하고 선방(善防)했다고 저는 생각합니다. 구체적으로, 제가 주미대사로 재임하는 동안 한미 간 정상회담은 세 번 성사되었습니다. 2000년 9월 8일 뉴욕(the Waldorf Astoria Hotel)에서의 김대중-클린턴 정상회담, 2001년 3월 7일 김대중-부시 정상회담(the White House), 2002년 2월 20일 김대중-부시 정상회담(청와대)입니다.

하나 안타까운 것은 김대중 정부가 적극 주선한 클린턴-김정일 정상회담이 2000년 말 무산된 것이겠습니다. 당시 무산된 배경과 배후에는 안팎 여러 요인이 작용했습니다.[8] 한마디로, 클린턴 정부와 부시 정부는 판이 달랐습니다. 틀도 바뀌었습니다. 부시 정부는 대북정책을 포함, 클린턴 정부의 안팎 정책을 송두리째 뒤집는 이른바 "ABC"(all but Clinton) 접근을 했고, 9·11 참사를 계기로, 그러한 방향으로 일방적으

8 Korea Economic Institute of America, *Ambassadors' Memoir*, pp. 147-148.

로 더욱 거세게 몰아붙이는 상황이었습니다.

당시 한미 간 현안인 노근리 사건 진상조사와 미국 정부의 사과, 한미 SOFA(ROK-U.S. Status of Forces Agreement) 개정, 우리정부의 미사일기술통제체제(Missile Technology Control Regime, MTCR) 정회원 가입과 한미 간 미사일 양해각서 개정(탑재량 500kg, 사정거리 180km에서 300km까지 연장), 미 연방 항공국(FAA) 한국항공 안전평가 등급 상향 조정(Category 1) 등을 클린턴 재임 중에 모두 일단락을 지었다는 것이 천만다행이었다고 저는 생각합니다.[9]

그러나 먼 훗날 저의 주미대사 재임 중 가장 보람된 일은 (물론 당시 그 일을 도맡아 열심히 해낸 이수호 농무관의 노력의 결실인 것은 두말할 필요도 없지만) 아마도 한국 김치 규격이 국제식품규격으로 채택된 것이었다고 생각합니다. 2000년 9월 11-15일 워싱턴에서 열린 제20차 세계 코덱스연례회의(Codex Alimentarius Commission, Joint Food and Agriculture Organization/World Health Organization Food Standards Program of the United Nations)가 열립니다. 이 회의에서 한국이 제시한 김치 규격이 코덱스 국제식품규격(Codex standard) 최종단계(8단계)를 통과하여, 2001년 7월 2-7일 제네바에서 열리는 제24차 CAC 연례회의에서 정식으로 채택되었습니다. 저는 그때 10년 안에 우리 김치도

---

9 2012년 10월 5일, 한미 간 미사일협정 개정에서 탑재량은 500kg(1,102 파운드)로 유지하되, 사정거리는 다시 300km에서 800km(497 마일)로 연장하는 데 합의했다. 참고로, 한국의 현무-2는 사정거리 800km, 북한의 대포동-2는 6,700km, 중국의 Dong Feng-5A는 13,000km, 러시아의 SS-18은 16,000km, 미국의 LGM-30G는 13,000km, 일본의 H-II rocket은 10,000km이다. Kim Hee-Jin, "U.S. allows 800km for Seoul's ballistic missiles," *Korea Joongang Daily* (October 8, 2012).

스시나 피자처럼 전 세계인이 즐기는 가장 인기 있는 음식물의 하나가 될 것이라고 예측했었습니다. 농림축산식품부에 의하면, 2011년도 우리나라 김치 총 수출액이 1억 달러(U.S. $105million)를 넘었고, 2012년 농림수산식품 총 수출액은 59억 달러를 넘었다는 사실이 제 예측이 맞았다는 점을 어느 정도 입증하는 것 같습니다.

한편, 부시 정부 때는 불행히도 이른바 "고농축 우라늄 케이퍼"(the HEW Caper)가 불거져 나와 남북 간 평화협력 프로세스가 계속 무너지기 시작합니다. 이 케이퍼(狂態)를 근거로, 부시 정부는 1994년 북미 제네바합의로 그때까지 미국이 북한에 제공해온 중유 50만 톤의 공급을 2002년 11월 일방적으로 중단하고, 이는 다시 한반도에너지개발기구(KEDO)의 북한 경수로 2기 건설 중단 등으로 이어집니다.[10] 북한은 국제원자력기구(IAEA) 탈퇴, 이 기구의 영변 핵 시설 감시원 추방, 감시 카메라 등 모든 장비와 기구 제거, 영변 핵 시설 재가동 등으로 맞서서 북미관계는 다시 원점으로 되돌아가고 맙니다. 그리고 끝내는 2006년 10월 9일 한글날에 북한이 첫 핵폭장치(nuclear device) 실험을 자행하는 상황에까지 이르게 됩니다. 그 뒤 두 차례 더 지하 핵실험(2009년 5월 25일, 2013년 2월 12일)을 자행하고, 두 차례 탄도미사일 실험 발사(2006년 7월 15일, 2012년 12월 12일)도 강행합니다. 이에 따른 유엔안보리 제재(북한 3차 핵실험에 대한 UNSCR 2094, 2013.3.7; 북한 장거리 탄도

10 한반도에너지개발기구(The Korean Peninsula Energy Development Organization)는 1994년 북미 간 제네바합의로 북한이 흑연감속형 원자로(graphite-moderated reactor) 2기를 동결하는 대가로 미국이 제공하기로 한 1,000MW급 경수로(light water reactor) 2기를 북한 함경남도 신포 금호지구에 건설하기 위해 그 실무집행 다국적 기구로 1995년 설립된 국제 컨소시엄이다.

미사일 발사에 대한 UNSCR 2087, 2013.1.22; 북한 2차 핵실험에 대한 UNSCR 1874, 2009.6.12; 북한 1차 핵실험에 대한 UNSCR 1718, 2006.10.14; 북한 탄도 미사일 발사에 대한 UNSCR 1695, 2006.7.15)도 훨씬 누적적으로 강화되어 문자 그대로 북한 옥죄기도 이제 극에 달하고 있습니다.

북한이 막무가내로 유엔을 포함, 국제사회의 여론을 무시하고 핵실험과 장거리 탄도 미사일 발사를 강행하는 행위는 물론 결코 용납할 수 없습니다. 용납해서는 안 됩니다. 더구나 북의 핵실험과 장거리 탄도미사일 발사가 일본의 극우정권에 불필요한 빌미를 준 것도 북한 김정일-김정은 정권이 저지른 하나만 알고 둘을 모르는 치명적인 실책이라고 생각합니다. 그 무엇보다도, 한반도 비핵화는 꼭 지켜야 할 과제이고, 비핵화 자유민주주의 통일은 대한민국 정부의 확고한 원칙이어야 하고, 유일한 군사동맹국인 미국을 비롯하여 우방, 친선 관련국들의 공동목표여야 한다고 생각합니다.

그러나, 여기서 분명히 밝힐 것이 하나 있습니다. 김대중 정부에서 시작된 남북한 평화협력 프로세스에 최대, 최악의 걸림돌로 등장하여, 1994년 북미 간에 체결된 제네바합의를 깨고, 한반도 경수로 2기 건설 중도폐기를 가져온 사태—바로 2002년 10월 부시 정부가 제기한 고농축 우라늄 케이퍼—의 진실과 진상은 꼭 밝혀져야 한다는 것입니다. 한 때 안팎으로 온갖 호들갑을 떨고 떠들썩거리며 한반도 평화 프로세스를 깨부순 장본인들은 누구이고, 지금 어디 있는가를 따져보아야 합니다.

왜냐하면, 북한이 이제까지 지하 핵실험을 세 차례 자행했지만, 이것은 우라늄이 아닌 플루토늄 핵실험입니다. 국제사회는 이를 지금 규탄, 제재하고 있습니다. 앞에서도 밝혔듯이, 물론 이 제재는 당연하고, 북한 인민을 위해서도 옳은 조치입니다. 한반도 비핵화는 평화통일의 기본이요 기반이 되어야 하기 때문이기에 더욱 그렇습니다. 북의 김정일도 2000년 6·15 남북정상회담에서 김대중 대통령에게 "한반도 비핵화는 김일성 주석의 유훈"이라고까지 한 마당에 핵실험을 세 번이나 했으니 두말할 필요가 없습니다.[11]

지금 이 순간에도 북한이 비밀리에 우라늄 핵무기 제조에 급급하고 있다는 여러 가지 정황에 대해, 유엔안보리를 포함, 미국 등 정보기관에서 우려와 경고를 계속 제기하고 있는 것도 사실입니다. 그러나 이것은 아직도 의혹 수준입니다. 다시 강조하지만, 부시 정부가 북한 고농축 우라늄 핵개발(HEU) 의혹을 제기해서 제네바 합의를 깨고, 이에 맞서 북한은 3차에 걸쳐 플루토늄 핵실험을 자행하고, 이 와중에 남북한간 교류, 협력, 평화통일이라는 큰 흐름이 막히고, 오늘과 같은 최악의 상태로 뒷걸음치는 그 첫 계기가 된 고농축 우라늄 케이퍼에 직간접으로 간여한, 즉 그 배후에서 모의하고 표면에서 나팔수 짓거리 한 자들은 법적, 정치적, 역사적으로 준엄한 심판을 받아야 한다고 저는 생각합니다.

국제관계사에는, 특정사건을 "기정사실화"(fait accompli) 하여 특정 국가가 추구하려는 전략적, 정책적 목표를 달성하는 경우가 종종 있습니다. 겉으로 드러난 것만으로는 이해하기 힘든 전략적 목표를 숨기거나 물밑에 깔아 놓고, 인위적으로 조작 또는 과장하는 수법이나 책략을

---

11 김대중평화센터, "한반도 평화를 위한 13일간의 미국방문," 김대중 전 대통령 미국 순방 자료집(2007년, 김대중평화센터 자료 No. 007), 44쪽.

쓰기도 합니다. 우리가 통상 자유민주국가라고 칭하는 나라들도 역정보(disinformation), 의도적인 오보(misinformation) 등으로 그런 행위를 하는 데에서 예외는 아닙니다.

김대중과 헨리 키신저의 대화

제 이야기의 본론에 들어가기에 앞서, 고 김대중 대통령의 일화 하나만 소개하겠습니다. 퇴임 뒤 4년이 지난 2007년 9월, 12박 13일 일정(2007년 9월 17일-29일)으로 미국을 방문하신 김 대통령 내외분을 모시고 워싱턴과 뉴욕을 방문한 때였습니다.[12] 뉴욕시 중앙공원(the Central Park) 근처에 있는 피에르 호텔(the Pierre Taj Hotel)에 묵고 계시던 김 대통령이 그의 접견실에 찾아 온, 닉슨 대통령 시절 백악관 국가안보 보좌관과 국무장관을 역임한 키신저 박사(1923-)를 만난 것은 2007년 9월 28일(금요일)이었습니다.

나이로는 두 분이 한 살 차이지만, 당시 80대 초반이었던 두 분은 서로 너무나도 다른 문화와 종교, 정치와 경제, 사회 속에서 삶을 이끌어 왔다고 볼 수 있습니다. 그럼에도 불구하고, 이 두 분은 보기 드문 경험과 탁월한 경륜, 그리고 출중한 업적을 쌓은 노벨 평화상 수상자라는 것이 크게 돋보였습니다. 돌이켜보면, 말 그대로 세기적인 "지성의 만남"(meeting of the minds)의 하나였다고 생각합니다.

그 자리에 배석했던 사람으로서, 제 기억 속에 아직도 남은 대화의 대목들은 대충 이렇습니다. 김 대통령께서 "나보다 나이도 한 살 위이

12 보다 구체적인 세부일정은 위의 자료 참조.

시고, 노벨 평화상도 나보다 먼저 받으신 키신저 박사께서 이렇게 나를 찾아주셔서 대단히 고맙게 생각합니다"라고 말문을 열자, 키신저 박사는 "김 대통령님을 만나 뵙는 것은 나에겐 항상 영광이며, 언제, 어디서라도 찾아와 뵙겠습니다"라며, "이번 여행에는 혹 개인 비행기 편으로 오신 것입니까?"라고 묻자, 김 대통령은 "아닙니다(상용비행기 편)"라고 대답하신 대목이 아직 내 머리 속 한 구석에 생생히 남아있습니다.

북한 핵 문제를 포함, 북한에 관한 향후 전망에 대해서는 김 대통령은 훨씬 낙관적인 예측을, 반면, 키신저 박사는 보다 회의적이고 유보적인 시각을 보였습니다. 또 키신저는 한국전쟁이 한창이던 1951년 하버드대 대학원 재학생으로 당시 미 국방부 용역을 수행하기 위해 의정부 미군부대를 현장실태조사차 잠시 방문했었다며, 지금의 눈부신 한국 발전 상황과 그때 받은 한국전쟁 북새통의 참상이 극적으로 대조되어 그의 머릿속에 아직도 남아있다고 밝힌 것도 크게 눈에 띄는 대목이었습니다. 두 분은 한국의 국내정치, 북한 핵, 남북통일 문제 그리고 인도 등 여러 국제문제에 대해 서로 폭넓은 의견을 나눴지만, 여기서는 키신저 박사의 중국에 대한 전망과 김대중 대통령의 일본에 대한 우려를 여러분들에게 소개하고 싶습니다.

키신저: 중국은 물론 더욱 강해질 것입니다. 그러나 정권승계 등 내부 문제가 항상 도사리고 있습니다. 급속 성장과 개발에 따르는 비용(부작용)도 만만치 않을 것입니다. 더구나 새로운 경제체제에 익숙해진 젊은 세대가 성장(등장)하는 데 따른 문제도 있을 것입니다. 중요한 것은 [한국과 미국 등이 모두] 중국을 동반자(파트너)로서 존중(존경)하는 마음가짐

으로 상대해야 할 것입니다. 조금 전에 [김] 대통령께서 말씀하신 미국과 한국관계 강화 및 미군의 한반도 주둔의 필요성은 중요합니다. 그러지 말자는 유혹도 많기 때문입니다. 그러나 내가 생각하기에는 중국의 경제와 군사력은 더욱 커질 것입니다. 그러므로 한미 간에 더욱 긴밀한 관계도 중요할 수밖에 없습니다. 한국이 중국과 미국 사이에서 왔다 갔다 플레이를 한다면 위험할 수 있습니다. 한국이 미국에게 신뢰감을 갖고 있다는 것은 대단한 자산이기 때문입니다.

김대중: 한국 국민은 미국과의 군사동맹과 FTA 등 경제협력을 유지하는 것이 1차적 중심이 되고, 그러면서 일본, 중국, 러시아와 좋은 관계를 돈독히 해야 합니다. 물론 1차적으로는 미국과의 관계 증진입니다. 심지어 김정일 위원장도 주변 강대국의 부당한 간섭을 막기 위해서 미군이 현재 그리고 통일 이후에도 주둔해야 한다고 나에게 말했습니다. 그는 중국, 러시아, 일본을 거명하면서까지 이들의 간섭을 막기 위해 [미군주둔이] 필요하다고 말했습니다.

키신저: 앞으로 일본은 어떻게 발전할 것이라고 보십니까?

김대중: 지금 [일본의] 급격한 우경화가 우려됩니다. 그보다도 더 우려되는 것은 [일본] 젊은이들이나 젊은 의회 의원들의 우경화입니다. 이들은 [일본 제국주의, 군국주의 시대의] 과거 침략[행위와 역사]을 부인하고, 오히려 미화하기까지 하기 때문에, 바로 일본의 피해 당사국이었던 한국과 중국은 이에 민감한 반응을 보이고 있습니다. 이러한 우경화의 근본원인은 일본인들이 과거 침략행위에 대한 교육을 제대로 받지 않았

기 때문입니다. 독일과는 달리, 일본은 65세 이하 인구의 90%는 과거를 모르고, 그래서 반성도 시정도 하지 않는다고 볼 수 있습니다. 그래서 일본 인접국들은 걱정이 많습니다. 최근 프란시스 후쿠야마(Francis Fukuyama) 씨는 이러다가는 일본이 국제적으로 고립될 것이라고까지 경고했습니다.

키신저: 후쿠다가 신임총리가 될 이라고 보십니까?

김대중: 아베 신조(安倍晋三)와는 달리, 후쿠다는 생각이 유연하고 과거에 대한 반성도 하고 인접국가와도 잘 지내려 하는 분입니다. 그런데 문제는 일본인구의 다수가 [과거 역사] 교육을 제대로 받지 못해 올바르게 생각하지 못한다는 것입니다. 내가 재임하던 5년 동안은 일본과의 관계가 한일 역사상 가장 좋은 시기 중 하나였는데, 퇴임 후 [일본이] 급격히 우경화되어 걱정입니다. [일본의] 젊은 의회의원들 다수가 "태평양 전쟁"을 미국과 영국 등 서구의 지배에서 [아시아를] 해방시키기 위한 전쟁이라고 미화하며, "대동아 전쟁"이라고 부릅니다.

키신저: 대통령님의 말씀을 잘 이해했다면, 동아시아의 공동번영에도 미국도 함께 동참해야 한다는 말씀입니까?

김대중: 그렇습니다. 6자회담이 성공을 거둔다면 이를 해체하지 말고 동북아의 평화와 번영을 위한 협력기구로 발전시켜야 한다고 믿습니다. 그리고 미국은 여기서 주도적인 역할을 해야 할 것입니다…….

사람, 터, 틀, 판

지난주였던 2013년 10월 9일은 1446년 세종대왕이 한글(훈민정음) 28자를 창제하여, 반포한 567주년이었습니다.[13] 1997년엔 국보 제70호, 훈민정음 해례본(訓民正音 解例本, 1446년 발간)이 유네스코 세계기록유산으로 등재되었고, 그해에 유네스코는 문맹퇴치에 기여한 사람에게 주는 "세종대왕상(賞)"도 제정했습니다. 이렇게 한글의 과학적 우수성이 온 세상에 입증된 것은 우리 모두의 자랑입니다. 따라서 오늘밤 저는 순수한 우리 한글 네 단어—사람, 터, 틀, 판—를 기본개념으로 하고, 범위는 한반도와 미국, 중국, 러시아, 일본 등 주변 나라들의 안팎 정치 움직임으로 하여, 여러분과 함께 우리의 비핵(非核), 자유민주 평화통일에 초점을 맞추어 몇 마디 내 생각을 밝히고자 합니다.

이희승 편저, 『국어대사전』(서울: 민중서림, 1982)은 우리 말 터를 "일이 이루어진 자리"라고 하고, 판은 "일이 벌어지는 자리"라고 풀이합니다. 틀은 뜻이 다섯 가지가 있습니다만, 여기서는 물건을 받치거나 켕기게 하기 위하여 테두리만으로 된 물건(보기: 수틀, 사진틀) 또는 기계(보기: 새끼틀, 가마니틀, 재봉틀)의 뜻으로 쓰고자 합니다. 안팎 정치용어

13 세종대왕은 재위 25년째인 1443년 12월 정음청(正音廳)을 만들어 당대 최고 학자들인 정인지, 신숙주, 성삼문, 이개 등으로 하여금 은밀히 새 글자를 만들고, 그 창제원리와 해례, 용례 등을 정리토록 했다. 2년 10개월 뒤인 1446년 9월 초에 세종대왕은 훈민정음을 반포한다. 한글창제의 배경에 대한 최근의 글로는 다음이 있다. 곽병찬, "이 가을, 겸손한 모국어로 나를 채우소서," 『한겨레』, 2013.10.9. 한글의 과학적 우수성과 이의 컴퓨터 사용에 관한 짧은 제언으로는 다음을 참고 바란다. 변정용, "한글 맞춤법에 '훈민정음' 창제 원리 반영하라," 『조선일보』, 2013.10.9.

로 쓰자면, 사람은 여기서 좁은 뜻으로 정치마당에서의 행위자(political actor)입니다. 선거를 한다면, 선거권자, 피선거권자이고, 통치에서는 지도자(통치자)와 국민(시민)입니다. 어느 한 나라의 터(영토, 국토) 안에서 보면 사람은 그 나라의 국민(시민), 즉 구성원이 되겠습니다.

터는 한 나라의 영토(국토) 또는 지리(地理) 개념에 가깝고, 틀은 넓게는 그 나라의 역사, 문화, 종교, 정치 · 경제 · 사회 구조와 제도, 좁게는 국가와 정부형태, 대내외 정책결정 구조와 과정이라고 볼 수 있겠습니다. 판을 안팎의 정치라는 인간활동 영역으로 좁혀서 보면, 터와 틀 속에서 수시로 바뀌는, 보기를 들면, 선거를 치르는 상황—정치현실, 정치현황, 정치현안—이며, 이 삼현(三現)이 뒤섞여 끊임없이 움직이는 정치행위자(선거권자, 피선거권자)의 모습이나 그 과정이라고 풀이할 수 있겠습니다.

이 세 개념에 시간 변수를 넣으면, 터는 가장 더디게 바뀝니다. 침략전쟁, 내란(內亂), 대규모 자연재해—화산폭발, 대지진, 대홍수—가 아니라면, 터는 쉽게, 빨리 바뀌지 않습니다. 넓은 의미의 틀, 즉 역사, 문화, 종교, 전통, 풍습 등도 오랜 시간 동안 보이는, 또는 보이지 않는 변화를 거듭하지만, 손쉽게 바뀌지는 않습니다. 물론 인류역사 속에는 종교혁명, 과학기술혁명이나 정치혁명(1775-83년 미 독립전쟁, 1789년 프랑스 대혁명, 1917년 러시아 볼셰비키혁명, 중국 공산혁명 등)으로 어느 순간 틀이 바뀌는 여러 가지 형태의 정치 지각변동(revolution, reform, paradigm shift, game changer 등)이 있을 수 있습니다. 좁은 의미의 틀은 정부, 특히 입법부(의회) 회기 중 입법활동(법 제정, 개정 등을 통한 제도 설립 또는 개선)이 그 좋은 보기가 되겠습니다.

판은 민주주의 국가에서는 대통령제의 경우 탄핵을 받지 않는 한 임기가 보장(미국은 4년에 중임가능, 프랑스는 7년에 중임가능, 한국 5년 단임 등) 되지만, 대통령이 바뀔 때마다 판이 바뀝니다. 한편, 내각책임제(영국, 일본, 독일 등)와 같이 의회다수당이 정부(내각)를 구성하게 되어 있는 경우는 의회 내에서 다수의석을 가진 정당이 바뀔 때마다 판이 바뀝니다. 행정부(내각) 수반은 의회가 불신임투표(the vote of non-confidence) 결의를 통과시키면, 스스로 물러나거나, 그 의회를 해산하고 총선을 실시하여, 직접 국민으로부터 재신임을 받을 수 있지만, 재신임에도 실패하면 물러납니다. 그러나 독재국가, 특히 1인, 1당 독재체제하에서는 1인 독재자가 사망, 강제추방, 축출 등 유고(有故)가 생길 때 판이 바뀝니다.

이 세 개념을 한반도에 적용하면, 우리의 터는 동북아시아 대륙의 반도라는 지리적 환경이 곧 떠오르게 됩니다. 그러나 1945년 8월 15일 일제로부터 해방되면서 당시 미국이 38선을 그어 한반도가 남북으로 갈리면서 우리 삶의 터가 두 동강이로 조각나는 변을 맞습니다. 당시 미 대통령 트루먼이 38선 획정에 관한 긴급전문을 영국과 소련 수뇌부에 보내고, 소련이 이의를 제기하지 않자, 9월 2일 미 태평양 연합사령관 맥아더 원수가 이를 공식화 합니다.[14] 소련군은 38선 이북에 주둔한 일본군의 항복을 받고, 그 이남의 일본군 항복은 미군이 접수하고, 소련점령군 섭정하에서 북한엔 김일성의 조선민주주의인민공화국이

---

14 맥아더 원수의 1945년 9월 2일 General Order No. 1, 9월 7일 포고문. 트루먼 미국 대통령의 9월 18일 성명문은 Se-jin Kim ed., *Korean Unification : Source Materials with an Introduction* (Seoul: Research Center for Peace and Unification, 1976), 85-87쪽. 38선 획정에 관한 보다 상세한 자료분석과 평가는, 양성철 편, 『남북한통일 이론의 새로운 전개』 (서울: 경남대학교 극동문제연구소, 1989), 19-132쪽을 참고 바람.

1948년 9월 9일에, 그리고 미 군정(軍政)하의 이남에선 대한민국이 같은 해 8월 15일에 출범합니다. 되돌아보면, 이 두 순간은 사실상 한반도 "두 나라 시대"(二國시대)의 시작이었습니다. 그리하여, 수천 년 내려온 우리 민족의 반도의 삶의 맥이 하루아침에 끊어집니다. 북한군 대거 남침으로 시작된 한국전쟁을 거쳐, 38선은 남북 간 비무장지대(DMZ)로 약간 그 터가 바뀐 채 남북한 주민은 오늘도 그 지리적, 역사적 문화적 맥(脈)이 끊어진 채 마치 섬사람처럼 살고 있는 셈입니다. 따라서 한반도가 다시 통일을 이룩한다면, 그것은 잃어버린 터를 다시 잇고 되찾는 순간이 될 것입니다.

그동안 물론 우리가 두 동강이 난 터를 다시 잇고 되찾으려는 노력을 게을리 한 것은 아닙니다. 북의 자폭적이고 자기파멸적 무력통일 시도나 대남침투 전복, 테러 기도는 모두 실패했습니다. 특히 김대중 정부하에서 분단 이후 처음으로 역사적인 남북정상회담이 열리고, 개성공단과 금강산관광이 시작되고, 경의선, 경원선 철도가 복원된 것은 남북평화통일을 지향한, 그리고 끊어진 반도의 삶을 복원하려는 노력의 모범적 사례입니다.

정치 틀은 북한의 경우 1948년 조선민주주의인민공화국이 출범한 뒤 김일성, 김정일, 김정은 3대(代)만이 줄곧 권력을 잡고 있는 1인, 1당 독재체제입니다. 현 북한체제는 이른바 주체사상, 특히 수령론을 내세워 현 김씨 3대 세습집권을 정당화, 합리화하고 있는 공산전체주의 독재의 괴기한 변형입니다. 따라서 안타깝게도 북한주민은 조선왕조, 일본제국주의 식민통치, 김씨 왕조 3대를 겪어 온 신민(臣民)일 뿐입니다. 북한주민은 자유민주국가의 시민처럼 민주정치 틀 속에서 개인이 자유와 인권을 누리며 사는 삶을 사실상 한 번도 체험하지 못한 것입니다. 북한의 공식명칭은 "조선민주주의인민공화국"이지만, 조선(북한)엔 민주주의가 없고, 인민의 공화국도 아닙니다.

대한민국의 정치 틀은 현재는 민주주의로 분류됩니다. 영국 시사주간지 *Economist* (the Economist Intelligence Unit)의 세계 167개국 민주주의 지표조사(Democracy Index 2012)에서 대한민국은 "완전 민주주의"(full democracies)를 하는 25개국 가운데 20위로, 북한은 51개국 "권위주의 정권"(authoritarian regimes) 가운데서도 맨 꼴찌인 167위로 분류합니다.[15] 우리 국민은 12년 이승만 권위주의 장기집권, 18년 박정희 군사권위주의-유신독재, 13년 전두환-노태우 신군부독재 등 그 동안 40년이 넘는 비민주적, 반자유적 정권 하에서 어둡고, 힘겨운 삶을 이겨내야 했습니다. 우리 청년학생과 시민은 독재정권에 맞서 끊임없는 그리고 끈질긴 유혈, 무혈의 반독재 항쟁 끝에, 문자 그대로 피와 땀과 눈물로 오늘의 민주정치와 개인의 기본권(천부인권, 天賦人權)을 쟁취한 것입니다. 그런데 1972년 미국의 워터게이트 스캔들, 2000년 11월 미 대통령선거 플로리다 주 개, 투표 부정사건, 그리고 지난 2012년 12월 우리나라 대통령선거 때 특정후보를 지지하기 위한 2007년 10월 남북정상회담 대화록의 서해 북방한계선(NLL) 관련내용의 불법공개나 국정원 댓글 사건 등이 보여주듯이, 민주주의 국가라고 불법, 부정선거에서 완전히 자유로운 것은 아닙니다.

정치 판은 우리의 경우 대통령 임기가 5년 단임(헌법 제70조)이기 때

15 The Economist Intelligence Unit, "Democracy Index 2012: Democracy at a Standstill," A Report from the Economist Intelligence Unit (2013) https://portoncv.gov.cv/dhub/porton.por_global.open_file?p_doc_id=1034 (검색일: 2015.2.16).

문에 5년마다 바뀝니다. 한편, 위에서 이미 밝혔듯이, 북한의 정치 판은 수령이 사망 등 유고(有故)가 있기 전에는 바뀌지 않습니다. 참고로, 이웃 중국은 일당국가지만, 국정 최고수반(黨, 政, 軍 주석)의 임기를 5년으로 하고, 한 번 중임할 수 있기 때문에 10년까지 정치 판이 바뀌지 않는 정치 틀입니다.

남북한 사이의 틀도 김대중·노무현 정부를 거치면서 그동안의 대결, 대치의 틀에서 대화, 협력의 틀로 바뀌었었습니다. 그러나 안팎의 이유나 원인은 어떻든 간에, 결과적으로, 남북관계는 이명박 정부를 거치면서 크게 뒷걸음질을 거듭했고, 지금 박근혜 정부가 들어와서도 그나마 명맥을 유지했던 개성공단마저 북한이 일방적으로 폐쇄했다가, 5개월 만에 다시 문은 열어 작동 중이지만, 아직도 금강산관광을 포함, 김대중-노무현 정부에서 이룩한 화해와 협력의 틀들이 거의 무너져버린 상태입니다.

한반도와 주변의 틀과 판이 바뀌고 있다

이런 것들은 한마디로 안팎의 판이 바뀌면서 일어난 일들입니다. 바로 지금 이 순간 한반도와 주변에서 바뀌고 있는 판을 한번 살펴봅시다. 구체적으로, 2013년 10월 2일 서울에서 발표된 제45차 한미안보협력회의 공동 코뮤니케와[16] 그 다음날인 3일 도쿄에서 발표된 미일 외교

16 "The 45th ROK-U.S. Security Consultative Meeting Joint Communiqué," (October 2, 2013), http://www.defense.gov/pubs/Joint%20Communique,%2045th%20ROK-U.S.%20Security%20Consultative%20Meeting.pdf (검색일: 2015.2.16).

국방[방위청] 장관(2+2) 안보협력위원회 공동성명을 들여다보면,[17] 먼저, 한미 간의 안보협력의 공식명칭은 영어로 회의 또는 만남(meeting)이고, 미일 간 안보협력은 위원회(committee)라고 부르는 것이 다릅니다.[18] 무엇보다도 제 눈에 거슬리는 단어는 한미 코뮤니케에 표현된 "a linchpin"(바퀴에 달린 한 개의 비녀장 또는 멈추개)과 미일 공동성명에 나오는 단어 "the cornerstone"(주춧돌)입니다. 이 두 단어 앞에 각각 붙은 "a" 와 "the" 도 함의가 크고 깊다고 생각합니다. 또 하나 눈에 띄는 것은 우리 코뮤니케는 "stability"(안정)라는 단어가 쓰이고, 미일 공동성명에는 "security"(안보)라는 개념이 나오는 것의 전략적 함의가 서로 본질적으로 다릅니다.

예를 들면, 한미 코뮤니케에는 다음과 같은 문구가 나옵니다. "[한미] 동맹은 아시아-태평양 지역의 평화와 안정의 하나의 비녀장으로 계속적으로 봉사하고 있으며, 그리고 한반도와 지구 전체의 평화에 기여하는 하나의 전(全) 지구적 동반자 관계로 진전하고 있다." (the Alliance continues to serve as a linchpin of peace and stability in the Asia-

17 "Joint Statement of the Security Consultative Committee: Toward a More Robust Alliance and Greater Shared Responsibilities. (October 3, 2013), http://www.state.gov/r/pa/prs/ps/2013/10/215070.htm (검색일: 2015.2.16).

18 한미안보협력회의의 시작은 1968년 1·21 사태와 푸에블로호 사건을 계기로 한미 국방장관 모임을 연례적으로 갖기로 합의하여 그해 5월 28~29일 미국 워싱턴에서 제1차 한미국방장관회의가 열린 것이다. 1971년 제4차 회의부터 안보협력회의(SCM)로 개칭하여 오늘에 이르고 있다. 한편, 미국과 일본은 한국전쟁 중인 1951년 9월 8일 샌프란시스코에서 2차대전을 마무리하는 미일 강화조약(The San Franciso Peace Treaty)과 미일 안보조약(U.S.-Japan Security Treaty)을 체결한다. 그 뒤 1960년 1월 20일 미일 안보조약을 개정한다. 1994년 3월 11일에는 미일 안보협력위원회(2+2) 설치에도 합의한다.

Pacific region, and is evolving into a global partnership that contributes to the peace on the Korean Peninsula and across the globe.)

한편, 미일 공동성명에는, 다음과 같은 문구가 있습니다. "[미일]동맹은 지역의 평화와 안보의 주춧돌이다. 앞으로 10년간, [미일]동맹은 밀접한 협력과 합동작전 상호효율성과 적응성이 훨씬 높아진 무력배치로, 함께 긴급상황에 대처하고 위기관리를 할 수 있도록 안보도전에 계속적으로 관심을 쏟을 것이다." (the Alliance is the cornerstone of peace and security in the region. Over the next decade, the Alliance intends to continue to address security challenges through close cooperation and a more interoperable and flexible force posture that enables side-by-side and agile contingency response and crisis management.)

현 박근혜 정부의 외교, 안보, 국방을 담당하고 있는 주무장관을 포함, 관련 고위공무원들은 위 두 공동성명의 두 단어뿐 아니라, 두 성명문이 명시, 암시하는 미국의 한국과 일본에 대한 시각과 전략적 무게에 대한 차이점과 차별성에 대한 심도 있는 분석, 숙고와 앞으로의 대처, 대응, 그리고 광정(匡正)이 필요하다고 저는 개인적으로 생각합니다.

좀 더 구체적으로 살펴보면, 13개 항목 가운데 제2항 한미 간 국방협력 통합 메커니즘으로 4개 위원회—안보정책 이니셔티브(Security Policy Initiative); 확장된 억지 정책 위원회(Extended Deterrence Policy Committee); 전략동맹 실무 그룹(Strategic Alliance Working Group); 미사일 대처능력 위원회(Counter-Missile Capabilities Committee)—의 협력과 활동이 돋보입니다. 3항은 북한 영변 핵개발 움직임과 우라늄 농축, 경수로 건설 등 모든 핵 프로그램의 즉각적인 중지, 기존 핵무기 폐기(파기) 요구; 4항의 한국 내 미군 현수준 유지(28,500명), 5항의 연평도 등 서북방 섬들과 북방한계선(NLL)에 대한 북의 도발에 대처한 지속적인 연합군사훈련과 지난 60년 동안 한반도 평화와 안정을 지켜온 중추적 기구로서의 정전협정과 유엔사령부의 존재 재확인 등입니다. 특히, 6항의 "미국의 핵우산, 재래식 공격, 미사일 방어능력들을 포함한, 대한민국이 사용할 수 있는 군사능력들 전반에 확장된 억지력을 제공하고 강화하는 지속적인 미국의 약속을 재확인 한다"는 대목과 한미 국방장관이 양국 간 "북한 핵과 기타 대량살상무기 위협을 유효하게 억지하기 위한 "맞춤형 억지 전략"(Tailored Deterrence Strategy Against North Korean Nuclear and other WMD Threats)을 공식승인한 것 등도 눈길을 끕니다. 7항의 한국 항공 미사일 방공체제(the Korean Air and Missile Defense, KAMD) 구축; 8항의 양국 국방장관의 북한 화학무기에 대한 우려; 9항의 우주와 사이버 공간(cyberspace)을 비롯, 양국 간 사이버 협력 실무그룹(the Cyber Cooperation Working Group)의 정보공유, 사이버 정책, 전략, 독트린, 인력, 훈련 등을 강화하겠다는 대목도 보입니다. 11항 전략적 동맹 2015(Strategic Alliance 2015) 이행에 있어서 "조건들에 근거한 전시작전권 전환"(a conditions-based OPCON transition) 구절; 12항 용산 미군본부 이전 계획(the Yongsan Relocation Plan, YRP)과 미군기지 반환계획(Land Partnership Plan)을 한미연합 환경평가절차(the Joint Environmental Assessment Procedure, JEAP)를 거쳐 진행한다는 것 등도 있습니다.

요약하면, 미, 중, 일, 러시아 등 한반도 주변국들의 밖으로 나타난 또는 숨은 전략적 목적이나 계산을 떠나서, 2010년 3월 26일 서해 백령도 근해에서 침몰한 천안함 사건이나 북의 김정일-김정은 정권의 국제규범을 무시한 막무가내식 호전적 돌출행동—3차에 걸친 핵실험과 북한군 연평도 포격 사건—등을 겪으며, 그리고 지난 이명박 정부를 거쳐 현 박근혜 정권에 이르면서, 결과적으로 남북관계는 거의 멀어질 대로 멀어지고, 한미 간 군사적, 전략적 연합은 크게 강화된 형국입니다. 한마디로, 김대중-노무현 정부가 애써 가꾸어 놓은 남북한 통합을 위한 화해와 협력의 틀이 망가지고, 판도 깨질 위험에 놓여있습니다. 참으로 안타깝습니다. 김대중 전 대통령과 같은 조국 평화통일에 대한 확고한 비전, 평화통일의 길로 이끄는 국제정세와 주변국 상황에 대한 남다른 혜안과 지도력이 오늘따라 더더욱 아쉽습니다.

최근 미일 2+2 공동성명은 더욱 크고 깊은 우려를 자아내고 있습니다. 이 성명은 1997년 미-일 국방협력 가이드라인(1997 Guidelines for U.S.-Japan Defense Cooperation)을 훨씬 뛰어넘는 미일 안보동맹의 새 틀과 새 판을 짠다는 청사진 같습니다. 이 성명에 명시하고 있지는 않지만, 사실상 동북아·동남아 지역의 새 강자(强者)로 등장하고 있는 중국에 맞서, 앞으로 재편되는 이 지역 미 군사력과 함께 일본 군사력의 연합견제세력을 구축하겠다는 구상과 계획이 보다 현실화, 노골화하는 인상을 줍니다. 2014년 안에 발표된다고 약속한 이 새 미사일 가이드라인이 앞으로 발표되면 들여다봐야 하겠지만, 이 공동성명만 보아도 미국이 이제까지는 일본방위를 위해 군사력을 앞세우는 대가로 일본이 그 재정부담을 맡는 것이 1차적이었다면, 앞으로는 미일 모두 함께 전면적인 군사력 부담도 감당하겠다는 구상처럼 보입니다.

일본이 미국처럼 국가안보위원회를 설치하고, 국가안보전략을 발표하겠다는 이 성명의 대목도 큰 주목과 깊은 우려를 자아냅니다. 이 성명에서 미국과 함께 일본은 이제 수동적인 방위가 아닌 선제적 (proactively) 군사행위 결의를 명시하는 것이 눈길을 끄는 대목입니다. 물론 이는 갑자기 생긴 공동전략이 아니라, 양국이 오랫동안 협의를 거쳐, 점진적으로 준비해온 전략의 변화라는 게 옳은 진단이겠습니다. 일본 재무장(remilitarization)은 결코 하루아침에 이룩할 수 없기 때문입니다. 2차 대전 뒤 오늘의 부흥과 발전을 가져온 이른바 미국 일본군정기(軍政期, 1945−1952)의 이른바 "맥아더 헌법"의 3대 원칙—민주주의화(democratization), 비군사주의화(demilitarization), 중앙−지방 정부권력 분권, 분산화(decentralization) 등 3D 정책, 특히 그 핵심인 비군사주의 평화헌법(제9조)을 하루아침에 내팽개치려는 것 같은 현 아베 정권의 기세나 거의 경거망동에 가까운 여러 가지 돌출행위에 대한 견제와 광정(匡正)은 그 누구보다도 일본 국민과 정치지도자의 몫이라고 저는 생각합니다.[19]

구체적으로 2013 미일 2+2 안보협의위원회 공동성명을 살펴보면, 앞으로 1년 안에 발표될 1997년 가이드라인 개정에 반영되는 미일 간 군사협력분야가 다양하고 거의 모든 분야를 총망라하는 것이 특징입니다. 탄도 미사일 방어능력들의 확장, 우주와 사이버스페이스 전략협력 개선, "상호[군사력] 증강에 기초한 양자 간 국방협력의 적정한 역할분담"(appropriate role−sharing of bilateral defense cooperation based on

19 최근 한국의 한 역사학자가 일본 미 군정기인 1947년 5월 3일 발효한 "일본평화헌법"의 핵심인 외교정책 수단으로서의 전쟁포기를 명시한 헌법 9조는 "천황이 통치권을 총람한다"는 메이지 헌법[정신]과 천황제를 지키기 위한 고육지책(苦肉之策)이었다고 제기한 것이 흥미롭다. 하동현, "A급 戰犯이 내놓은 '평화헌법' 아이디어" 『조선일보』, 2013.10.16.

the enhancement of mutual capabilities), 우주영역 감지(space situational awareness, SSA)와 우주에 기초한 해양지역 감지(space-based maritime domain awareness) 관련 양국의 정보수집과 분담 개선, 양국 군사계획 수립, "양국 간 확장된 억지력 대화"(bilateral Extended Deterrence Dialogue) 정례화, 정보안보(information security) 협의 강화, 양자 간, 다자간 군사훈련 강화 등 입니다.

무엇보다도 "미국과 일본이 지역적으로는 동남아와 전 지구적으로 안보능력을 증가시키는 데 함께 협력한다는 약속"이 주목됩니다. 오스트레일리아와 대한민국과 일본이 안보이익을 분담하고, 공동가치들을 증진하며, 아시아-태평양 지역의 안보환경을 제고하기 위해 노력해 온 3자 대화(trilateral dialogue)를 평가하는 대목도 보입니다. 오키나와 푸텐마 대체시설 건설(Futenma Replacement Facity, FRF)과 미 해병대 약 9,000명의 괌 이전문제(relocating U.S. Marines to Guam)를 2020년대 전반기(前半期)로 미룬 결정이나 미 해병대가 2017년에 F-35B 비행기를 일본 기지에 배치하게 되면, 이는 이 최첨단 비행기를 미국영토 밖에 전진배치하는 첫 사례가 된다는 것으로 이 공동성명을 마무리 짓는 것도 그 전략적 함의가 무겁고, 얼떨떨하기까지 합니다.

맺는말

지금 한반도를 둘러싼 동북아가 거세게, 거칠게 소용돌이치고 있습니다. 오바마(Barak Obama)의 이른바 "아시아로의 회기"(pivot to Asia) 또는 재균형(rebalance) 전략, 중국 시진핑의 "중국의 위대한 부흥"(great renewal of Chinese nation) 전략, 그리고 위에서 비교적 상세히 살펴본 미일 국방협력 가이드라인이 상충(相衝, conflicting)할 개연성이 매우 높아 보입니다.[20] 최근 미일안보협력 공동성명이 시사하듯, 경제적으로 부상하는 중국의 군사력 증강에 대응하기 위해, 경제성장세에서 상대적으로 쇠퇴하는 미국과 일본은 사실상 안보동맹 강화를 노골화하고 있습니다. 이 군사안보 소용돌이는 아직도 분단국가의 멍에를 짊어진 대한민국을 훨씬 어렵게, 무겁게 짓누르는 것이 현실이요, 사실입니다.

물론 과거 냉전시대와는 본질적으로 다르게, 한, 중, 러, 미, 일은 이제 경제, 통상에서 서로 의존적(interdependent)이고, 서로 맞물려 있는(interlocking) 것도 현실입니다. 예를 들면, 유럽연합(EU), 아세안(ASEAN) 등을 제외하고, 개별국가 기준으로 한국은 중국의 미국, 홍콩, 일본 다음으로 4위 통상국가입니다. 그리고 1990년대 초까지 거의 우리와 통상관계가 없었던 중국이 우리의 통상국가 1위 자리를 굳혔습니다. 한국은 지금 캐나다, 중국, 멕시코, 일본, 독일, 영국에 이어 미국의 7위 통상국가입니다. 해방 뒤 1990년대 초까지 "대미 일변도(對美一邊倒) 외교와 경제"라고 비아냥거렸던 것이 엊그제 같은데, 미국은 우리의 통상국가 4위로 밀려났습니다. 또, 한국은 미국, 중국에 이어 일본의 3위 통상국가입니다. 그리고 일본은 우리의 2위 통상국가입니다.

20 오바마의 재균형 전략에 대한 분석은 Brad Glosserman, "The U.S. 'Rebalance' and The U.S.-Japan Alliance," ISPI Analysis No. 189 (July 2013) 참조 바람. 최근 오바마 재편성 전략이 한반도에 미친 영향에 대한 포괄적인 분석은 박건영, "오바마의 주판과 긴 파장?: 재균형과 한반도에 대한 함의," 『한국과 국제정치』, 29권 3호 (2013년 가을), 1-47쪽 참조 바람. 시진핑의 외교전략에 대해서는 D.S. Rajan, "China: Xi Jinping's Foreign Policy:Expect no End to Assertiveness," (August 6, 2013), http://www.southasiaanalysis.org/node/1330 (검색일: 2015.2.16) 참조.

한국은 중국, 우크라이나, 미국에 이어 러시아의 4위 통상국가입니다. 그리고 러시아는 어느새 우리의 10위 통상국가로 껑충 뛰어올라왔습니다. 참고로 일본은 러시아의 5위 통상국가입니다. 이렇게 지금 우리와 밀접한 관계가 있는 이 나라들과의 경제, 통상은 얽히고설켜 버렸습니다.

이런 상황에서, 2차 세계대전 뒤 유일하게 남아있는 분단국가로서 대한민국은 조국의 평화적 통일이라는 다른 나라가 갖지 않은 범국가적 숙원이요, 헌법적 명제를 풀어야 하는 상황에서, 다시 기로(岐路)에 선 느낌입니다. 최근 박건영 교수가 강조했듯이, 그 어느 때보다 가장 세련되고 적극적이고 기민하게 초정밀, 고난도 분별력 테스트를 거친, 경제, 군사, 안보외교를 펼쳐 나가야 한다고 봅니다.[21]

키신저는 그의 저서에서 이런 질문을 던집니다. "누가 무슨 위험을 무릅쓰고 어느 변경을 보장하겠는가?"(Who would guarantee which frontier against what danger?)라고.[22] 같은 책에서 그는 전통적인 유럽 현실주의 외교전략(Realpolitik)을 "권력의 계산과 국가이익에 기초한 외교정책"이라고 정의합니다.[23] 그는 한국전쟁 참여를 사례로 들며, 미국과 유럽의 Realpolitik은 다르다고 강변합니다. 즉 유럽과 달리, 미국의 한국전쟁 참전은 "[국가]이익 권역"(a sphere of interest)을 방어하기 위해서가 아니라, 원칙의 명분을 내세워, 침략행위를 저지하려 했으며, 국지적 현상유지에의 도전을 막으려는 것이 아니라, 인류보편적 가치

21 박건영, 위의 글.

22 Henry Kissinger, *Diplomacy* (New York: Simon & Schuster, 1994), p. 511.

23 Ibid., p. 137.

에 대한 모욕을 치유하기 위한 행위였다며, 미국과 전통적인 유럽의 Realpolitik의 차별화를 시도합니다.[24] 더 나아가서, 미국의 Realpolitik는 "미국 지도자들에겐 도덕적 실천원칙이 실재했고, 법적 의무도 의미가 있었다"고 키신저는 풀이합니다.

그의 주장은 과거의 특정사태, 보기를 들면, 2차 대전이나 한국전쟁에는 타당하고 의미있는 관찰이라고 할 수도 있습니다. 그러나 청일전쟁(1894-95), 러일전쟁(1904-05)을 겪고, 1905년 태프트-가츠라 미일 밀약(the Taft-Katsura Memo)과 1908년 루트-다카히라 합의(the Root-Takahira Agreement)를 거쳐, 1910년 일본에 국권을 강제로 빼앗긴 대한민국 국민의 눈으로 보면, 키신저의 위 원칙, 즉 도덕, 법을 중시하는 그의 미 Realpolitik 예외주의(American exceptionalism)는 부분적으로만 옳다는 것이 더 정확한 판단이라고 저는 생각합니다. 더구나, 부시의 대북정책, 특히 고농축 우라늄 케이퍼나 지금 한반도 주변에서 벌어지고 있는 중국을 겨냥한 미일안보협력의 새 판, 새 틀 짜기도 키신저의 미국 예외주의와는 거리가 멉니다.

지정학적으로, 한반도를 "고래 싸움에 새우 등 터진다"; "일본의 심장을 겨눈 비수(匕首)다"; "중국의 머리통을 치는 쇠망치다" 등으로 비유하는 것이나, "미국을 믿지 말고, 소련에 속지 말고, 일본을 잊지 말고, 중국을 조심하라"는 어릴 적에 자주 들었던 속언도 내 귓가 어딘가에 아직 남아 있지만, 그것은 어디까지나 비유이고 속언일 뿐 우리에게 정책적, 전략적 대안이나 대처방안이 될 수는 결코 없습니다. 그렇다고 이 냉엄한 한반도 주변 국제정치 소용돌이를 보며 우리가 비분강개(悲

24 Ibid., p. 500.

憤慷慨)하는 것도 물론 금물입니다.

큰 눈으로 보면, 우리가 미국과 안보(상호방위조약)와 경제(자유무역협정) 두 기둥을 세웠듯이, 순서는 다르더라도 중국과도 차례로 이 두 기둥을 세우는 전략접근에 한눈을 팔지 않고 전심전력(專心專力), 전력투구(全力投球)해야 한다고 믿습니다. 그리고 러시아와도 힘을 합치고, 언젠가는 "과거에서 자유로운 일본"과도 손을 마주잡고, 한반도의 반도로서의 삶을 복원해야 하겠습니다. 김대중 전 대통령이 자주 쓰시던 표현을 빌리면, "어린애가 엄마 젖 먹는 힘"까지 모두 합쳐 우리의 절체절명(絕體絕命)의 궁극적 과제인 조국의 비핵, 자유민주 평화통일을 이룩해야 합니다.

제3장

한·중외교: 성과, 유산, 미래

이남주 | 성공회대 교수, 중국학

다른 강연은 전직 대사님들이 하셨는데 제가 가운데 끼어서 굉장히 송구스럽고 또 영광으로 생각합니다. 위안이 될 말씀을 좀 드리자면, 중국이 굉장히 빠르게 변화되고 있지 않습니까? 그러니까 제가 아무래도 변화를 계속 지켜보는 입장, 공부를 해야 하는 입장이기 때문에 중국을 이해하는 데 조금 유리한 점도 있으니 여러분들에게 오늘 좋은 이야기를 할 수 있는 자리가 됐으면 좋겠습니다.

지금 우리가 중국과 관련된 많은 이슈를 가지고 있거든요. 그런 이슈들을 해결해야 되는데, 먼저 거슬러 올라가서 김대중 대통령께서 당시에 대중외교에 관해 어떤 철학과 입장을 가지고 계셨는가를 살펴보면 우리에게 뭔가 도움이 될 만한 유산들을 찾을 수 있겠다는 생각을 했습니다. 그래서 지금의 문제를 중심으로 이야기를 하되 김대중 대통령님의 유산이 우리에게 어떤 의미가 있는지를 살펴보는 시간이 됐으면 합니다.

한중관계 전환기와 김대중 정부

1998년부터 2002년까지의 시기가 김 대통령께서 중국과의 문제들을 직접 다루셨던 시기라고 할 수 있습니다. 사실 저는 1994년에 중국으로 유학을 갔어요. 1992년도에 대통령선거가 있었죠? 그때 대통령 선거에서 야당이 졌어요. 그래서 한국사회가 변화하려면 상당히 오래 걸리겠으니 나는 준비하면서 공부를 해야 되겠다는 생각을 했습니다. 그러고 보니까 중국이랑 수교된 이후였지만 냉전의 영향으로 중국에 대한 공부를 우리나라 사람들이 많이 못한 상태였기 때문에 좀 도움이 될 수 있는 일을 찾을 수 있겠다 싶어서 중국으로 갔습니다. 그래서 1995년부터 북경대학교 박사과정에 있었죠. 그런데 생각 외로 정권교체가 이루어져서 1998년도부터 김대중 대통령께서 한국사회의 중요한 변화를 이끄는 자리에 있게 되셨습니다.

그 시기에 중국의 변화도 굉장히 많았지만 한중관계도 굉장히 중요한 전환기였다고 생각합니다. 소위 금융위기, 외환위기가 1997년도에 왔었죠. 그리고 한국은 격렬한 구조조정에 들어가고 있었고, 중국에서도 경제성장률이 좀 떨어지는 추세가 나타나고 있었습니다. 이게 어떤 의미가 있냐면, 그전까지는 '아 중국이 개혁개방 이후에 빠르게 변하고 있고 경제성장도 되고 있지'라는 인식 정도만 있었지 우리에게 얼마나 중요한 나라인지에 대한 생각을 많은 분들이 하지 않았었습니다. 제가 1994년도에 중국 유학을 결정했을 때 많은 사람들이 중국 가는 걸 말렸어요. 어떤 분은 '그런 야만스러운 나라에 가서 뭘 배울 게 있느냐'고 이야기를 할 정도였으니까요. 중국에 대한 기사가 지금은 신문기사의 비중을 아주 많이 차지하는데, 당시에는 중국의 어떤 정상적인 변화를 보여주는 기사는 드물고, 굉장히 괴기스럽다거나 다른 나라에서 생각할 수 없는 일이 벌어져야만 중국에 대한 기사들이 비중있게 다뤄지는 상황이었습니다. 그런데 금융위기는 한국 사람들이 중국이란 나라가 굉장히 중요하다고 생각하게 된 중요한 계기가 되었습니다.

우리가 금융위기를 겪으면서 환율이 많이 올랐죠. 원화 가치가 굉장히 많이 떨어졌습니다. 그런 상황을 이용해서 수출을 많이 하고 수입을 줄이면서 무역흑자를 늘려서 비었던 외환을 채워야하는 시점인데 굉장히 중요한 변수가 중국의 환율이었습니다. 중국도 당시 성장률이 떨어졌다고 얘기하지 않았습니까? 중국도 수출이 줄기 시작하니까 성장률을 높이는 편한 정책 중 하나가 위안화를 평가절하하는 것이었어요. 그런데 위안화를 평가절하하면 우리는 완전히 직격탄을 맞아서 제2의 외환위기에 빠질 수 있는 상황이었습니다. 그래서 1998년 내내 인민폐가 평가절하될 것이냐는 문제를 우리나라 언론에서 많이 다루었죠. 1992년에 한중수교가 이루어지고 나서 무역이나 투자가 빠르게 증가했습니다. 수십 년 동안 못했던 것이 한꺼번에 열렸기 때문에 빠르게 증가될 수밖에 없었겠죠? 그런데 한국 측 통계에 따르면 1998년도에 수교 이후 처음으로 한중 간 무역총액이 전년대비 20% 이상 감소를 했습니다. 상호 방문자수도 100만 명 정도 되던 것이 85만 명 정도로 축소가 되었고요. 대중국투자는 1996년도에 최고조로 거의 9억 불 가까이 되었던 것이 1997년부터 줄기 시작해서 1999년도까지 절반 이하로 축소가 됐습니다. 한중관계가 쭉 발전해 온 것 같지만, 이 시기에는 외환위기로 인해서 한중관계가 사실 좀 어려웠습니다.

두 번째로는 동북아 정세가 슬슬 새로운 방향으로 변화하기 시작하던 시기였습니다. 닉슨 대통령이 1972년에 베이징을 방문하면서 중국과 미국이 전략적 협력관계를 맺기 시작했습니다. 왜 전략적 협력이 가능했냐면 당시의 미국도 중국도 모두 소련의 팽창을 세계질서의 가장 큰 위협으로 봤습니다. 중국은 사회주의 국가니까 소련과 이념을 같이 하는 국가였는데 왜 그랬을까? 뭐 이런 의문들을 가질 수 있겠지만, 국제무대에서는 국가이익의 문제가 걸리면 이념을 뛰어넘는 행위들이 나타납니다. 이미 1969년에 중국과 소련이 국경분쟁 때문에 군사적 충돌을 한 적도 있습니다. 당시 중국과 소련은 세계에서 가장 긴 국경선을 맞대고 있는 나라였어요. 거기에 우월한 기계사단을 기초로 하는 소련 군사력이 배치돼 있었기 때문에 중국도 소련의 팽창을 자신의 국가이익에 대한 큰 위협으로 봤습니다. 그래서 소련의 팽창을 저지하기 위한 미국과 중국의 협력이 1972년 이후 쭉 이루어졌습니다. 그런데 1990년대 초반에 소련 및 동유럽의 사회주의가 다 붕괴되지 않습니까? 그러니까 미국으로서는 소련이라는 제1의 위협이 없어진 거예요. 그것이 무엇을 의미하는가 하면 중국과 미국 사이에 전략적 협력을 할 수 있는 기초가 갑자기 없어졌다는 거죠. 동시에 미국 내에서는 냉전체제와 같이 전략적 위협을 전제로 기득권을 구축한 세력들에게 새로운 위협들을 찾아야 할 필요가 생겼습니다. 그 뒤로 여러 가지 위협들이 지금까지 나오고 있죠? 북한도 그 위협의 하나고 또 중동의 어떤 나라들도 위협으로 다가와서 이라크 전쟁도 했는데, 기본적으로 지금까지 변하지 않는 것은 중국에 대한 경계심이죠.

냉전 해체가 이루어질 때 공교롭게 소위 천안문사태라고 해서 중국 정부가 민주적인 시위를 진압하는 사태까지 벌어지게 되니까 미국과 중국 간에 이념적 갈등도 커지고, 중국의 부상에 대한 경계심은 더 커지고 해서 미국 내에서 중국위협론이 1990년대 중반서부터 빠르게 확산되기 시작합니다. 그러니까 중미관계에서 경쟁적 측면들이 부각되기 시작을 한 거죠. 이런 것 자체도 문제지만 미국이 중국에 대한 포위 같은 것들을 시도하면서 중국은 북한과의 관계를 다시 중시하기 시작했습니다. 그러니까 1992년에 한중수교를 하면서 북한과 중국의 관계는 최악의 상황으로 빠져들었어요. 그 뒤로는 고위급 사이의 교류가 전면적으로 중단이 됩니다. 그러다가 중국은 미국과의 협력도 생각처럼 잘 되지 않고 여러 가지 위험요소가 등장했으니 북한과의 협력을 강화해서 지정학적으로 우위에 설 수 있는 조건들을 만들어야 되겠다고 생각한 것입니다. 북한쪽에서도 1992년도 한중수교 때문에 굉장히 화가 났지만 김일성 주석도 사망하고 여러 가지 경제적 어려움에도 직면하게 됐기 때문에 살 길을 찾아야 하니까 중국과의 협력이 중요했던 것이죠. 그래서 1990년대 말부터는 중국과 북한의 관계가 다시 정상화되기 시작합니다. 김대중 대통령께서 취임하셨던 때가 이렇게 동북아정세가 새로운 방향으로 꿈틀거리는 시점이었던 것이죠.

김대중 대통령의 대중외교 기본원칙

이런 상황에서 김대중 대통령께서 지금 우리가 생각해도 중요한 몇 가지 대중외교의 기본적인 원칙들을 말씀하신 게 있습니다. 먼저 어느 한 나라에만 기울지 않고 강대국들에게 둘러싸인 지정학적 위치를 기회로 활용하자는 원칙을 가지고 계셨습니다. 1998년 11월에 김 대통령이 중국을 국빈방문합니다. 장쩌민(江澤民) 주석이랑 정상회담도 하고 공동성명도 발표하고 이렇게 됐는데, 조어대에서 동포들과의 간담회를 개최하는 자리에서 하신 말씀입니다. "한국은 4대국 사이에 끼어있는

데 자칫 잘못하면 찢기고 당할 수도 있지만 잘만하면 우리의 지정학적 중요성 때문에 4대국이 서로 협력하려 할 것입니다. 말하자면 색시 하나를 두고 신랑감 넷이 프러포즈를 하게 만들 수 있는 것입니다. 그것이 외교입니다. 그 가장 중요한 외교 상대 가운데 하나가 바로 중국입니다. 그런 점에서 중국은 오늘 이 시점에서도 중요하지만 내일은 더 중요한 나랍니다." 이건 뭐 지금은 어느 정도 상식처럼 되었다고 할 수 있겠죠. 우리가 지정학적으로 굉장히 기회가 있는 위치에 있습니다. 그런데 이런 기회를 실현시키겠다는 분명한 목표의식을 가지고 움직이는 정치인들은 그렇게 많지 않다고 생각합니다. 역사적으로 보더라도 우리에게 기회가 있었지만 잘 살리지 못해서 찢기고 당했던 경우가 대부분입니다.

예를 들면 최근에 사람들이 많이 관심을 갖는 병자호란이 있습니다. 병자호란은 명나라에서 청나라로 패권이 전환되는 시점에서 발생했던 사건 아닙니까? 조선이 인조반정 이후에 친명정책을 계속 강화하니 성장하고 있는 청나라가 명나라를 무너뜨리기 전에 조선을 먼저 침략해서 무너뜨린 거죠. 그래서 소현세자라든지 이런 사람들이 볼모로 가서 몇 년 동안 심양 등지에서 살지 않습니까? 심양에서 소현세자랑 같이 있었던 신하들이 썼던 보고서들이 『심양장계』라는 두꺼운 책으로 편찬되었습니다. 그 책을 보면 조선왕조가 청나라한테 지고 나서 어떤 수모를 겪었는지를 알 수 있는 생생한 내용들이 나와 있습니다. 중요한 큰 세력들이 주변에서 충돌하고 패권이 바뀔 때 우리가 자칫 잘못하면 정말 찢기고 당하는 건데 근세에 들어와서도 중국(청)과 일본 사이의 패권이 전환될 때 청일전쟁이 있어났는데 전쟁터가 한반도였습니다. 한국전쟁도 미국과 중국의 경쟁이 한반도에서 벌어졌던 측면이 있어요.

이처럼 여럿이 우리에게 프러포즈를 하게 만든 경우는 많지 않고, 찢기고 당한 경우가 더 많습니다.

그러니까 이런 전략적인 목표를 분명히 갖고 있는 것이 우리에게는 매우 의미가 있었던 것이고 지금은 그 의미가 점점 더 커지고 있는 것이죠. 왜냐하면 1998년만 해도 중국이 미국과 경쟁할 수 있는 힘을 갖췄다고 생각하는 사람들이 별로 없었고 상당기간 그런 상황이 벌어지지 않을 것이라는 입장이 다수였습니다. 근데 지금은 그렇지 않거든요. 미국과 경쟁할 만한 힘을 중국이 갖췄다고 볼 수 있기 때문에 이것이 사실 대중국외교에 있어서 가장 중요하게 고려해야 하는 문제입니다.

두 번째는 남북관계에서 주도적 역할을 하면서 중국의 협력을 끌어내야 한다는 원칙이었습니다. 김 대통령의 자서전을 보시거나 하면 당시에 하신 말씀들이 간단히 언급되어 있는데 중국 측에 햇볕정책의 정당성을 설득하는 내용이 상당히 많은 비중을 차지하고 있습니다. 그리고 중국도 상당히 적극적인 지지를 보냈죠. 1998년도는 아직 남북정상회담 전이고 아주 나빴던 남북관계의 여진이 완전히 가라앉지 않은 상황이었거든요. 햇볕정책이란 말을 처음 썼을 때도 북쪽에선 상당히 기분 나쁘게 생각했던 것 같아요. 그 표현 자체에 대해서도 우리를 뭐 어떻게 해서 변화시키겠다는 뜻이라고 생각하기도 했었기 때문에 아직 남북관계의 중요한 전환이 이루어졌던 시기는 아닙니다. 그런데 이런 시기에도 그 문제를 가지고 일관되게 주변 4대강국을 쭉 설득해 나가셨고 중국을 상당히 중요하게 생각하셨기 때문에 그런 이야기들을 하신 거죠. 어쨌든 북한에서 조그만 변화의 조짐이라도 보이면 긍정적으로 해석하고 그런 부분들을 이용해서 점진적으로 북한과의 교류를 추진해 나가는 방향으로 하겠다. 그리고 남북 당사자 간 해결의 원칙을 계속 견지하겠다. 이렇게 할 테니 협조해 달라는 얘기였고 중국 측은 남북 양측의 대화와 협상을 통한 한반도의 자주적 평화통일 실현을 지지한다. 이런 이야기들을 장쩌민 주석도 이야기하고 공동성명에도 포함시켰습니다.

박근혜 대통령께서 2013년 6월에 중국을 방문해서 '한중미래비전' 공동성명이라는 것을 발표했습니다. 거기 여러 가지 내용들이 나오는데 중국 측이 한국의 평화적인 통일 실현을 지지한다는 표현이 나왔어요. 대부분의 한국 언론들이나 전문가들이 해설할 때 굉장히 새로운 내용인 것처럼 설명을 하는 거예요. 중국이 한반도의 평화적 통일을 지지하는 게 굉장히 중요한 외교적 성과인 것처럼. 사실 이 표현 자체는 1992년 수교선언에도 들어가 있고 이 부분이 굉장히 강조된 것은 김대중-장쩌민 공동성명 당시입니다. 이것은 우리가 이미 가지고 있었던 중요한 성과이고 특별히 새롭게 지지를 받았다고 볼 수 없는 것인데, 지난 5~6년 동안 한중관계가 얼마나 나빴으면 그런 것까지 성과처럼 받아들이는지 참 안타까운 상황입니다.

사실은 김대중 대통령이 햇볕정책과 평화적 통일의 비전을 밝힌 부분들에 대해서 중국이 굉장히 적극적으로 지지를 표시했죠. 나중에 임동원 당시 통일부장관께서 중국을 방문했을 때도 중국에서 한반도정책에 영향을 미치시는 고위급 인사들이 한국의 전략구상에 대해서 굉장히 긍정적인 평가를 했고요. 이와 관련해서 제가 강조하려는 것은 한국이 한반도의 변화를 주도적으로 추진하고 나아가 이를 기초로 동북아의 평화를 촉진하려고 했다는 것입니다. 그런 노력의 성과는 2000년의 6·15 남북정상회담을 거치면서 구체화될 수 있었던 거죠. 이렇게 되고 난 상황에서 보면 아무 것도 아닌 것 같지만 1998년의 상황에서는 사실 예측하기가 굉장히 어려웠던 일입니다. 굉장히 일관된 철학과 방침이 있었기에 그 복잡한 정세와 상대의 마음속을 알 수 없는 상황을 극복하고 이런 결과를 만들어낼 수 있었던 것이지 우연하게 이런 일들이 이루어진 것이 아닙니다. 우리가 남북관계를 주도하면서 중국의 협력을 끌어내는 것은 지금 생각해도 중요한 원칙이고 앞으로의 우리 운명을 생각하더라도 굉장히 중요한 원칙이 되어야 한다고 생각합니다.

셋째 중국을 경제적인 경쟁자로 보기보다는 동반성장의 파트너로 보아야 한다는 원칙이 있었습니다. 경제적인 측면에서 한국과 중국의 급속한 경제교류 확대는 굉장히 놀라운 겁니다. 그전에 몇 십년 동안 교류가 안됐던 상황을 고려하더라도 놀라운 상황인데 김대중 정부가 출범하던 시기에는 아까 말씀드린 것처럼 한중경제교류가 상당히 침체에 빠져 있었던 시기였습니다. 어쨌든 그런 상황에서도 김대중 대통령은 한중 간 경제교류 확대가 어떤 의미가 있는지에 대해서 굉장히 강조를 하셨습니다. 김 대통령이 제시한 굉장히 중요한 개념은 어떻게 하면 한국과 중국의 경제가 동반성장할 수 있느냐를 생각하면서 경제교류를 해야 된다는 것입니다. 일부에서는 한국과 중국이 경제적으로 경쟁관계에 있다는 이야기를 하지만 의견을 달리한다는 말씀이셨어요. 이렇게 빨리 협력이 진전되어 온 것은 서로에게 이익이 되는 기회가 많이 있기 때문일 것이다. 그러니 경쟁관계가 아니라 동반성장의 관계로 한중관계를 발전시키겠다. 이런 것도 굉장히 중요한 지적이라고 할 수가 있습니다. 그리고 이를 기초로 해서 역내의 평화와 안정을 더 강화할 수 있는 어떤 기반이 만들어질 수 있다는 점들이 강조가 되었던 것입니다.

당시는 한류가 빠르게 중국 내에 확산되는 시기이기도 했습니다. 그런데 이런 문화적인 교류와 관련된 정서적으로 굉장히 민감한 문제들이 있어요. 우리나라와 중국 사이에도 그런 복잡한 문제가 있습니다. 중국 내에서도 한국 드라마들이 너무 인기를 끄니까 문화적 위협으로 느껴지기도 하고 저항감을 갖는 사람이 있거든요. 이런 부분들에 대해서 김 대통령이 어떻게 말씀하셨나 봤더니 "중국은 1500여 년에 걸쳐 중국문화를 우리에게 수출해 왔으며 우리도 이러한 교류를 통하여 우리 문화의 중심을 잡았습니다. 그런 점에서 중국도 1500년까지는 아니더라도 적어도 100년 정도는 우리 문화의 영향을 받아도 문제가 없다고 생각합니다"라고 하셨어요.[25] 제 생각에는 외교관계에서는 이런 표현들, 이런 설득이 대단히 중요해요. 어쨌든 갈등을 유발하는 문제들이 계속 출현할 수밖에 없는데, 이런 갈등이 서로 공생하고 서로 상생하는 관계로 나아갈 계기가 될 수 있다고 설명해 줄 수 있는 능력이 중요한 것이지요. 이런 점들이 경륜과 관련되어 있고 외교에서는 상당히 중요한 요소인데 제가 인상을 깊이 받은 대목이어서 읽어 보았습니다.

사실 김대중 정부 당시에 우리나라가 중국과의 관계에서 문화교류는 물론이고 경제교류도 제 궤도에 올랐다고 할 수 있습니다. 지금 중국에 진출한 우리 중소기업들이 점점 어려워지고 있지만 대기업들이 본격적으로 중국에 진출해 경제교류의 수준을 질적으로 높일 수 있었습니다. 예를 들면 현대 같은 경우에도 2002년에 현지 공장을 짓고 중국에서 처음으로 생산을 시작을 해요. 그러니까 한류를 앞세운 문화산업도 그렇지만 한중 간 교류의 중요한 돌파구가 경제면에서 열렸던 시기라고도 볼 수가 있습니다.

25 [편집자] 김대중 저 · 신길순 편, 『김대중 자서전 2』 (서울: 삼인, 2010), 454쪽.

넷째 원칙은 한중관계를 지역협력을 위한 동력으로 만들자는 것입니다. 이것도 굉장히 중요한 발상이었다고 생각합니다. 한중 양국이 어쨌든 여러 가지 어려움을 극복하는 데 협력을 해야 되고 하니 이것을 기반으로 여러 가지 다자협력관계를 만들어내자는 것이었습니다. 이 문제는 사실 한중협력만이 아니라 대아세안외교와 관련해서도 한국정부의 이니셔티브가 잘 발휘된 것이었습니다. 당시에 동아시아공동체와 관련된 비전이라든지 이런 부분에 대한 논의도 모두 김대중 대통령께서 먼저 발의를 하셔가지고 아세안+3 내에서 그와 관련된 논의가 진행이 됐던 이런 시기입니다.

어쨌든 우리가 중국이라는 나라와 관계를 맺고 있어서 좋기만 한 것은 아닙니다. 중국이 점점 강해지고 있지 않습니까? 사실 규모의 비대칭성이 있기 때문에 우리에게 어느 정도 위협으로 다가오는 것도 사실이에요. 그런데 그런 부분들을 위협이라고 자꾸 이야기하면 서로 관계만 나빠지고 정말 위협이 될 수가 있거든요. 그러니까 이런 문제를 해결하는 중요한 방법들 중의 하나가 아시아라는 틀 내에서 어떠한 공동의 협력제도를 만들어서 중국과의 관계를 보다 안정적인 방식으로 꾸려갈 수 있게 하는 것입니다.

전략적 협력동반자관계의 의미와 문제점

제가 생각하기에는 지금도 이 네 가지가 우리가 중국과의 관계를 유지하는 데 있어서 가장 중요한 원칙이 되어야 합니다. 그 뒤에 어떻게 됐는가에 대해서 제가 조금 더 말씀을 드리겠습니다. 한중관계를 요즘 보통 네 단계로 설명합니다. '선린협력 관계'라는 표현은 한국과 중국이 수교하면서 썼던 표현입니다. 이게 쭉 유지되다가 1998년에 김대중 대통령께서 중국을 방문해서 만든 공동성명에서는 한중관계를 '포괄적 협력동반자관계'로 발전시킨다는 구절이 있습니다. 여기서 뭐가 특별한 의미가 있느냐면 동반자라는 게 단순히 합작하는 것이 아니라 우리는 같이 가는 관계라는 인식을 서로 공유했다고 보면, 중요한 변화입니다. 그리고 노무현 대통령 시기에는 '전면적 협력동반자관계'라고 앞에 수식어가 바뀌었습니다. 좀 더 협력의 폭을 넓히는, 전면적으로 협력하는 그런 동반자라는 식으로 발전이 됐던 것이고, 2008년에 이명박 대통령께서 중국을 방문했을 때 합의된 것이 '전략적 협력동반자관계'입니다. 전략적이라는 수식어가 붙으면 새로운 의미가 있는 거죠. 그래서 당시에 이렇게 합의를 했다하면서 우리 언론이 어떻게 설명을 했나하면, '한중관계가 격상됐다'는 표현을 많이 썼습니다. 사실은 중국 전문가들도 이런 표현을 많이 쓰는데 저는 별로 좋아하는 표현이 아닙니다. 왜냐하면 '전략적 협력동반자관계' 등의 단계를 누가 만든 것이냐? 중국이 만든 단계이거든요. 그럼 우리가 중국이 만든 단계에 맞춰서 하나씩 올라가면 우리와의 관계가 격상되는 것인가? 옛날에 조공체제에서 매년 조공하는 나라, 3년에 한 번씩 와도 되는 나라, 5년에 한 번씩 와도 되는 나라, 이렇게 중국이 정해서 주변나라들을 관리했거든요. 왜 이런 표현들을 그렇게 좋아할까? 왜 이것을 가지고 격상됐다고 생각할까? 자기가 대통령할 때 이런 관계가 되었다고 자꾸 알리고 싶은 측면도 있겠지만, 저는 별로 좋은 의미는 아니라고 생각합니다. 격상이냐 아니냐라는 형식적인 문제보다 내용이 중요한 것이지요. 전략적 협력을 강화하기로 했으면 양측이 이를 실행할 계획과 의지가 있는가가 더 중요합니다.

'전략적 협력동반자관계'가 중국한테 의미가 있었던 시기가 있습니다. 이것은 1990년대 중후반에 미국, 러시아와의 관계를 안정시키기 위해서 중국이 만들어낸 개념입니다. 미국과 중국은 큰 갈등이 발생할 수 있는 관계잖아요? 앞서 말씀드린 것처럼 그런 조짐이 나타나고 있었고요. 중국과 러시아의 관계도 큰 갈등이 나타날 수 있는 관계입니다, 대국들 관계이기 때문에. 중국의 입장에서는 그런 갈등이 나타나는 것을 원하지 않았습니다. 왜? 중국은 당분간은 국내 경제성장, 국내 발전에 더 많은 자원들을 써야 되는 상황이었고, 주변 대국들이랑 관계가 악화되는 것은 자국의 발전에 굉장히 부정적인 영향을 미칠 거라고 봤기 때문에 이를 안정시키는 것이 중국 대외정책의 가장 중요한 목표였습니다. 그 시기에 대외관계를 안정시키기 위해서 이런 관계를 만드는 거죠. 너랑 나랑은 '전략적 협력동반자관계'지? 그러니까 우리 심각한 갈등을 만들어 내지 말자. 이렇게 어떤 합의를 통해 갈등을 관리한다는 규범을 서로 확인해 나가는 제어 수단으로 '전략적 협력동반자관계'라는 표현을 중국이 적극적으로 사용했습니다. 그래서 90년대 후반에 미국과의 관계를 이렇게 표현했고, 러시아와의 관계에 대해서도 이 표현을 유사하게 사용을 했습니다. 그때는 전략적인 것이 굉장히 중요한 의미를 갖는 것이었습니다.

그런데 2008년쯤 되면 30개 가까운 나라나 지역기구들과의 관계에 이런 표현들을 사용합니다. 좀 일반화되는 거죠. 일반화됐지만 중국의 의도는 여전히 있습니다. '전략적 협력동반자'라 함은 너희들이 우리의 전략적 이익을 위협하면 안 되는 관계라는 것이지요, 서로의 전략적 이익을 위협하는 관계는 전략적 협력을 할 수가 없겠죠? 중국은 다른 나라와 외교관계를 관리할 때 자신의 전략적 이익을 자꾸 정의해줍니다.

이건 건드리지 말라는 것이죠. 예를 들면 영토주권문제가 있겠죠? 타이완문제 같은 것입니다. 타이완은 중국의 일부분이란 걸 반드시 확인을 해야 되는 겁니다. 그러니까 그런 것들을 위협하면 전략적인 이익을 건드리는 거예요. 지금은 중국에서 어떤 표현을 쓰냐면 '핵심이익'이라는 표현을 씁니다. 핵심이익을 서로 위협하지 말자. 핵심이익을 명확하게 정의한 것도 미국과의 대화과정에서였습니다. 첫 번째, 중국의 사회주의제도입니다. 이것을 건드리면 내정간섭이니까 안 된다는 겁니다. 두 번째는 지속적이고 안정적인 성장입니다. 경제성장에 불리한 행동은 서로 하지말자는 거고, 세 번째가 아까 말씀드린 영토주권입니다. 영토주권이라는 표현이 적극적으로 사용된 때가 2010년에서 2011년 사이인데, 보통 예로 드는 것이 신장, 티벳, 타이완입니다.

그러니까 우리도 중국과 이런 관계를 맺으려면 우리의 전략적 이익을 중국한테 분명히 설명해 줄 수가 있어야 되는 겁니다. 그 점에 대해서는 사실 우리나라가 그렇게 명확하게 전달하고 있지는 않은 것 같습니다. 그리고 정권이 바뀔 때마다 중요한 전략적 문제에 대한 태도에 차이가 있기 때문에, 우리는 이러한 '전략적 협력동반자'라는 틀 내에서 얻어내야 될 것을 충분히 얻어내지는 못하는 상황이라고 말씀드릴 수가 있습니다. 그것을 잘 보여주는 게 정작 2008년부터 한국과 중국 사이에 전략적 갈등이 증가하기 시작했습니다. 전략적 협력동반자 관계라고 선언한 뒤부터 전략적 갈등이 커지는 이런 역설적 상황이 발생하게 된 거죠. 우리가 이 전략적이라는 말을 쓸 때 어떤 입장인지 분명하지 않은 상태로 접근하니까 이런 문제가 생겼다고 생각을 합니다.

아까 말씀드렸던 중요한 네 가지 원칙을 훼손하는 문제들이 발생을 했습니다. 첫 번째로는 4대강국이 모두 우리를 쫓아오게 만들어 줘야 된다고 얘기를 했는데, 우리가 점점 한미동맹과 한중협력 사이의 조화를 이루지 못하고 양자가 충돌하게 되면서 자꾸 갈등관계로 변해 온 것이 이명박 정부 5년 동안이었다고 할 수가 있습니다. 둘째, 북핵문제와 관련해서 중국과 한국의 입장 차이가 점점 커지고 갈등이 나타났습니다. 물론 최근 이 문제가 약간 봉합되는 측면도 있습니다. 그 이유는 2013년 초 북한이 3차 핵실험으로 나아가는 과정에 중국을 매우 불쾌하게 만들었을 뿐만 아니라 중국이 북한을 한반도 정세를 불안하게 만드는 주요 요인으로 간주하게 만든 것입니다. 반면 한국에 대해서는 이명박 정부와는 달리 대북관계에서 대화를 적극적으로 추진할 것이라는 기대도 가지고 있었습니다. 그렇지만 이는 매우 유동적인 상황으로 중국의 입장이 어느 쪽으로 기울었다고 단언하기는 어렵습니다. 셋째, 지역협력 촉진자로서의 역할들이 약화됐습니다. 사실은 김대중 정부 시절이 이 부분에서는 가장 주도적 역할을 잘 했던 시기라고 할 수가 있습니다. 그 뒤로는 조금씩 주도력이 떨어지는 추세가 있었다고 봅니다. 네 번째로는 경제협력의 기반도 좀 약화되고 리스크가 커지고 있다고 말씀드릴 수가 있습니다.

중국의 성장과 한중관계 변화

이런 문제들이 지금 상황에서 어떻게 구체적으로 나타나고 있고 우리가 고민해야 될 지점들은 무엇인지를 말씀드려야 하는데, 이 말씀을 드리기 전에 2002년부터 2013년까지 중국의 변화와 한중관계 변화가 컸기 때문에 이런 변화 양상을 좀 아셔야 김대중 정부 시절의 한중관계와 지금의 한중관계를 제대로 이해하실 수 있을 것 같습니다. 먼저 한중교역이 수십 배 증가했습니다. 1992년도에 한중교역량이 60억 달러 정도였는데 지금 2000억 달러를 훨씬 넘는 수준으로 증가를 했습니다. 보다 더 중요한 것은 수교하기 전인 1990년에 우리나라 총 교역 중 중국과의 교역이 차지하는 비중이 약 2%정도였는데 2010년 기준으로 22.7%가 됐습니다. 이 자체가 엄청나게 높은 비중일 뿐만 아니라 전통적으로 동맹관계인 미국 그리고 경제적인 교류가 가장 많았다고 하는 일본과의 교역액을 합친 것보다 더 높은 비중을 중국과의 교역이 차지하고 있습니다. 그러니까 우리에게 엄청나게 중요한 나라가 돼 있는 거죠. 투자는 2007년까지 증가했다가 지금 약간 감소하는 추세에 있습니다. 2007년까지는 우리나라의 대기업도 투자를 하고 중소기업들도 많이 투자를 했죠. 그런데 근래에는 중소기업이 중국에 투자를 해서 경쟁력을 유지하기가 굉장히 어렵습니다. 원래 많은 중소기업들이 싼 인건비를 이용해서 가공무역을 하기 위한 투자가 많았는데 중국 연해지방의 인건비가 급속히 상승하면서 수익을 맞출 수가 없게 됐죠. 그럼에도 불구하고 중국에 대한 투자가 우리가 미국에 한 투자에 이어서 2위를 기록하고 있으니까 이것도 여전히 높은 비중을 차지하고 있습니다. 인적교류는 2012년 통계로 700만 명 가까이 상호방문을 하고 있습니다. 2002년도쯤으로 거슬러 올라가면 한국 사람이 중국에 가는 수가 중국에서 한국을 방문하는 사람들의 두 배 이상이었습니다. 세 배 가까이 되기도 했었죠. 근래에는 한국의 중국 방문자가 증가하진 않는데 중국인 한국 방문자 수가 굉장히 빠르게 증가를 해서 양쪽이 비슷한 수준으로 접근을 하고 있습니다.

또 하나의 이슈는 중국이 부상을 하고 있다는데 얼마나 빠르게 부상을 하고 있느냐는 문제입니다. 골드만삭스가 2008년도에 발표한 장기

예측에 따르면, GDP 기준으로 미국을 2027년부터 앞서기 시작한답니다. 다만 1인당 GDP로 따지면 여전히 격차가 큽니다. 지금 중국의 1인당 GDP를 한 5,000 달러에서 6,000 달러 사이로 보시면 됩니다. 그러면 미국의 8분의 1정도가 되겠지요. 그러니까 중국의 아주 실질적인 국력, 종합적 국력이 미국을 초월하려면 아직도 시간이 걸리겠지만, 국가경제에서 총량도 매우 중요한데, 총량으로 따지게 되면 머지않아 추월할 수 있다는 것입니다. 군사비의 경우, 서구에서는 대부분 중국의 군사비가 축소돼서 발표되고 있다고 보기 때문에 자기들의 추정치들을 발표합니다. 공식 국방비의 세 배까지 추산하는 건 제가 보기에는 과도한 것이고 1.5배 내외라고 저는 생각하는데, 아무튼 군사비 지출이 꾸준히 증가하고 있습니다. 미국 쪽에서는 2025년쯤이면 미국 군사비의 절반 정도를 중국이 지출하게 될 가능성이 높다고 생각하는 것 같습니다. 이건 제가 보기에 어느 정도 타당한 전망이라고 생각합니다. 중국이 1980년대에 군사비 지출을 굉장히 억제했었습니다. 그때는 경제를 발전시키는 것에 총력을 기울였고 가능하면 군사적 자원까지도 경제적인 부문으로 돌렸습니다. 1990년대 말부터 2000년대에 들어오면서 중국 국방예산도 늘어나고 있고, 이런 증가추세는 기본적으로 계속 유지되지 않을까 생각합니다.

미국과 중국의 종합적 역량을 비교하면 여전히 미국이 앞서 있을 가능성이 높습니다. 그렇지만 중국은 미국처럼 전 세계로 군사력을 투사하지 않습니다. 미국은 지구적 패권을 유지해야 되기 때문에 그렇게 많은 지역에 관여할 수밖에 없어요. 중국은 지금으로선 세계적 차원에서 패권국가가 되려고 하는 것이 아니라 아까 얘기했던 핵심이익을 지키는 데만 이 자원들을 집중해서 배치를 할 겁니다. 그러면 핵심이익과 관련되는 중요한 지역들이 몇 개가 있겠죠? 그중에 하나가 동북아시아 내지 동아시아입니다. 영토분쟁과 관련해서는 신장이나 티베트도 중요하지만 거기는 군사적으로 문제가 발생하지는 않는 지역이고, 군사적 힘겨루기가 필요할 수 있는 지역은 동북아 내지 동아시아거든요. 그러니까 중국은 선택과 집중을 할 수가 있는 거고 중국이 선택해서 집중하는 지역에서 미국이 전통적인 힘의 우위를 유지하기는 굉장히 어려운 상황이다. 이렇게 볼 수가 있습니다.

우리 입장에서는 대외관계에서 중국의 비중이 높아진 것도 새로운 고민거리가 될 만한 문제고 중국과 미국의 힘겨루기 상황이나 세력균형 변화도 대외적인 관계에서 중요한 전환점들이 필요한 문제일 수 있습니다. 이런 문제들에 얼마나 현명하게 대처를 하느냐에 따라 앞으로 우리의 30년 내지 40년 정도의 운명이 결정되지 않겠냐는 생각을 해봅니다. 모두에 말씀드렸듯이 세력 전환의 과정에서 자칫하면 굉장히 큰 어려움을 당할 수도 있고, 이런 과정에서 어떤 주도력을 발휘하면 좀 더 국제적으로 신뢰받고 존중받는 나라가 될 수도 있는 이런 중대한 전환점에 우리가 서 있다고 할 수 있습니다.

한미관계와 한중관계의 충돌

근래에는 우려되는 상황들이 발생하고 있어서 미래를 낙관하기는 어렵다고 봅니다. 객관적인 어려움 때문에 발생한 문제도 있고 전략적인 선택이 잘못돼서 발생된 문제도 있습니다. 우리가 객관적인 어려움을 많이 겪고 있다는 것은 인정할 수밖에 없습니다. 한국은 다른 나라들을 좌지우지할 수 있는 나라가 아니잖아요. 그러니까 우리는 많은 선택을 강요받는 위치에 있다는 점을 부인할 수 없습니다. 그렇기 때문에 더욱 중요한 것이 우리가 어떤 전략을 선택하느냐는 점입니다. 객관적으로 존재하는 문제와 전략적인 선택의 잘못으로 발생되는 문제를 항상 구분해서 봐야 할 것 같은데, 최근에 우리의 전략적인 선택으로 인해 상황이 더 어려워지는 문제들도 있었습니다.

먼저 한중관계와 한미관계가 상당히 충돌하는 방향으로 전개되는 추세들이 나타났습니다. 김대중 정부와 노무현 정부 시기에도 한국과 미국의 갈등이 나타났던 일들이 있었습니다. 주로 어떤 문제 때문에 갈등이 발생했느냐면, 북한으로부터 발생되는 위협에 대한 인식이 한미간에 달랐고 이 문제를 해결하는 방식의 차이도 있었습니다. 예를 들면 부시 행정부 시기에 미국은 북한을 주요한 위협으로 보고 군사적 수단을 통해서 이 위협을 해결하려고 했습니다. 이것에 대해서는 한국에 어떤 정부가 들어서더라도 반대해야 한다고 생각을 합니다. 예를 들면 1993년에 북한 핵개발 문제가 발생했을 때 클린턴 행정부도 영변을 폭격할 계획을 세웠습니다. 그때 김영삼 정부도 여기에 반대했습니다. 당연하죠. 전쟁이 발생하면 미국이야 먼 거리에서 전쟁하니깐 군인 몇 명 희생당하는 거지만 우리는 한반도에 있는 삶의 터전이 잿더미가 되는 거니까요. 북한 핵개발은 특히 부시 행정부 시기에 한미관계를 악화시키는 원인이 됐습니다. 그러면 다른 부분에 있어서 한미관계는 어땠느냐? 나쁘지 않았습니다.

노무현 정부 당시의 한미관계는 어땠느냐? 중요한 이슈가 몇 개 있었는데 첫 번째가 이라크 전쟁 파병 문제였습니다. 한미상호방위조약도 기본적 원칙은 북한으로부터의 위협을 억지하는 것이고 우리가 해외파병을 막 나가야 하는 나라가 아닙니다. 두 번째는 전략적 유연성이라는 이슈가 제기됐습니다. 당시에 럼스펠드 미 국방장관이 전 세계에 있는 미군을 유지하는 데 따른 부담이 점점 커지면서 이걸 효율적으로 활용할 수 있는 방안을 제시했어요. 주한미군이 북한으로부터 오는 위협에만 대처해서는 효율성이 떨어진다는 겁니다. 언제 어디서 전쟁이 날지 모르는데 그것만을 위해서 미군을 한국에 배치하고 있는 거는 비용 낭비잖아요? 그러니깐 주한미군이 다른 위기에도 대응할 수 있는 방식으로 전환되도록 만드는 겁니다. 예를 들면 주한미군이 아프가니스탄도 가고 다른 데도 빠져나갔다가 또 들어오고 이런 식의 전략적 전환을 실현하려고 하는 거죠. 왜 이게 문제가 되냐면 우리가 원치 않는 분쟁인데 주한미군이 갈 수 있다고 하면 주한미군을 위협으로 받아들이는 나라한테는 우리나라 자체가 위협으로 간주될 수 있다는 것이죠. 중국은 당연히 한국에 있는 주한미군을 군사적 위협이자 공격 목표로 삼을 수밖에 없겠죠. 미국이 이 문제로 한국정부를 강하게 압박했어요. 세 번째는 한미 FTA가 이슈였습니다. 당시 아시아에서 싱가포르만 미국과 FTA를 체결하고 있었습니다. 중국도 일본도 안 하고 있었습니다. 이 세 가지 문제가 노무현 정부 때 다 미국의 뜻이 상당히 반영되는 방향으로 해결되었습니다. 이라크에 파병했고, 주한미군을 다른 데 보낼 때 우리와 협의한다는 조건들을 달고서 전략적 유연성을 인정했고, 한미 FTA도 타결했습니다. 그러니까 지금도 당시의 미국 행정부 관련자들 중 상당수는 노무현 정부 당시 한미관계 자체에서는 문제가 없었다고 합니다. 더 잘된 측면도 있었다고 얘기할 정도거든요.

결국 문제는 어디서 발생했느냐? 북한에 대한 위협을 어떻게 인식하고 어떻게 대응해야 될 것이냐? 이것이 한미 간에 문제가 됐는데, 이명박 정부가 들어오면서 한미관계의 그런 갈등적 요소가 중국 때문에 발생된 것처럼 이야기를 한 측면이 있습니다. 한중관계가 너무 빨리 발전했다는 것인데, 이것은 사실과 다르고, 한미관계와 한중관계를 대립적인 것으로 여기면 우리가 선택할 수 있는 폭이 굉장히 좁아집니다. 우리는 양쪽이랑 다 좋은 관계를 유지한다고 얘기해야지 이쪽과의 관계 때문에 다른 관계가 나빠진다는 식이 되면 우리는 하나를 선택해야 하는 것이고 다른 관계를 희생할 수밖에 없는 것이지요. 그리고 중국이 우리를 무시하지 못하는 것은 한미동맹이 있기 때문이라는 주장도 나왔어요. 아주 근거 없는 얘기라고 할 수는 없지만, 중국 입장에서는 상당히 기분이 나쁜 얘기죠. 당연히 이런 반응들이 나올 수밖에 없겠지요. 한국과 중국의 관계가 잘 발전되면 되는 거지 왜 한미관계를 끼워서 그걸로 한중관계를 컨트롤할 수 있는 것처럼 얘기하느냐? 그래서 이명박 정부 출범 초부터 한미관계에 대한 가장 강력한 비판이 중국 측으로부터 나오게 된 겁니다. '한미군사동맹은 냉전시대의 유산이며 군사동맹으로는 현재 세계 혹은 지역이 직면한 안보문제를 해결할 수 없다.' 2008년 5월 28일 중국 외교부 대변인이 한 말인데 이날은 이명박 대통령이 중국을 방문한 날입니다. 그날 이런 얘기를 했으니까 중국의 불쾌한 감정이 표현된 거죠. 사실은 중국이 이런 언급에 대해 조심스럽습니다. 한미관계에 대한 언급을 중국은 잘 하지 않습니다. 누구와의 대립적인 관계로 한중관계를 설명하는 건 중국도 별로 원하지 않기 때문에 정부 당국자의 공식적인 표현이 나온 것은 제가 알기로 거의 유일한 사례였습니다.

그만큼 한중관계에 뭔가 불길한 조짐들이 나타났었는데 악화된 관계가 2010년까지 풀리지 않았고, 2010년에는 천안함 사건이 발생했고 북한이 연평도를 포격한 사건도 발생했었죠. 그것을 이유로 조지워싱턴호라는 미국 항공모함을 서해에 진입시키려고 했죠. 이것에 대해서도 중국 국방부에서 굉장히 격렬한 비판 발언들을 했고 〈환구시보(環球時報)〉에서도 문제제기가 이루어졌습니다.[26] 한미동맹을 부정적으로 평가하는 언급들이 중국에서 많이 나오게 된 겁니다. 한중관계가 가장 최악의 상황에 빠졌던 시기가 2010년 무렵이라고 보시면 됩니다. 그러니까 이것은 굉장한 전략적 실책입니다. 한미동맹과 한중관계를 같이 풀어나가는 게 어려운 것은 사실이지만 중국이 이런 정도로 반응하게 만든 것은 한국이 잘못한 탓입니다.

객관적 조건의 악화와 외교적 실책

객관적으로 보면 앞으로 또 어려운 문제들이 생겨날 가능성이 있습니다. 사실 2008년, 2010년은 미중관계에 큰 어려움이 없었던 시기입니다. 부시가 대통령이 됐을 때 중국을 위협으로 간주했습니다. 클린턴 행정부 때는 미국과 중국이 전략적 협력 동반자라는 표현을 서로 썼는데 부시가 선거운동을 할 때 중국과 미국은 전략적 동반자 관계가 아니라 전략적 경쟁자 관계라고 했습니다. 그러니까 부시가 대통령에 당선되고 나서는 중미관계가 상당히 불안해질 조짐이 있었는데, 그렇게 안 된 가장 결정적 이유는 9·11 테러입니다. 미국이 대테러전쟁을 가장 핵심적인 과제로 삼았고 대테러전쟁을 위해서는 중국과의 협력이 필요했거든요. 그래서 중국과의 관계를 안정시켰습니다. 미국이 테러문제

26 [편집자] 〈환구시보〉는 중국 공산당 기관지인 〈인민일보(人民日報)〉의 자매지이다. 1993년 창간된 뒤 국제뉴스를 전문적으로 보도하고 있다.

에 몰두하는 사이에 중국은 아시아에서 영향력을 크게 강화했고 이에 대해 미국이 본격적으로 반응하기 시작한 것이 바로 2010년 연평도사건을 전후해서입니다. 이런 갈등의 시기에 미국이 다시 아시아로 복귀한다는 정책을 적극적으로 펴기 시작한 것입니다. 언론에 많이 나오는 소위 "pivot to Asia"라는 아시아로의 회귀 전략을 펴니까 미국과 중국의 경쟁이 강화되는 국면으로 들어가고 있습니다. 그러니까 한미관계와 한중관계를 병행해서 발전시키는 게 지금은 더 어려운 상황이 된 것이지요.

박근혜 대통령이 2012년 대선 시기에는 균형외교라는 표현도 썼습니다. 한중관계가 나빠지고 대국들 사이의 관계 변화, 세력변화 국면에서 뭔가 새로운 대응을 해야 되겠다는 쪽으로 우리 국민들 다수의 생각이 점점 변해가고 있거든요. 박 대통령이 여기에 반응을 해 준 것이지만 과연 이런 외교를 지속시킬 수 있는 철학적 원칙이 있느냐? 이게 문제가 되는 거죠. 이점에 관해서는 상당히 미묘한 국면으로 접어들고 있습니다. 지금 문제가 되는 것 중에 하나는 MD문제입니다.[27] MD는 중국이 한미관계에 대해 설정한 일종의 레드라인과 같은 것이다. 뭐 이런 얘기도 나옵니다. 한국이 이걸 하는 순간 한중 간의 전략적 갈등이 불가피해지는 요소라고 보는 거죠. 그럼 왜 중국은 여기에 민감하게 반응을 하느냐? 기본적으로 한미 간 혹은 동북아에서 MD가 추진되고 있는 명분은 북한의 미사일입니다. 그런데 북한 미사일이 미국까지 갈지 안 갈지도 모르는데 적극적으로 큰돈을 들여가면서 할 이유가 별로 없겠

27 [편집자] MD는 미사일 방어체계(Missile Defense)의 약어이다. 공격해오는 미사일들을 요격하여 파괴하는 무기 시스템을 일컫는다.

죠. 중국은 이미 옛날부터 MD가 북한 미사일을 구실로 하지만 그 과녁이 어느 나라인지 불분명하다는 점을 잘 알고 있다고 주장해 왔습니다. 중국의 대륙간탄도미사일을 견제하기 위한 시스템이라는 것이죠. 또 하나 중국이 우려하는 것은 MD를 통해서 한국, 미국, 일본 사이의 군사적 협력관계가 제도화되는 겁니다. MD를 작동시키려면 세 나라 사이에 군사정보가 효율적으로 교류되어야 하고 작전지휘체계를 잘 통합시켜야 됩니다. 그리니까 한미일 군시동맹이 사실상 이루어지는 것으로 중국은 받아들이는 거죠. 한미일이 중국에 대한 포위망을 구축한다고 보는 거예요. 한국 국방부에서는 한국형 미사일방어체계라고 하는 낮은 고도로 날아오는 미사일에 대한 방어체계를 미국이 하는 중고도 및 고고도 미사일방어와 연결시키는 것을 고려하지 않는다고 말하고 있습니다. 그러나 공식적이진 않지만 상당히 많은 협의가 이뤄졌다는 의심을 받고 있는데 앞으로 이 문제가 중요한 이슈로 부각될 가능성이 있습니다.

두 번째로, 이것도 미국이 계속 요구하는 거지만 한일 군사교류 문제가 있죠. 2012년에 하려다 벌써 한 번 사고가 난거죠. 이 문제들은 우리로서는 중요한 지점이다. 정말 한중관계와 한미관계를 병행해서 발전시킬 수 있느냐? 아니면 갈등적 국면에 우리가 놓이게 되느냐? 그런데 지금으로서는 이 문제에 대해서 명확한 원칙을 보여주지 못하고 있는 상황입니다. 예를 들면 일본의 집단적 자위권 문제를 '사실상 용인' 한다고 보도되고 있거든요. 그리고 초점이 어디에 맞춰지냐면 한반도에 적용될 경우에 협의가 필요하다는 조건을 달아야 된다는 거예요. 저는 이게 말이 안 된다고 생각합니다. 집단적 자위권 자체를 문제삼아야죠. 일본이 역사반성도 하지 않고 여러 가지 역사적, 정치적 유산을 청산하지 않고 있는데 집단적 자위권을 그냥 인정한다는 것은 2차대전 이후에 만들어진 합의를 무너뜨리는 것이에요. 미일동맹과 한미동맹이 뭐가 다르냐면 한미동맹은 쌍무적 동맹입니다. 위협에 처할 때 서로가 도와줄 의무가 있는 거죠. 이 점에서 일종의 집단적 자위권을 인정하는 것으로 볼 수가 있습니다. 미일군사동맹은 쌍무동맹이 아니라 편무동맹입니다. 미국이 일본을 보호해 줄 의무가 있을 뿐이지 일본은 미국이 위기에 처했다고 군사적으로 도와 줄 의무가 없는 조약입니다. 왜 그렇게 됐겠습니까? 침략국가는 군사력을 못 갖게 만들었던 것이 2차대전 이후의 합의이기 때문인데 우리가 역사문제 등을 전혀 해결하지 않은 채 집단적 자위권을 용인하다니요. 이 문제와 관련하여 우리 정부의 입장이 분명하지 않습니다. 상황이 어려우면, 무슨 사태가 벌어지면, 이런 것을 명분으로 삼아서 그냥 필요하다고 넘어갈 가능성이 상당히 높습니다. 이 문제가 그런 식으로 결정될 경우에는 주변 강대국들을 우리가 중심이 되어 엮어 나간다는 설계들은 불가능해지는 국면이 될 것이라고 생각합니다.

북핵문제도 굉장히 중요한 이슈가 되겠죠. 김대중 정부와 노무현 정부 당시가 전략적 협력동반자라는 말을 쓰지는 않았지만 한국과 중국의 전략적 협력이 가장 잘 이루어졌을 때입니다. 북한과 미국이 엄청나게 싸우고 있었죠. 그런 상황에서 6자회담 등 대화구도를 만들기 위해 노력했던 나라가 한국과 중국입니다. 한국은 대화를 할 수 있는 방향으로 미국을 설득하는 것이고 중국은 북한이 대화에 나오도록 설득했습니다. 그리고는 한국과 중국이 만나서 서로 "안돼, 잘 안돼" 하며 동병상련의 처지에서 같이 힘들어 하기도 했대요. 어쨌든 그런 노력이 있었기 때문에 나중에 9·19공동성명이 나오는 식으로 해결의 토대들이 만들어 진 거죠. 한국과 중국 간에는 그런 얘기가 잘 됐던 시기입니다.

중국은 한국이 계속 그런 역할을 해주기를 바라죠. 중국이 한미관계를 나쁘게만 보지 않는 것이 바로 그런 부분들 때문입니다. 주한미군은 장기적으로는 문제가 되겠지만 그동안 한반도의 안정에 기여한 측면이 있다는 것을 중국이 어느 정도 인정하는 편이에요. 그리고 지금으로서는 중국이 직접 미국을 설득하는 것보다는 한국이 설득해 주는 게 더 편한 겁니다. 아무래도 미국은 중국에 대해서 상당히 경계심을 가질 수밖에 없죠. 그러니까 한국이 미국과의 좋은 관계를 유지하면서 미국을 설득해 주는 게 중국으로서는 상당히 원하는 구도입니다. 과거에는 우리로서도 북한과 관계가 안 좋을 때는 중국이 가서 설득해주니까 중국과의 협력이 되었던 것인데 최근에 한국의 요구가 무엇입니까? 북한에 대한 압력을 강화해 달라는 얘기를 계속 중국한테 한 것 아닙니까? 그것이 우리의 전략적 이익인 것처럼 얘기를 한 겁니다. 그것이 전략적 이익인 것 같지도 않고, 더 큰 문제는 그런 설득으로 북한과 중국의 관계를 근본적으로 전환시키겠다는 목표는 과도하다는 것입니다. 여러 가지 구조적 요인을 고려하면 결코 이루어질 수 없는 목표인데 여기에 온갖 외교적 자원을 소모하고 있었어요. 그것도 중국에게는 아주 기분 나쁘게 받아들여지는 방식으로 요구를 하니까 상황이 어렵게 된 것이죠.

중국이 개혁개방정책을 추진하고 한국과 중국이 수교를 한 뒤로는 북한과 중국 사이에 분명히 전략적 갈등의 요인이 존재합니다. 서로 전략적 목표가 달라요. 그렇기 때문에 어떤 국면에서는 북한과 중국 사이에 일정한 갈등이 표출이 됩니다. 그런데 그것만 보면 안 되고 갈등이 표출됐다가 그 다음 상황은 어떻게 되는지를 봐야죠. 싸우다가 보면 서로를 필요로 하는 부분들이 있다는 부정할 수 없는 사실을 또 확인하게 돼요. 그래서 관계를 복원하게 됩니다. 이런 식의 사이클이 수교 이후에 세 차례 나타났어요. 1992년에 한중수교하면서 관계가 굉장히 악화됐죠. 그러다가 1999년도에 관계가 복원되기 시작해서 2000년에 김정일이 중국을 방문하게 되죠. 그러면서 관계가 좋아져요. 그러다가 또 북미관계가 안 풀리고 중국이 북미관계를 풀어 주는 것도 아니고 하니까 북한이 더 적극적으로 미국을 끌어들이기 위해 핵카드를 사용합니다. 결국 2006년도 핵실험까지 하게 되죠. 그러니까 북중관계가 또 악화됩니다. 그런데 2009년에 원자바오가 평양을 방문하면서 관계가 완전히 복원되고 중국이 엄청난 대북투자를 합니다. 2009년에 2차 핵실험이 있었거든요. 2차 핵실험이 있은 지 약 5개월 뒤에 평양을 가서 그렇게 했으니까 대북제재는 의미가 없어진 거죠. 2012년 말부터 또 북한과 중국 사이가 굉장히 시끄럽고 갈등이 굉장히 커진 것 같이 보이고 중국도 일정한 압력 수단들을 사용했다고들 합니다. 그러니까 중국이 한국과 미국의 편에 서서 북한을 압박하고 현 상황을 변화시킬 것이라는 기대는 과도합니다. 중국이 북한의 핵보유를 원하지는 않지만 양자관계에서 넘을 수 없는 선도 있거든요. 그 선 안에서 상황을 최대한 긍정적인 방향으로 발전시키도록 우리가 유도를 해야 하는데 계속 압박만 요구하면 할 수 없는 것들을 계속 요구하는 상황이 되는 거죠.

북한 핵문제 해법에 대한 한 · 미와 중국의 차이

2013년 한중정상회담에서 박 대통령이 굉장히 좋은 대접을 받았죠. 이명박 정부 당시 한중관계가 워낙 나빴는데 박근혜 정부가 한반도 신뢰프로세스도 얘기하고 균형외교도 얘기 했으니 관계를 좀 좋게 만들고 싶다는 중국의 희망이 있었어요. 또 하나는 중국과 일본의 관계가 악화되고 있죠? 일본과의 관계에서는 한국이 중국의 파트너가 될 수 있으니까 그러한 전략적 가치가 높이 평가되어서 중국이 한국과 좋은 관계를 만들려고 했습니다. 그런데 중국에 다녀와서 MD 문제가 잘 처리되고 있느냐? 그것이 상당히 불안한 국면으로 가고 있습니다. 또 '한반도 비핵화 실현 등을 위한 6자회담 재개를 위해 긍정적인 여건이 마련되도록 적극 노력한다'고 한중 정상이 합의했거든요. 우리나라에서는 시진핑이 북핵불용을 얘기했다거나 리커창 총리가 북핵불용을 얘기했다는 내용이 계속 언론에 보도되었는데, 중국 쪽 보도에는 한마디도 그런 식의 표현이 나온 적이 없습니다.

물론 중국이 북한 핵을 반대한다는 것은 의심할 여지가 없어요. 문제는 북한 핵이라는 문제를 어떻게 해결하느냐는 것이지요. 자꾸 북핵만 문제시하는 것은 북한을 압박만 하자는 이야기인데 중국이 받아들이지 않습니다. 중국은 북한이 핵을 개발한 것도 문제지만 핵개발로 가게 만드는 환경적인 요인이 있기 때문에 이것도 같이 해결해야 된다는 입장이죠. 그러니까 한반도 비핵화 같은 경우에도 북한에 대한 미국으로부터의 핵 위협이 사라지는 문제까지 포함이 되는 것이죠. 한반도의 비핵화나 북한 핵을 반대한다는 표현은 노무현 정부 때도 공동선언에 들어가 있었습니다. 그러니까 그 표현 자체는 중요한 문제가 아니고 어떤 접근방법으로 문제를 해결하려고 하느냐가 중요한데, 약속을 했으면 돌아와서 좀 적극적으로 노력을 해야 될 거 아닙니까? 그런데 한중 정상회담 이후에 6자회담 재개를 위한 노력이 없습니다.

지금 북한과 중국은 6자회담 재개와 관련해서 입장을 조율해가고 있는 상태입니다. 김계관이 몇 차례 중국에 가서 6자회담 관련된 협의를 계속해 왔다고 중국에서 보도가 되고 있고, 그걸 가지고 중국이 미국에 가서 협상을 하는데 우리가 어떤 카드를 가지고 이 국면에 개입하고 있는지가 불확실한 상황이지요. 제가 보기에는 아직까지 적극적인 아이디어를 갖고 개입하고 있는 상황 같지는 않습니다. 상황에 밀려서 끌려갈 가능성이 높고 끌려가게 되면 아무래도 우리가 이 상황을 발전적으로 만들어가기보다는 부정적인 역할을 하게 될 우려도 있고 그래요. 많은 사람들이 한중정상회담을 한 뒤 한중관계가 좋아졌다고 하는데 사실은 중국 쪽에서 슬슬 불만을 갖게 되는 요인들이 나타나고 있다고 봐야 되겠습니다. 이 문제가 어떻게 풀리느냐가 앞으로 한중관계의 포인트라고 볼 수가 있습니다.

경제적 상호보완성과 지역차원의 경제협력

경제관계는 제가 경제 전공은 아니니까 자세하게 말씀을 드릴 수는 없고요. 다만 경쟁 관계적 방향으로 가는 경향들도 좀 있었습니다. 경제교류로 이익을 보는 사람이 있으면 손해를 보는 사람도 있습니다. 긍정적인 것은 2000년대 중반에는 5년쯤 지나면 한중 사이에서 한국의 무역흑자가 없어질 것이라고 예상하는 사람들이 많았습니다. 그런데 지난 4년 사이에 우리 측 통계로 무역흑자가 500억 불 수준으로 늘어났어요. 중국 측 통계로는 우리가 기록한 무역흑자가 800억 달러가 넘는 걸로 나오고 있습니다. 중국이 우리를 쫓아오는 추세지만 우리가 조바심을 낼 정도로 빠른 속도로 추격이 이루어지지는 않고 있다. 그렇다면 한중 사이에 여전히 상호보완적 측면들이 있다고 봅니다. 예를 들면 자동차 산업 같은 것이 우리가 굉장히 많은 흑자를 기록하거나 이익을 보는 산업입니다. 한 10년 전부터 중국이 금방 쫓아올 것처럼 얘기를 했거든요. 산업경쟁력이 그렇게 쉽게 높아질 수 있는 것은 아니고 중국은 여러 시스템상의 약점이 있어요. 전통적인 자동차 부문에서는 경쟁이 안될 것 같으니까 새로 시작하는 전기차 분야에 엄청난 투자를 하려고 했습니다. 그런데 리스크가 크다. 중국이 전기차를 발전시킬 정도의 조건이 갖춰져 있지 않다. 예를 들면 배터리 기술이 많이 발전돼야 하는데 그것도 없이 전기차만 발전시키면 결국 배터리는 다 수입해 와야 합니다. 그러니까 지금은 좀 내버려두자는 쪽으로 분위기가 전환되고 있습니다.

그래서 어느 정도 상호 보완성을 유지할 수 있다고 생각이 되는데 몇 가지 고려해야 될 사항은 있습니다. 하나는 아주 높은 기술력을 가지고 있는 삼성이나 현대 같은 경우에는 비교우위를 어느 정도 유지할 수 있지만 많은 중소기업들은 제조업부문의 기술적 우위를 상실해 가고 있죠. 이 문제가 일단 한중경제교류에 많은 변화를 가져오고 있습니다. 경제교류를 발전시키는 데 중요한 또 하나의 포인트가 중국의 내수시장에 어떻게 진출할 것이냐는 문제입니다. 내수시장 진출은 문화적이고 정서적인 것들과 관련이 있습니다. 우호적 감정을 한국과 중국이 유지하고 있으면 우리가 내수시장에 들어가는 데 상대적으로 편한데 만약에 감정적인 충돌 같은 문제들이 두드러지게 되면 우리 상품에 대한 거부감이 커집니다. 전략적인 문제를 두고 자꾸 갈등이 커지면 이런 부분에 대해서 부정적 영향을 줄 가능성이 있습니다. 일본 자동차회사들이 기술력에 비해 중국시장에서 성공을 못했습니다. 그 중요한 이유들 중 하나가 반일감정입니다. 우리 무역의 20% 이상을 중국이랑 하기 때문에 정치적 관계 등에서 발생하는 리스크를 효과적으로 관리해야 한다고 생각합니다.

아까 말씀드린 네 가지 중에 마지막 이슈가 지역협력과 한중관계의 연계인데 우리가 어떻게 복원을 할 것인가가 중요한 문제입니다. 김대중 정부 시절까지 이 부분이 특히 동아시아 차원에서 효과적으로 이루어졌고 우리가 주도력을 가졌는데 이 문제가 점점 복잡해지고 있습니다. 당시 아세안+3가 모였을 때는 미국이 약간의 견제는 했지만 노골적인 견제에 나서지 않았습니다. 그런데 지역협력이 중국 주도로 진행될 우려가 있기 때문에 미국이 최근 굉장한 견제를 하고 있습니다. 예를 들면 TPP(Trans-Pacific Partnership)라고 하는 '환태평양경제동반자협정'은 남미에서부터 오스트리아, 뉴질랜드, 싱가포르, 필리핀, 이런 나라들을 엮은 것인데 일본이 논의에 참여하기로 했고 미국은 한국에게 여기에 참여해 달라고 요구하고 있는 상황입니다. 한국으로서는 한미FTA까지 했는데 굳이 새롭게 들어가야 할 이유는 별로 없는데 미국과의 관계가 중요하니까 이게 문제가 됩니다. 역내포괄적경제동반자협정이라는 것이 이미 추진되고 있었습니다. 아르셉(RCEP, Regional Comprehensive Economic Partnership)이라고 하는 건데 아세안 10개국에 한중일 3국이 있고 뉴질랜드, 오스트레일리아, 인도까지 아세안+6가 참여하게 되는 거죠. 사실 이것도 원래의 동아시아 구도에 일본이 뉴질랜드와 호주를 끌어들여서 물을 탄 겁니다. 그런데 중국은 이거라도 하려고 중심적인 역할을 하고 있고 미국은 TPP를 추진하고 있는데 우리나라는 아르셉(RCEP)을 먼저 한다는 것이 지금까지의 원칙인데 TPP 가입 요구를 계속 받고 있습니다.[28] 한국 정부가 이미 일부 언론을 통해 TPP에 가입해야 한다는 여론을 만들어내고 있는 상황입니다.

새로운 갈등 요인과 다자간 협력의 중요성

미국과 중국 없이는 우리가 살 수 없습니다. 우리가 이 둘을 끌어들이면서 뭔가 편안한 구조를 만들어 내려면 다자협력구도가 필요합니다. 그래서 미국과 중국이 과도한 행위를 못 하도록 여러 나라들이 규제하는 시스템들을 만들어야 되는데 이게 계속 미중 간 갈등구도로 가서 우리가 자꾸 중국이냐 미국이냐 선택해야 하는 구도로 빠지게 되면 가면 갈수록 어려운 상황에 직면할 가능성이 높아지는 거죠. 이 문제에 대해서도 장기적인 원칙을 가지고 대응해야지 그때그때 상황에 맞추다 보면 중심을 잃을 가능성이 높습니다.

제가 보기에 21세기 전반기에는 난사군도(南沙群島), 타이완, 센카쿠(댜오위다오), 한반도 문제, 동아시아의 배타적 경제수역이 겹치는 문제 등으로 인해 안보위협이 계속 발생하고 경쟁이 앞으로 계속 될 겁니다. 이게 삐끗하면 군사적 충돌도 발생할 수 있고 이 문제를 어떻게 효과적으로 지역협력을 통해서 관리하느냐가 앞으로 약 30년 동안은 굉장히 중요한 과제입니다. 특히 바다에서 나타나는 갈등, 분쟁을 해결하지 못하면 평화로운 삶을 살기가 어려운 상황이 될 것이기 때문에 지역협력을 어떻게 발전시킬 것인가에 대한 우리의 명확한 목표가 필요합니다.

---

28 [편집자] 2015년 9월 현재 한국 정부가 TPP 가입의사를 밝힌 가운데 협상이 진행되고 있으며 오히려 미국이 한미FTA를 성실히 이행해야만 한국의 가입을 승인할 수 있다는 입장을 취하고 있다. 역내포괄적경제동반자협정(RCEP) 체결은 2015년 말을 목표로 추진되었으나 관세 철폐 품목의 비율인 무역자유화율을 어느 정도로 할 것인지에 대한 참가국들의 견해 차이로 인해 연내에 체결될지 불확실하다. "미 의회, FTA 성공적 이행해야 한국 TPP가입 승인," 연합뉴스, 2014. 9.23.

한미동맹과 지역협력 사이의 충돌적인 요소들을 어떻게 관리할 것인가? 한미동맹이 한반도를 넘어서 과도하게 군사화되는 양상이 되면 충돌이 커질 겁니다. MD체계에 들어간다든지 한일군사협력이 이루어진다든지, 이런 것들을 우리가 어느 정도 통제를 해 줘야만 한미동맹이 지역협력에 크게 부정적으로 작용하지 않고 다른 나라들과의 관계에서 우리가 지역협력을 주도한다는 것을 인정받을 수 있다고 생각을 합니다.

그래서 전략적 협력을 해야죠. 앞으로 중국이 아주 중요하니까. 이게 쉬운 과제라고 말씀드리는 것은 아니고 이런 문제들에 대한 어떤 원칙들을 분명히 가져야 된다는 것입니다. 첫 번째로 한반도와 동북아 평화를 위한 미래지향적 비전이 필요하다. 어떤 위협을 과대하게 부풀려서 어떤 기득권 이익을 강화시키는 방향으로 가게 되면 어려운 상황에 빠지게 되는 것이죠. 우리로서는 신뢰받는 나라가 되는 것이 중요하고, 이를 위한 가장 중요한 출발점은 역시 북핵문제를 평화적으로 해결하는 것이고, 이를 위해서는 한중공조가 굉장히 중요한 의미를 갖게 됩니다. 실제로 6자회담 중단된 이후로 뭐가 바뀌었습니까? 북한의 핵능력은 계속 빠르게 증가되고 있는데 이 문제를 빨리 관리하고 평화적으로 해결하는 방향으로 가야만 우리 앞에 놓인 문제들에 대한 미래지향적 비전들을 적극적으로 제기할 수 있는 공간들이 만들어질 것이라고 생각합니다.

장기적, 제도적 대안으로는 아시아에서 다자간 안보협력체제를 만들고, 경제 부문에서도 다자경제협력체제를 만들어서 미국뿐만 아니라 중국의 부상에 따르는 불확실성을 관리할 수 있도록 해야 될 것 같고, 구체적인 이슈와 관련해서는 해양경계를 어떻게 확정을 할 것이냐가 중요합니다. 동아시아의 바다가 유럽의 지중해처럼 육지에 싹 둘러싸여 있진 않지만 사실상 지중해입니다. 그리고 유럽보다도 더 복잡한 구조를 가지고 있어요. 배타적 경제수역 200해리 내에서는 경제 자원에 대한 배타적인 권리를 그 국가한테 인정을 해 주는데 대부분의 동아시아 내해에서는 200해리가 다 겹칩니다. 우리도 일본과 겹치고 중국과도 겹쳐 있어요. 그래서 경계 확정을 아직 못하고 있는데 어쨌든 이 문제에 대한 가능하면 빠른 평화적 해결 방안들을 만들어 내야 합니다. 정상회담 할 때마다 이 문제가 언급이 되는데 아직 진척이 안되고 있습니다.

이와 관련해 배타적 경제수역을 자꾸 영토처럼 이야기하는 것이 별로 바람직하지 않다고 생각합니다. 바다에서 영해라고 인정된 부분은 우리가 영토 개념을 적용시킬 수가 있는데, 배타적 경제수역은 어떤 거냐면 바다 위를 이동할 수 있는 권리는 모든 나라에게 개방되어 있는 겁니다. 다만 어류자원과 지하자원에 대한 배타적권리를 인정한 건데 여기에 영토처럼 국가의식을 적용시키기보다는 공동의 이익을 만들어 가는 방향으로 접근해야 이 문제가 해결될 수 있지 않을까 생각합니다.

제가 보기에는 이 정도가 구체적인 쟁점, 제도, 원칙 면에서 한중관계의 발전을 위해 중요한 포인트라고 생각을 하고 당장 뚜렷한 답이 마련되어 있다고 보기보다는 이런 방향으로 노력을 하는 과정에서 우리가 어떤 미래지향적이고 창조적인 결과들을 만들어 낼 수 있을 것이라고 생각합니다.

제4장

한·일외교:
오늘의 한일관계를 생각한다

최상용 | 고려대 명예교수, 전 주일대사

저는 엄밀한 의미에서 일본 전문가는 아닙니다. 보통 학계에서 일본 전문가라고 할 경우 박사논문을 일본에 관해서 쓰고 계속 일본연구를 하는 사람을 의미합니다. 일본 전문가들을 보면 짧게는 3년, 길게는 30년 정도 연구하신 분이 각 분야에 5백 명 정도 돼요. 저는 일본에서 학생, 대사, 교수로 11년 있었습니다. 11년은 그리 긴 기간은 아니에요. 그래서 엄밀하게 보면 일본정치 전문가는 아니지만 '일본 이해자' 정도는 될 겁니다. 왜냐하면 거기서 공부를 했고, 또 실무를 했고, 전임 교수로서 2013년 3월 말까지 호세이대학교(法政大學校)와 세케이대학교(成蹊大學校)에서 정의론을 가르쳤습니다. 세케이대학교는 한국에 별로 알려져 있지 않은데 세케이가 일본에서는 이른바 현대의 신귀족들이 많이 다니는 학교로 알려져 있고 재정이 튼튼하지요. 아베 총리가 나온 대학입니다.

저는 엄격하게 말하면 정치사상이 전공입니다. 1973년 3월 2일부터 40년간 서양 정치철학을 가르쳐 왔습니다. 그렇기 때문에 학문적으로는 서양정치 철학이 전공이고 그 가운데 테마는 정의론, 평화사상, 중용의 정치사상입니다.『중용의 정치사상』이라는 이름으로 2012년에도 학술서를 출간했습니다. 이제 학술서는 쓰고 싶지 않아요. 너무 고통스럽고, 아무도 읽지 않고, 심지어 조교마저도 억지로 읽으니까. 팔리지도 않습니다. 우리 교수들은 목표가 깊은 내용을 알기 쉽게 설명하는 것인데, 그게 쉽지 않습니다. 아무튼 나름대로 최대한 쉽게 써도 학술서적은 독자가 없습니다.

다만 아난(Kofi Annan)과 바이체커(Richard von Weizäcker)라는, 말하자면 평화문제를 중심으로 세계를 얘기했던 두 사람으로부터 긴 코멘트를 담은 편지를 받은 것이 제 개인으로서는 보람이라면 보람입니다. 코피 아난이 하는 얘기는 유엔 사무총장이라는 것이 파워가 없다는 거예요. 법률적으로 말하면 구속력(binding force)이 없는 거예요. 유엔 사무총장이 얘기했다고 해서 들을 이유가 없는 것이지요. 말하자면 권고적 의견(advisory opinion)이지요. 그러나 200개가 넘는 나라가 참여하는 국제기구의 대표자이기 때문에 그의 메시지가 지닌 도덕성은 강합니다. 거기다가 보편적인 감성이 합해지면 그의 메시지는 법률적인 구속력은 없지만 도덕적인 영향력이라고 할까, 그런 것이 큽니다. 자기 얘기는 거의 다 "peace-related speech"라고 해요. 평화와 관련된 담화라는 말이에요. 제가 쓴『평화의 정치사상』이라고 하는 책이 영문으로 나와 있어요.[29] 그래서 코피 아난은 그 책을 많이 이용했다고 하더군요.

---

29 [편집자] Sang-Yong Choi, *A Political Philosophy of Peace* (Seoul: Korean National Commission for Unesco, 2000).

바이체커 전 독일 대통령은 고 김대중 대통령과도 교류가 깊었고, 서로 존경하는 사이였지요. 그분은 제 책에서 칸트를 다룬 부분에 대해서 긴 코멘트를 보내셨어요. 그런데 제 대학 후배이기도 한, 대한민국이 낳은 유엔 사무총장도 그 책을 가지고 갔는데 아직 읽었다는 얘기는 못 들었습니다. 이건 농담입니다만, 아무튼 저는 서양 정치철학이 전공이고, 평화사상, 정의론, 중용 세 가지가 말하자면 주특기입니다. 이 세 가지 문제는 세계 어느 구석에서 불러도 토론하고 말하고 의견을 개진할 수 있지 않을까. 그렇게 생각합니다.

오늘 주제는 한마디로는 김대중 대통령의 외교철학이지만, 조금 나눠보면 그분이 역사를 어떻게 보셨느냐와 국제관계를 어떻게 파악하셨는가라는 두 가지가 주제입니다. 이런 주제에 대해서, 짧은 기간이지만 일본 이해자로서 약간의 체험을 했던 것을 참고해서 이야기를 할까 합니다.

확인된 사실의 존중과 해석에 대한 관용

우선 역사 문제죠. 특히 한일 간에는 이게 엄청난 테마입니다. 영원한 테마죠. 이 문제에 어떻게 접근할 것인가를 서론으로 하겠습니다. 그다음에 한일 간에 또 영원한 쟁점들이 있습니다. 교과서 문제, 독도 문제, 야스쿠니 문제. 우리 일반 국민들이 상식적으로 거의 알고 있습니다만, 과연 이런 문제에 현실적으로 어떻게 답을 할 것인가에 대한 제 개인의 의견을 말씀드리겠습니다. 학술회의라면 제 개인의 의견을 말씀드리지 않습니다. 학설을 소개하고 그 학설들의 공통점이라든가 찬반을 이야기하는 것이 학술회의지만 오늘은 학술토론을 하는 기분으로 말씀드리지 않고, 제 의견을 말씀 드리겠습니다. 제 의견은 상대적이기 때문에 많은 사람의 박수갈채를 받을 수 있는 것은 아니지만, 그동안 다양한 경험을 통해 일본을 이해했고, 특히 대사 때 어려운 고비도 많았고, 그 고통 속에서도 나름대로 약간의 업적을 쌓기도 해서, 그런 내용을 감안하면서 제 의견을 말씀드리면 여러분이 판단하는 데 약간의 참고가 되지 않을까 생각합니다. 여러분에게 제 의견을 그대로 따르라고 강요하지는 않습니다.

또 제 얘기는 거의 대부분 고 김대중 대통령님과 말씀을 나눈 얘기입니다. 여러분도 아시다시피 그 어른은 독대라는 걸 거의 안 하십니다. 제가 한 네 차례 뵈었습니다만 한 삼십분 저에게 얘기를 시키면서, 비서실장, 수석을 전부 참가시켜서 최 교수의 의견에 대해서 코멘트를 하라고 하셨습니다. 그야말로 참다운 의미에서의 토론이죠. 그게 토론이에요. 그리고 당신께서도 꼭 한마디 하십니다. 심지어 저는 그런 자리에서 모 수석으로부터 비판받은 적도 있습니다. "아까 그거는 최 교수의 의견이 틀렸어"라고 마구 비판했어요. 그런데 마지막에 대법원 판사 입장이라고 할까, 대통령께서 "내가 보기에는 그것은 아무개 얘기가 더 맞아"라고 하셨어요. 그렇게 아슬아슬한 고비에 제 의견을 지지해 주신 적도 있었습니다.

대체로 한두 시간 만나면 제가 한 90% 얘기하고 김 대통령은 한 10분 정도 말씀을 하실까말까 하고. 거의 경청하시는 거죠. 경험해 본 분들은 다 동의하시겠지만 경청하실 때 찬반 입장을 그다지 드러내지 않으십니다. 참으로 평소에 생각했던 것과 일치하게 되면 "맞아요"라는 정도 말씀하셨죠. 아주 말씀을 아끼는 분이셨어요. 아주 제한된 경험이지만 저는 그렇게 생각했어요. 그야말로 지나고 보니, 더군다나 지금

세상에 안 계시니까, 더 보고 싶은 어른입니다. 정치학자로서 재미있는 일화도 많습니다. 사실 오늘은 비화라고 할까, 일화를 좀 얘기하면 재미있겠는데 녹음이 된다니까 조심스럽네요.

하기야 옛날에 제가 서울대학 1학년 때 신진회 멤버였어요. 학생운동사를 살펴보시면 신진회라는 것이 있습니다. 그때는 비장한 각오가 없으면 그런 단체의 멤버가 될 수 없었어요. 그들 가운데 한두 명은 사형을 당했어요. 저는 그들 가운데 가장 온건한 진보파였어요. 그런데 재미있는 것은 가장 과격한 레닌주의자 몇 사람이 완전히 전향을 했어요. 여러분 제가 중용을 한 이유를 알겠습니까? 자기 위상을 너무 극단적으로 두면 못 견뎌요. 제 짧은 경험으로는 죽거나 전향합디다. 그러니까 비교적 온건한 사람은 별로 화끈한 매력은 없지만 견딜 힘이 있어요. 비교적 끝까지 가는 경우가 많습니다. 다 그렇지는 않고요.

이런 저런 것들을 통해 가지게 된 역사에 대한 제 견해를 김대중 대통령께도 말씀드린 적이 있습니다. 한일 간에 역사인식을 공유한다. 과거를 직시하고 미래를 지향한다. 누가 들어도 반론을 제기할 수 없는 얘기를 계속 되풀이해 왔어요. 이것을 가지고는 도저히 학생들이나 평균적인 지식인들을 설득할 수 없었어요. 그래서 저는 역사문제를 두 가지로 생각하고 그 생각을 김 대통령께도 말씀드려서 동의를 받았습니다. 하나는 사실 확인이에요. 조금 어려운 말로는 사실 인식이라고도 하죠. 그건 근본적으로 학자들이 하는 거죠, 평생 1차자료를 찾으면서. 한일관계에 관련된 1차자료는 이상하게도 주로 일본 학자들이 많이 찾았어요. 우리 학자들이 그만큼 공부를 덜 한다고 해도 과언이 아니죠. 그야말로 움직일 수 없는 1차자료에 의해서 사실을 확인하는 작업이 첫째입니다. 둘째로 확인된 사실을 해석하는 일이 있습니다. 역사인식이라고 하는 것은 사실 인식과 인식된 사실에 대한 해석, 이 두 가지로 구성된다고 저는 생각하고 있습니다. 물론 결정적으로 중요한 것은 사실 확인입니다.

저는 주일대사 때 공공외교(public diplomacy)를 실천했어요. 약 150 차례 강연을 했습니다. 강연이야말로 정말 돈 안 드는 외교예요. 한 사람을 설득하기 위해서 일본의 고급 요정에 가게 되면 1인당 식대가 10만 엔이었습니다. 그에 걸맞은 와인 같은 술을 곁들이게 되면 식대의 1.3배가 들어요. 그러면 한 사람당 23만 엔이에요. 아주 고급 요리점에서 사람을 만날 때 저는 그런 대접을 받았어요. 대사는 받으면 갚아야 돼요. 그런데 그 돈은 우리 국민의 세금입니다. 고맙게도 대사가 외교 활동을 위해서 아무리 큰돈을 써도 우리 국민이 야단치지 않아요. 그 근거만 분명하면 돼요. 장관이 호화주택에 살고 요정에 가면 금방 목을 치는데, 대사가 의미 있는 일로 돈을 써도 문제될 것이 없습니다. 특히 일본 대사쯤 되면 돈이 많이 드는데, 강연은 최소 200명, 많을 때는 2,000명이 들었거든요. 청중은 전부 오피니언 리더들이에요. 각 분야의 리더들이란 말이에요. 이것 이상 돈 안 들고 효과적인 외교가 있습니까? 이런 것을 문화외교라고 하고, 요즘은 공공외교라는 말이 일반에 회자되기도 합니다만, 공공외교의 한 방법으로 강연외교를 했어요. 대신에 제가 감수해야 하는 고통이 있어요. 열심히 해야만 한다는 것입니다. 같은 얘기를 중복한다든가, 오류를 범한다든가, 납득이 안 되는 주장을 늘어놓는다든가 하면 호응이 없어요. 항의가 나오죠.

아무튼, 확인된 사실이 얼마나 중요하냐에 대해서 예를 들어 보죠. 여러분 랑케(Leopold von Ranke) 아시죠? 여러분 대학 다닐 때 랑케에 대해 들어보셨겠지만, 독일이 낳은 탁월한 역사학자입니다. 랑케가 하나의 역사적 사실은 하나의 신이라고 했습니다. "A historical fact is a god"이라고 했어요. 확인된 하나의 역사적 사실은 신처럼 중요하다는 말이에요. 이렇게 누구나 알 만한 큰 학자가 한 얘기를 깔아두고 제가 만든 문장 하나를 소개하겠습니다. "역사는 모래 위에 쓰는 문자가 아니다." 제가 만든 문장의 의미는 역사는 손으로 지운다든가 바람에 휘날리는 것이 아니라는 것입니다. 하나의 확인된 역사적 사실은 하나의 신이라는 것은 엄청난 얘기죠. 저는 조금 운문적으로, 일상적인 언어로, 역사는 모래 위에 쓰는 글처럼 일부러 손으로 지운다거나 바람에 날려가서는 안 된다고 역사를 왜곡하는 일본 사람들을 향한 메시지를 던집니다.

그다음이 문제에요. 쟁점이 지금까지도 남아있는 이유가 사실에 대한 해석 때문이죠. 우리가 이제 조금 여유를 가질만한 나라의 힘과 개인의 지적 역량이 축적됐어요. 같은 해석을 하라고 너무 강요하면 안 돼요. 같은 한국인끼리도, 같은 일본인끼리도 해석이 다를 수 있지 않습니까? 그래서 해석의 다양성까지는 허용을 해야 합니다. "그래 너희들은 그렇게 생각하는구나." 아까 말했다시피, 모래 위에 쓴 문장이 아닌 확인된 사실을 왜곡하거나 은폐하는 것은 안 되죠. 그것은 용서할 수 없지만, 확인된 사실을 받아들이되 해석에 있어서는 다양성이 있다는 점을 인정하는 것입니다. 이런 것을 보통 '지적 관용'이라고 그래요. 역사적 문제로 막 싸울 때는 이런 얘기를 하면 안 되죠. 한참 피어오르는 열기에 찬물을 끼얹는 것이 되니까요. 그러나 역사 공동위원회의 만남이라든가 피차가 너무 잘 아는 이런 사이에서는 해석의 다양성에 대해서 우리가 약간의 지적 관용을 가질 때가 됐다고 저는 보고 있습니다.

놀랍게도 김대중 대통령께서는 저 이상으로 그렇게 생각하셨습니다. 그런 내용이 일본 국회에서의 연설에 나옵니다. 확인된 사실들을 상호 존중하는 것은 중요하다. 이런 것은 은폐할 수 없다. 그러나 그 해석이 역사관에 따라서 다를 수 있다는 것은 어느 정도 이해한다. 물론 확인된 사실을 은폐하거나 왜곡하지 않는 조건하에서 그렇다는 말씀이셨습니다. 조건부죠. 이 정도로 구체적으로 인식하는 것이 역사인식이고 그런 전제하에서라면 우리가 과거를 직시할 수 있고 미래를 지향할 수도 있다는 점을 제가 조금 구체적으로 이야기했습니다.

한일 간 쟁점 1: 교과서

그런 바탕에서 현안 3가지를 말씀 드리자면, 첫째는 교과서 문제입니다. 지금 우리는 교과서 문제 가지고도 상당 부분 부질없는 논쟁을 하고 있어요. 이것도 마찬가지예요. 이것도 확인된 사실은 좌든 우든 공유해야 합니다. 그렇지 않습니까? 그러나 확인된 사실이지만 찬반의 강도, 해석의 차이가 부질없는 이데올로기 논쟁으로 변하고 있습니다. 이것은 백해무익이에요. 똘똘 뭉쳐도 내외의 도전을 이겨낼까 말까한데 국력 낭비입니다. 제가 정의론 가르치면서 늘 하는 얘기입니다만 오버래핑 컨센서스(overlapping consensus)를 지향해야 합니다. 오버래핑 컨센서스는 존 롤즈(John Rawls)가, 여러분이 잘 아시는 20세기 최고의 정의론자가 제시한 개념입니다. 다들 다양한 역사관을 가지고 있지만 '겹치는 합의'가 있지 않느냐는 말이에요. 이것을 최대한 교과서에 반영해서 자라나는 후세들을 가르쳐야 한다. 적어도 교과서가 어느 하나의 역사관에 집중하는 것은 곤란하다는 입장을 저는 가지고 있습니다.

우리는 확인된 역사를 직시하고 미래지향적 관점에서 역사해석을 공유할 수 있도록 노력해야 합니다. 사실 인식의 문제와 해석의 문제를 나누어서. 사실로 확인된 것들은 우리가 공유하기 쉽습니다. 해석의 차이는 우리가 한 번 들어보겠다고 하는 자세를 보이면 상대방도 호의를 보입니다. 그런 관용을 너무 안 보이면 상대가 들으려고 하지 않아요.

2001년 대사 재임 때 교과서 문제로 제가 소환되어 일시 귀국한 적이 있습니다. 소환이라고 하는 것은 아주 무서운 조치입니다. 외교사를 읽어보면 국가 간의 충돌로 대사 소환이 있었습니다만, 좀처럼 하지 않아요. 많은 것을 종합적으로 판단해서 소환합니다. 그래도 안 풀릴 때는 국교 단절을 합니다. 국교 단절의 전단계가 중요국가의 대사 소환이에요. 그래서 저도 사실상 소환이지만 외교적 협의(diplomatic consultation)를 하러 왔다고 했어요. 공식적으로는 소환이라고 안 했었어요. 10일 동안 제가 국민, 국회의원, 정부 사람들, 역사문제이니까 교육자들도 만나서 수없이 설명하고 토론했습니다.

결과적으로는 우리가 문제 삼았던, 산케이신문 계열의 후소사(扶桑社)가 간행한 교과서의 채택률이 0.039%였어요. 저는 마음속으로 쾌재를 불렀습니다. 일본의 교과서는 지방교육위원회가 자발적으로 선택해요. 외압이 없습니다. 아주 민주적으로 결정하는 거예요. 그래서 0.039라는 수치를 저는 영원히 잊을 수 없어요. 그 교과서 때문에 고통을 받았었고 얻은 결과가 상대적으로 최선이었기 때문에 제가 숫자에 약하지만 그 수치만은 쉽게 깨질 기록이 아닐 것입니다. 우리가 문제 삼는 교과서를 일본 국민이 하나도 선택을 안 했었다는 것이 이상하지 않아요? 스탈린체제도 아니고 일본 같은 선진 민주국가에서 자발적으로 선택한 결과가 0.039%라면 우리가 이긴 겁니다. 조사를 해보니까 지적 장애인을 수용하는 학교가 이 교과서를 채택했어요. 장애인들에게 활기를 불어넣어주기 위해서 애국심을 불러일으키려고 한 것 같아요.

그래서 제가 느낀 것은 확인된 역사적인 사실을 공유하되 해석에 대해서는 지적 관용을 가질 수 있다는 것입니다. 그런데 이런 것이 이론적으로 되지 않아요. 실질적으로 너무 고통스러웠던 일이 하나 있었습니다. 문제된 책에서 고쳐야 한다고 우리가 주장한 것이 스물다섯 군데였는데, 제가 다 읽어봤습니다. 그런데 제일 중요한 것은 첫 번째 것이에요. 한국에서 한일합방을 받아들이자는 소리도 있었다는 부분입니다. 여러분, 이 사실을 우리가 받아들이지 않을 수 없습니다. 일진회 아시죠? 그 수가 적지 않아요. 자발적으로 한일합방을 하자고 했던 한국 사람들이에요. 지식인도 많아요. 제 입장에서는 사실이니까 받아들이지 않을 수 없잖아요. 확인된 사실인데.

그다음에 제가 반격을 했어요. 제가 산케이신문 회장을 만났습니다. 가장 실력자이지요. 그 교과서를 만드는 데 필요한 모든 것을 뒤에서 지원하는, 가장 영향력이 있는 최고 책임자와 만났어요. 그 자리에서 제가 "한일합방을 받아들이는 소리" 부분을 사실로 받아들인다고 했어요. "그런데 선생께서는 한일우호를 바라시지 않습니까? 그런데 한일합방을 찬성한 사람들을 우리 국민들은 매국노라고 부릅니다. 선생이 진정으로 한일관계 개선을 바란다면 우리 국민이 매국노라고 부르는 사람들의 의견을 교과서에 꼭 소개해야 하겠습니까? 그렇게 하는 것이 한일우호에 도움이 된다고 보십니까?" 이렇게 말했더니 대답이 아주 애매했습니다. "자 그러면 한일합방을 받아들이는 소리도 있었다는 것을 뺍시다."라고 했더니 그건 안 된다고 해요. 그것은 저자의 권한이라는 거예요. 대신 표현을 부드럽게 할 수는 있을 거라고 해요. 부드럽게 해봐야 그게 그거죠.

이와 관련해서 당시의 문부상은 또 뭐라고 하느냐면 "문부성은 할 일이 없다"는 거예요. 한국대사가 자꾸 문부상을 만나자고 하는데 저자의 권한이니까 문부상이 할 수 있는 일이 없다고 하는 거예요. 이론적으로는 그래요. 그때 제가 만든 말이 '판단책임'이라는 말이에요. 나중에 법조계 친구에게 물어보니 판단책임이란 말이 법률용어에도 없대요. 이론적으로는 문부상이 마음대로 못하는 것을 알고 있으니 받아들인다는 것이죠. 그러나 최종적으로 이 책이 일본국 중학교 교과서로 쓰기에 적합한지를 누가 판단하느냐? 그것은 문부성에서 하지 않느냐 이거죠. 그 판단책임을 내가 묻는 것이라고 했어요. 자구를 고치지 않고 승인해 주면 책 내용을 받아들이는 것 아닙니까? 나는 그 판단책임을 묻고 싶다고 했어요. 뭐 이런 식으로 노력해서 나온 결과가 0.039%입니다. 그래서 제 결론은 앞으로도 마찬가지일 것이다. 교과서 문제는 있는 그대로의 사실을 받아들이고 합리적으로 주거니 받거니 하면 극복 못 할 것도 없어요. 그리 비관적이 아닙니다. 다만 이 0.039%는 앞으로 다시 못 볼 최저점이에요. 일본의 우경화와 함께 점점 늘어납니다. 그 뒤로도 문제가 되는 교과서의 채택률이 좀 더 올라갔을 거예요.

한일 간 쟁점 2: 독도

두 번째는 독도문제인데 다행히도 일본내에서도 한국의 입장을 배려한 의견이 없지 않습니다. 이를테면, 와카미야 전 아사히신문 주필이 주장한 '우정의 섬'입니다. 독도를 한국에 내어주고 우정의 섬으로 해서 그 섬을 공동개발하자는 것이죠. 역사적으로 보나 도덕적으로 보나 한국의 주장이 맞다고 공공연히 이야기하는 사람도 있고 마음속으로 그렇게 생각하면서도 공공연하게 이야기하지 못하는 사람도 있어요.

문제는 대한민국의 주장이 그렇게 정당하다면 국제사법재판소의 판단에 맡기자고 일본 측이 주장한다는 것입니다. 이 의견이 국제사회에서 꽤 먹혀들어가고 있다는 사실을 여러분이 아셔야 합니다. 제3자인 유럽이나 미국의 입장에서는 이런 주장이 그럴 듯한 것이죠. 우리 땅을 왜 재판하느냐는 발로는 못 견딥니다. 앞으로 좀 더 정교한 논리로 논쟁을 해야 됩니다.

그러면 어떻게 할 것이냐? 1억 2,500만 일본 국민과 5,000만 대한민국 국민이 모두 박수갈채를 보낼만한 답이 없습니다. 가능한 대답은 일단 평화적으로 현상을 유지하는 수밖에 없어요. 현상의 내용이 중요하잖아요. 우리의 실효지배를 포함한 현상이거든요. 현상유지를 평화적으로 하자는 이야기에는 분쟁지역화 하는 데 편승해서는 안 된다는 뜻도 포함되어 있어요. 대단히 미안하지만 이명박 전 대통령의 독도 방문은 사려 깊은 행위라고 보지 않습니다. 만약 제가 대사였다면 독도 방문을 말렸을 것입니다. 제가 글로도 썼습니다만 독도를 가는 것도 가지 않은 것도 모두 고도의 정치적 판단의 결과 아닙니까? 안 가는 사람이 정치적 판단을 못 해서 안갑니까? 가기 싫어서 안 가는 것이 아니잖아요. 다 정치적 판단의 결과거든요. 그러나 다만 이미 간 이상 뭐 도리가 없어요. 우리의 영토라는 확신을 대통령이 심어주려고 했다는 점을 더 이상 나무랄 필요도 없고 그 다음을 잘 하면 되는데, 일주일도 안돼서 보통의 일본인들이 참을 수 없는 말을 해 버렸어요. 일왕이 한국을 방문하고 싶다면 와서 우리 독립투사들에게 사죄하라는 얘기였죠. 우선 논리적으로 적절치 않아요. 우리가 초청을 해놓고 "오고 싶으면"이라는 말이 안 맞죠. 또 독립운동가들에게 사죄하라는 것은 젊은 학생들이 들으면 속이 후련할지 모르지만 일국의 최고책임자의 언어로서는 아주 가볍습니다. 상대에 대한 배려가 너무 없는 것이지요.

평화적이라고 하는 말은 우리가 경찰이나 해병대를 대규모로 보낸다던가 할 필요가 없다는 것입니다. 그렇게 하면 결국 CNN 등의 방송을 보는 전 세계 시민들은 문제가 많은 지역이라고 생각하게 돼요. 그러면 분쟁지역이 되는 것이죠. 분쟁지역을 다루는 기관이 국제사법재판소 아닙니까? 그러니까 일본의 의도대로 휘말릴 가능성이 굉장히 높습니다. 독도의 실효지배도 강력히 하라고들 하는데, 어떻게 강력히 하라는 말입니까? 군대를 진주시켜야 강력한 것입니까? 제 생각에는 오히려 부드럽게 할 필요가 있어요. 천연기념물이니까 전문가 한두 명을 연구도 할 겸 독도에서 살게 한다던가, 아니 내 앞뜰에, 내 화분에 물주는데 뭐라고 하겠습니까?

역사관 등의 측면에서 우리 한국에 우호적인 일본의 지식인 및 그 주변세력이 한 20%라고 보면요, 그 비율이 조금씩 줄고 있습니다. 그 20%의 일부는 요즘 한일관계 악화와 함께 조금씩 중립적으로 변해요. 우리에게 우호적이지 않게 됩니다. 그러니까 평화적인 현상유지를 하면서 갈 수밖에 없지 않느냐고 저는 생각합니다. 과거의 외교사를 보면 영토문제의 해결책은 대부분 전쟁이었어요. 그렇게는 안 될 거잖아요. 그러면 결국 실효지배하는 쪽이 이깁니다. 그러니 여유가 있는 쪽이 좀 여유를 보여야죠. 이쪽이 더 초조해하면 안 되죠.

일본은 시마네현에서 도전하고 있지 않느냐? 그 문제는 예전에 주한미국대사였던 힐(Christopher R. Hill)이 좋은 이야기를 했어요. 행동에 대해서는 행동으로 딱 그만큼만 행동하는 것입니다. 시마네현 지사가 나서는데 우리 대통령이 나갈 필요가 없는 것이지요. 그러니까 도발에 맞추어서 비례적으로(proportionately) 대응하는 것이지요.

한일 간 쟁점 3: 야스쿠니

마지막으로 야스쿠니 문제입니다. 이것은 이미 해답이 나와 있습니다. 여러분 일본 국민에 대한 기대를 저버리지는 마십시오. 아베 총리의 야스쿠니 신사 참배를 부정적으로 평가하는 응답자가 53%나 나온 여론조사가 있었습니다. 야스쿠니는 자기나라를 위해서 싸우다가 죽은 200만 명 이상의 영령이 모셔져 있어요. 우리가 문제 삼는 A급 전범은 14명이 포함되어 있습니다. 그러니까 우리는 14명을 야스쿠니에서 빼라는 것이지요. 그런데 일본의 일반국민들 입장에서는 14명이 오판을 했다하더라도 의도는 조국을 위해서 싸우려는 것 아니었느냐고 생각할 수 있지 않습니까? 군국주의에 대한 비판의식이나 뚜렷한 역사의식을 가진 사람들은 그렇지 않겠지만 보통 사람들은 그렇게 생각하는 것 같아요. 그럼에도 불구하고 반 이상이 참배하지 말라고 한 것은 주목 할 만합니다.

정치의식 면에서도 헌법 9조 바꾸는 것이 싫다는 사람이 많아요. 일본헌법 9조는 전쟁을 부정하는 세계적으로 보기 드문 조항입니다. 이 헌법은 맥아더 사령관이 만든 거예요. 일본인 스스로 만든 민주헌법이 아닙니다. 점령군이 만든 헌법을 지키려는 것이 일본의 좌파에요. 역설적이죠. 오히려 우파는 점령군 사령관이 만든 헌법을 지금까지 가지고 있으니 우리가 새로 만들자고 해요. 그것도 일반국민들이 보기에는 그럴듯하잖아요. 그런 바람을 탄 것이 지금 아베의 인기이고, 이 지지를 바탕으로 헌법 9조를 개정하려는 것이 아베 총리의 염원입니다. 그러나 여권 연합세력 내의 공명당이 반대하고 있습니다. 그러고 평균적인 일본인들의 양식으로 봐서 그렇게 쉽지 않을 거예요. 국회의원 수는 거의 돼요. 3분의 2가 되면 개헌이 가능하거든요. 그러나 마구 밀어붙이기는 힘들다는 얘기입니다. 그러니까 제가 드리고 싶은 메시지는 아베 정권이 가진 특정한 문제에 대한 비판을 결코 일본국민들에 대한 혐오나 비판으로 몰아가서는 안 된다는 것입니다.

야스쿠니 문제는 제가 대사로 있을 때도 이미 분사를 하자고 주장했어요. 우리가 문제 삼는 14명의 A급 전범도 합해서 제사를 지낸다는 것이 합사예요. 그걸 나누자는 것이 분사인데, 합사냐 분사냐를 두고 여론이 팽팽했어요. 그게 또 종교적인 문제로 어렵답니다. 그래서 분령을 하자, 죽은 사람들 영혼을 분리하자고도 해요. 분사에서 분령까지 아무튼 나눠야 되겠다는 해답은 일본 내에 이미 나와 있어요. 그리고 야스쿠니 문제는 일본 자신의 문제입니다.

지도자의 언어

이 세 가지 문제는 어느 하나도 속 시원한 답은 없지만 이런 문제들 때문에 두 나라 관계가 파탄이 난다면 우리에게도 책임이 있다고 봅니다.

여러분, 요즘 일본 정치가들이 가장 존경하는 한국 정치가가 누군지 아시죠? 바로 김대중 대통령이십니다. 1998년 일본을 국빈 방문한 김대중 대통령은 일본국회에서 역사적인 연설을 했습니다. 제가 특별수행원으로 현장에 있었어요. 의원들이 듣고 있는데 간담이 서늘했어요.

일본 중의원 역사상 클린턴과 김대중 대통령이 연설할 때 제일 많이 모였어요. 거기서 일본은 역사를 두려워할 줄 알아야 한다는 말을 남겼습니다. 이 얼마나 무서운 말이에요. 그래서 존경받는 거예요.

대통령은 말할 것도 없고 외교부 장관 같은 분들의 언행, 특히 말이 굉장히 중요합니다. 같은 말이라도 품격 있게 하고 비판할 때는 상대방이 아픈 비판을 해야 돼요. 들으나마나 한 비판은 할 필요가 없죠. 논어에는 지도자의 한마디로 나라를 잃을 수도 있다는 일언상방(一言喪邦)이란 말이 있고 아리스토텔레스는 사려 깊은 언어를 지도자의 큰 덕목으로 보았습니다.

통일외교 전략과 소프트파워

대한민국이 언어의 참다운 의미에서 외교전략을 세워야 한다면 그것은 바로 평화통일외교전략입니다. 외교사를 읽어보면 작은 나라는 전략이 없습니다. 외교전략이 있어봐야 아무도 주목하지 않으니까. 그래도 우리나라는 그런 정도로 작은 나라가 아닙니다. 중견국가라고 해도 그렇게 건방진 소리가 아니에요. 최근에 준선진국가라는 말도 있어요. 전문가들의 연구에 의하면 우리는 통일과정에 이미 들어와 있고, 통일이 역사적 시야에 들어있다고 봅니다. 아마 여기에 계신 여러분은 반드시 통일을 보실 겁니다. 어처구니없이 빨리 올 수도 있고 지긋지긋하게 늦어질 수도 있지만 후자이더라도 여러분은 반드시 보실 겁니다. 제가 이승에 없더라도 이 얘기는 꼭 기억을 해 두세요. 그러나 언제 어떤 형태로 통일이 될지 아무도 몰라요. 독일을 대표하는 지성인 테오 좀머(Theo Sommer)는 “우리는 통일을 만들려고 하지 않았다. 통일이 우리에게 들이닥쳤다"(We didn't make it happen, it happened to us.)라고 했어요. 언제 어떻게 올지 모르지만 반드시 들이닥치는 거라고요.

저는 몇 가지로 이 점을 정당화해요. 하나는 한반도가 통일국가를 유지한 것이 1000년 이상이 되요. 우리 학생들한테 물으면 삼국통일이 언제인지 금방 알아요, 668년이죠. 그리고 한일합방이 1910년이죠. 빼기하면 되잖아요. 1910년 빼기 668년 하면 1222년 나오잖아요. 그 사이에 왕조가 두 번 변했어요. 그렇게 피도 많이 안 흘렸어요. 이런 나라가 세계역사에서 드뭅니다. 통일국가를 1000년 이상 유지하면서 지금처럼 갈려있는 게 너무 부자연스러워요. 우리가 원한 것도 아니잖아요. 워낙 약할 때 타자의 힘에 의해서 분단된 거예요. 이제는 타자에 의해서 운명 지어지지 않아요. 둘째, 우리나라는 냉전형 분단국이에요. 냉전으로 인해서 강제된 분단국이란 말이지요. 예멘을 빼더라도 독일, 베트남, 한국이 그런 나라지요. 베트남이 40년쯤 전에 통일됐어요. 독일은 23년 전에 통일 됐어요. 왜 우리는 안 되겠습니까? 그러니까 통일부는 남북교류부인 동시에 통일준비부라고요. 세 번째는 우리 대한민국 헌법 4조가 "대한민국은 통일을 지향하며, 자유민주적 기본질서에 입각한 평화적 통일정책을 수립하고 이를 추진한다"라고 되어 있어요. 헌법의 명령이라고요. 그래서 통일, 평화통일이라고 하는 우리 국가목표를 위한 전략을 가지고 있어야 한다는데 대해서 아무도 반론을 제기하지 않습니다.

마지막 메시지 하나는 우리도 하드웨어가 작은 게 아닙니다. 여기다가 역시 소프트웨어를 좀 개발해서 국제적인 리더십을 발휘해야 해요. 소프트웨어의 하나가 한류입니다. 일주일 전에 제가 중국 최치원기념관에 양저우(楊州) 시장 초청으로 가서 봤는데요. 중국 정부가 최초로 외국인에 대해서 기념관을 지은 것이 최치원기념관이라고 합니다. 여러분 풍류라는 말 알지요? 풍류는 중국에서 만든 말이지만 한중일이 다 비슷하게 쓰고 있어요. 멋과 예술성과 로멘티시즘, 이런 것들을 포함한 용어인데 일상언어였던 것을 사상의 언어로 만든 사람이 고운 최치원입니다. 유교적인 요소와 불교적인 요소와 도교적인 요소의 융합. 그래서 도를 붙였어요. 풍류도라고 한 것은 최치원의 창작이란 말이에요. 그래서 최근에는 한류의 사상석인 뿌리를 풍류도에서 찾는 연구가 진행되고 있습니다.

또, 복지라고 하면 이구동성으로 스웨덴을 이야기하는데, 인구 5,000만인 대한민국이 스웨덴처럼 된다면야 누가 반대하겠어요. 그러나 역사적인 맥락을 완전히 잘못 아는 게 아닌가 싶어요. 국제정치학적으로 보면 인구 5,000만이 대단히 중요해요. 시사하는 바가 큽니다. 인구가 5,000만 이상이면서 1인당 국민소득 2만 불 이상이 된 나라가 전 세계에 일곱 개뿐입니다. 미, 일, 영, 독, 불, 이태리, 그다음에 한국입니다. 인구 5,000만의 나라가 스웨덴 같은 1,000만 이하의 나라를 따라하기가 쉽지 않아요. 저는 선택적으로 보편복지를 참고하되 오히려 우리가 참고해야 할 대상은 독일, 일본, 영국 같은 나라들이라고 봅니다. 독일의 분단극복과정도 보고 독일이 겪은 시행착오를 우리는 피해야 되고요. 그리고 좋든 싫든 일본이 우리에게는 교사인 동시에 반면교사에요. 일본이 실패한 걸 우리가 따라할 필요가 없잖아요? 핀란드, 덴마크 같이 복지에 너무 경도될 만큼 우리가 그렇게 조용한 아침의 나라가 아니지요. 엄청난 대국들 사이에서 부둥켜안고 살아가는 나라에서 그렇게 북구의 조용한 복지국가를 따라 하기가 어렵다고 봅니다. 그래서 굳이 말하자면은 복지도 보편과 선별의 전략적 조합이어야죠. 우리한테 맞는 걸로 해야 되고, 역량이 있고 돈이 있어야 하는 것이죠. 우리가 반쪽만 가지고도 경제력이 영국에 접근하고 있지요. 통일한국이 되면 인구가 영국보다 많아요. 우린 7천만이고 영국은 6천만이거든요. 덩치는 같아져요. 영국은 24만 평방킬로미터, 우리도 22만 평방킬로미터 넘거든요. 그러니까 우리도 얼마든지 대영제국만큼 하드파워를 가질 수 있어요. 우리의 리더십은 통일외교 전략을 수립해서 전 세계에 공표하고, 거기에 맞게끔 경제외교, 공공외교, 문화외교를 하는 그런 지반을 굳혀야 되지 않겠나? 이렇게 생각합니다. 그런 면에서 한일관계도 잘 해야지요. 한일 두 나라는 완전히 갈라지기에는 너무나 서로를 필요로 해요. 다시 한 번 얘기하지만 책임 있는 최고지도자급들이 사려 깊은 언행을 통해서 상대방을 배려하면서 노력하면 극복 못할 일은 없을 것이라고 생각합니다.

제5장

한·러외교:

21세기 한국의 국가전략과 한·러협력

정태익 | **단국대 석좌교수, 전 외교안보수석**

평생 외교관을 했는데 김대중 대통령님과 특별한 인연을 맺었습니다. 외교관 생활을 하면서 김대중 대통령을 처음 뵌 것이 제가 이태리 대사를 할 때였습니다. 1998년부터 2000년까지 이태리 대사를 했는데 김대중 대통령님께서 2000년에 이태리를 방문하셨습니다. 한국과 이태리가 1886년에 우호통상조약을 맺었는데 그 뒤로 한 번도 우리 국가원수가 이태리를 방문한 적이 없습니다. 박정희 대통령이 군사혁명을 일으켜서 장면 내각이 무너졌지 않습니까? 그런데 장면 총리가 가톨릭이었어요. 그래서 박정희 정부는 바티칸과 이태리와의 관계가 원만하지 않았기 때문에 박정희 대통령이 유럽 국가를 다 방문했는데 이태리만 방문을 못했어요.

김대중 대통령님은 가톨릭이세요. 대통령이 되시기 전에 이태리를 방문해서 교황 요한 바오로 2세를 만나셨어요. 그리고 교황님의 축복을 받으세요. 김대중 대통령님께서 대통령이 되신 여러 가지 배경이 있지만 본인은 그중에 하나가 교황님으로부터 축복을 받았기 때문이라는 생각을 가지고 계셨어요. 그래서 이태리 방문에 대한 열망을 가지고 계셨어요. 드디어 2000년에 역사적인 방문을 하셨는데 가톨릭이신 분들은 알겠지만 2000년이라는 것은 굉장히 특별한 의미가 있습니다. 가톨릭에서 희년이라고 합니다. 저는 가톨릭이 아닙니다만 이태리 대사를 해서 희년이라고 합니다. 그런데 2000년은 대희년이에요. 한 세기가 바뀌고 밀레니엄이 바뀌는 그런 해이기 때문에 앞으로 인류가 새로운 역사를 쓰게 하겠다는 그런 의미로 대희년이라고 그럽니다.

대희년이 무슨 의미가 있느냐? 성 베드로 성당을 가 보신 분이 계신가요? 거기 가면은 문이 다섯 개가 있어요. 그런데 문 하나는 닫혀있습니다. 처음에는 100년에 한 번씩 그 문이 열렸어요. 근데 그게 너무 길다고 해서 그 다음에는 50년. 50년도 너무 길지 않습니까? 그래서 25년 만에 한 번씩 그 문이 열려요. 그 문을 통과하는 사람은 모든 죄를 사함을 받는다고 해서 성지순례가 이루어집니다. 2000년은 25년도 되고, 50년도 되고, 100년도 되는 해이기 때문에 특별히 교황님이 성탄절에 그 문을 직접 여시고 1년 동안 문이 열려 있었습니다. 그래서 전 세계에서 성지순례를 왔던 그런 해입니다. 그런 해에 김대중 대통령님이 방문하신 거예요. 역사적으로 130년의 한·이태리 관계 역사에서 하여튼 국가원수로는 처음 방문하는 뜻깊은 방문에 제가 거기 대사로 있었기 때문에 그때 김대중 대통령님하고 맺은 인연이 그 후에 제 인생의 큰 전환점이 됐습니다. 그 역사적인 방문을 성공적으로 이렇게 마쳤고 제가 그런 인연으로 해서 외교안보연구원장 그리고 외교안보수석을 역임했습니다. 그러다가 주 러시아 대사로 2002년부터 2005년까지 3년간 봉직하고 제 외교관 생활을 마감했습니다. 그 후에 그런 경력 덕분에 학교에서 강의도 하고 지금은 단국대학교 석좌교수로 있습니다.

화해와 화합의 대통령, 김대중

김 대통령에 대한 생각이 각별한 이유는 김대중 대통령님은 화해와 화합의 대통령이세요. 본인이 대통령이 돼서 정치적인 보복을 안 하셨어요. 그것은 굉장히 위대한 결단이라고 봅니다. 시오노 나나미의 『로마인이야기』 읽어보신 분 많으시죠? 저는 이태리 대사하면서 시오노 나나미를 관저에 불러가지고 얘기를 나눈 적이 많이 있습니다. 그런데 이 분은 로마 역사를 쓰면서 많은 지혜를 얻어가지고 세상 물정에 도가 텄어요. 특히 정치에 대해서는 도가 튼 사람입니다. 로마가 그렇게 제국이 되고 번성한 것은 자기들이 정복한 사람들이 믿는 신들을 모두 로마의 신으로 받아들였기 때문이라는 거예요. 그러면서 개인이 됐든 국가가 됐든 포용의 힘을 키우는 것이 가장 중요하다는 얘기를 했습니다. 로마제국을 이끌었던 지도자들 중에서 가장 기억에 남는 사람이 누굽니까? 시저죠, 시저. 그런데 시저의 가장 위대한 점이 뭔지 아세요? 그 많은 지도자들 중에 보복을 안 한 유일한 인물이 시저입니다. 김 대통령님께서 그런 정치철학을 가지고 계셨기 때문에 제가 수석하면서 대통령님께 기분 좋으시라고 말씀을 드린 적이 있어요. 김 대통령께서 내가 박정희 대통령하고 그렇게 많은 악연이 있었지만 보복을 하지 않았다는 말씀을 하셨어요. 그래서 저는 그러한 리더십은 시저와 같은 리더십이다. 화해의 리더십이다. 그런 말씀을 드린 적이 있습니다.

제가 외교안보수석이 된 날 밤에 무슨 일이 있었는지 잠깐만 소개를 하고 강의를 하겠습니다. 이 에피소드는 여러분들한테 참고가 될 것 같아서 소개를 하는 겁니다. 첫날 근무하고 집에 갔는데 새벽 두시에 전화가 왔어요. 전화를 받으니까 미국대사관이라는 거예요. 그런데 지금부터 두 시간 후에 미군이 아프가니스탄을 친다는 거예요. 9·11사태 이후에 미국이 준비를 다 해가지고 두 시간 후에 아프가니스탄을 치는데 동맹국이기 때문에 먼저 알리니 이걸 대통령님에게 전하라는 얘기에요. 그 당시 대통령 비서실장이 이상주 실장인데 같이 상의를 해가지고 이것은 중대한 일이니까 대통령을 깨우기로 결정했어요. 그래서 대통령님께 밤 2시에 전화를 걸어가지고 미국이 두 시간 후에 아프가니스탄을 친다고 말씀드렸어요. 그렇게 되면 우리가 그 사태에 대한 입장 표명을 해야 되거든요. 그래서 밤중에 실장님하고 수석회의를 소집해서 새벽에 열어가지고 반테러전쟁을 지지하는 성명을 준비하고 아침에 바로 이 지지성명이 발표된 기억을 갖고 있습니다.

그렇게 시작해서 외교안보수석을 했는데 대통령님께 외교안보 분야에서 제일 하시고 싶으신 것이 뭐냐고 제가 여쭤봤어요. 그랬더니 대통령님께서 말씀하신 게 북한하고 관계를 개선하는 하는 거 하고 일본하고의 관계를 개선하는 것이라고 하셨어요. 일본하고의 관계에 관해서 말씀하시기를 우리는 이웃국가로서 지난 5,000년 동안 거의 대부분을 좋은 관계를 유지했고 다 합쳐가지고 한 100년 동안 불행했던 역사를 가지고 있는데, 불행한 100년이 좋았던 시절의 많은 시간을 덮어버리고 남을 정도로 지금 관계가 안 좋은데 이것을 해결을 해야 한다고 하셨어요. 한일관계가 지금 아주 최악입니다. 한일관계를 잘 끌고 가려고 김대중 대통령이 오부치 수상과 공동성명을 내어요. 한일관계의 미래를 위한 성명을 냈는데 그것이 한일관계 발전의 가장 중요한 지침이 되고 있습니다. 많은 학자들이 지금도 한일관계를 복원하려면 김대중·오부치 성명의 정신에 입각해야 한다고 이야기를 하고 있습니다.

그게 제일 기억이 나고요. 제가 6개월 정도 수석을 하다가 갑자기 러시아 대사에게 유고가 생겼는데 뭐 자세한 얘기는 안 하겠습니다. 하여튼 러시아 대사로 가라고 그러셔서 갔습니다. 저는 36년간 외교관 생활을 했기 때문에 많은 대통령을 모셨습니다. 그런데 김대중 대통령님은 특색이 있어요. 대사가 부임을 하면은 신임장이라고 하는 임명장을 줍니다. 다른 대통령들은 대사가 하도 많으니까 신임장을 주면서 가서 열심히 하라고만 하시는데, 김대중 대통령님은 가서 해야 할 일을 조목조목 얘기를 하셨어요. 저도 신임장을 받았는데 김대중 대통령이 지보고 세 가지 일을 중점적으로 하라고 하시는 거예요. 남북철도와 연결하도록 우리 철도하고 시베리아 철도를 연결하는 것을 우선적으로 하라고 하셨어요. 그리고 러시아 방문하셔서 옐친 대통령과 합의하신 게 있었어요. 나홋카 공단을 건설하기로 합의했어요. 연해주에 그 공단 건설하는 사업을 실현토록 하라. 그리고 세 번째가 수산협력을 잘 해라. 지금 여러분들이 드시고 계신 명태가 대부분 러시아산입니다. 옛날에는 동해바다에서 명태가 잡혀서 우리 것을 먹었는데 요새 온난화가 되어서 동해바다에 명태가 없어요. 전부 시베리아 쪽에서 있습니다. 그래서 제가 명태 쿼터를 따가지고 우리 원양어선이 가서 잡아가지고 공급을 하는 거예요. 그게 우리 국민이 먹고사는 것과 관계가 있기 때문에 저희가 교섭을 해가지고 쿼터를 많이 따면 원양어업 하는 사람들은 돈벌이가 되는 거예요. 이렇게 아주 그냥 모든 대사 분들한테 가서 할 일을 구체적으로 지시를 하셨어요. 그게 굉장히 특색이 있었어요.

우리의 국익과 국가전략

한러관계에 대해서 이야기하기에 앞서서 우리의 국가전략이 무엇인지에 대해서 잠시 살펴볼 필요가 있어요. 김대중 대통령님은 남북관계 개선을 위해서 많은 노력을 했는데 그 후에 북한의 핵문제 때문에 남북관계가 아주 악화가 됐어요. 그 과정에서 중국의 대북 영향력이 확대가 됐어요. 김대중 대통령은 현직에 계실 때도 그런 점을 많이 강조를 했어요. 남북관계가 잘못되면 북한이 중국 영향권으로 들어가는데 이것은 국익에 맞지 않는 거다. 우리가 남북관계를 잘해서 우리의 주권을 지키고 통일을 대비해야 하는데 그렇게 안 되면 북한이 중국의 영향권으로 들어가게 되고 그러면 우리민족의 앞날에 큰 재앙이 올 것이다. 그런 말씀을 하셨어요. 일단 비상사태가 발생했을 때 우리가 통일을 할 수 없는 상황으로 가서는 안 된다. 이런 게 국가의 목표입니다. 우리가 그런 것을 염두에 두고 남북대화를 추진하고 남북관계를 정상화시키는 게 시급한 과제다. 그리고 어떻게든 호혜의 원칙에 의해서 남북공동체를 형성해서 북한경제를 발전시키고 그 바탕 위에 통일을 하는 것이 우리의 전략 내지 국가목표가 돼야 하지 않겠습니까?

김정일까지는 선군정치를 했는데 지금 김정은도 선군정치를 표방하고 핵과 경제를 병행하겠다고 하는데 김정은은 할아버지와 아버지의 유산을 가지고는 정권을 유지하기가 어렵다고 전망합니다. 그러니까 김정은의 정권이 유지되려면 경제를 일으켜야 되는데 그러한 선택을 하도록 유도를 하는 것이 우리의 목표다. 그리고 지금 북한이 핵을 가짐으로 해서 비대칭전력을 가지고 우리를 위협하고 자기 생존을 도모하는데 우리의 무기는 무엇이냐? 우리가 발전시킨 민주주의를 우리의 비대칭전력으로 삼고 대처를 해서 남북관계를 해 나가야 된다. 이런 목표를 우리가 가지고 있다. 그리고 통일을 21세기 내에는 이뤄야 되고 또 그것이 김대중 대통령님의 꿈이기도 했기 때문에 그 유지를 받드는 게 굉장히 중요하다. 지금 남북관계가 이렇게 되고 하니까 젊은이들은 통일에 대한 절실함이 없지요. 여기 계신 분들이 통일에 대해서 절실하게 생각합니까? 생각으로는 그렇게 해야 되겠다고 하지만 그리 절실하지는 않죠? 그래서 교육이나 이런 강의를 통해서 국민을 계도해 나가야 되겠지요.

지금 분단이 돼가지고 해양국가로서 이만큼 성장을 했는데 우리가 한계에 도달했어요. 그래서 북방의 문이 열려야 한계에 부닥친 경제도 더 확대되고요. 우리는 반도국가이기 때문에 해양에만 머물 수가 없어요. 대륙에 면하는 정체성도 있어야 하는데 이것을 만들려면 러시아하고의 관계를 잘해야 될 거 아닙니까? 독일이 통일에 성공한 것은 서독을 동독보다 훨씬 더 매력 있는 국가로 만들어 놨기 때문에 문이 열리니 다 오게 된 거예요. 지금 탈북자가 오는 것도 우리가 더 매력 있는 국가가 되었기 때문에 오는 것이지만 지금 이대로 충분하냐? 아니죠. 정치를 잘해서 복지도 더 좋아지고 더 좋은 나라가 돼야 이쪽으로 흡수가 될 거 아닙니까? 하여튼 뭐 그러한 것이 전략이다. 그러한 우리의 목표에 대해서 간단하게 말씀을 드렸어요. 그렇게 하려면 러시아의 역할이 중요하다는 것을 말씀드리는 것이 이번 강의의 목적입니다.

러시아의 동북아정책과 한반도

러시아와 우리의 관계를 따져 보면, 러시아는 계속 동진을 하고 영토를 넓혀왔는데 한반도에 대한 관심이 지대했습니다. 왜냐하면 거기는 항구가 있다하더라도 전부 얼음이 얼어가지고 부동항을 찾는 게 러시아의 목표였기 때문에 한반도에 대해서 관심이 많았어요. 그래서 일본과 맞부딪쳐 가지고 한반도와 만주를 두고 대결을 했어요. 그런데 러시아가 동방으로 나아가기 위해서 철도를 놨어요. 일본이 그러한 러시아의 동진정책에 대해서 대비를 해야 되겠다 해서 영국하고 동맹도 맺고 국가를 근대화하는 노력도 기울였습니다.

일본이 근대화에 대한 자극을 받은 것은 바로 흑선 때문입니다. 페리의 함대가 왔는데 일본사람들이 보니까 함대 하나로 일본을 침몰시킬 수 있겠다는 생각을 하게 된 거예요. 다이묘라는 봉건영주들로 분할된 채 쇼군 밑에 모여 있는 그러한 체제를 가지고는 서방세력에 대항을 할 수가 없다. 그래서 이 막부를 부셔야 되겠다. 막부를 부수려면 저기 골방에 박혀 있는 천황을 끄집어내 가지고 천황 중심의 중앙집권국가를 만들어야 되겠다. 그렇게 인식한 거예요. 그렇게 하기 위해서 쿠데타를 일으킨 겁니다. 그것이 성공한 게 메이지유신이에요. 메이지 천황이 골방에 있다가 나온 거예요.

만주하고 한반도를 놓고 러시아와 일본이 자웅을 겨룬 러일전쟁에 앞서 10년 전인 1894년에 청일전쟁이 일어났는데 청일전쟁은 임오군란 때문에 일어난 거예요. 조선 군대를 현대화하려고 하니까 반란이 일어났는데 그것을 진압하기 위해서 청군이 들어온 겁니다. 일본이 그것을 핑계삼아가지고 한반도에 개입해서 청일전쟁이 일어난 거 아닙니까? 일본이 이겼으니까 배상으로 청국한테 요동반도를 내놓으라고 하는데 러시아가 가만히 보니까 일본이 전쟁에 이겼다고 너무 많이 차지하려고 하니까 삼국간섭을 한 거예요. 독일하고 프랑스와 손잡고 방해를 해서 요동반도를 일본이 차지하지 못했어요. 그래서 일본이 이래서는 안 되겠다. 언젠가는 러시아를 이겨야 되겠다는 생각을 한 거예요.

그러고서 10년 후에 복수전을 했는데 그 준비를 위해서 영일동맹을 맺어가지고 군함을 만들기 시작했어요. 1904년 일본군함이 뤼순항을 기습해서 전쟁이 일어난 거예요. 이 전쟁에 이겨서 일본이 한국에 대한 지배권을 확립하게 되었고 제정러시아가 러일전쟁에 진 것이 공산혁명이 일어난 원인들 중 하나에요. 황제의 권위가 실추되고 재정도 파탄이 되고 그렇게 해서 나중에 공산혁명이 일어난 거예요. 그래서 소련이 됐어요. 2차대전이 일어난 뒤 소련은 독일과 싸워야 하니까 일본하고 불가침조약을 맺었는데 마지막 판에 그걸 다 깨고 일본과 싸웠어요. 미국이 일본을 빨리 항복을 시켜야 되겠으니까 소련을 끌어들여가지고 소련군이 북한을 점령하게 돼서 한반도는 분단이 된 거예요. 그러니까 우리 분단에 러시아가 심대한 영향을 미친 거예요.

소련이 한국전쟁에 공식적으로 참전은 안했습니다만 공군은 비밀리에 참전하고 병참지원을 했어요. 결국은 중국이 개입했지요. 하여튼 소련이 1990년에 우리와 다시 수교를 해가지고 그 뒤로 러시아는 남북한에 대해 균형적인 정책을 편다고 했는데, 말이 균형이지 우리와는 교역이 250억 불 정도 되고 북한하고는 1억 불이 채 안돼요. 그러니까 균형정책이라고 하지만 그냥 정치적 균형이지 우리하고의 관계가 더 심화돼 있어요.

러시아의 동북아정책은 뭐냐? 러시아는 동북아지역이 안정이 되고 특히 한반도가 안정이 되는 것이 러시아의 이익이고 한반도와의 관계를 잘해서 아시아·태평양권으로 나아가야 되겠다는 것이지요. 러시아는 세계에서 유일한 유라시아 국가입니다. 유럽국가이기도 하면서 아시아국가인 유일한 나라가 러시아예요. 러시아 국기를 보면 쌍독수리가 있어요. 그게 다 의미가 있습니다. 하나는 유럽을 바라보고 하나는 아시아를 바라보는 것입니다. 정체성을 유럽으로 할 거냐? 아시아로

할 거냐? 이렇게 복잡한 논의가 많이 된 나라예요.

푸틴이라는 사람이 오래 집권했고 또 대통령이 됐는데 이 사람은 아시아지역을 개발하고 발전시켜야 되겠다고 생각하는 최초의 러시아 지도자입니다. 시베리아 개발을 해야 미래가 있다고 생각합니다. 그리고 푸틴이 계속 집권을 할 거냐 못 할 거냐의 관건이 시베리아 개발에 있습니다. 그래서 특히 우리나라하고 관계를 강화하려고 합니다. 러시아가 한반도 분단에 책임도 있지만 우리와는 역사적인 앙금이 없어요. 러시아와 일본은 전쟁을 몇 번 해서 앙금이 많아요. 중국과도 앙금이 있어요. 아편 전쟁 이후 1860년에 베이징조약에 의해서 지금 러시아가 차지하고 있는 연해주를 청국으로부터 빼앗았어요. 그렇기 때문에 중국에 대한 두려움이 있는 거예요. 어느 나라든지 그 땅을 빼앗기면 실지 회복을 하려고 하지 않습니까? 중국은 바로 150년 전에 연해주라는 엄청난 땅을 빼앗긴 거예요. 예전에는 소련이 핵무기를 가지고 있어서 중국이 꼼짝 못 했는데 요즘은 중국이 G2가 되어 있기 때문에 두려움이 있어요. 그렇기 때문에 시베리아를 개발하는 데 있어서 가장 적합한 파트너로 한국을 생각하고 있습니다.

러시아를 활용하는 외교

우리는 이러한 기회를 잘 살려서 북방으로도 가고 통일도 해야 합니다. 시베리아를 가보면 속이 시원해요. 한반도에서 이렇게 좁게 살다가 대륙을 한 번 횡단하면 진짜 속이 시원해요. 호연지기란 말이 있죠? 그러한 미래를 우리가 개척을 하려면 러시아하고 관계를 잘 맺어야 된다는 겁니다. 우리나라가 하루에 석유를 약 200만 배럴 소비해서 세계 6

번째 에너지 소비국이에요. 그런데 하루에 800만 배럴을 생산하는 나라가 둘이 있어요. 사우디하고 러시아예요. 러시아가 그만큼 생산해서 반은 소비하고 반은 수출해요. 세계최대 가스회사가 무엇인지 아세요? 러시아의 가스프롬입니다. 그런데 세계에서 가스를 가장 많이 수입하는 회사가 어디에 있는지 아세요? 한국의 코가스(KOGAS, 한국가스공사)예요. 한국은 한 회사에서 통합해서 수입하기 때문입니다. 어쨌든 러시아는 세계의 에너지 공급국가가 되어야 하겠다는 그런 꿈을 가지고 있습니다. 서유럽은 에너지의 30%를 러시아에 의존하고 있어요. 우리도 지금 가스를 10% 넘게 러시아에 의존하고 있습니다. 러시아는 유럽에 대한 공급 인프라를 다 깔아 두었는데 최근에 가스 파이프라인을 극동 쪽에도 깔아서 아시아 국가들에 공급할 수 있는 채비를 갖췄어요. 그래서 앞으로는 우리나라가 러시아에 에너지를 더 많이 의존하는 구조가 만들어질 겁니다.

러시아는 한반도의 평화와 안정을 추구하는 한편 한반도 비핵화에 대해서도 적극적으로 찬성을 하고 있어요. 그런데 핵문제에 대해서는 이렇게 이해를 해야 돼요. 핵에 관한 세계질서는 불평등 질서입니다. 유엔 안보리 상임이사국이 미국, 러시아, 중국, 영국, 프랑스입니다. 상임이사국들은 핵을 가지고 있어요. 핵은 굉장히 위험한 무기이니까 상임이사국들만 핵무기를 가지고 나머지 국가들은 핵무기를 못 가지게 하는 질서를 만든 거예요. 그게 NPT체제입니다. 그런데 예외가 있어요. 인도, 파키스탄, 이스라엘, 여기에 북한도 낀 거예요. 그런데 북한은 특별하게 고약한 존재인 거예요. 북한은 NPT에 가입을 했었어요. 러시아한테 우리도 핵발전소 필요하니까 협력해 달라니까 러시아가 협력해 줄 테니까 대신 NPT에 가입하라고 했어요. 그래서 가입을 했으면 핵무기를 개발하면 안 되거든요. 그런데 북한은 위협이 있다면서 핵개발을 한 거예요. NPT라는 국제질서에 최초로 도전한 거예요. 인도나 파키스탄이나 이스라엘은 애초에 NPT에 가입을 안 했어요. 그런데 북한은 가입했다가 탈퇴를 한 유일한 나라예요. 그러니까 악의 축이 된 거예요. 강대국들은 북한의 핵개발을 허용하면 핵확산금지라는 국제질서가 무너진다고 보는 거예요. 러시아가 그 질서의 선봉장인데 북한이 이렇게 하니까 못 하게 하려는 겁니다.

아무튼 러시아가 시베리아를 개발해야 되겠는데 협력 파트너로는 한중일이 있지만, 그중에서도 한국이 제일 바람직한 파트너라는 거예요. 그래서 지난번에 박근혜 대통령이 2013년 9월에 상트페테르부르크 G20 정상회의에 갔다가 푸틴과 만났는데 푸틴이 먼저 얘기한 거예요. 남·북·러 가스관 연결 그거 왜 안하냐고 따져 물은 거예요. 우리가 김정일이 죽기 전에 불러다 합의를 다 해 놨는데 왜 안 하냐고. 그런데 지금 남북관계가 이런 이 마당에 할 수가 없어서 주춤했잖아요. 그 다음에 요즘 뜨는 게 뭡니까? 온난화 때문에 북극항로 개발한다고 한국이 한 바퀴 시험 항해를 했는데, 우스트루가에서 화물을 싣고 광양만까지 오는데 성공했다고 신문에 크게 났죠? 이 항로가 만일 열리게 되면 우리나라 경제, 우리나라 생활에 큰 영향을 미칠 거예요. 그래서 푸틴이 자꾸 한반도에서의 영향력을 회복하려고 하는 겁니다.

한반도가 얼마나 중요하냐면 중국이 요즘은 G2라고 하지만 국제무대에서 주요국가로 부각된 것은 한반도 때문에 그런 거예요. 중국이 언제 국제무대에서 큰소리 쳤습니까? 북핵문제 때문에 6자회담을 주재하는 바람에 뜬 거예요. 경제력만 가지고 누가 알아줍니까? 정치문제, 지역문제에 대해서 발언권이 세야 돼요. 세계에서 가장 중대한 두 가지

문제가 있어요. 하나는 중동문제이고 또 하나가 한반도문제예요. 이 두 가지 문제가 제일 중요한 겁니다.

러시아가 한반도문제에 대해서 의견을 내야 세계를 이끄는 나라로 대접을 받기 때문에 논의에 끼려고 하는데, 한때 우리가 러시아하고 일본을 배제하고 4자회담을 했어요. 그때 러시아가 뿔이 났어요. 푸틴이 평양에 먼저 간 게 다 4자회담 때문이에요. 우리가 러시아하고 일본 뺐단 말이에요. 그랬더니 야단이 난 거예요. 주한 러시아대사인 쿠나제라는 친구가 있었는데 동아일보 같은 언론에다가 자꾸 불평을 하는 거예요. 제가 차관보로 있을 때인데 그 친구가 하도 불평하기에 불러서 대사노릇 똑똑히 하라고, 할 얘기가 있으면 나한테 와서 하지 왜 언론에다 하냐고 야단을 쳐대니까, 자기에게 훈계하느냐고 물어요. 훈계하는 게 아니라 조언을 하는 건데, 그렇게 하면 일을 더 그르치니까 그런 식으로 하면 안 된다고 했어요. 제가 말씀드리려는 것은 우리나라 문제가 국제적으로 아주 중요한 문제라는 것입니다.

하여튼 여러 나라들이 한국문제에는 서로 끼려고 합니다. 우리는 그러한 것을 역으로 잘 활용해야 됩니다. 간단히 말해서 우리나라가 미국 편에 여태까지 서 있었는데 중국이 세지니까 이제 중국 편에 서야 할지 어떨지 우물쭈물 하고 있는 상황 아닙니까? 그럴 때 러시아를 끼워서 일을 하면 활로도 열리고 우리가 상황을 가지고 놀 수가 있어요. 그러니까 외교를 잘하면 나라가 작지만 상황을 가지고 놀 수가 있는 거예요. 신라가 삼국통일을 할 때 당나라를 가지고 논 거예요. 고구려만 해도 옛날에 중앙아시아 쪽 나라들과 손잡고 중국을 견제하면서 가지고 논 거예요. 외교라는 건 그렇게 해야 돼요. 옵션이 있어야 한다고요. 이게 딱 막혀 있으면 안 돼요.

남 · 북 · 러 삼각협력의 중요성

러시아가 북한에게 "핵개발 하지 마라. 안보 때문에 그러는 거라면 우리하고 중국이 안전을 보장해줄 수 있다"고 했더니 북한은 "우리의 위협은 러시아나 중국으로부터 오는 게 아니고 미국으로부터 오는데 당신들이 뭘 보장해준다고 하는 게 우리한테는 설득력이 없다"고 하는 거예요. 그러면서 "당신네들이 보장한다는 소리 하지 말고 미국에게 위협하지 말라고 해라"라는 거예요. 실제로 그런 얘기를 외교관들은 다 듣고 다 보면서 왔다 갔다 합니다. 신문에는 안 나는 얘기지만, 그런 거예요. 하여튼 북한은 뭐든지 미국하고 결판을 내야 풀린다고 생각하는 거예요. 중국은 북한이 잘못되면 자기 나라가 바로 미국의 위협에 직면하게 된다고 보기 때문에 북한을 소홀히 대할 수가 없어요. 그런데 러시아 입장에서 보면 북한은 완전히 버리자니 그렇고 또 안 버리자니 골치가 아픈 계륵과 같은 존재예요.

그리고 러시아와 한국의 경제협력 현황을 말씀드리면 교역량이 한 250억 달러 정도 되는데 이건 큰 규모이죠. 그런데 중국하고 비교하면 10분의 1도 안되는 거예요. 중국하고는 교역규모가 3,000억 달러쯤 되니까. 그래서 러시아는 4강 중에서 성장 잠재력은 제일 크지만 현재까지는 경제협력이 덜 되고 있다. 그래서 이걸 더 해야 된다. 그러나 추세로 보면 수교가 1990년에 된 뒤로 23년 세월이 흘렀는데 점차적으로 경제협력이 확대되고 있습니다. 그런데 2012년 교역량이 북한하고는 1억 불도 안돼요. 이게 말이 됩니까? 그러니까 경제적으로만 보면 북한은 아무것도 아닌데 그래도 계륵과 같은 존재예요. 버리자니 아깝고 그런 겁니다.

남과 북이 삼각구도를 만들어서 러시아를 잘 활용해야 합니다. 김대중 대통령님이 개성공단하고 금강산관광하고 이런 사업들을 하셔서 여러 가지 비난도 많고 하지만 북한에 변화가 일어날 수 있는 구멍을 뚫어 놓았어요. 그런데 그것 가지고는 아직 효과를 내기가 좀 부족하다는 얘기예요. 북한을 완전히 변화시키려면 구멍을 여러 개 파야 돼요. 아래층에 팠는데 금강산은 완전히 망했고 개성공단이 되고 있는데, 나진·선봉 열어놓고, 신의주도 열고 해가지고 변화시킬 수 있는 구멍을 여러 개 파 놓으면 북한이 변하게 될 겁니다. 그래서 남북러 협력이 중요한 거예요. 가스관사업이라든지 철도연결이라든지.

대통령님이 저한테 특별당부를 했기 때문에 러시아에 대사로 가서 남북철도 연결하려고 교섭을 많이 했어요. 러시아 사람들하고 얘기를 하면 금방 통해요. 그 사람들은 자본주의로 변했기 때문에 금방 통하는 거예요. 그런데 북한 친구들이 철도가 왔다 갔다 하면 민심이 소란해진다고 하는 거예요. 자기들이 보내는 화물은 아무것도 없고 남한에서 화물이 막 왔다 갔다 하면 민심에 동요가 일어나니까 이 친구들이 생각해낸 게 동해선으로 왔다 갔다 하라는 거였어요. 그런데 우리나라 동해선은 삼척항 쪽으로 한 100킬로미터가 없어요. 예를 들어 포항에서 오다가 삼척 쪽으로는 철도가 없어요. 서울, 부산, 인천·경기지역 화물이 원산을 거쳐서 핫산으로 가야 물동량이 있는데 동해선으로 운송하라고 하면 서울에 있는 물건을 동해로 보낸 뒤에 거기서 다시 보내야 하는 거예요. 그러니까 경제성이 없어요.

제가 러시아하고는 말이 잘 통하는데 북한하고는 왜 안 통하나 봤더니 김정일이 고민이 있는 거예요. 철도를 연결해 놓으면 수수료만 받아도 1억에서 1억 5,000만 불이 생겨요. 이 공짜로 떨어지는 1억이 수출을 얼마나 많이 해야 벌 수 있는 것인지 아세요? 20~30억 불 수출해야 1억 정도의 돈이 남는 거예요. 굉장한 겁니다. 그런 돈이 생기는데도 안 해요. 왜 안하느냐? 북한이 철도를 연결하면 1억 불을 버는데, 그걸 허용하면 남한이 돈을 더 버는 거예요. 북한의 걱정은 남북한 경제 격차에요. 국가 차원의 경제 격차가 지금 약 50배는 될 거예요. 북한 친구들이 생각을 해 보니까 철도를 연결해 놓으면 남북 격차가 더 벌어지게 생겼거든요. 그러니까 안 해요. 북한은 국가가 존폐의 기로에 있는 거예요. 그래서 여태까지 철도연결이 안 되고 있는 것입니다. 그럼에도 불구하고 우리는 해야 되고, 그것을 연결시키는 것이 김대중 대통령님의 유지를 받드는 일입니다. 그래서 자꾸 러시아를 끌어들여가지고 설득을 하는 겁니다. 우리가 북한을 망하게 하려는 게 아니고 같이 먹고 살자는 얘기라고 하는데 이게 안 먹히는 거예요.

여하튼 우리의 전략적 가치를 잘 살려서 러시아와 에너지 협력을 하고 북극항로도 열리고 하면 점점 더 강국이 될 겁니다. 그러니까 러시아하고 우리가 잘해야 돼요. 그리고 앞서 말씀드린 대로 우리가 중국이나 미국을 상대로 주권을 지키고 자주적 외교를 하려면 카드가 많아야 되는데 러시아가 우리의 아주 유용한 카드가 될 수 있는 나라다. 이런 말씀을 드리는 겁니다.

러시아와 손잡고 동북아 중심국가로

북한의 문제는 식량난하고 에너지난이에요. 에너지가 사정이 형편없는데 그런 전기를 가지고 제품을 만들어서 세계무대에다 물건을 팔 수 있겠어요? 전기가 좋아야 좋은 물건이 나오지 전기가 엉망인데 세계시장에다 팔 물건을 만들 수 있냐고요. 지금 상황에서 북한이 경제적으로 살아남을 가능성은 제로입니다. 그래서 통일을 해야 하는데, 통일을 하려면 현재의 동맹구조에 더해서 다자구조로 가고 복합구조로 가야 합니다. 여하튼 남북통일의 방정식은 굉장히 복잡한 방정식입니다. 그걸 풀어야 돼요. 그러니까 우리 국민도 우수해야 되고 지도자도 우수해야 되고 모든 게 다 합쳐져서 풀어나가야 유럽이 그렇게 동맹체제에다가 다자구조로 가서 지금 통합을 하고 있으니까 우리도 그렇게 해야 합니다.

그러려면 핵문제를 해결해야 합니다. 북핵문제를 해결하기 위해 잘 합의된 것이 9·19 공동성명인데 러시아의 역할이 다자질서 분과위원회 의장국이에요. 러시아는 한국이 미국하고 동맹관계에 있기 때문에 이 동맹을 약화시키기 위해서 다자로 하자는 주장을 전통적으로 해 왔습니다. 그런데 우리는 미국하고 동맹을 유지하면서 그 위에다가 다자질서를 구축해야 합니다. 통일을 하려면 단순한 접근방식 가지고는 해결이 안 됩니다. 그래서 이게 복합구조로 가야 돼요. 학자님들은 복잡하게 얘기를 이렇게 하는데 우리 외교관은 실전을 해야 되기 때문에 짧게 핵심적으로 얘기를 하는 겁니다. 그래서 이런 복합구조로 가야 된다.

그리고 우리가 대륙으로 가야됩니다. 시베리아로 한번 저하고 같이 갑시다. 거기 가면 보이는 게 지평선이에요. 한국에서는 지평선을 바라볼 수가 없어요. 그런데 러시아를 가면 온통 지평선입니다. 기분이 너무 좋아요. 그러니까 그러한 공간으로 우리가 나가야 됩니다. 그렇게 하려면 외교를 잘해야 돼요. 그리고 첨단기술이 중요합니다. 러시아 사람들은 머리는 기가 막히게 좋은데 물건 만들어가지고 팔아먹는 것은 잘 못해요. 우리가 일본하고 기술 격차가 엄청나게 나서 30년에서 50

년 뒤져 있었는데 지금 일본과의 기술격차를 굉장히 줄였어요. 내용적으로는 러시아와 협력을 해가지고 삼성이나 LG는 지금 러시아의 젊은 연구자들을 수백 명씩 고용한 연구소를 갖고 있어요. 기술격차를 줄이는 데 크게 기여한 것이 러시아 과학자들입니다.

요컨대 러시아를 잘 활용해서 우리 국력을 신장하자 그런 얘기입니다. 우리가 말로만 동북아의 중심국가가 되자, 이런 게 아니라 중심국가가 되려면 인프라를 만들어야 됩니다. 제가 베링포럼의 한국 측 대표로 있는데 베링포럼은 베링해 밑에 터널을 파자는 모임입니다. 이런 비전을 실현하기 위해서는 남북철도도 연결해야 되고 한일터널도 연결이 돼야 됩니다. 그래서 일본 친구들보고 얘기를 해보면 대륙하고 연결하겠다고 하면 일본 사람들이 돈을 대려고 해요. 한일터널을 파려면 일본 측에서 비용의 3분의 2는 내야 돼요. 우리는 약간의 돈만 내면 이 터널이 파져요. 그런데 대륙으로 연결된다고 하면 일본 사람들이 막 하려고 할 거예요. 지금 하자고 하면 우리나라 사람들은 반대해요. 일본 사람들만 좋은 일을 왜 하느냐고 해서 지금은 안 돼요. 그런데 남북철도하고도 연결을 하면 한국이 완전히 중심국가가 되는 거예요. 그렇게 해서 철도로 유럽을 가고, 베링터널을 파면 미국에도 자동차로 갈 수가 있어요. 북한만 길이 열리면 진짜 호연지기가 생길 것입니다. 여러분들이 아주 배짱이 커질 거예요. 그렇게 되면 우리가 일본보다 훨씬 기막히는 나라가 될 것이라고 생각되지 않습니까?

전에는 강대국들이 서로 못 잡아 먹어서 안달인 나라였는데, 앞으로는 일본이 변방에 있게 되는 거예요. 한국만 오면 유럽도 갈 수 있지. 캄차카로 해서 미국도 갈 수 있지. 이렇게 되면 명실 공히 중심국가가 되는 것 아닙니까? 앞으로 일본 사람들이 우리를 부러워 할 날이 머지 않았어요. 우리나라가 그런 인프라만 깔면 명실 공히 중심국가가 되는 겁니다. 그렇게 하기 위해서는 큰 프로젝트를 해야 된다. 그래서 김대중 대통령님이 저한테 간절히 바라신 것이 철도연결인데 북한이 협조를 안 해가지고 아직까지 이러고 있는데 언젠가는 될 것입니다.

나진·선봉에서 북한 사람들은 남한과 연결되는 것은 싫고 러시아가 투자를 해서 북한하고만 도로·철도를 연결해주면 좋겠다고 하는데 러시아 사람들이 바보입니까? 북한하고 연결해 봤자 실이 나를 물건이 없어요. 북한에서 생산되는 석탄은 러시아에 더 많아요. 그러니까 우리하고 연결이 돼야 일이 되는 거예요. 그리고 농수산업이 뜨는 산업이에요. 러시아 극동에 엄청난 땅이 있는데 그걸 개발해야 하고, 우리가 먹는 물고기는 다 북쪽에 있어요. 베링 수역에서 잡아와야 합니다. 남한, 북한, 러시아는 서로 보완적인 관계입니다. 러시아는 기초과학이 잘 돼 있고, 우리는 그 기초과학을 응용해서 물건을 만들어 세계시장에 파는 데 아주 귀재에요. 러시아사람들이 우리하고 무엇을 해보려고 야단입니다. 물고기를 잡아놓고도 가공을 잘 못하니까 한국 기업들이 와서 가공하는 것을 협력해 달라고 야단입니다. 조건이 그거예요. 쿼터 더 많이 줄 테니까 와서 공장 지으라고 합니다.

지금 우리나라가 쓰는 가스가 오만, 카타르 등 중동에서 오는데, 가스를 액화시켜서 특수 컨테이너 배에 싣습니다. 그런 특수 선박이 평택으로 와요. 평택에서 다시 기화를 해서 공급합니다. 이런 과정에서 손실이 생겨요. 약 3분의 1은 손실이에요. 그래서 비싼 거예요. 그런 과정이 없이 러시아에서 가스가 그대로 온다면 얼마나 좋겠어요. 지금 우리나라는 단 1톤도 가스를 그대로 들여오지 못합니다. 우리나라는 지금 섬이에요. 그래서 중동 사람들이 가격을 더 받아요. 그런데 러시아에서 가스가 들어오면 경쟁이 생기니까 더 싸게 주겠다고 할 것입니다. 그래서 우리나라 발전을 위해서는 러시아와의 협력이 아주 중요합니다.

그리고 지구 온난화로 북극해가 열리기 시작했는데 북극해도 자원이 엄청나요. 어종도 다양하고 북극해는 깊지 않습니다. 북극 연안국들만 이용하려고 하는데 자기네들끼리 안 되거든요. 그걸 이용할 화물도 없잖아요. 항구 건설하려면 기술이 필요하고 돈이 필요하기 때문에 결국은 우리하고 협력을 해야 될 겁니다. 또, 항해해야 하는데 우리가 조선의 특등국가입니다. 세계 넘버원 조선국이에요. 특별히 그런 특수선박 건조하는 데 대한민국이 최고니까 북극항로 개발에 우리가 참여하게 되고 주요 이용국가가 될 거예요.

이제 결론을 내겠습니다. 러시아와 이런 여러 사업을 같이 해야 하고, 서로 좀 더 가까운 나라가 되어야 합니다. 그렇게 해서 우리가 부강한 나라가 되어야 합니다. 자꾸 되풀이하지만 우리가 조그만 나라에 살아서 답답한데 러시아에 가서 소리 한번 질러 보세요. 진짜 속이 후련합니다. 그런 것을 할 수 있는 대한민국이 되었으면 좋겠습니다.

제6장

한·아세안외교

양봉렬 | 전 말레이시아 대사

오늘 저를 불러주신 두 가지 이유가 있는 것 같아요. 하나는 제가 직업외교관으로 약 33년 동안 재직했고, 마지막에 말레이시아 대사와 아세안 대사를 했습니다. 그래서 아세안에 대해서 좀 안다고 생각하신 측면이 있는 것 같아요. 또 하나는 제가 외교부에 재직할 때 김대중 대통령님을 모셨었습니다. 김대중도서관 4층에서 제가 2년 반 동안 근무를 했습니다.[30] 전직 대통령께서 비서관으로 외교관을 불러다 쓰신 적이 없어요. 그런데 대통령님께서는 워낙 외교를 소중하게 생각하시고, 어떻게 보면 우리나라 대통령 중에는 외교를 제일 잘 하신 분이라서 외교관을 데려다가 많은 대외활동을 하신 것 같습니다. 살아계실 때는 외국에서 VIP들이 오시면 다들 김 대통령님을 만나 뵙고 싶어 했어요. 제가

30 [편집자] '전직 대통령 예우에 관한 법률'에 의거하여 전직 대통령은 자신이 추천하는 3명을 비서관으로 둘 수 있다. 이들은 별정직 국가공무원의 신분으로 근무한다.

있을 때만 해도 클린턴 전 대통령, 시니어 부시 전 대통령, 폰 바이체커 전 독일 대통령, 키신저 박사 등이 오셨어요. 외국에서 오셔서 이야기를 나눌 만한, 외교를 잘 아시는 우리나라 전직 대통령이 없잖아요? 이렇게 말씀드리면 동의하지 않는 분도 계실 테지만, 그런 인연으로 제가 오늘 이 자리에 온 것 같습니다.

오늘 제가 말씀드리고 싶은 건 두 가지인데, 하나는 김대중 대통령님의 아세안 외교에 관해서입니다. 또 하나는 아세안이 정치적, 경제적으로 얼마나 중요한지에 대해서입니다. 물론 강의를 들으셨으니까 대통령님께서 미국, 중국, 일본과 어떤 외교를 하셨는지 큰 틀에서 다 아시고 계실 텐데, 김 대통령님은 동아시아공동체라는 큰 비전을 가지고 계셨어요. 아세안을 통해서 동아시아공동체라는 비전을 실현시켜 나가셨습니다. 아세안+3이라고 혹시 들어보셨는지 모르겠는데, 김 대통령님이 취임하신 1998년부터 아세안 국가들과 한·중·일 3국의 정상들이 모인 회의체가 시작되었어요. 김 대통령께서 그 계기를 살리셔서 그때부터 이렇게 하나하나 동아시아공동체의 토대를 놓으셨어요. 그때까지는 동아시아공동체에 대한 합의가 없었어요. 1991년에 마하티르 말레이시아 수상이 동아시아 경제협력체를 제기했어요. 그런데 중국도 반대하고, 일본도 반대하고, 특히 미국의 반대가 심했죠. 동아시아가 뭉치면 미국이 소외되잖아요. 그러니까 반대를 많이 했어요. 그래서 합의가 이루어지지 못했습니다.

우리나라가 워낙 미국과 가깝고 미국의 동맹이잖아요. 그러니까 동남아국가 사람들이 의심을 했어요. 한국이 뭐라고 하면 분명히 뒤에 미국이 있다고 생각했습니다. 김대중 대통령이 그런 외부의 인식을 어떻게 극복해 나가시면서 동아시아공동체를 추구했는지에 대해서 좀 말씀을 드리겠습니다. 그리고 현재가 중요하니까 오늘날의 아세안과 한·아세안 관계에 대해서도 설명을 드리려고 합니다. 제가 이번에 대통령님과 동아시아공동체에 관한 이야기를 하려고 조사를 좀 했는데 자료가 굉장히 부실해요. 청와대 홈페이지 자료실에도 들어가 봤는데 자료가 너무 부실해요. 물론 대통령기록관은 많은 자료를 가지고 있겠지만 그것을 사용할 수가 없어요. 그런 점을 이해해 주시기 바랍니다.

제가 설명드릴 순서는 번서 김대중 대통령님의 외교를 아주 간략하게 전반적인 것들을 좀 정리를 해드리겠고요. 그다음에 미·중·일이 지금 아세안과 어떤 관계를 갖고 있고 역사적 맥락에서 어떤 관계인지를 좀 말씀드리겠습니다. 세 번째로는 통계자료를 통해서 아세안이 정치적, 경제적으로 얼마나 중요하게 부각되고 있는지 말씀을 드리겠습니다. 그다음은 우리나라와 아세안이 지금 어떤 관계인지에 대해서 네 번째로 말씀드리고, 결론은 아세안을 우리가 굉장히 중요시해야 되겠다. 우리가 주로 4강 외교를 이야기하는데 아세안을 우리의 다섯 번째 핵심 파트너로 삼아야 되겠다는 생각을 말씀드리려고 합니다.

한국인들의 아세안에 대한 인식 부족

아세안에 대해서 잘 모르시죠? 아세안이라고 하면 무슨 생각이 드시나요? 동남아 협력기구? 섬과 해안으로 연결된 것? 반은 맞습니다. 그렇지만 대륙으로도 중국, 인도 쪽으로 연결돼 있으니까 지정학적으로 굉장히 중요하지요. 옛날 서구 제국이 15세기부터 아시아에 왔는데요. 그 이후로 동남아시아를 굉장히 중요시했어요. 스파이스 루트(spice route)라고 해가지고, 향료, 차 같은 것들을 그때부터 동양에서 가져갔어요.

아세안 회원국이 지금 10개국입니다. 이런 식의 지역협력기구로는 세계에서 두 번째로 오래됐어요. EU가 1957년에 결성됐고 아세안이 1967년에 됐습니다.[31] 결성 당시에는 동남아시아 각국에서 공산주의 세력이 상당히 득세를 했습니다. 그래서 말레이시아도 1980년대 초반까지 공산당하고 많이 싸웠어요. 요즘의 모습을 생각하면 말레이시아가 무슨 반공법이 있겠나 싶지만 우리 국가보안법하고 비슷한 반공법이 지금까지도 있습니다. 이 법이 야당을 탄압하는데 잘못 사용되는 케이스가 있는데, 당시에는 이런 법을 만들 만큼 공산주의에 대한 두려움이 많았어요. 그래서 아세안이 처음에는 반공산주의 전선 비슷하게 출발했어요.

처음에는 5개국으로 시작했는데 지금은 10개국이 됐습니다. 1990년대 초에 소련이 해체되고 냉전이 끝났죠. 그 이후에 공산권 국가들이었던 캄보디아, 베트남, 라오스가 다 참여하게 되고 미얀마도 참여를 해서 지금은 회원국이 10개국이 됐습니다. 간단한 통계를 말씀드리면 2012년에 10개국의 GDP 합쳐 놓은 게 세계 6~7위정도 돼요. 2조 3천억 달러 정도 되는데 그 정도면 영국이나 브라질 수준입니다. 그러니까 결코 작지 않은 경제규모이지요. 그리고 경제성장을 굉장히 빨리 하고 있습니다. 개괄적으로 아세안이 무엇인지 말씀을 드렸습니다.

아세안이 근래에 와서 굉장히 부각이 되고 있죠. 왜냐? 아세안이

---

31 [편집자] 1957년 3월 로마조약을 통해 결성된 기구의 명칭은 유럽경제공동체(EEC)이다. 이 기구가 1967년에 결성된 유럽공동체(EC)와 현재의 유럽연합(EU)의 초기형태라고 할 수 있다.

2015년이 되면 단일 시장이 됩니다. 시장이 하나로 묶여요. 그런데 아직 우리나라 사람들은 그런 것에 대한 개념이 없는 것 같아요. 제가 말레이시아에서 근무할 때 우리 정부에 계신 분들이라든지 비즈니스 하시는 분들, 학계 분들 다 오시는데 아직 아세안에 대한 개념이 부족하시더군요. EU라고 하면 하나로 생각하시잖아요. 개별국가들로서가 아니라 EU라는 하나의 묶음으로 생각하시죠? 그런데 아세안에 대해선 아직 그런 개념이 없어요. 그러고 아세안이 얼마나 국제정치적으로, 경제적으로 중요하게 부각되고 있는지에 대한 인식도 아직 상당히 저조하시더라고요.

물론 저도 말레이시아에 가고 아세안에 대해서 공부를 하기 전에는 그런 것을 잘 몰랐어요. 제가 2011년에 외교부를 그만두고 광주로 갔습니다만, 그때부터 전직, 현직 동남아 주재 대사들이 함께 아세안을 프로모션하려고 책도 쓰고 강연도 하고 전국을 돌아다녔어요. 저는 광주에 있으니까 광주에서 주로 했고 다른 분들이 전국을 돌아다니셨는데 그래도 아직 인식이 낮아요.

김대중 대통령의 4강외교

김대중 대통령님의 외교는 크게 보아 단기 전략과 중장기 전략이 있었습니다. 단기 전략은 4강과 국제기구들과의 협력관계를 강화시키는 것이고 중장기적으로는 4강외교의 틀을 벗어나고 통일시대를 대비하기 위해 동아시아공동체의 비전을 제시하셨습니다. 먼저, 김 대통령께서는 4강외교를 1동맹 3친선 체제라고 말씀하셨습니다. 1동맹은 물론 미국과의 동맹입니다. 한미동맹은 안보나 경제발전을 위해서 절대적으로 필요하다는 굳건한 믿음을 가지고 계셨습니다. 또 햇볕정책을 추진하기 위해 4강외교를 강화해야 한다고 생각하였습니다. 남북관계는 남한과 북한만의 관계라기보다는 국제정치적인 문제입니다. 그러니까 4강이 지지하고 호응해주지 않으면 남북한관계가 원활하게 풀려가지 않아요. 물론 남북관계가 원만하지 않으면 또 4강과 남한의 관계에도 영향을 주어서 4강외교가 원만치 않게 되기도 하죠. 예를 들면 김영삼 정부에서 북한 핵문제가 터졌을 때에 한미관계가 굉장히 안 좋았습니다. 카터 전 대통령이 방북을 해서 핵문제를 풀었잖아요. 그런데 카터가 방북한다고 했을 때 우리 정부가 굉장히 반대했어요. 그래서 갈등이 많았어요. 그리고 미국이 영변 핵시설을 공격하려고 했잖아요. 카터가 방북했을 때 실제로 미국 대통령과 정부 핵심인물들이 우리 식으로 말하면 안보회의에서 자기들끼리 그 문제를 토의했었어요. 당시에 남북관계도 안 좋고 한미관계도 안 좋았어요.

남북관계하고 4강과의 관계는 굉장히 긴밀하게 엮여 있습니다. 그래서 어느 한쪽만 잘 해서는 안 돼요. 항상 같이 나가야 돼요. 김 대통령께서 햇볕정책을 성공적으로 추진하실 수 있었던 것은 이 정책에 대해 미국과 완벽한 합의를 이뤘기 때문입니다. 김 대통령께서 처음 미국을 방문하셔서 클린턴하고 회담을 할 때 대통령님의 외교적인 능력이 발휘되었어요. 햇볕정책을 설명하시면서도 미국 외교의 사례들을 언급하셨어요. 가령 닉슨이 중국과 관계를 개선하고 수교를 하는 과정 같은 역사적인 사례를 들면서 햇볕정책의 당위성을 강조하신 거예요. 그러니까 클린턴 대통령도 완전히 동의를 하셨어요. 뭐 다른 나라 사례 같은 것을 가지고 설득을 하셨으면 훨씬 설득력이 덜했을 거예요. 그런데 김 대통령이 역사에 관한 지식이 많으셔서 상대방에 따라 아주 적합한 사례를 잘 거론하십니다. 클린턴 대통령이 앞으로 대북정책은 김 대통령께서 운전대를 잡으시라고 했어요. 우리 역사상 미국 대통령에게 이런 이야기를 들은 일이 없어요. 그래서 한미 양국의 대북정책을 우리가 주도하게 된 거예요.

이렇게 클린턴 대통령을 설득해서 일단 지원을 받으시고, 그다음에 페리(William J. Perry)를 설득하셨어요. 페리가 클린턴 정부 1기 때 국방장관을 했어요. 이분이 원래 굉장한 강경파에요. 1994년에 북한의 핵시설을 공격하자고 주장하신 분이 페리예요. 그런데 클린턴 대통령이 이 분을 대북정책조정관에 임명했어요. 김 대통령은 임동원 당시 외교안보수석을 페리에게 보내서 햇볕정책을 아주 상세하게 브리핑하게 하셨어요. 그 뒤에 페리 프로세스를 우리 정부에서 주도했습니다. 미국에 가서 설득을 하고 그 다음에 미국이 대북정책을 성안하는 과정을 우리가 주도한 것입니다. 이런 것은 우리 외교사에 유례가 없습니다.

중국에 가셔서도 장쩌민 주석과 정상회담을 하는데 장 주석이 유지자사경성(有志者事竟成)이라고, 뜻이 있으면 꼭 이룬다는 말씀을 했어요. 김 대통령이 죽을 고비도 다섯 번 넘기시면서 많은 난관을 헤쳐오신 분인데, 이런 분은 꼭 나중에 복을 받더라는 말씀도 했지요. 정상회담에서 상대방 정상에게 이런 이야기를 하는 일이 흔치 않아요. 그만큼 김 대통령에 대한 존경심을 갖고 있었어요. 김 대통령이 햇볕정책을 설명하니까 장쩌민 주석이 "인내심을 갖고, 자존심을 상하지 않게 하고, 자극하지 않으면서, 너그러운 환경을 만드는 것이 중요하다"고 하셨어요. 이건 뭐 우리의 대북정책에 정확하게 들어맞는 말이라고 생각합니다. 항상 상대방의 체면을 살려주어야 합니다. 경제력으로 보나 다른 어떤 면으로 보나 북한이 우리의 상대가 안 되잖아요? 그러니까 장 주석은 너그러운 마음을 갖고 상대를 해야 된다는 말씀을 하시면서 우리의 햇볕정책을 지지했습니다.

일본과의 외교도 참 잘하셨어요. 요즘 역사문제로 한일관계가 냉전 상태를 벗어나지 못하고 있는데, 김 대통령 재임 당시의 외교가 한일관계의 텍스트북입니다. '21세기 한일파트너십'이라는 공동선언을 김 대통령과 오부치 총리가 합의를 해서 발표했는데 이 선언이 지금까지도 한일관계의 장전으로 여겨지고 있어요. 지금도 한일관계를 개선해 보자는 이야기를 하시는 분들은 꼭 이 선언을 거론해요. 1998년에 김대중 대통령께서 일본을 방문하셨을 때 오부치 수상이 사죄한 것이 우리나라에 대한 사죄로는 역사적으로 처음이에요. 그전에는 우리나라를 지칭해서 사죄하지 않았습니다. 무라야마담화 같은 것도 우리나라를 지칭해서 한 게 아니고 폭넓게 전체를 대상으로 한 것인데 이때 처음으로 사죄를 받아냈어요. 그래서 일본문화 개방도 하고 과감하게 미래지향적인 한일관계를 추진할 수 있었던 것입니다. "오부치 총리대신은 금세기의 한일양국관계를 돌아보고 일본이 과거 한때 식민지 지배로 인하여 한국 국민에게 다대한 손해와 고통을 안겨주었다는 역사적 사실을 겸허히 받아들이면서, 이에 대하여 통절한 반성과 마음으로부터 사죄를 하였다." 우리가 지금 요구하고 있는 것도 이 내용을 다시 확인하라는 것인데 현재의 일본 정부가 받아들이지 않고 있어요.

러시아는 김 대통령이 취임하시기 전에도 네 번이나 다녀오셨고 거기서 명예박사학위도 받으셨고 개인적으로 관계가 좋으셨습니다. 러시아도 우리 햇볕정책을 적극 지지해 줬어요. 그래서 김대중 대통령님께서 즐겨 쓰시는 말씀이 있습니다. 색시 하나를 두고 신랑감 넷이 프러포즈하게 만드는 것이 외교다. 색시라는 것은 우리나라를 얘기하는 거죠. 그러니까 4강이 우리에게 계속 구애를 하도록 만드는 것이 바로 우리의 외교다. 이렇게 아주 간결하고 명확하게 정의를 해 놓으셨습니다.

김대중 외교의 중장기 구상: 동아시아공동체

김 대통령님의 중장기 구상으로는 동아시아공동체를 꼽을 수 있습니다. 모두에도 말씀드렸지만 대통령님께서 동아시아공동체 구상을 아세안+3 협의체를 통해서 아주 단계적으로 실천해 나가셨습니다. 동아시아공동체 구상을 하시게 된 배경을 살펴보자면, 감옥에 계실 때 토인비(Arnold J. Toynbee)의 역사서를 읽으신 뒤로 21세기에는 아시아의 시대가 온다는 굳건한 믿음을 가지고 계셨습니다. 그리고 동아시아공동체라는 방향으로 나아가면은 지정학적으로나 경제적으로나 우리한테 큰 이로움이 있고 우리가 통일시대를 열어가는 데 큰 도움이 되겠다고 생각하셨습니다. 유럽의 통합과정이 없었다면 독일의 통일이 그렇게 쉽지 않았을 것입니다. 독일이 유럽에 통합되는 과정에서 유럽인들의 신뢰를 얻었기 때문에 주변국들이 독일이 통일되어도 괜찮겠다고 생각했던 것입니다. 왜냐하면 EU라는 큰 틀 속에 같이 묶여 있기 때문에 주변 국가들이 통일독일을 두려워하지 않았던 것입니다.

또, 우리나라가 독일 같은 강국은 아니지만 동아시아공동체라는 큰 틀 안에 있으면 우리의 발언권이 훨씬 세질 수 있습니다. 지금은 남과 북이 나눠져 있기 때문에, 또 우리 주변에 강대국들만 있기 때문에 우리가 발언권을 제대로 행사할 수가 없어요. 미국과 얘기하면서도 그렇고 중국하고 얘기하면서도 그렇고 우리의 요구를 상대방에게 강하게 제기할 수 없는 입장이잖아요. 동남아국가들이 바로 우리와 같은 처지에 있었는데, 아세안은 김 대통령이 말씀하신 것 같이 색시 하나를 두고 강대국들이 모두 구애를 하는 외교를 하고 있습니다.

대통령께서 이런 원대한 구상을 차근차근 실천해 나가셨는데, 1998년에는 아세안+3 회의에 가셔서 '동아시아비전그룹'을 제안하십니다. 동아시아비전그룹이라는 건 민간인들이 모여서 동아시아 지역협력에 대한 논의를 하는 것입니다. 기업인, 학자 같은 사람들이 모여서 함께 의논을 하는 거예요. 왜 이런 것을 먼저 제안하셨는지를 분명히 알 수 있는 자료는 없지만, 제가 추측하기로는 전술적인 접근을 하신 것 같아요. 당시에는 동아시아공동체를 만들자는 합의가 없었어요. 지역공동체를 만들자는 합의가 없는데 정부 관료들이 모여서 이 문제에 대해서 연구하자고 하면 동의를 얻기가 어렵겠지요. 그러니까 우선 민간인들이 앞으로 동아시아 지역협력을 어떻게 해 나갈 것인지 협의해보자고 제안하신 거예요. 뒤에 자세한 말씀을 드리겠지만 이 제안에 대해 아세안국가들이 처음에는 뜨악하게 생각했습니다. 그래서 마하티르 수상 같은 분이 질문을 해요. "도대체 이 제안이 무슨 뜻이냐? 내가 제안한 동아시아경제협력체하고 뭐가 틀리냐?" 이렇게 물어봐요. 그래서 김 대통령께서 설명을 하셨어요. 21세기는 정보화시대이고 민간인들 간에 논의할 수 있는 기구를 만드는 것이 중요하다. 정부 간도 중요하지만 민간 섹터에서 그런 걸 하는 게 굉장히 중요하다. 또, 21세기는 아시아의 시대다. 세계경제가 NAFTA(North American Free Trade Agreement), EU와 같이 블록화하고 있는데 동아시아만 개별국가들이 독자적으로 움직이면 우리만 뒤떨어지고 손해를 보는 것 아니냐? 이런 논리를 가지고 설득을 하셨습니다. 그래서 비전그룹을 하게 되고 그런 과정을 우리나라 쪽에서 주도적으로 이끌게 됩니다. 제안을 한 국가가 제안된 내용에 한해서는 대개 주도를 하거든요. 그래서 우리가 주도적 역할을 했습니다.

동아시아비전그룹의 결과보고서가 마무리되어가던 2000년에는 동아시아연구그룹을 만들자고 제안하셨습니다. 연구그룹에는 정부 관료들이 들어갑니다. 거기서 민간인들이 내놓은 연구 결과를 놓고 이것을 정부 차원에서 어떻게 추진해 나갈 것인지를 의논하자는 제안을 하셨습니다. 2003년에는 동아시아포럼이라고 해가지고 정부, 재계, 학계 등이 함께 모이는 국제적 단체를 하나 만드십니다. 이때는 물론 대통령직에서 퇴임하신 뒤이지만 김 대통령께서 제안을 해서 결성이 됐기 때문에 초청을 받으셔서 창립대회와 2차대회에 참석하셨습니다. 2005년에는 동아시아정상회의(EAS, East Asia Summit)가 만들어졌습니다. 김대중 대통령님이 제안했던 비전이 일부 실현이 된 것이지요.

동남아에서 유명한 일종의 격언을 하나 소개하겠습니다. "The grass suffers not only when the elephants fight each other, but also when they make love." 코끼리가 싸울 때뿐 아니라 코끼리들이 서로 사랑을 나눌 때에도 풀은 다친다. 이 말은 뭔 말이냐? 강대국들이 서로 싸워도 약소국은 다치고, 강대국들끼리 찰떡궁합이 되어도 약소국은 다친다는 것입니다. 닉슨이 중국과의 관계를 개선할 때 아무한테도 안 알렸어요. 키신저 회고록에 보시면 아주 재미있는 이야기가 나옵니다. 미국과 중국의 관계가 좋아지는 것을 주일 미국 대사가 몰랐다는 거예요. 주일 미국 대사가 이발소에서 이발을 하다가 닉슨 대통령이 중국을 방문한다는 멘트를 라디오로 들었는데, 누가 장난치는 줄 알았대요. 그러니 일본 정부가 발칵 뒤집어졌습니다. 한국 정부도 그때 발칵 뒤집어졌잖아요. 그 뒤에 닉슨독트린이 나오죠. 아시아의 방위는 아시아인들이 스스로 하라. 그래서 주한미군 2개 사단인가가 철수했어요. 동맹국과도 전혀 상의를 안하고 강대국들끼리 타산이 맞아서 딱 붙어먹으니까 다른 나라들은 완전히 뒤집어진 것이죠. 그러니까 강대국들이 너무 붙어도 우리같이 힘이 약한 나라는 중간에서 당해요.

강대국들이 서로 싸우지 않아야 되고, 강대국들이 서로 찰떡궁합이 되어서도 안 되고, 그러면 우리는 어떻게 해야 되겠습니까? 외교를 잘 해야 돼요? 강대국들 사이에서 외교를 잘 하는 것도 한계가 있죠. 결국 대화의 자리에 같이 앉을 수 있어야 돼요. 약소국들도 강대국들의 대화 상대가 되어야 합니다. 동아시아공동체가 그래서 필요한 겁니다. 모두들 동아시아공동체 속으로 들어가면 우리의 입장이 훨씬 나아지게 됩니다. 왜 그럴까요? 다른 멤버들과 함께 행동해야 하고, 공동체에 통용되는 규칙이 있으니까 강대국들도 함부로 행동하지 못하게 되는 것입니다. 물론 강대국이 동아시아공동체의 리더 역할을 하게 되겠지만 행동의 제약을 많이 받게 될 것입니다. 그래서 우리의 궁극적인 외교 목표는 동아시아공동체와 동북아안보협력대화라고 대통령님께서 많이 강조하셨습니다. 동아시아공동체를 만들고, 6자회담을 궁극적으로 동북아안보협력대화로 만들어야 된다. 유럽의 NATO 같은 것을 만들어야 된다. 이렇게 말씀하셨습니다.

제가 『김대중 자서전』에 실린 말씀을 좀 옮기겠습니다. 2003년 12월에 서울에서 개최된 동아시아포럼 창립총회에서 하신 말씀인데, 김대통령의 동아시아공동체에 대한 꿈이 굉장히 이상적인 모습으로 그려져 있습니다. "동아시아에는 지금 21세기 미래에 대한 희망의 무지개가 떠오르고 있습니다. 우리는 평화롭고, 풍요롭고, 약자를 위한 정의가 실현되는 동아시아의 도래에 대한 희망을 가지고 있습니다. 동아시아 공동체의 실현이 바람직합니다. 우리는 할 수 있습니다."[32] 이렇게 굉장히 긍정적인 비전을 말씀하셨어요. 다음으로 2004년 12월에 쿠알라룸푸르에서 개최된 동아시아포럼 2차 회의 때 하타 스토무(羽田孜) 일본총리의 연설 중 일부를 소개하겠습니다. 이 연설에는 김 대통령님께서 동아시아공동체 구상을 어떻게 이끌어 오셨는지가 잘 나타나 있습니다. "동아시아정상회의 구상은 이 자리에 참석하신 김대중 전 대통령이 제창한 것입니다. 또한 동아시아자유무역지대 구상 역시 김 전 대통령의 이니셔티브로 시작되었습니다. 김 전 대통령은 동아시아비전그룹과 동아시아연구그룹을 제안하였고, 작년 서울에서 동아시아포럼 창립총회를 주재국으로서 성공적으로 이끌었습니다. 동아시아공동체를 만들어 가는 데 큰 공헌을 한 김 전 대통령의 구상과 선견지명에 거듭 경의를 표합니다."[33]

동아시아정상회담을 피크로 해서 최근에는 동아시아자유무역지대 협상이 진행되고 있습니다. 모두 김대중 대통령님께서 이니셔티브를 취하고 주도면밀하게 추진하신 것들입니다. 대통령님의 외교에 대한 식견, 외교술, 능력 같은 것들이 잘 나타난 케이스라고 봅니다. 이 문제에 대해서는 좀 더 학문적인 연구가 필요한 분야가 아닌가 생각하고 있습니다.

청와대 홈페이지에 단편적으로 소개되어 있는 내용도 하나 옮겨 보겠는데요, 1999년 11월에 필리핀에서 아세안+3 회의가 열렸는데 김 대통령이 그곳 동포들과의 간담회에 참석하셔서 이런 말씀을 하십니

32 [편집자] 김대중 저·신길순 편, 『김대중 자선전 2』(서울: 삼인, 2010), 156쪽.
33 [편집자] 위의 책, 156쪽.

다. "아세안 회의에서 과거와 다른 획기적인 진전이 있었다. 아세안 국가들은 그동안 동북아에 거리감을 갖고 있었다. 그러나 이제 동남아냐 동북아냐의 문제가 아니라 동아시아 전체를 생각하는 기류가 생겼다." 이 말씀이 굉장히 중요한 말씀입니다. 외교관들도 그렇고 기업인들도 그렇고 국민 대다수가 동북아와 동남아를 따로 생각하고 있어요. 동남아에서 무슨 일이 생겨도 우리하고는 관계없다고 생각하게 돼요. 그런데 김대중 대통령은 이미 1999년에 동남아와 동북아가 둘이 아니라 하나다. 이런 비전을 가지고 계셨어요.

다음으로, 2001년 11월 아세안+3 정상회의 참석을 위해 브루나이로 출국하실 때 하신 말씀을 살펴보겠습니다. "저는 이번 회의에서 한국이 주도적으로 작성한 동아시아비전그룹보고서를 중심으로 동아시아포럼과 동아시아정상회의 그리고 동아시아자유무역지대의 창설을 제안할 예정입니다." 이렇게 말씀하시고 가셨는데, 오늘날 이 말씀이 모두 그대로 실현이 됐습니다. 동아시아포럼이 2003년에 결성됐죠. 동아시아정상회의는 2005년 시작되어서 지금도 매년 열리고 있습니다. 이제는 미국이 자기들만 외톨이가 될까봐 동아시아정상회의에도 참석을 하고 있어요. 미국은 동아시아 국가가 아니죠? 그런데 자기나라도 아시아·태평양 국가라고 우겨서 들어왔어요. 김 대통령께서 이때 제기하신 동아시아자유무역지대는 '역내포괄적경제동반자협정'이라고 해서 협상이 진행되고 있어요. 아세안 10개국에다 한·중·일, 인도, 뉴질랜드, 호주까지 16개국이 참여하고 있어요. 모두 김대중 대통령님이 오래 전에 제안하신 내용들입니다.

아세안과 중국

대통령님의 외교의 큰 틀이 어떠했는지 좀 살펴봤는데요, 두 번째 말씀드릴 것은 아세안과 미·중·일입니다. 미국, 중국, 일본이 동아시아에서 가장 힘을 가진 나라들이죠. 2012년 11월에 오바마 대통령이 재선되자마자 미얀마를 가셨습니다. 역사상 처음으로 미국 대통령이 직접 미얀마를 방문했어요. 물론 테인 세인(Thein Sein) 미얀마 대통령도 만나셨고, 아웅산 수치(Aung Sang Suu Kyi) 여사와도 역사적인 회담을 하셨습니다. 일본의 아베 수상도 2013년 5월에 미얀마를 방문했습니다. 당시까지 일본에 갚아야 할 미얀마의 부채가 2,000억 엔이에요. 아베 수상이 이 빚을 그냥 탕감해줘 버렸어요. 거기다 910억 엔의 개발원조를 약속했는데, 이 중에 무상원조가 400억 엔입니다. 왜 그렇게 했겠습니까? 그만큼 거기서 얻을 게 많이 있기 때문에 도와주는 것 아니겠어요?

시진핑 중국 주석은 2013년 10월에 APEC 비공식 정상회의 참석차 인도네시아에 갔습니다. 인도네시아는 중국에 대해서 적대감이 많은 나라예요. 옛날에 중국 공산당이 인도네시아에 사는 화교들을 사주해서 정권을 전복하려고 했어요. 그리고 폭동이 일어나서 인도네시아 사람들이 화교들을 많이 죽였어요. 또, 중국계가 소수인데 경제를 장악하고 있습니다. 그런데 시진핑 주석이 가서 처음으로 인도네시아 국회에서 연설을 했어요. 또, 유도요노(Susilo Bambang Yudhoyono) 인도네시아 대통령과 정상회담을 했는데, 아시아인프라투자은행을 설립하자고 제안하면서 500억 달러 규모의 펀드를 중국이 조성하겠다고 했어요.[34]

34 [편집자] 아시아인프라투자은행(Asian Infrastructure Investment Bank, AIIB)

이밖에도 중국이 동남아에 돈을 엄청나게 쏟아 부었어요.

지금 동아시아 강대국인 미·중·일이 아세안에게 엄청난 구애를 하고 있습니다. 중국은 1990년대 초반까지는 지역외교 개념이 없었어요. 외교를 그냥 양자관계 차원에서 했지, 지역협력체에 전혀 참여하지 않았습니다. 그런데 1990년대 초에 소련이 해체되고 동서냉전이 끝나버렸잖아요. 그 뒤로 국제정세가 완전히 바뀌면서 미국을 중심으로 단극체제(unipolar system)가 형성되었습니다. 그러니까 이대로는 안 되겠다면서 학자들이 미소외교(smile diplomacy)를 주장하고 중국 정부도 적극적으로 지역외교에 참여하기 시작합니다. 그래서 아세안과 '대화관계(dialogue partnership)'를 맺고, 정치적 관계를 강화하려고 했어요. 일본은 이런 것을 1970년대에 했는데 중국은 1990년대 중반에 합니다.

또, ARF(ASEAN Regional Forum)라는 지역안보대화협력체가 있어요. 강제력은 없어요. 나토(NATO)같이 군대가 있는 것은 아닌데, 유일한 안보대화체이고 북한도 참가합니다. 앞에서 말씀을 못 드렸는데, 김대중 대통령님이 아세안+3 회의에서 북한도 ARF에 참여했으면 좋겠다고 하셨어요. 그래서 북한이 2000년에 가입하게 되었습니다. 중국은 ARF에도 가입해서 지역안보 차원의 협력에도 적극적으로 나서는 등 대대적인 대동남아, 대아세안외교를 펼칩니다.

중국이 돈도 엄청나게 쓰고 있습니다. 돈 쓰는 내용은 뒤에 다시 말

은 2015년 내에 운영을 시작할 예정이다. 이 은행은 미국, 일본 등이 주도하는 세계은행(World Bank)과 아시아개발은행(Asian Development Bank, ADB) 등의 국제금융기구에 대항하기 위해 중국이 주도하여 설립하였다.

씀을 드리겠습니다만, 여기에는 두 가지 이유가 있어요. 하나는 중국위협(China threat)이라는, 동남아시아 국가들의 두려움을 누그러뜨리려는 것입니다. 앞에서 말씀드렸지만, 동남아는 중국의 공산주의 세력 확장 때문에 냉전시대 내내 고통을 받았어요. 그래서 항상 중국에 대한 의구심이 있습니다. 약소국은 다들 그런 의구심이 있잖아요. 미소외교라고 아주 대대적으로 유화책을 펼치는 겁니다. 남중국해에서 영토문제로 지금도 중국이 동남아 국가들하고 가끔 싸우고 있죠? 그 문제에 관해서도 시진핑 주석은 비교적 유화책을 쓰고 있어요. 평화적으로 하자고 실무대화를 가지고 있습니다. 2010년에는 이게 크게 터졌었죠. 그래서 ARF회의 때 중국이 아주 세게 나갔어요. 남중국해가 중국의 핵심이익이라고 했습니다. 핵심이익이라는 것은 중국이 도저히 양보할 수 없다는 의미예요. 다오위다오, 타이완, 티베트 문제 같은 것들을 핵심이익이라고 하는데, 남중국해도 핵심이익이라고 그때 처음으로 펑 터트렸어요. 그래서 2010년부터 시진핑 체제가 출범하기 전까지 굉장히 긴장관계였습니다. 특히 필리핀, 베트남하고 아주 많이 싸웠죠. 실제로 군함끼리의 충돌도 있었어요. 그런데 지금은 다시 유화책을 쓰고 있습니다.

시진핑 주석이 인도네시아에서 귀국한 뒤에 역내포괄적경제동반자협정(RCEF) 추진에 박차를 가하기 시작했어요. 이게 바로 동아시아자유무역지대 구상과 같은 내용입니다. 이것을 중국과 아세안이 주도해서 추진하고 있어요. 그리고 앞에서 말씀드렸지만 500억 불의 펀드를 중국이 제공해서 아시아인프라투자은행을 만들겠다고 하고 있습니다. 동남아가 아직도 인프라가 완벽하지 않거든요. 그 인프라를 자기들이 은행 만들어서 같이 구축하자는 것이죠. 물론 공짜로 해주는 건 아니고, 경제적 침투의 의도가 있는 것이고. 그다음에, 베트남하고는 아까 말씀드린 남중국해 문제로 다투고 있었는데, 유화책으로 '중국-베트남 해상개발 협상공작팀'을 만들어서 해양개발을 같이 하는 방안에 대해서 실무적으로 논의를 하기로 했습니다. 또 남중국해 자원 공동개발에 관한 합의도 했습니다. 이렇게 중국이 대대적인 유화책을 쓰고 있습니다.

동남아시아 국가들은 중국하고의 경제협력은 하겠다는 입장입니다. 그렇지만 남중국해 영토문제나 역사문제 같은 것들 때문에 동남아시아 사람들은 항상 중국에 대한 의구심을 가지고 있어요. 그리고 중국 눈치를 굉장히 봅니다. 중국이 어떻게 하느냐가 아세안 가입국들이 정책을 결정하는 데 영향을 많이 미쳐요. 제가 말레이시아에 있을 때 천안함 사건이 났습니다. 그래서 정부에서 지시가 왔어요. 말레이시아가 북한을 비난하는 성명을 발표하게 하라. 그래서 제가 외무성에 가서 얘기를 하는데 반응이 시원치 않아요. 본국에서 지시가 강하게 오니까 몇 번을 갔죠. 제가 그러면서 비애를 느꼈습니다. 제가 가면 다음에 북한 대사가 오고, 제가 먼저 누구를 만나면 또 북한 대사가 만나요. 생각해 보십시오. 말레이시아 정부는 가만히 있는데, 하루에 남북한 대사가 같이 가는 경우도 있고, 남한 대사가 먼저 만나면 북한 대사가 밖에 앉아 있다가 만나고 말이죠. 서로 외교전을 하는 거죠. 국제적으로 정당성을 인정받아야 되니까요. 그런데 외무성 사람들이 거의 이야기가 없더니 마지막에 중국의 입장이 긍정적이지 않다고 하는 거예요. 당신들이 주장하는 바를 중국이 지지하지 않고 있다. 그런데 우리가 어떻게 당신들 입장을 대변하는 성명을 발표하겠냐? 이렇게 나와요. 이렇게 동남아시아 국가들이 중국 눈치를 많이 봅니다.

이웃해 있기 때문에 눈치를 더 많이 보는 것입니다. 미국은 한참 떨어져 있잖아요. 인접국가가 강대국이라는 것이 얼마나 골치 아픈 일인지 몰라요. 2000년 이후 중국이 인도차이나반도에 엄청나게 경제적 진출을 했습니다. '19억 경제권 만들기'라는 것이 중국에서 나온 구호예요. 자기들 13억 명 더하기 아세안 6억 명, 아세안을 자기들 경제권에 편입시키겠다는 정책이에요. 그래서 대대적인 캠페인을 벌였어요. 미국은 이라크, 아프가니스탄 문제 때문에 동남아를 거의 방임하는 상태였어요. 중국이 아무리 이렇게 해도 미국이 뭘 할 수가 없었어요. 부시 대통령 때는 그냥 방치상태였죠. 일본도 소극적으로는 대응을 했지만 적극적으로 못 했어요.

중국은 2000년대에 동남아 진출을 위해 엄청난 노력을 했습니다. 대표적으로 원 엑세스 투 코리더스(one access two corridors)라는 정책이 있습니다. 원 엑세스는 중국 윈난성에서 싱가포르까지 도로와 철도를 연결하는 그런 플랜인데 거의 완공이 됐어요. 라오스 구간만 완성이 되면 중국 윈난성부터 도로가 연결됩니다. 메콩강이 4,000km나 되는 긴 강인데 중국의 윈난성을 거쳐서 동남아 5개국을 흐릅니다. 이 메콩강을 끼고 있는 나라들하고 철도, 도로를 남북으로 연결하는 공사를 엄청나게 했습니다. 그래서 이 지역을 거의 다 연결해 놨어요. 또 미얀마 항구에서 윈난성까지 파이프를 묻어서 개통이 됐습니다. 중국이 중동에서 오일이나 가스를 수입하잖아요? 그러면 이제 말라카 해협을 안 거쳐요. 거기는 지금 사실상 미국이 꽉 잡고 있거든요. 미국이 거기다 항공모함을 상주시키고 있잖아요. 그래서 미얀마 항구에서 윈난성까지 파이프를 묻어서 가스하고 오일을 말라카 해협을 안 거치고 중국으로 끌어와요. 그리고 중국 광시자치구에서 베트남으로 뚫은 도로도 있고,

태국으로 뚫은 도로도 있습니다.

일본은 중국의 경제적 진출에 어떻게 대응하느냐? 남북 연결망은 중국이 선점을 했으니까 베트남에서 라오스, 태국으로 연결하는 동서회랑(East-West Corridor)을 만들려고 하고 있어요. 횡적으로 인도까지 연결하려는 그런 프로젝트를 추진하고 있습니다. 경제적으로는 중국하고 일본의 싸움이에요. 미국은 그럴 만한 돈이 없어요.

아세안과 미국

미국은 2000년대에 이 지역에서 중국이 영향력을 강화하는 것을 방임했는데, 오바마가 피봇 투 아시아(pivot to Asia)라고 하는 아시아 재개입 정책으로 돌아왔어요. 그래서 힐러리 클린턴이 2009년에 국무장관으로 취임하자마자 아시아 각국을 순방했습니다. 미국 국무장관이 동남아시아 국가를 서둘러 방문하는 일이 없었어요. 대개 중동에 먼저 가거나 구리파에 먼저 가죠. 그런데 일본에 갔다가 인도네시아로 갔어요. 미국은 동아시아에 자기를 뺀 지역협력체가 생기는 걸 굉장히 싫어했어요. 오바마 정부에서는 도저히 막을 수가 없으니까 미국이 직접 동아시아 지역협력체에 발을 들여놓았습니다. 그래서 동아시아정상회의에 미국 대통령이 참석해요. 그리고 환태평양경제동반자협정(Trans-Pacific Partnership, TPP)도 추진하고 있죠.

미국이 또 하나 하고 있는 것이 동남아와의 안보협력을 통해 억지력을 가지게 해 주는 것입니다. 좋은 말로는 억지력이지만 중국은 자기를 포위하는 정책이라고 주장합니다. 중국이 재미있는 표현을 사용하고 있는데, 바다에 있는 게가 집게발 두 개를 가지고 있지 않습니까? 영어로 집게발을 크로우즈(claws)라고 합니다. 그래서 중국은 미국이 투 크로우즈(two claws) 정책을 쓴다고 그럽니다. 이것이 무슨 말인가 하면, 위에는 한국, 일본과의 동맹, 밑에는 호주와의 동맹을 통해서 미국이 중국을 꽉 잡으려고 한다는 것입니다. 동남아시아에서는 중국이 영토 문제로 필리핀, 베트남과 관계가 안 좋기 때문에 미국과 일본이 적극적으로 두 나라와의 관계를 강화하려고 열심히 노력하고 있죠. 또, 미얀마와 관계 개선을 한 것은 아주 획기적이에요.

그렇지만 2013년 10월에 미국 정부가 셧다운(shut down)되고 시리아 사태가 악화되고 하니까 오바마가 동남아시아 순방 계획을 취소해 버렸습니다. 또, 동남아시아 사람들이 느끼는 미국의 경제적인 가치도 떨어지고 있습니다. 중국은 투자, 교역 등 모든 부문에서 1위입니다. 미국도 과거에는 일본과 1위를 다퉜죠. 그런데 지금은 많이 뒤쳐졌어요. 그러니까 아세안을 비롯한 동남아 사람들은 미국이 아무리 동남아시아를 중시한다고 말을 해도 자기네들이 급하면 챙겨주지 않는다고 생각하고 항상 미국의 의지에 대해서 좀 회의적이에요.

아세안과 일본

일본도 1990년대와 2000년대에는 아주 수세적이었어요. 우선, 일본경제의 잃어버린 20년이라는 것이 영향을 주었습니다. 일본경제가 디플레이션 상태인데다 미국도 반대했기 때문에 일본이 적극적으로 아세안과의 관계를 강화할 수 없었습니다. 그런데 아베 신조 총리는 2012년 12월에 취임을 한 뒤, 2013년에만 동남아를 다섯 번 갑니다. 2013년 12월에는 도쿄에서 일·아세안 특별정상회의를 해요. 우리도 2014

년에 한·아세안 특별정상회의를 합니다만, 일본이 동남아시아에 강하게 대쉬를 하고 있어요. 아베 총리가 미얀마에 가서도 돈을 팍팍 썼죠. 아베노믹스는 세 개의 화살(three arrows)이 있다고 이야기 합니다. 첫째는 무차별 양적 완화, 중앙은행이 돈을 풀게 하는 것입니다. 둘째는 재정정책으로, 정부 재정지출을 확대하는 것입니다. 셋째는 신성장전략으로, 규제완화 등의 방법으로 민간기업들이 투자하기 쉬운 여건 및 환경을 조성하는 것입니다. 그런데 아베 총리와 장관들이 동남아에 가서 그 지역이 세 번째 화살을 쏠 대상이라고 했습니다. 동남아시아와 그만큼 적극적으로 경제협력을 할 것이라고 했어요.

동남아시아에는 프로덕션 네트워크라는 것이 있어요. 예를 들면 태국 자동차의 80% 이상이 일제거든요. 태국에 온갖 일본 자동차회사들이 나가 있는데 부품은 주변국가에서 생산한 것들이에요. 나라별로 다른 부품들을 생산해서 그것을 조립해서 자동차를 만드는 생산시스템이 있습니다. 일본 제조업의 전초기지가 이미 동남아에 있기 때문에 일본이 앞으로 동남아시아에 투자를 더 많이 하고 경제협력도 강화해서 아프리카, 중동으로 진출하는 기지로 삼겠다. 이렇게 이야기하고 있어요. 아베가 가서 직접 한 이야기예요. 당신들이 2020년까지 인프라를 현대화하려면 8조 달러가 필요하다. 그러니 일본이 적극적으로 협력하겠다. 이런 이야기를 하고 다녔어요.

중국과 다투고 있는 필리핀, 베트남과의 안보협력에도 일본은 적극적입니다. 필리핀에는 해양경비정 10척을 주고 베트남에는 군사용 선박도 준다는 식입니다. 그러나 전체적으로 보면 중국의 정치·경제적 진출에 대해 미국은 안보 측면에서, 일본은 경제 측면에서 대응하고 있는 형국입니다. 일종의 역할분담을 하고 있습니다.

아세안의 정치적, 경제적 중요성

세 번째로는 아세안의 중요성에 대해 몇 가지 범주로 나누어서 말씀드리겠습니다. 먼저, 아세안은 모든 동아시아 지역협력체의 중심에 있습니다. 아세안 10개국이 중심이 되고, 아세안+3은 여기에 한국, 중국, 일본이 합쳐진 것입니다. 지역적 개념으로 보면 아세안+3이 동아시아라고 봐야 되겠지요. 그런데 동아시아 나라들만 뭉치는 것을 가만 놔두질 않습니다. 그래서 동아시아정상회의(EAS)에는 뉴질랜드, 호주, 인도에다가 미국, 러시아까지 가입을 했어요. 그래서 완전히 잡탕이 되어 버렸어요. 아세안의 잠재력이 크기 때문에 모든 나라들이 달려드는 것이지요. 특히 미국은 지금 굉장히 적극적이죠. 자기들만 외톨이가 되면 아세안의 잠재력을 활용할 기회를 놓치는 것이기도 하고, 동아시아에 대한 레버리지(leverage)가 없어지거든요. 다음으로, 유일한 지역안보대화체인 ARF(ASEAN Regional Forum)가 있어요. 여기에는 유럽연합도 들어와 있고, 서남아 국가들에다 북한도 들어와 있죠. 또, APEC에도 아세안이 참여하고 있습니다. 그래서 아세안이 동아시아의 모든 지역협력 논의에서 중심 위치를 차지하고 있습니다. 그만큼 지정학적으로 중요해요.

아세안의 경제적인 잠재력이 얼마나 큰지도 살펴보겠습니다. 경제규모 면에서 이미 2012년에 GDP가 2조 3,000억 불이 됐어요. 이게 2017년까지 1조 5,000억 달러나 늘어날 것으로 예측되고 있어요. 우리나라 GDP가 아직 1조 5,000억 달러가 안돼요. 그러니까 우리나라 GDP 만큼 5년 만에 증가하는 거죠. 그래서 2017년에는 아세안의 GDP가 3조 8,000억 달러가 될 것으로 보고 있습니다. 이 정도면 독일에 조금 못 미치는 수준까지 경제규모가 커지는 거예요. 세계경제의 규모를 보면, 2012년 미국 GDP가 15조 달러 정도가 됩니다. 중국이 그 반이에요. 중국경제가 얼마나 급격하게 성장하느냐면, GDP 기준으로 10년 전에는 미국의 8분의 1밖에 안됐어요. 이런 정도면 중국이 머지않아 경제규모 면에서는 미국을 따라잡는다는 예상이 가능합니다. 아세안도 중국처럼 급격하게 성장하고 있는데 우리는 잘 모르고 있잖아요.

인구도 2012년에서 2017년 사이에 우리나라 인구만큼 증가할 것으로 예상됩니다. 약 4,700만 명이 는다는 것입니다. 인구가 가장 많은 인도네시아가 2억 5,000만 명 정도 되지요. 해변국가들은 산아제한을 안 해요. 제가 있던 말레이시아도 해변국인데 애들을 많이 낳습니다. 그래서 인구구조가 굉장히 젊어요. 60% 이상이 25세 이하예요. 그러니까 경제적으로 얼마나 큰 성장동력이 되겠습니까. 아세안 1인당 GDP도 2012년에 3,700 달러 수준이었는데 2017년에는 약 5,700 달러로 예상되니까 완전히 중진국 수준이 되는 것이죠. 중진국 중에서도 상당히 높은 클래스입니다. 중국이 2012년에 6,000 달러 정도였고 우리라나가 올림픽 했을 때 5,000 달러 수준이었어요. 이것만 보셔도 아세안의 경제적인 잠재력이 얼마나 큰지 금방 아실 수 있으실 것입니다.

한 · 아세안 관계 현황과 대아세안 외교 강화의 필요성

네 번째로, 한·아세안관계에 대한 통계수치들을 말씀을 드리겠습니다. 우선, 모든 면에서 중국 다음으로 경제관계가 긴밀한 지역이 아세안입니다. 무역액을 보자면, 한중 무역이 압도적으로 1위입니다. 총 교역액의 약 20%가 되고요. 그다음으로 아세안이 12% 정도입니다. 많은 분들이 아직도 우리나라 무역상대국으로 미국, 일본을 떠올리실 거예요. 그런데 이미 아세안이 2위예요. 우리가 투자하는 규모를 보자면, 이미 2012년에 대중국 투자를 넘어서 대아세안 투자가 43억 불로 1위가 됐어요. 그리고 우리나라 국민들이 제일 많이 가는 방문 대상지도 아세안지역이고, 우리가 건설 수주를 두 번째로 많이 하는 지역이 아세안이에요. 중동에 이어서 두 번째로 건설 수주를 많이 하고 있습니다. 우리의 최대 방위산업 수출시장도 아세안입니다. 우리가 유일하게 잠수함, 훈련기 팔아먹은 곳이 인도네시아입니다.

이런데도 아세안이 우리와 얼마나 깊은 관계를 가지고 있는지에 대한 인식이 없었어요. 왜냐? 아세안을 통째로 보지 않기 때문입니다. 인도네시아, 말레이시아, 베트남 따로따로 생각하지 이걸 전체로 보는 인식이 없으시기 때문에 아직도 우리나라 분들이 아세안과 우리의 관계가 얼마나 긴밀한지를 느끼지 못하는 것이지요. 제가 말씀드린 통계수치를 통해서 아세안의 중요성을 쉽게 아실 수 있으셨을 겁니다.

서두에도 말씀드렸는데, 아세안은 이제 우리와 정치·안보 면에서나 경제와 문화 측면에서나 명실상부한 중요 파트너가 됐습니다. 그래서 우리 외교도 늘 4강 이야기만 하지말고 5강외교를 생각해야 합니다. 아세안을 우리의 아주 친한 친구이자 파트너로 만들어야 합니다. 이런 새로운 생각을 가지시기를 간절히 바랍니다. 사실 박근혜 정부 들어와서도 상당히 변화가 있습니다. 박근혜 대통령께서 취임 6개월 이내에 베트남에 가셨고 2013년 10월에 인도네시아를 방문하시고 해서 아세안 국가들에 대한 우리나라 외교가 조금 업그레이드가 되고 있는 상황입니다. 여러분들께서도 아세안에 대한 새로운 인식을 가져주시기를 부탁드립니다.

제7장

한·EU외교

라종일 | 한양대 석좌교수, 전 주영대사

김대중의 EU외교에 관한 강의를 부탁받고 참 잘됐다고 생각했어요. 이것은 제가 조금 아는 분야입니다. 제가 유럽연구에 관심을 가지고 유럽학회를 처음 만들었어요. 김대중 대통령은 다른 대통령들과는 조금 다른 것이, 제가 아는 대통령들 중에서 가장 지적인 사고를 하는 분이었어요. 그러니까 대유럽외교의 근본에 이 지적인 사고가 있었을 거예요. 지적인 대화를 하고 싶으셔서 저 같은 사람과 대화하기를 즐기셨어요. 두 시간, 세 시간씩 이야기를 계속 하시는 일도 있었어요. 그런 정치인은 별로 못 봤어요. 김대중 대통령은 그런 면이 특이했어요. 김대중의 외교에 대해 몇 년도에 무엇을 했다는 식으로 이야기하기는 쉬워요. 그런데 유럽과 근대 같은 것에 대한 생각을 좀 하고 김대중의 외교를 보는 게 좋지 않을까하는 생각입니다.

유럽은 근대성의 모태

유럽이 매우 중요한 것은 근대성(modernity)이 시작된 곳이기 때문입니다. 전 세계에 모더니티를 줬어요. 근대성이라는 독특한 메시지를 온 세계에 전파했어요. 근대성의 가장 중요한 일면이 근대국가예요. 근대국가라는 게 영토, 국민, 주권으로 구성되어 있다고 배우셨을 겁니다. 그런데 근대국가가 정치적인 틀의 중심이 된 건 얼마 안됩니다. 유럽에서도 웨스트팔리아 조약 이후니까 300년 정도입니다.[35] 근대국가가 세계로 퍼진 건 그야말로 얼마 안 돼요. 우리나라 사람들이 국가, 근대국가, 국민, 민족애 같은 인식을 갖기 시작한 것은 19세기 말에서 20세기 초에 열강에게 시달림을 받으면서, 특히 일본의 침략을 받으면서가 아닌가 생각합니다.

근대국가의 특징이 뭔가? 폭력을 전유합니다. 근대국가의 테두리 내에서는 원칙적으로 국가만이 폭력을 사용할 수 있어요. 누가 때때로 폭력을 행사하는 것은 예외적인 것으로 생각을 해야 하고, 원칙적으로 폭력을 합법적으로 행사할 수 있는 것은 국가입니다. 국가는 사람을 죽일 권리도 있어요. 원래 사람은 죽이면 안 되는데 국가는 사람을 죽여도 돼요. 살인을 해도 국가가 하는 살인은 합법적입니다. 법적인 절차를 거쳐 사형을 시킬 수도 있고 선전포고를 한 뒤 상대나라의 군인을 죽여

35 [편집자] 웨스트팔리아 조약(Treaty of Westphalia)은 베스트팔렌 조약(Peace of Westfalen)이라고도 불린다. 독일지역의 30년전쟁을 끝내기 위해 1648년에 체결된 평화조약이다. 이 조약으로 제후들에게 완전한 영토적 주권과 통치권이 부여되어 신성로마제국은 사실상 붕괴되었다. 그러므로 주권국가들로 구성된 근대 유럽이 탄생하는 계기였다는 평가를 받고 있다.

도 돼요. 근대국가 이전에는 힘만 있으면 살인을 해도 됐어요. 살인을 해도 처벌을 할 수 있는 공권력 같은 게 없거나 부족했어요. 그러니까 개인적으로 복수를 했어요. 그런데 근대국가에서는 이런 것이 불가능해요.

옛날에는 승려도 군대를 갖고 있었어요. 교회도 군대를 갖고 있었고, 유력한 영주들도 자체의 무력을 갖고 있었습니다. 외국하고 전쟁이 나는 경우에는 각기 자기 무기를 가지고 그 전쟁에 참여했습니다. 전쟁에 나가면 살인을 해야 하죠. 그런데 살인 허가를 누가 해줍니까? 왕이 해주는 게 아니에요. 승려가 해줘요. 관면이라고 부르는 라이선스가 있어서 가톨릭에서 금하는 것을 할 수 있었어요. 저도 가톨릭인데 김대중 대통령 덕택에 대사도 해 봤습니다. 대사를 할 때 일요일마다 우리나라 교민들이 모이는 개신교 교회를 찾아다녔어요. 교회를 가면 우리나라 교민들 중에 어려운 분들하고 이야기를 할 수 있어요. 첫 번째 일요일에는 천주교회에 가서 미사를 드렸어요. 그리고 신부님한테 "제가 대사직을 잘 수행하기 위해서 개신교 교회를 찾아다녀야 하는데 이단교회를 찾아다닐 수 있도록 관면을 주십시오"라고 부탁을 했어요. 물론 좀 '웃긴다'고 생각하면서 한 얘기입니다. 신부님도 웃으면서 허락을 해 주십디다. 그게 관면입니다. 옛날에 전쟁에 나가려면 제일 먼저 교회를 가요. 그리고 신부님한테 "전쟁에 나가서 사람을 죽여야 합니다. 허락을 해 주십시오"라고 하는 겁니다. 십계명은 "살인하지 말라"고 했는데 전쟁터에 가서 사람을 죽입니다. 죽이고 남의 물건도 훔치고 뺏고 그럴 겁니다. 그리고 살아서 돌아오면 어디를 갑니까? 자기 집에 가는 게 아니라 성당부터 가야 해요. 성당에 가서 "사람을 10명 죽였습니다. 부녀자 폭행도 하고 남의 물건도 훔쳤습니다"라고 하면 신부님이 속죄를 해줘요. "내가 성부와 성자와 성신의 이름으로 너의 죄를 사한다"라고 합니다. 그런 식의 속죄 과정을 거쳐서 평화로운 시민으로 돌아오는 겁니다.

근대국가는 어떻게 합니까? 성당이 하던 일을 국가가 합니다. 국가가 선전포고를 하는 것은 살인허가를 주는 겁니다. 돌아온 다음에 평화조약을 맺으면 그걸로 시민으로 돌아오는 겁니다. 사람을 많이 죽이면 훈장도 줍니다. 아무튼 이 모더니티 때문에 문제가 생깁니다. 모더니티에는 모순이 있습니다. 그래서 '모더니티라는 것을 어떻게 극복하는가'라는 문제가 2차대전 이후 유럽에서 제기됩니다.

근대성의 모순

모더니티의 모순이 뭔가 하면, 근대국가라는 것이 국민의 안전을 보장하지 못한다는 것입니다. 근대국가는 국민의 재산과 안전을 보장해 주고 이를 바탕으로 산업, 예술, 문화가 융성하게 해 주었어요. 그런데 1차대전, 2차대전을 거치고 보니 '과연 국가가 국민을 보호하는가?'라는 의문이 생긴 거예요. 국민을 살벌한 전쟁터로 몰아넣는 게 국가라면 과연 국민의 자유와 권리를 보장해 준다고 할 수 있느냐는 것이지요. 국민의 안전을 보장하기 위해 전쟁을 한다면서 살인을 강요하고 살해당하는 걸 참으라고 하죠. 국가의 이름으로 목숨을 버릴 각오를 하라고 요구하고, 목숨을 버리면 국립묘지에다 묻어줘요. 또 일정한 명예를 부여합니다. 이것이 의미하는 것은 앞으로도 계속해서 죽어달라는 것입니다.

유럽 사람들이 우리들에게 처음 왔을 때 가르쳐준 메시지가 두 개 있어요. 하나는 모더니티이고 다른 하나는 기독교입니다. 모더니티는 근본적으로 인간해방의 메시지입니다. 인간이 주체가 돼서 환경과 역사를 극복하고 자유를 찾아야 한다는 인간해방의 메시지가 모더니티입니다. 모더니티 중에 하나가 근대국가예요. 그러니까 국가를 위해서 우리는 모두 죽을 각오를 하고, 자기를 희생할 각오를 하고 살았어요. 헤겔이 말하는 국가라는 것은 지상에 있어서 신의 행진입니다. 그러니까 사람이 실현할 수 있는 최고 이성의 단계가 근대국가라고 한 겁니다. 헤겔은 어려운 말로 표현했지만, 쉽게 말해서 사람이 생각할 수 있는 가장 훌륭한 정치조직이 근대국가이고, 그러니까 근대국가에 모두들 복종해야 한다는 얘기입니다. 그런데 이토 히로부미와 안중근처럼 근대국가와 근대국가 사이에 투쟁이 생길 때는 어떻게 하는가? 헤겔은 뭐라고 했습니까? 거기에는 심판자가 없어요. 정의와 정의의 싸움이다. 그리고 전쟁상태에 들어가서 이기는 나라가 훌륭한 나라라고 했어요. 전쟁이 좋다는 얘기가 아니라, 전쟁이라는 건 말하자면 일종의 질병인데 훌륭한 국가는 이 질병을 잘 이겨낼 수 있는 국가라는 얘깁니다. 결국 말은 고상하게 했지만 전쟁에서 이기는 국가가 훌륭한 국가라는 얘깁니다. 그러니까 미국은 훌륭한 국가예요. 일본 같은 나라는 형편없는 나라고. 우리나라도 별로 신통치 않아요. 국가가 전쟁을 할 수 있는 동원능력이나 전쟁에 대비할 수 있는 능력이 모자라는 국가인 것이죠.

우리나라의 경우는 참 특이해요. 유럽 사람들이 우리에게 가져다 준 모더니티와 기독교는 서로 충돌하는 메시지입니다. 기독교라는 건 근본적으로 인간이 아니라 인간으로서는 상상하기 힘든 초월자에게 의존해서 원죄로부터의 해방을 추구하는 겁니다. 근대성의 메시지라는 건

사람이 자기 능력으로 해방을 추구하는 거예요. 근대의 가장 대표적인 이데올로기가 공산주의입니다. 공산주의는 사람이 자기 힘으로 역사의 모순, 사회의 모순, 정당화되지 않는 권위, 이성적으로 이해할 수 없는 전통 같은 것들로부터의 해방을 추구하는 것입니다. 공산주의자보다 더 극단적인 모더니스트가 있다면 아마 무정부주의자겠지요. 그런데 현실에서는 그것이 불가능해요. 사람은 그렇게 완벽하지 않으니까. 그런데 기독교는 애당초 사람이 스스로 완성할 수 있다는 것을 부인해요. 하나님한테 의지하지 않으면 완성할 수가 없어요. 그러니까 갈릴레오, 코페르니쿠스 같은 사람들이 박해를 당하고 사형당하고 했던 것은 기독교와 모더니티의 충돌 때문입니다.

우리나라는 특이하게도 기독교와 근대성을 모두 받아들였어요. 세계가 모두 유럽에게 배웠어요. 그런데 일본 같은 나라는 모더니티는 받아들였는데 기독교는 안 받아들였어요. 중국도 마찬가지입니다. 필리핀 같은 나라는 기독교를 받아들였는데 모더니티는 아직 멀었어요. 그런데 우리나라는 특이하게 근대성도 받아들이고 기독교도 받아들였어요. 오히려 기독교가 근대화에 상승적인 역할을 했어요. 기독교와 근대성이 시너지를 일으켰어요.

근대국가의 모순 중 하나가 전쟁이죠. 전쟁이라는 게 그렇게 명예롭지도 않고 부정의하고 나쁜 거다. 국가의 명령으로 살인을 하라고 하는 것은 옳지 않다는 것을 근대국가가 시작되고 300년이 지나서야 구라파 사람들이 드디어 실감하기 시작했어요. 1차대전 때나 2차대전 때의 대량살상 같은 것을 경험하고 나서야 국가가 하는 일이 반드시 옳은 일이 아니라는 것을 깨달은 겁니다. 2차 대전이 끝난 다음에는 감히 국가를 위해서 목숨을 버리라는 소리를 못해요. 그런 소리를 할 수 있는 나라가 세상에 몇 안돼요. 우리 동포들이 사는 북한이 아직도 그런 소리를 해요. 국가가 아니라 국가하고 다를 바 없는 위대한 지도자를 위해서 목숨을 초개같이 버려야 한다는 말을 하고 있지요.

제가 최근에 낸 책을 읽어보셨어요?[36] 그 책은 아웅산 묘소 테러에 관해서 쓴 겁니다. 그런데 아웅산 테러 30주년을 기념해서 쓴 게 아닙니다. 30년 동안 아웅산 묘소 테러에 관한 우리나라의 내러티브는 하나도 안 변했어요. 북한의 만행이다. 우리의 아까운 인재들을 많이 잃었다. 그러니까 안보의식을 높여야 한다. 이 세 가지예요. 저는 거꾸로 썼어요. 테러범 강민철의 전기를 썼어요. 이 사람이 25년간 감옥에 있다가 2008년에 죽었어요. 그리고 아웅산 묘소 테러 사건이라는 건 북한이 어느 날 갑자기 만행을 저지른 게 아니라 광주민주항쟁 때 전두환 대통령이 무고한 시민을 학살했기 때문에 북한이 그에 대한 반응으로 테러를 한 거라고 썼어요. 그래서 욕도 많이 먹었어요.

전쟁기념관이라는 게 있죠. 어느 나라나 있어요. 전쟁기념관들이 전쟁을 기념하는 양태가 굉장히 달라요. 모스크바에 있는 전쟁기념관은 전쟁을 영웅적으로 묘사했어요. 입체적으로 전시를 해서 군인들이 영웅적으로 투쟁하고 있는 모습을 보여줍니다. 북한도 물론 그렇고 우리나라도 비슷해요. 일본의 야스쿠니에 가면 전쟁으로 그렇게 혼이 난 사람들이 아직도 전쟁을 영웅적인 모습으로 기념하고 있어요. 내가 그랬어요. "동경 한복판에 이런 전쟁기념관을 둔다는 것은 일본국민의 수치다." 사실 야스쿠니에 모셔 놓은 A급 전범들 때문에 일본이 미국과의 전쟁을 시작해서 우리나라가 빨리 해방됐으니까, 우리에게는 괜찮은

36 [편집자] 라종일, 『아웅산 테러리스트 강민철』 (파주: 창비, 2013).

면도 있습니다. 그런데 미국하고 싸움을 하는 통에 일본 국민들은 핵폭격을 두 번이나 당하고 동경대공습 같은 참사를 겪었는데 일본이 그런 식으로 전쟁을 기념하다니요. 정치라는 게 이렇게 역설 투성이입니다.

그런데 영국에 가면, 전쟁기념관에서 제일 눈길을 끄는 게 '새벽의 사형수'라고 하는 전시물이에요. 열일곱 살 먹은 소년이 전쟁이 재밌는 것인 줄 알았어요. 신나게 싸우고 막 총을 쏘고 그러는 것인 줄 알고는 1차대전이 일어나자 나이를 속여서 군대에 자원을 했어요. 그런데 첫 번째 전투에서 정신이 나갔어요. 포격을 심하게 받으면 정신이 나가요. 그래서 전장에서 달아나버렸어요. 군인이 전쟁 중에 도망치면 어떻게 됩니까? 적전 이탈로 사형이에요. 그래서 새벽에 손이 뒤로 묶이고 눈이 가려진 채 사형대에 서 있는 그 소년의 동상이 놓여 있어요. 전쟁기념관의 전시물이 전쟁이 정의로운지를 묻고 있는 겁니다. 미국의 한국전쟁 기념공원에도 맥아더 동상이나 무슨 영웅적인 장군상이 아니라 우비를 입은 군인들이 진흙바닥을 행진하는 모습의 기념비가 있어요. 일반병사들의 고통을 묘사한 겁니다. 이런 반성이 유럽연합이 시작된 기본적인 정신적 지형입니다. 이념적인 지형이라고 봐도 됩니다.

유럽에 대한 김대중의 지적 관심

서론이 너무 길었어요. 제가 원래 간단하게 한두 마디로 하면 될 이야기를 이렇게 길게 하면서 월급을 받고 살았습니다. 아무튼 김대중 대통령의 유럽에 대한 관심은 이런 거였어요. 김대중 대통령은 물론 시장경제를 주장하는 분이었지만 시장경제만 가지고는 안 된다는 생각을 늘 갖고 있었어요. 그러니까 미국처럼 직장의 유동성이 높은 나라, 망할 사람은 망하라는 식의 자본주의가 아니라 유럽식의 절충형 자본주의에 굉장히 많은 관심을 가지셨어요. 그래서 시장과 복지를 결합할 수 있는지 고민하셨고, 2차대전 이후 독일의 사회적 시장경제 실험 같은 것에 관심이 많으셨어요.[37] 대통령으로 재직하실 때 '생산적 복지'를 추구하셨는데, 이런 것을 보면 김 대통령의 유럽에 대한 관심은 외교적 차원을 넘어선 것이었다고 생각됩니다. 공산주의와 자본주의의 결함을 피할 수 있는 제3의 길이 있지 않겠는가? 이것이 앤서니 기든스(Anthony Giddens) 같은 이론가, 혹은 피터 만델슨(Peter B. Mandelson)이나 토니 블레어(Tony Blair) 같은 정치인들의 생각이었는데, 김 대통령도 그런 길을 모색해 보려고 하셨던 것 같습니다.

여하튼 20세기에 대한 시대적 반성 위에 지금의 현대유럽이 있다고 생각합니다. 20세기라는 것은 대량학살의 시대입니다. 소련의 정치적인 실험 같은 게 엄청난 희생을 낳았었지요. 스탈린이 숙청한 게 한 500만 명 정도이고, 나치스가 죽인 사람들이 600만 명이나 된다지요. 20세기 정치를 한마디로 규정한다면 정치의 과다라고 할 수 있어요. 요즘 어떤 정치인을 보려고 사람들이 모여들어서 열광적으로 박수를 치는 일이 있겠습니까? 선거 때 연설하려면 사람들 동원하고 별짓을 다

37 [편집자] 사회적 시장경제는 경제적 자유를 허용하는 시장경제의 원리와 사회적 형평의 원칙을 결합한 시스템이다. 시장경제가 가장 효율적이라는 점을 인정하고, 생산, 소비, 직업선택 등에 관련된 자유를 보장하지만, 시장경제의 기초가 되는 경쟁을 방치하면 승자에 의해 경쟁 자체가 위협받게 되는 등의 문제점들이 발생한다고 본다. 그러므로 시장의 폐해를 시정하기 위한 국가의 개입을 당연시한다. 서독은 사회적 시장경제 원칙에 따라 반독점, 중소기업 보호, 노동자 재산형성 등의 정책을 편 결과 경제성장과 복지 확충을 함께 이룰 수 있었다.

하죠. 그런데 유명한 축구선수나 배우가 나타나면 사람들이 열광해요.

한 번은 이런 일도 있었어요. 김대중 전 대통령께서 일본에 오셔서 공항에 마중을 나갔더니 여자 분들이 수백 명이 모여 있고 그 앞에 밧줄을 쳐 놓았어요. 그래서 "김대중 대통령을 환영하러 나왔나보다"라고 생각했는데, 그게 아니라 저는 이름도 모르는 한국 가수 한 사람이 온다고 환영하러 나온 거였습니다. 그래서 큰일 났다고 생각했지요. 보나마나 김대중 대통령은 자기를 환영하러 나온 줄 알고 거기서 연설하실 거니까요. 그래서 비행기 내리는 곳으로 가서 "대통령님, 공항에 사람들이 잔뜩 모여 있는데 대통령님을 환영하러 온 게 아니라 어떤 가수를 환영하러 왔답니다. 그러니까 그 앞에서 연설하지 마십시오"라고 했어요. 그러니까 알았다고 하시더라고요. 그런데 역시 정치인이라 사람들이 많이 모여 있는 곳을 그냥 지나가지 못하시더군요. 기어코 그 앞에 서 가지고 손 한 번 흔들고 "안녕하십니까?"하고 인사를 하시니까, 일본사람들이 참 예의바른 사람들이라 "안녕하십니까?" 그러고 "환영합니다"라고 하더라고요. 그래서 제가 "빨리 가십시다" 하고 얼른 모시고 나왔습니다.

그런데 20세기에는 그렇지 않았어요. 그때는 히틀러, 모택동, 스탈린, 무솔리니, 이런 사람들의 인기가 대단했어요. 이런 사람들이 지금의 풋볼선수나 보아 같은 가수의 인기를 누렸어요. 정치에 대한 과잉기대가 있었어요. 기대를 한 몸에 받으니까 위대한 지도자가 많이 나왔습니다. 스탈린, 모택동 같은 이들의 동상도 많이 세우고 했는데, 일반 국민들은 그 밑에서 죽어나요. 스탈린의 대숙청, 홀로코스트, 중국의 대약진운동 때 죽은 사람이 얼마나 많습니까? 대약진운동 당시 죽은 사람의 숫자를 두고 논쟁을 하는데, 공산당 쪽에서는 500만 명밖에 안된다고 하고 학자들은 4,000만, 4,500만이라고 주장해요. 모택동이 정치적인 실험을 하는 통에 굶어죽은 사람들이 그렇게 많아요. 그래서 무엇을 이루었나? 내가 가끔 그런 생각을 해요. 중국혁명을 통해서 무엇이 이루어졌나? 만일 국민당 정부가 승리했더라도 지금의 중국과 비슷하지 않을까 싶어요. 권위주의적인 정부에다 시장경제를 하고 부패가 만연하고… 그렇다면 결국 내전과 사회주의 실험을 통해서 이룩한 게 무엇인가? 과연 위대한 혁명적 성과가 이루어졌는지 의심스러워요. 뭐 중국이나 소련을 비판하려는 것이 아니라 그런 것이 20세기의 일반적인 현상이었다는 겁니다. 정치에 대한 과잉기대 때문에 위대한 지도자를 양산하는 반면에 일반 국민들은 엄청난 피해를 당해야 했다는 얘기예요.

대량학살은 미국도 빠질 수가 없어요. 히로시마, 나가사키에 원자폭탄을 투하하고 동경대공습 같은 걸 했어요. 전쟁 상황이니까 했다지만 그 대살상의 대상은 군인이 아니라 민간인이었어요. 미국이 일본을 공격하려고 만든 무기들 중 하나가 소이탄이라고 부르는 것입니다. 불을 지르는 폭탄을 썼어요. 일본 가옥들이 대개 목조건물이잖아요. 그래서 동경이 불바다가 된 겁니다. 그리고 매우 농축된 휘발유를 뿌리고 불을 질렀어요. 화상을 입은 사람들이 강물로 뛰어 들었는데 강도 불타고 있었대요. 거기다가 휘발유를 붓고 불을 질렀으니까요. 나치스나 스탈린하고 비교할 수는 없지만 미국도 민간인 대량학살을 했어요. 독일의 경우도 마찬가지입니다. 독일을 폭격할 때도 군인들이 아닌 민간인을 대상으로 대량폭격을 했어요.

이런 것에 대한 반동이 EU의 기반이고, 김대중의 EU외교에 대해 우리가 기본적으로 알아야 하는 지적인 면도 이것이라고 생각합니다. 2

차대전 이후에 구라파가 드디어 각성을 했습니다. 이제 전쟁은 절대로 하면 안 된다. 전쟁을 할 수도 없게 만들자는 것이 장 모네(Jean Monnet) 같은 사람들의 계획이었습니다.[38] 그래서 근대 민족국가의 정신적인 지주가 붕괴됐어요. 국가를 위해서 목숨을 바쳐라. 이런 것은 이제 안 먹혀요. 아프가니스탄, 이라크 같은 곳에서 전투에 투입된 군인들이 몇 백 명만 죽고 다쳐도 국민적인 저항에 부닥치죠. 1차대전 당시에 단 하루 동안 몇 만 명이 실상을 당하던 것과는 아주 대비가 되는 현상입니다.

유럽통합과 햇볕정책

그래서 2차대전 이후에 유럽의 통합이 진행되었는데, 그 첫 번째 원칙은 기능주의입니다. 기능주의라는 게 뭐냐 하면, 저위정치를 통해서 고위정치를 바꾸는 것입니다. 정치를 크게 두 가지로 나누어요. 하이폴리틱스(high politics)라고 하는 고위정치와 로우폴리틱스(low politics)라는 저위정치입니다. 고위정치라는 것은 군사, 안보, 패권 추구, 외교, 이런 것들입니다. 저위정치라는 건 뭐냐? 국민이 먹고 사는 문제인 경제문제, 식량문제, 사회복지문제, 의료혜택문제, 이런 것들이 저위정치의 문제들입니다. 구라파 정치의 중심은 고위정치에서 저위정치로 넘어간 상황입니다.

그러면 유럽에서 외교적인 영향력은 어떻게 행사되는가? 이것을 설

38 [편집자] 장 모네는 2차대전 이후 독일과 프랑스가 석탄·철강을 공동으로 관리한다는 슈만플랜을 성립시키는 데 크게 기여한 인물이다.

명하기 위해 탄생한 개념이 시빅 파워(civic power)입니다. 국제적인 영향력을 투사하려면 옛날에는 어떻게 했습니까? 제일 큰 수단이 뭡니까? 군사력이죠. 군대를 보내는 거예요. 오늘날 세계 각지에 자기네 군사력을 투입할 수 있는 나라는 하나밖에 없어요. 미국은 군사력을 너무너무 잘 써먹어요. 그런데 시빅 파워를 가진, 군사력을 쓰지 않는 강국도 존재할 수 있다는 거예요. 경제적인 인센티브를 준다든지, 기술 지도를 한다든지, 교육을 강화한다든지 하는 것들로 영향을 미칠 수 있다는 것이 시빅 파워 개념입니다.

뭔가 생각나는 것이 있죠? 햇볕정책입니다. 한반도의 상황은 어떠했나? 이중섭 화가의 그림 중에 두 마리의 야수가 서로 싸우는 것이 있어요. 특이한 점은 두 짐승의 꼬리가 묶여 있다는 거예요. 꼬리가 묶여 있어서 떨어질 수가 없어요. 그리고 짐승의 얼굴은 사람의 얼굴이에요. 짐승 하나는 칼을 들고 또 하나는 망치를 들고 둘이 싸우고 있는 겁니다. 싸움을 안 하고 헤어질 수 있나? 헤어질 수가 없어요. 이중섭이 무엇을 생각했겠습니까? 남북한의 관계를 생각한 것이지요. 둘이 헤어질 수도 없어서 어느 한쪽이 죽어야 하는 겁니다. 말하자면 한반도 내에서 한쪽의 패권이 확립되지 않으면 안 된다는 것입니다. 어느 한쪽이 패권을 확립하는 것이 뭡니까? 이게 통일이에요.

통일이라는 말 자체를 우리가 다시 생각해봐야 합니다. 이게 어디서 나온 말입니까? 천하통일에서 나온 말이에요. 중국이 여러 나라로 갈라져서 싸우고 있을 적에 천하통일이 된다는 것은 결국 패자가 나와야 한다는 것입니다. 춘추전국시대에는 제나라 환공, 진나라 목공 같은 패자가 있었지요. 패자를 어떻게 정의했냐면, 어떤 제후가 모든 제후들을 초청했는데 한사람도 빠지지 않고 초청에 응하면 패자라고 불렀어요.

그러니까 패권의 추구라는 게 두 마리 야수 중에 하나가 완전히 이겨야 하는 겁니다. 20세기에 벌어진 국가들의 패권추구는 전쟁으로 이어졌습니다. 그러니까 진 쪽은 물론이고 이긴 쪽의 피해도 굉장히 컸습니다. 이것을 피하려는 것이 햇볕정책이었어요.

외교와 경제협력의 다변화

김대중 대통령 입장에서 유럽이 가진 또 하나의 의미가 무엇이었느냐? 저는 김 대통령이 다변화의 문제를 생각하고 있었다고 봐요. 한국이 말로는 외교를 다변화한다고 했지만 사실은 1990년대까지 주로 워싱턴을 대상으로 외교를 했습니다. 우리나라 외교관들이 불어를 할 수 있다는 사실을 숨겼다는 이야기도 있습니다. 불어를 하면 아프리카에 보내니까 불어는 모르는 척하고 영어만 잘하는 척했다는 말을 들은 일이 있어요. 그러면 워싱턴에 보내주니까 출세 길이 열리거든요. 아무튼 미국만 의지하고 살았는데, 다변화를 추구하는 게 두 가지 방향이었어요. 하나는 외교적으로 유럽에서 새로운 활로를 개척할 수 있지 않겠는가 생각한 것이지요. 두 번째는 경제의 다변화입니다. 옛날에는 수출시장도 주로 미국이었어요. 미국시장이 아니면 우리나라 수출물량이 제대로 소화될 수가 없었는데, 수출 대상국도 다변화할 수 있지 않겠는가 생각을 한 겁니다. EU와 유럽에 대한 김대중 대통령의 접근은 이런 것이었어요. 그리고 유럽의 예를 보면서 한반도에서도 기능적인 협력을 통해서 고위정치의 장애를 제거할 수 있다고 생각했어요.

1차대전이 왜 일어났나? 실수로 일어났다는 이야기를 합니다. 사실은 실수 때문이 아니에요. 근본적인 원인은 패권의 추구였어요. 독일

카이저의 패권 추구를 영국이 용인을 못한 겁니다. 오스트리아와 세르비아 사이에 말썽이 생기니까 러시아는 세르비아 쪽에 가담을 하고, 독일이 오스트리아를 지원하니까 프랑스는 또 세르비아 쪽으로 참여한 겁니다. 영국은 그때 전쟁을 할 필요가 없었는데 전쟁을 시작했어요. 왜 그랬느냐? 이 전쟁을 그대로 두면 독일이 이길 것이 뻔해요. 독일이 이기면 유럽에서 독일의 패권이 성립되는 겁니다. 영국은 독일의 패권을 좌시할 수 없으니까 전쟁을 한 거예요. 그런데 지금은 그때 영국이 잘못했다고 생각하는 사람들이 많아요. 수백만 명의 목숨을 희생해서 카이저 황제의 유럽패권을 좌절시켰는데 그 결과가 뭐냐? 히틀러였다는 거지요.

한반도에서도 꼬리가 묶인 두 마리의 야수가 싸운다면 궁극적으로 한 놈이 죽어야 합니다. 둘이 함께 죽을 수도 있겠지요. 패권을 위한 전쟁을 피하려면 기능주의적인 방법을 통해서 우회하는 수밖에 없어요. 기능주의적인 게 뭐냐 하면, 경제협력이라든지 교역이라든지 우편물 교환이라든지 그런 것들입니다. 그런 것들을 통해서 점차로 화해하고 협력하려고 한 것입니다. 김대중 대통령도 화해와 협력이 쉽게 이루어지지 않으리라는 것을 알고 있었어요. 이게 물론 새로운 것은 아닙니다. 노태우 대통령 때나 김영삼 대통령 때에도 북한하고 일종의 기능주의적인 교류를 통한 화해를 시도했어요. 그런데 제대로 못한 이유가 무엇일까요? 김대중 대통령과 같은 지적인 준비가 없었어요. 김대중 대통령은 세계사적 조류의 흐름 같은 것을 알고 있었고, 유럽통합이 단순히 정책적인 노력의 결과가 아니라 세계사적인, 지적인, 이념적인 기반을 갖추고 있다는 것을 알고 있었기 때문에 화해협력정책을 지속적으로 밀고 나갈 수가 있었어요.

결국, 첫째로 시빅 파워를 키워서 군사력에 의존하지 않고도 영향력을 행사할 수 있다는 생각을 가지셨고, 둘째로 외교의 채널과 수출 대상국도 다변화해야 한다는 생각을 가지셨던 것입니다. 김대중 대통령의 외교에는 이런 여러 가지 생각이 섞여 있었다고 생각합니다. 그렇다고 유럽을 미국의 대안으로 생각한 것은 아닙니다. 김대중 대통령은 현실주의자였습니다. 미국과 등을 질 수 없을 뿐만 아니라 미국과의 긴밀한 협력이 중요하다는 짐을 잘 알고 계셨습니다. 그래서 통일 이후에도 동북아의 안정을 위해서는 미군이 계속 한반도에 주둔해야 한다는 말씀을 하셨지요. 그러나 대미외교의 보조적인 수단으로 유럽을 활용하자는 생각을 가지고 계셨던 것입니다.

대북정책과 대미외교를 위한 유럽 활용

북한하고의 관계에 있어서도 미국이 못하는 역할을 유럽이 할 수 있다고 생각하셨습니다. 북한의 개방과 국제사회 진출을 유럽이 도와줄 수 있다는 생각이셨을 것입니다. 실제로 상당한 성과도 있었습니다. 2001년 5월에 남북관계가 일시적으로 경색된 상태였는데 유럽연합 의장국 대표이던 페르손(Hans Göran Persson) 스웨덴 총리와 홍콩 총독을 역임한 크리스 패튼(Chris Patten) 유럽연합 집행위원 같은 사람들이 북한에 갔었어요. 그리고 남북대화 재개에 간접적으로 도움을 줬습니다. 그렇지만 유럽의 역할이 결정적인 것은 아니에요. 유럽이 북한에 대해 행사할 수 있는 영향력이 없으니까요. 그리고 유럽 정치인들에게 한반도 문제는 아주 중심적인 관심사는 아닙니다. 심한 표현일 수도 있지만 과외활동 정도로 생각하는 거죠.

한 가지 예를 들면, 2001년에 저를 영국에 보내시면서 토니 블레어 수상과의 정상회담을 마련하라고 하셨어요. 블레어 수상이 한국이나 한반도 문제에 별로 관심이 없었어요. 그래서 준비과정이 쉽지 않았지만 결국 정상회담을 했습니다. 왜 블레어를 만나려고 하셨는지에 대해 제가 짐작하는 것이 있습니다. 2001년에 조지 부시가 미국 대통령이 됐습니다. 이 사람이 햇볕정책 같은 걸 잘 이해하지 못했어요. 대미외교를 통해 햇볕정책을 이해시키려고 열심히 노력을 했는데 성과가 만족스럽지 못했지요. 그런데 토니 블레어가 부시와 매우 가까웠고 미국에 대한 영향력이 컸어요. 아마도 김 대통령께서 블레어를 통해서 부시를 설득할 생각을 하셨을 겁니다. 영국이 대미외교를 위한 일종의 우회로라고 생각하셨던 것 같아요.

그렇게 생각하셨다는 증거가 뭔가? 정상회담 약속을 받아내기 힘들어서 영국 방문을 어렵게 성사시켰는데 임동원 통일부 장관을 데리고 오셨어요. 영국에 왜 통일부 장관을 데리고 왔나? 임동원 장관을 시켜 가지고 블레어를 설득할 생각이셨어요. 블레어하고는 간신히 정상회담 겸 오찬을 했죠. 이것은 한국 대통령에 대한 좋은 대접은 아닙니다. 그런데 오찬 내내 임동원 장관이 발언하게 하셨어요. 무슨 이야기를 했겠습니까? 햇볕정책이 왜 필요한가를 설득했어요. 그런데 조금 심하게 표현하면 마이동풍 같았어요. 블레어 귀에는 별로 안 들어가는 얘기였어요. 블레어는 한국의 투자를 받는 것, 한국기업의 영국 진출, 교역을 확대하는 것에만 관심이 있었어요. 그때 외교장관이 한승수 장관인데 서열은 통일부 장관보다 높았지요. 한승수 장관도 몇 번 얘기를 하려고 했는데 김 대통령이 못 하게 하시더라고요. 그런데 유감스럽게도 효과는 없었어요.

블레어가 부시에게 영향력이 있었던 것은 사실입니다. 그것까지는 정확하게 보셨어요. 그런데 전통적으로 영국은 미국에 대한 영향력을 어떻게 유지하느냐면 미국이 하는 일에 동조를 해요. 미군이 이라크에 들어갈 때 유엔의 결의도 없었는데 영국은 파병을 했잖아요. 블레어가 부시에게 잘 보이려고 파병을 한 것이지요. 그렇게 확보한 영향력을 자국의 직접적인 이해관계를 위해서 쓰려고 했지 한반도를 위해서 쓸 생각은 없었을 겁니다. 그 점은 김대중 대통령이 잘못 짚으신 거예요. 마음속으로 안타까웠는데 말씀은 안 드리고 편지를 한 장 올렸습니다. 부시나 블레어가 햇볕정책을 지지하도록 설득하는 것이 쉬운 일이 아니라는 글을 드린 기억이 나는데, 블레어한테 그런 얘기하지 마시라는 이야기는 못 했어요. 왜냐하면 김 대통령은 어떻게든지 부시가 화해협력정책에 동조하게 만들려고 하셨거든요.

유라시아 협력에 관한 김대중의 비전

그 회담을 마친 뒤에 김대중 대통령이 EU외교 사상 참 훌륭한 연설을 하셨어요. 아시아 국가의 정상으로는 처음으로 유럽의회에서 연설을 하셨는데, 굉장히 감동적이었어요. 지금은 지식과 정보화의 시대다. 지식과 정보화를 통해 부를 창출한다. 그런데 후진국들은 당장 경제사정이 나쁠 뿐만 아니라 지식이나 정보화를 통해서 부를 창출할 능력이 없다. 그러면 어떻게 되겠는가? 가난하면 정치적으로 불안정하게 되고 불만이 많아지고 과격하게 된다. 결국 이런 나라들이 테러의 온상이 된다. 이런 흐름을 어떻게 막을 것인가? 이런 문제제기를 하신 뒤에, 미국을 직접 거론하지는 않으셨지만, 테러범들을 찾아다니면서 죽이고 부시는 것만으로는 해결이 안 된다는 말씀을 하셨습니다. 공동의 번영을 추구하는 것이 근본적인 해결책이다. 한국과 EU가 공동으로 후진국의 지식화, 정보화를 도와주자. 그래서 후진국의 경제가 좋아지면 우리의 수출 대상이 된다. 이것은 참 좋은 말씀이셨습니다.

뿐만 아니라 유럽이 한국을 비롯한 아시아에 관심을 가질 것을 촉구하였습니다. 아시아와 유럽 사이에 대륙을 가로지르는 초고속정보망을 만들자. 그리고 유라시아를 횡단하는 철의 실크로드를 만들자. 그래서 기차로 수송을 하면 물류비용이 30% 절감되고 수송시간도 30% 절감된다. 그리고 한국은 유럽이 그 일을 하겠다면 적극적으로 협력을 하겠다고 하셨습니다. 참 좋은 말씀인데 실행이 안 되었습니다. 실현되지는 못했지만 당시로서는 김대중 대통령이 아니면 제시할 수 없는 훌륭한 전망이었다고 생각합니다.

김대중 대통령의 또 하나의 업적이 서울에서 '제3차 아시아 유럽 정상회의'를 개최한 것입니다. 3차 ASEM(Asia Europe Meeting) 회의 때 우리나라 정부 수립 이후 가장 많은 외빈이 왔습니다. 22개국 정상이 왔어요. 그때까지 그런 일이 없었어요. 그리고 4개국은 정상이 직접 못 왔지만 정상 대리가 왔어요. 대표단이 1,800명이고, 외신기자단까지 합쳐서 2,200명이 왔으니 엄청난 행사였습니다. 아마 우리나라 5,000년 역사상 이렇게 중요한 외빈이 많이 온 행사는 처음이었을 겁니다. 그 뒤로는 이명박 대통령 때도 많이 오고 그랬지만요.

이때 공교롭게도 김 대통령의 노벨상 수상이 결정되어서 축하분위기가 강했어요. 그래서인지 가시적인 성과가 있었어요. 블레어 영국 총리가 북한과의 수교를 발표했어요. 영국 외무성 직원들은 하지 말라고 말렸다는데 블레어가 서울에 와서 갑자기 북한과 수교하겠다고 발표를 했어요. 그래서 엄청난 환영을 받았지요. 왜 그랬겠습니까? 사람들은 블레어 수상과 자크 시라크 프랑스 대통령 사이의 인기 경쟁 때문이었다는 말도 합니다. 정상이라는 사람들도 그런 면이 있어요. 제가 70평생을 살면서 위대한 사람들을 많이 봤습니다. 역사에 남을 위대한 사람들을 가까이서 봤는데 진정으로 어른이 된 사람은 못 봤어요. 그냥 어린애들이에요. 수뇌들이 모이면 은근히 누가 미디어의 각광을 제일 많이 받는지 살핍니다. 자크 시라크도 보통사람이 아닌데 블레어한테 완전히 선수를 빼앗긴 셈이었지요. 블레어가 연설 도중에 자기는 북한을 승인하고 북한과 수교를 하겠다고 하니까 카메라가 전부 다 그쪽으로 쏠린 겁니다. 그렇다고 프랑스 체면에 '나도 한다'고 할 수도 없죠. 프랑스는 아직도 북한을 승인하지 않았습니다. 프랑스를 뺀 다른 나라들이 영국을 좇아서 북한과 수교하겠다는 방침을 밝혔어요. 영국이 먼저 하니까 독일과 스페인 총리가 대북한 수교에 관한 기본방침을 밝혔어요. 그 후에도 많은 EU국가들이 따라했어요. 지금 남북한을 함께 승인하고 있는 나라 21개국 중에 유럽연합 소속이 15개국입니다.

저도 좀 역할을 했어요. 당시에 북경에 공관을 가지고 있으면서 주중 대사가 주북한 대사를 겸임하는 나라들이 있었어요. 그런데 제가 열심히 설득을 해서 서울에 있는 대사가 북한 대사를 겸임하도록 하는 데 일조했다고 생각합니다. 어느 곳에서 평양 겸직을 하는가에 따라 외교적 영향이 다를 수가 있지요. 중국 대사라면 중국의 이해관계를 더 민감하게 고려하고 중국의 의견을 더 따를 수가 있겠지요. 그렇지만 서울 주재 대사가 북한 대사를 겸임한다면 이야기가 조금 다르죠.

제3차 아셈회의는 중요한 국제회의인데도 미국이 참여하지 못한 아주 예외적인 행사였어요. 이때 '새천년 번영과 안정의 동반자관계'라는 주제로 정치, 경제, 사회·문화 3대 협력분야의 균형발전 등이 결의되고, 한반도 평화에 관한 서울 선언이 발표되었습니다. 대한민국의 입장을 유럽 나라들이 아주 전폭적으로 지원한 회의였습니다.

제8장

김대중 대통령과 한미·북미관계 비사

김동현 | 전 미 국무부 통역관

김대중 대통령님을 생각하면서 그분이 이룩하신 업적들을 중심으로 해서 지금까지의 한미관계에 관한 말씀들을 좀 드려보고 싶습니다. 한미관계의 역사가 길고 정상회담만 하더라도 수십 번 개최되었기 때문에 모든 얘기를 다 할 수는 없습니다. 그러나 핵심적인 내용들을 짚고 싶은데, 우선 김대중 대통령께서 가지고 계셨던 미국에 대한 생각부터 말씀을 좀 드리고 싶습니다.

미국과 북한에 대한 김대중 대통령의 인식

김대중 대통령께서는 한미동맹을 무척 중요시하셨습니다. 아마도 미국이 민주주의국가라는 점, 민주주의를 먼저 시작했고 선진적인 민주주의를 해왔을 뿐 아니라 김대중 대통령 자신의 구명운동과도 미국이 직결되어 있었다는 점에서 김대중 대통령께서 미국을 특별히 생각하신 것이 아닌가? 이런 생각을 해봅니다. 김대중 대통령은 대북정책에 있어서 흡수통일을 하지 않겠다는 원칙을 지키셨습니다. 대통령에 취임하셨던 당시는 국제정세도 유동적이었을 뿐 아니라 북한이 무척 어려운 시기였습니다. 그러나 흡수통일을 하지 않고 안보동맹을 기초로 해서 대화협력을 해나가겠다. 우리가 흔히 화해와 협력 이야기를 합니다만 김대중 대통령님은 화해에 앞서 자기에게 불이익을 주고 고난을 준 사람들을 용서하셨던, 용서의 정신에 바탕을 둔 화해를 지향하셨다고 생각해 볼 수 있습니다. 김대중 대통령은 미국 대통령하고 만났을 때도 그런 말씀을 하셨습니다. "나는 공산주의를 무서워하지 않는다. 그렇기 때문에 북한과 대화와 협상을 한다." 존 F. 케네디가 비슷한 말을 한 적이 있습니다. "두렵기 때문에 협상을 해서는 안 된다. 그러나 협상 자체를 두려워하지 말라." 김대중 대통령이 하신 말씀하고 어느 면에서는 일맥상통합니다.

김대중 대통령께서는 또한 "신뢰가 없기 때문에라도 협상을 해야 된다"는 이야기도 하셨습니다. 즉 북한이나 한국이나 서로가 믿지 못하는 상황에서도 협상이 중요한 것이다. 그래서 더욱 대화를 해야 된다는 말씀입니다. 이 말씀은 로널드 레이건의 말과 일맥상통하는 점이 있습니다. "먼저 신뢰를 하라. 그런 뒤에 검증을 하라." 레이건이 이런 얘기를 했습니다. 그 후에 부시는 북미관계에서 너무 검증에 치중하는 바람에 아무 것도 못했습니다. 다시 말하면 일단 약속을 믿고 뒤에 검증을 하려고 한 것이 아니고, 북한의 약속을 불신해서 검증만 하려고 하는 바람에 아무것도 안 되고 합의한 것들이 모두 깨진 것입니다.

군사정권 당시의 한미관계

이러한 몇 가지 원칙을 토대로 한미관계를 들여다보겠는데, 시간을 단축하기 위해서 박정희(1917-1979) 정권의 출발부터 이야기하겠습니다. 박정희 장군과 거사를 한 군인들은 5·16을 군사혁명이라고 불렀습니다만, 엄밀한 의미에서는 누가 봐도 그건 쿠데타였습니다. 심지어는 김영삼 정부도 처음에는 쿠데타라고 말을 못 하고 쿠데타적인 사건이라고 했다가 나중에 쿠데타라고 정의했습니다만, 이 사건은 정치학 용어로도 일반적인 용어로도 쿠데타였습니다. 그런데 미국은 이 쿠데타에 대한 세밀한 정보를 사전에 가지지 못했었고, 박정희이라는 인물에 대해서는 그의 전력 등에 관한 정보를 상당히 가지고 있었습니다. 재밌는 것은 당시 육군 참모총장을 하던 사람이 장도영(1923-2012) 중장이었는데, 박정희 장군이 도강하기 전에 장도영 총장에게 전화를 합니다. "형님, 우리가 거사를 일으키니까 그런지 아시오." 그런데 장도영 중장이 "이 사람아, 왜 술취해가지고 주정해? 빨리 집에 들어가서 잠이나 자"라고 했습니다. 이런 정도로 참모총장이 상황파악이 안되는 거예요. 미국이 모든 걸 다 아는 것처럼 사람들이 생각하는데 한미관계에서만 보더라도 미국이 아무 것도 모르는 경우가 여러 번 있었습니다.

5·16 당시에 제가 유엔방송에서 기자를 하고 있었습니다. 그날 쿠데타군이 도강한 직후에 유엔방송이라고 부르던 유엔군 총사령부 방송에서 마샬 그린(Marshal Green) 주한 미국 대사 대리가 성명을 내고, UN군 총사령관, 주한미군사령관, 미8군 사령관을 겸직하고 있었던 매그루더(Carter B. Magruder)가 방송을 했는데, 방송의 요지는 아주 간단합니다. 모두 원대복귀를 하라는 겁니다. 그러나 원대복귀를 하지 않으

면 어떻게 한다는 얘기는 없었습니다. 그날 오후 5시쯤 대사관에서 또 입장이 나왔는데 제가 번역을 하도록 돼 있었어요. 그런데 이게 쿠데타를 지지한다는 소린지 반대한다는 소린지 모호해요. 원대복귀하라는 소리도 없어진 거예요. 우리 방송국장이 영어로 번역을 하라는데 번역이 안되는 거예요. 그냥 읽을 수는 있는데 핵심이 없고 모호해가지고 번역을 할 수가 없다고 했어요. 그대로 번역하면 모호하기 짝이 없는 성명이 될 뻔 했는데 방송이 나가기 전에 당시 방송부대장이 오더니 "이 쿠데타는 이제 성공했다"는 거예요. 벌써 덕수궁에다가 반대할 만한 장성들은 다 잡아놨다는 겁니다. 육군본부에는 박정희 소장이 들어가서 장도영 참모총장에게 "총장이 우리의 혁명을 지지하고 선두에 나서시지 않으면 우리는 여기서 육군본부 폭파시키고 모두 자결하겠습니다." 이렇게 됐다고요. 그래서 4시쯤에 장도영이가 철모를 들고 일어납니다. 지지한다는 거였지요. 그래서 최고회의 의장이 되었는데 한 달 있다가 쫓겨나요.

이때 미국에서 제일 곤란하게 생각했던 것은 '박정희 소장이 옛날에 여수·순천 반란사건에도 관련됐다고 하는데, 공산당 아니냐?'는 거였어요. 당시에 하우스만(James Harry Hausman)이라고 군사고문단에 있던 사람이 한국 사정을 잘 알았어요. 혁명정부에서 그 사람을 워싱턴으로 보내서 해명을 하게 합니다. 그런데 이 사람은 여수·순천 반란사건이 나고 박정희 소령이 사형선고를 받았을 때에도 다른 고위 한국 장성들과 함께 구명운동에 앞장섰어요. 이승만 대통령이 그때만 하더라도 미국사람들 말을 잘 들을 때입니다. 더군다나 이제 한국 군인들을 키워야겠다고 생각하고 있을 때였지요. 그때 하우스만이 이승만 대통령에게 편지를 쓰면서 누가 뭐라고 해도 박정희 소령만큼 훌륭한 군인은 없으니까, 이 사람은 한국군에 필요하다고 구명을 했어요. 그래서 쿠데타 일으키고 나서 하우스만을 미국으로 보냈는데, 이 사람이 케네디 대통령을 직접 만날 수 있는 위치의 인물은 아니니까 박정희 소장이 공산주의자는 아니라는 여론을 퍼뜨리는 일을 했어요. 박정희는 여수·순천 반란사건이 일어났을 때 한국군에 침투해 있던 남로당원들을 죄다 소탕하는 데 큰 기여를 한 사람이다. 공산당이 군대 내의 공산당 조직을 뿌리 뽑은 사람을 용납하겠는가? 그러니까 공산당이 아니다.

케네디는 그때부터 "이미 쿠데타는 일어난 거니까, 그러면 빨리 민정 이양을 해라"고 이야기했습니다. 그래서 5·16은 그대로 진행이 됐고, 나중에 박정희가 선거를 통해서 당시 야당후보였던 윤보선 전 대통령을 근소한 차이로 누르고 당선이 되었습니다. 그러니까 미국이 거기에 대해서 더 이상 할 말이 없었습니다.

미국과 관계가 다시 나빠지기 시작하는 것은 유신이 일어난 뒤에 점점 인권탄압을 심하게 하고 관권정치를 할 때였어요. 이런 모습을 미국이 보기가 굉장히 괴로운 거예요. 특히 카터가 대통령이 되어서 한국에 방문했을 때와 그 이후에 여러 가지 불편한 일들이 생겨가지고 결국은 10·26 사건까지 일어나게 되는 겁니다. 미국이 어느 정도 깜깜하냐면, 궁정동사건에 관해서도 사전에 정보가 아무것도 없었어요. 또 전두환이 12·12 쿠데타를 일으키는데도 사전에 아무것도 아는 것이 없었어요. 언제든지 일이 일어난 다음에 이렇다 저렇다 얘기를 했습니다.

미국은 그럼 왜 그랬느냐? 무엇보다도 미국이 중요시하는 것은 한반도의 안보이기 때문입니다. 전쟁이 나면 싸운다는 것보다도, 군대에서의 표현으로는 억지가 중요한 것이죠. 물론 이론적으로는 전쟁을 방지하려고 노력하다가 그것이 실패해서 전쟁이 나면 전쟁을 치루고, 적에게 패배를 안겨주고 하는 전략이 서 있기는 합니다. 작전계획 5027에도 이와 같은 얘기가 표현되어 있습니다. 한미관계는 한미동맹을 바탕으로 형성되고 키워진 것입니다. 우리는 해방되고 나서 미국이 우리를 일제로부터 해방을 시켜준 은인이라는 이야기를 합니다만 미국은 한국 국민을 해방시켜주기 위해서 전쟁을 한 것이 아니기 때문에 자신들이 한국을 해방시켜줬다는 생각은 안 합니다. 그러나 한국을 지켜줬다는 생각은 많이 합니다.

김영삼 정부에서의 한미관계

옛날얘기를 하는 것보다는 시간을 줄여가지고 김대중 대통령께서 재임했었을 때 얘기를 해야겠는데, 김대중 대통령 재임시의 한미관계를 얘기하려면 김영삼 대통령과 미국과의 관계를 얘기하지 않을 수 없습니다. 제가 볼 때는 한미관계가 제일 좋았던 시기는 역시 김대중 정부와 클린턴 정부가 겹치는 기간입니다. 그리고 가장 나빴던 시기는 김영삼 정부와 클린턴 정부가 겹치는 기간입니다. 노무현 정부 때 한미관계가 무척 나쁜 모양새로 시작했는데 사실상 노무현 정부가 미국이 요구하는 것을 다 들어준 결과 미국이 처음에는 긴장했지만 한국 정부를 미워하거나 싫어할 이유가 없었습니다.

김영삼 대통령이 백악관에 와서 정상회담을 한 적이 있었습니다. 북한 핵개발이 한미 간의 핵심문제로 등장하고 있었는데, 당시의 경위는 이랬습니다. 클린턴이 취임을 해서 1993년 7월에 서울을 왔다 갔는데, 그때는 서로 이야기가 잘 됐고, 그해 11월에 김영삼 대통령이 워싱턴에 왔습니다. 클린턴 대통령과의 대화의 핵심은 이러했습니다. 미국이 그때 북한과의 협상을 상당히 진척시키고 있었습니다. 벌써 뉴욕에서 강석주하고 로버트 갈루치(Robert L. Gallucci)가 만나서 몇 번 얘기를 하고 있었던 상황에서 뉴욕타임스도 제안하고, 북한도 요구하고, 당시 정계를 은퇴한 상태였던 김대중 대통령도 제안했던 것이 있습니다. 북한문제는 일괄타결 내지 포괄적인 타결을 해야 된다는 것입니다. 이것이 김대중 대통령이 한 얘기가 아니었으면 김영삼 대통령이 그렇게까지 민감하게 반응을 했을까 하는 생각이 들 정도입니다. 김영삼 대통령이 클린턴 대통령에게 "내가 중요한 얘기를 꼭 해야 되겠다. 북한 놈들이 나쁜 놈들이다. 그리고 미국이 북한과 일괄타결을 하는 것처럼 얘기하는데 그것은 받아들일 수 없다. 북한에서 지금 남북한정상회담을 전제로 특사교환을 하자고 그런다. 여기에 대한 한미 간의 공조가 필요하다." 여기서 일괄타결이란 말에 대해서 김영삼 대통령이 그렇게 민감한 반응을 보인 것은 현직 대통령이면서도 김대중에 대한 경쟁심 같은 것이 여전히 있었기 때문인 것 같습니다.

김영삼 대통령은 상당히 자기주장을 많이 하는 그런 대통령이었습니다. 1994년에 팀스피리트훈련을 일시 중단한다는 대북협상 카드를 쓰는 문제를 가지고, 만약 중단한다면 그에 대한 발표는 우리가 해야지 미국이 할 것이 아니라고 주장했습니다. 이 일로 옥신각신하다가 그때부터 한미 양국의 북한에 대한 공조가 깨지기 시작하고 한미관계가 아주 나빠집니다. 1994년 10월에 제네바 핵 협정이 서명되고 후속조치들을 협의하는 과정에서는 결정된 사항에 대해 그때그때 발표를 해서 보도가 되었습니다. 그런데 한 번은 김영삼 대통령에게 미처 보고가 되기 전에 결정사항이 발표가 된 일이 있었습니다. 제 기억에는 미국의 DIA라는 국방정보국 국장과 한국의 안기부장이 만나서 이야기를 하는데,

제가 통역을 하고 있었습니다. 그런데 갑자기 백악관에서 불러서 옆방으로 옮겨가니까 김영삼 대통령에게 클린턴 대통령이 전화를 거는데 한국시간으로 밤 11시였습니다. 그런데 청와대에 전화하니까 "각하는 벌써 침실에 들어가셨고, 안보수석도 불러와야 하고 통역도 불러와야 해서 한 시간 이상 걸리는데 이건 안 되겠습니다"라고 했어요. 그래서 전화를 못 걸었는데, 이튿날 전화 연결이 되었습니다. 그때 김영삼 대통령이 이럽니다. "미국이 동맹이라고 하면서 우리하고 사전에 협의도 없이 마음대로 북한하고 합의하고 우리한테 일방적으로 이렇게 통보를 한다. 이런 것이 무슨 동맹이냐?" 반말조로 이렇게 이야기를 했습니다. 아주 격했어요. 박진 전 의원이 그 당시 통역이었는데 진땀을 빼는 거죠. 그걸 그대로 말하면 난리가 나니까 어떻게 돌려서 말했습니다. 나중에는 기분이 조금 풀렸는데, 의례적으로 전화 끊을 때는 영부인께도 안부 전해주시라고 하거든요. 그날은 그 얘기도 안하고 끊어버리는 겁니다.

그때부터 제대로 틀어진 것이죠. 국무성에서 북한 사람들하고 협상하는 친구들은 뭐라고 얘기를 하느냐? 북한사람들하고 협상하는 것보다 김영삼 정부하고 협상하는 것이 더 어렵다는 겁니다. 뭐라고만 하면 하도 반대를 많이 하니까 알려 줄 것도 덜 알려 주는 거예요. 예를 하나 말씀드리겠습니다. 제네바합의가 이루어지기 전에 클린턴 대통령이 경수로 건설을 보장하는 친서를 써서 김정일 위원장에게 보냅니다. 북한이 잘못해서 경수로 건설이 안 되는 건 모르지만 북한이 자기 의무를 이행하는 한 경수로 건설은 내가 보장한다. 이런 내용입니다. 그때 북한의 강석주와 미국의 갈루치가 협상을 하고 있었는데 갈루치가 이렇게 이야기합니다. "이 친서는 우리가 한국 정부에도 아직 이야기를 안

했으니 반드시 보안을 지켜 주십시오." 그랬더니 강석주가 신이 나가지고 하는 소리가 "우리는 비밀을 지키는 데는 이골이 나있습니다." 그러니까 거기 있는 미국사람들이 깔깔대고 웃었어요. 웃은 이유는 북한은 뭐든지 다 비밀이거든요.

그런데 북한사람들을 보면요, 한다고 해 놓고 안 지키는 것도 있고, 안 한다고 했다가 하는 것도 있고, 아무 말도 안 하다가 하는 것도 있습니다. 소미기본합의문 이행에 관해서는 북한이 약속을 안 지킨 부분도 많고, 미국도 제대로 하지 않은 점이 있습니다. 한쪽만 잘못한 것은 아니지만 미국 시각에서 보면 북한이 지킨다고 한 것을 안 지킨 것이 됐습니다. 최근의 예를 들자면 한다던 것을 한 것이 연평도 포격입니다. 연평도에 그날 계속 경고를 했습니다. 아무리 한다고 했어도 포를 쏴서 사람을 죽게 한 것은 잘못이지만, 어쨌든 한다고 하고 한 것이 연평도 포격입니다. 그리고 아무 말도 없이 한 것이 천안함 사건입니다. 요새 말을 잘못했다가는 종북으로 몰리고 빨갱이로 몰리고 해서 이정도만 하겠습니다. 아무튼 북한이 이런 나라라는 거죠. 북한이 아주 재미있는 나라입니다.

진짜 전쟁이 날 뻔 했던 시기도 김영삼 대통령 집권하실 때입니다. 그때 미국은 클린턴 정부 초기였습니다. 1994년에 제네바합의가 타결되기 전이지요. 그때 주한 미국대사로 제임스 레이니(James T. Laney)가 와 있었는데 딸이 휴가차 한국에 왔습니다. 레이니 대사가 "여기 전쟁이 나게 생겼으니까 너 빨리 돌아가라"고 이튿날 쫓아 보냈습니다. 미국은 전쟁을 일으키는데 현지 대사한테 물어보지도 않아요. 제가 어느 모임에서 레이니가 하는 말을 직접 들었습니다. "내가 대사로 있는데 나한테도 물어보는 자가 없더라." 워싱턴에서 전쟁계획을 다 만들고 쳐들어갈 결심을 이미 했다는 거예요.

이라크에 쳐들어갈 때는 누구하고 협의했느냐? 이라크 대사는 어림도 없습니다. 아무하고도 안 하고, 육군참모총장, 합참의장도 다 빠뜨리고, 대통령이 현지사령관, 국방장관 등 몇 사람 하고 의논을 했습니다. 당시에 토미 프랭크스(Tommy R. Franks)가 중부군 사령관이었는데 소위 이라크침공계획을 약 한 달에 걸쳐서 세웠습니다. 가끔 중간보고를 하러 워싱턴에 왔습니다. 그래서 제가 했던 이야기가 "주한미군 사령관이 워싱턴을 뻔질나게 왔다 갔다 하면 한국 사람들은 조심하라"는 것이었어요.

그러면 미국이 김영삼 정부와 전쟁계획을 상의했느냐? 그런 것도 없었어요. 권영해 씨가 김영삼 정부의 첫 국방장관을 했는데 미국 국방부에 왔을 때 미국사람들이 물어봤습니다. 우리가 영변을 공격하면 북한이 어떻게 나올 것 같으냐? 권영해 장관이 "북한 놈들이 나쁜 놈들이고 믿을 수가 없고…" 이렇게 한참 비난을 하더니 "그러나 공격하면 북한은 전면전으로 밀고 내려옵니다. 그것은 안 됩니다"라고 했습니다. 김영삼 대통령은 회고록에다가 한국에서 전쟁이 나려는데 자기가 자고 있는 클린턴을 깨워서 호통을 쳐가지고 전쟁을 막았다고 써 놨는데 제 기록에 보니까 그런 게 하나도 없습니다. 그래도 제가 거짓말이라고 하고 다니면 큰일 날까봐 조심했었는데, 자유롭게 말할 수 있게 된 이유가 있어요. 김영삼 대통령이 자기가 전쟁을 막았다고 하니까 당시에 백악관에서 일하던 친구들이 진짜 그랬는지 기록을 다 뒤져봤어요. 비밀문건으로 구별이 되어서 저는 못 보는 것들입니다. 그런데 다 뒤져봐도 그런 기록이 없는 거예요.

김영삼 대통령이 "무슨 동맹이 이래! 이러고도 동맹이라고 할 수 있어?"하면서 호통을 친 것은 사실입니다. 그러나 호통을 쳐서 전쟁을 막은 건 없고 권영해 장관이 "그러면 이거 전면전이 됩니다. 큰일 납니다"라고 해 가지고 전쟁을 막는 데 기여했다고 할 수 있습니다. 그런데 권영해 장관만이 아니고 한국 쪽에서는 누구라고 할 것 없이 다들 전쟁에 반대했습니다. 김대중 대통령님은 말할 것도 없지요.

김대중 정부에서의 한미관계

김영삼 정부와의 관계에 비해서 김대중 정부의 대미관계는 좋았습니다. 우선 클린턴 정부 2기에 국무장관을 한 올브라이트(Madeleine K. Albright)가 김대중 대통령과 좋은 관계였습니다. NDI(National Democratic Institute)라고 미국 민주주의 연구소라는 게 있습니다. 미국의 민주주의를 세계로 파급시키겠다는 목표를 가진 그 연구기관에서 대표들이 한국에 왔을 때 올브라이트도 포함되어 있었습니다. 당시에 김대중 선생은 가택연금 상태였습니다. 올브라이트가 자기 회고록에도 써 놨지만, 김대중 선생이 연금 상태에서도 전혀 두려움 없이 당시의 정부에 대한 비판, 민주주의를 꼭 이룩해야 된다는 소신, 인권에 관한 자신의 철학, 이런 것을 거리낌 없이 용기 있게 이야기를 하셨다는 것입니다. 그리고 김 대통령이 '실사구시(實事求是)'라는 붓글씨를 하나씩 써서 선물해 줬는데, 올브라이트가 나중에 국무장관이 되고 나서 미국에서 김대중 대통령을 만났을 때 그걸 들고 옵니다. "대통령님이 그때 이것을 써주신 것 생각납니까?"라고 물으니까 김대중 대통령이 "아, 생각난다, 생각난다" 했어요. 그랬더니 거기다 또 한 번 사인해 달라고 해서 사인을 받아가지고 가져간 일이 있습니다. 제가 그 자리에서 봤던 일입니다.

요즘 얘기하고 연결해서 생각하자면 1999년 7월 백악관에서 김대중 대통령께서 클린턴 대통령을 만나는 자리에서 하셨던 말씀이 생각납니다. 천안함, 연평도와 관련해서 NLL이 얼마나 화제가 되고 있습니까? 그런데 김대중 대통령은 1999년 6월 있었던 1차 서해교전에 대해서 이렇게 설명을 하셨습니다. 김 대통령은 네 가지 지시를 했다고 합니다. 첫째로 NLL을 지켜라. 둘째, 절대로 먼저 발포하지 마라. 셋째, 만약에 그쪽에서 발포를 하면 강력하게 응징하라. 넷째, 확전이 돼서 전쟁으로 번지게 하지는 마라. 굉장히 어려운 것이지만 NLL을 지켜야 된다는 분명한 입장. 그리고 만약에 저쪽에서 도발을 해 오면 강력하게 응징하되 전쟁을 해서는 안 되니까 적절히 하라는 것. 그 어려운 명령이 그대로 이행이 되었습니다.

1차 해전 당시에 북한 측 해군이 많이 당했습니다. 사람도 약 30명 희생되고 배도 한 척 가라앉고 했으니 당시 북한 해군으로선 체면이 말이 아닌 것이죠. 그래서 2002년에 다시 싸움을 벌인 것인데, 그때는 남북정상회담이 성사된 뒤이기 때문에 평양과 서울 간에 핫라인이 있어서 재빠르게 "북한의 의도가 뭐냐? 이게 어떻게 된 거냐?"하고 따져 물으니까 그쪽에서도 바로 대답하기를 "이것은 상부에서 지시한 것이 아니고 아랫사람들이 저희끼리 어떻게 한 것 같다"고 답했습니다. 그래서 무마된 적이 있습니다. 그 핫라인은 남북정상회담 때 만들자고 해서 설치한 것인데 그때 처음으로 요긴하게 썼다는 것이죠.

이 이야기는 김대중 정부에서 대북관계, 안보 쪽으로 일을 많이 했던 임동원 전 통일부 장관이 쓴 『피스메이커』에도 자세하게 기록되어 있습니다. 남북정상회담에 관한 얘기는 대통령께서 직접 남겨 놓으신 자서전에도 소개되어 있고 또 임동원 장관이 쓴 『피스메이커』에도 자세한 내용이 있습니다. 『피스메이커』는 영어로 번역되어서 스텐포드에서 출판을 했는데, 미국에서도 많이 읽히고 있다고 하고 남북한의 관계에 대해서 공부하는 사람들, 연구하는 사람들이 많이 참고한다는 얘기를 듣고 있습니다.

김대중 대통령께서 정상회담을 하실 때에는 물론 노트도 가지고 가시지만 그것을 읽어가면서 말씀하시는 것이 아닙니다. 조그만 노트를 잠깐씩 보시면서 말씀을 하시는데 학술발표하고 똑같아요. 통역을 해보면 아주 논리적이고, 논리전개가 무척 체계적입니다. 경제문제에 대해서는 이러이러하게 생각한다고 하시고, 다음으로 안보문제는 어떻게 보고 있고… 클린턴도 말을 많이 하는 편이었는데 김대중 대통령님 앞에서는 자문을 구하는 차원에서 여러 가지 의견을 제시해 달라고 주문했습니다. 두 분이 거의 이견이 없었어요.

조명록의 방미와 올브라이트의 방북

올브라이트 장관과 김정일 위원장 사이에 있었던 얘기가 많이 안 알려져 있기 때문에 그 얘기를 할까 합니다. 올브라이트가 2000년 10월 북한에 갔는데, 겨우 몇 주 전에 조명록 국방위원회 제1부위원장이 미국에 왔었습니다. 클린턴 대통령을 북한으로 초청한다는 김정일 위원장의 친서를 가지고 왔는데 이 사람은 정치인인 강석주 같은 사람들처럼 자잘하게 이런 정책 저런 정책을 따지는 사람이 아니고, 글자 그대로 선이 굵었습니다. "우리 장군님이 나한테 클린턴 대통령 각하를 꼭 초청하라고 명령하셨으니까 난 그것만 알지 다른 건 모릅니다." 이러는 사람이었어요. 우리가 국무성에서 회의를 마치고 백악관으로 가려는데 방을 하나 빌려 달라는 거예요. 그래서 방을 빌려줬더니 사복을 입고 넥타이를 맸던 사람이 인민군 차수 복장으로 갈아입었어요. 왕별 같은 거 하나 달고 모자 쓰고. 어떤 사람이 모자를 큰 상자에다가 잘 모셔오더라고요.

백악관에 들어갔는데 클린턴이 책상에 앉아있었어요. 조명록이 저 만치서 오다가 정식으로 인민군 경례를 딱 했습니다. 지금도 기술적으로 전쟁관계이고 전시상태입니다. 정전협정만 있는 것이지 전쟁종식 선언이 된 것도 아니고 평화협정이 된 것도 아니니까 전쟁상태인데, 적국의 차수가 군복을 입고 들어와서 미국 대통령한테 거수경례를 딱 하더니 얘기가 아주 걸작입니다. "저는 대통령 각하한테 드릴 말씀이 딱 한 가지밖에 없습니다. 평양을 떠나기 전에 우리 장군님을 만나 뵙고 왔는데 대통령 각하를 꼭 우리 공화국으로 초청하라고 하셨습니다." 이러는 거예요. 이 사람은 말도 간단해요. 명료하더라고요. "지금 미국에서 제일 신경 쓰는 게 뭡니까? 미사일문제 아닙니까? 미사일은 군대가 쓰는 것 아닙니까? 그러니까 미사일문제는 군대가 해결해야 되는 겁니다. 외교관이 해결 못 합니다. 우리 장군님은 조선인민군 총사령관이고 대통령 각하는 미군 총사령관 아니십니까?" 맞는 말이지요. 미국의 헌법상 대통령이 최고사령관이에요. 그러니까 군 통수권을 가진 미국 대통령과 최고사령관인 김정일 국방위원장이 만나면 끝난다는 거예요. 어떻게 끝난다는 것인지 들어보니까, "우리 장군님이 통이 커서 절대로 빈손으로 안 보냅니다. 달라는 거 다 드릴 테니까 걱정하지 말고 가시죠"라고 했어요. 그러니까 클린턴이 당황해 가지고 "아니, 아니, 이건 우리 쪽 사람들과 협의를 해보고…" 이랬어요.

미국 대통령이 움직이는 것이 그렇게 간단하지 않잖아요. 그런데 뭐 예의고 의전이고 없어요. 그냥 와서는 우리 장군님이 오시라고 하니까 가자는 식이더라고. 올브라이트도 자기 회고록에다 써 놨지만 미 대통령이 한 번 움직이려면, 더군다나 처음 가는 나라의 경우에는 무엇을 얻을 것이며, 어떤 보장이 있으며, 어떤 절차가 있으며, 이런 것들을 사전에 다 조율을 해야 되거든요. 그래서 클린턴 대통령 방문이 가능한지를 타진하기 위해서 올브라이드 장관이 먼지 방북할 디이니 수용히라고 했습니다. 그랬더니 조명록 차수가 고개를 끄덕끄덕하고는 강석주를 보고, "이제 별 수 없지, 응? 이제 이걸 우리가 받아야 되나 어떻게 해야 되나?"라고 물어보고는 수용했어요. 더 걸작인 것은 김정일이 그 얘기를 올브라이트에게 합니다. "만약에 그때 올브라이트 장관 각하가 온다는 것을 내가 안 된다고 했으면 어떻게 될 뻔 했습니까? 그럼 오지도 못하고 우리가 이렇게 좋은 얘기도 못 할 뻔 했지 않습니까?"

올브라이트 장관이 새벽 6시에 도착해서 짐을 풀고, 그때부터 일정을 채워야 하는데 북한사람들이 일정을 대강만 가르쳐주었습니다. 특히 김정일 위원장과는 이튿날쯤 만날 것이라는 식으로, 시간도 안 가르쳐주고 첫날 만나는 건지 둘째 날에 만나는 건지도 북한사람들이 안 가르쳐 주었습니다. 그전에도 김정일과의 면담 일정을 가르쳐준 예가 없었어요. 또 그쪽에서 계속 요구하는 것이 주석궁(금수산 기념궁전)에 김일성 시신을 보러 가서 예를 표해 달라는 것입니다. 남북정상회담 때도 이 문제로 김대중 대통령이 애를 먹었는데 올브라이트 보고도 그렇게 해 달라는 것이었습니다. 김대중 대통령께서는 거기에 대한 응답을 주지 않고, 저쪽에서는 계속 주장하고 그러다가 둘째 날에 거기 안 가셔도 된다고 김정일이 직접 임동원 장관에게 이야기해서 해결이 되었습니다. 김대중 대통령께서는 처음부터 거기 가는 것을 고려하신 바가 없었습니다. 참모들에게 고려해 봐야 되는 거 아니냐고 물어보신 적도 없었습니다. 어떤 기록을 봐도 방문을 고려했던 적이 없었습니다. 그러나 올브라이트의 경우는 사정이 좀 달랐습니다. 올브라이트는 자기 회고록에다가 외교적인 필요성 때문에 가는 걸로 생각을 했다고 썼는데 실제로 시신이 안치된 곳에 갔습니다.

북한 쪽에서는 처음부터 현안 문제는 얘기를 하지 않고 계속 주석궁을 방문해 달라는 소리만 했어요. 강석주 같은 사람은 일정협상을 하면서 "만약에 올브라이트 장관 각하가 수령님 계신 데를 한번 가 주시면 우리 장군님이 자기 아버지가 계신 데를 가셨다고 얼마나 기뻐하시겠냐"고 해요. 가만히 들어보니까 딴 게 아니고 김정일을 기쁘게 하는 일정만 짜고 있는 거예요. 그때 제가 역할을 좀 했습니다. "저 사람들 하는 것을 보니까 주석궁 방문을 안 하면 안 되게 생겼다. 방문하면 저쪽에서 뭐든지 다 들어줄 것 같다"고 조언을 했습니다.

올브라이트와 김정일의 대화

김정일은 올브라이트가 자기 아버지 시신이 안치된 주석궁에 들렀다는 걸 아주 고맙게 생각했어요. 처음부터 이렇게 얘기했습니다. "우리 아버지가 돌아가셨을 때 클린턴 대통령께서 조문편지도 보내주시고 또 친서를 통해서 우리나라의 주권을 존중한다는 친절한 말씀도 해주셔서 참 감사드립니다. 남조선에서는 김영삼 대통령이 조문파동을 일으키고 우리에게 조문을 온다는 사람도 못 오게 했는데 미국 대통령은 조문편지를 보내주었고 이번에 또 올브라이트 장관 각하가 이렇게 아버지 계신 데까지 갔다와줘서 정말 고맙습니다."

그래서 원래 자기와는 다음날 만나기로 되어 있었는데 방문 첫날 만나주었다고 했어요. 북한 외무성에서는 올브라이트가 북한에 처음 들어오니까 이 사람 저 사람 만나가지고 북한 사정도 알고 교육도 좀 된 다음에 장군님을 만나는 게 순서다. 이렇게 정해 놓았다는 거예요. "그런데 그거를 내가 다 엎어버렸고, 오늘도 좋고 뭐 내일도 좋고 내가 시간을 얼마든지 내겠습니다"라고 했어요. 사실 우리로서는 김정일을 1시간 내지 2시간 동안 한 번만 만나면 되는 것이었어요. 조명록이 사실상 북한의 이인자인데 클린턴도 약 30분 동안 만났어요. 그런데 김정일이 얼마든지 얘기하자고 했어요. 심지어는 이런 얘기도 했어요. "중국 사람들이 와서 만나자는데 내가 지금 거들떠보지도 않고 있습니다." 그래서 올브라이트가 김정일과 회담, 공연 관람 등 자그마치 6시간 정도를 같이 보냈습니다.

보다 중요한 것은 올브라이트가 미군이 왜 동아시아지역에 와 있고, 미국의 관심이 무엇인지에 대한 설명을 다 했어요. 세력균형이라는 표현을 직접적으로 쓰지는 않았습니다만, 동아시아의 안정에 기여하기 위해서 미군의 역할이 있는 거라고 했더니 이렇게 대답했습니다. "우리도 그런 것을 다 알고 있습니다. 김대중 대통령께서도 오셔서 주한미군이 필요하다는 이야기를 하셨는데 우리가 좋다고 했습니다." 그리고 공화당 정권 때이지만 1991년에 자기가 김용순 비서를 미국에 보내서 당시 국무부 정무담당차관 아놀드 캔터(Arnold Kantor)를 만나서 비슷한 이야기를 했다고 하면서 "김대중 대통령도 그런 말씀을 하시기에 나도 똑같은 얘기를 했습니다. 우리는 주한미군이 있는 것이 동아시아 안정에 기여한다는 것을 인정하고 있습니다. 다 좋습니다. 우리가 주한미군

철수하라고 소리를 지르는데 그건 맨날 하던 소리니까 습관적으로 하는 겁니다. 너무 개의치 마십시오." 뭐 이런 얘기까지도 했어요.

"그러나 주한미군이 계속 있는 데 대해서 조건은 하나 있습니다. 남조선 군대하고 합동훈련만 하지 말아 주십시오." 군대가 있으면 다 훈련을 해야 되는데, 남조선 군대하고 같이 훈련하면서 자기들에게 쳐들어오는 훈련을 하지는 않아야 남한에 있을 수 있다. 그러니까 주한미군의 기능을 좀 바꿔 달라 이거예요. "주한미군이 계속해서 조선반도에 있다는 것은 미국이 이 지역의 안정을 보장하는 역할을 한다는 확신을 우리한테 줄 때에만 가능한 것입니다. 우리에게 쳐들어오는 역할을 한다면 우리가 남조선에 있게 하겠습니까?" "만약에 주한미군이 동아시아에서 기능을 상실하게 되면 보나마나 중국과 일본이 소위 패권을 다투기 위해서 경쟁을 벌이게 될 것입니다. 우리가 그 꼴은 이제 못 봅니다. 과거에도 우리는 이런 틈바구니에서 고생도 많이 하고 침략도 많이 받았는데, 다시는 이 조선 땅이 강대국의 전쟁터가 되게 하는 상황은 허용할 수 없습니다. 그래서 우리가 선군정치도하고 힘을 기르는 겁니다." 뭐 이런 소리도 했습니다만 어쨌든 주한미군이 계속 주둔해도 좋다는 이야기를 여러 번 했습니다.

올브라이트 장관이 김정일 위원장에게 여러 번 이야기를 합니다. "김대중 대통령과 김정일 위원장이 남북관계를 개선시키고 물꼬를 텄기 때문에 우리가 여기까지 올 수 있었습니다." 그리고 앞으로 북미 간의 관계도 개선할 수 있는 여지가 많다고 했어요. 김정일은 또 이런 말도 합니다. "우리는 미국이 남조선과 오래된 친구라는 걸 알고 있습니다. 그런데 우리는 미국과 새로운 친구가 되고 싶습니다. 미국의 입장에서 옛날 친구도 좋고 새로운 친구도 좋고 다 좋은 거 아닙니까?" 또,

이런 얘기도 했어요. "우리가 교육을 하면서 우리 아이들한테 잘못 가르치고 있는데, 미국사람을 그냥 미국사람이라고 그래야 되는데 미국놈이라고 가르칩니다. 그건 잘못된 겁니다."

그리고 미사일에 대해 이야기를 하는데, 미국에서는 북한의 미사일 개발과 관련된 여러 문제들 중에 미사일 수출에 특히 신경을 썼습니다. 김정일은 이런 얘기를 합니다. "우리가 외화벌이를 위해서, 쌀을 사다 먹기 위해서 수출을 좀 해야 됩니다. 우리는 돈 나오는 데가 없지 않습니까? 만약에 미국이 그에 대한 보상을 해 준다고 보장을 할 것 같으면 우리는 안 해도 상관없습니다."

올브라이트가 "지금 북한의 의도가 뭔지에 대해서 그리고 북한이 하는 행동에 대해서 주변국들의 우려도 있고 해서 마음이 많이 쓰이는데, 지금 김정일 위원장이 외화벌이를 하려고 미사일을 개발한다고 하시는 것은 얼른 이해가 안됩니다"라고 했습니다. 그랬더니 "물론 미사일 개발 이유는 군사적인 우려도 있습니다. 우리 군대는 새로운 무기로 무장도 해야 하는데, 왜 그렇게 해야 하느냐? 1994년에 우리를 쳐들어온다고 할 때 미군들이 미사일을 남조선에 잔뜩 갖다 놨습니다. 그리고 남조선에서도 미사일을 개발한다고 하기 때문에 우리 군부에서는 우리도 거기에 대한 대응을 해야 될 거 아니냐고 합니다. 또 남조선에서 인공위성을 개발해서 우리를 정찰하는데 우리도 같은 걸로 대응해야 하지 않겠습니까?" 북한의 논리는 남쪽에서 하는 것에 대한 대응책으로, 즉 저쪽에서 우리에게 겁을 주기 때문에 우리가 그 위협에 대처하기 위해서 이런 것도 개발했다는 것입니다. 북한은 나중에 핵무기 개발도 그런 이유로 하게 됐다고 이야기하게 됩니다. 물론 당시에는 제네바합의가 이루어졌었기 때문에 미국 측은 핵문제와 관련해서는 합의 이행의 투명성을 강력히 주장했습니다.

이렇게 이야기가 진행되자 미국 측은 MTCR(Missile Technology Control Regime)에 가입하라는 요구를 했습니다. 미사일기술통제체제라는 것인데, 여기에 가입한 나라는 300km 이상 날아가는 미사일은 개발을 못 하게 돼 있습니다. 그런데 김정일은 미국이 남조선에 대해서는 500km까지는 연구용으로 개발하는 것을 허용했다고 하는데 우리 보고는 또 그러한 국제체제에 가입하라고 하느냐고 했습니다. 그리고 미사일기술통제체제에 가입하겠다는 의사를 김정일이 분명히 밝혔습니다. 우리도 거기 가입하겠다. 대신 우리만 300km 이상 개발을 못 하게 하지 말고 남조선도 개발을 하지 못 하게 해라. 여기서 재미있는 것은 남북정상회담이 끝난 후에도 북에서는 남 측의 군사력에 굉장히 신경을 쓴다는 증거가 나타난다는 점입니다.

노무현 대통령도 김정일을 만나고 나서 북 측의 남 측에 대한 불신이 대단하더라는 말을 하셨는데, 김대중 정부에 대한 불신보다는 노무현 정부에 대한 불신이 더 많았던 것은 노무현 정부가 집권초기에 취했던 조치들 때문에 더욱 그랬으리라는 생각을 할 수 있습니다. 일일이 이야기하지는 않겠습니다만 한동안 어정쩡한 표현을 하고, 마치 햇볕정책을 못마땅하게 생각하는 것처럼 보이거나 대북송금 특검을 한다고 했기 때문에 북에서는 좋다고 생각했을 리가 없었던 것이 사실입니다.

아무튼 그런 것이 있었고, 그러면서 자기들은 인공위성을 쏘고 싶은데 만약에 미국에서 도와주지 않으면 푸틴의 도움을 받을 수밖에 없다고 그럽니다. "푸틴이 왔을 때도 내가 그런 얘기를 했는데, 만약에 누가 돈을 안 받고 인공위성을 대신 쏘아준다면 우리는 미사일개발 안 하겠습니다. 우리는 도와준다면 환영합니다." 김정일이 이런 얘기도 했습니다.

그런 거 저런 거 합쳐서 북한과 협상을 할 수 있는 여지가 많았습니다. 그 당시 여러 가지 언행으로 보아 김정일은 진지했을 뿐만 아니라 대미관계를 개선하겠다는 의지가 확고했습니다. 또, 공식회담에서 얘기한 것은 아니고 집단체조 공연을 보면서 올브라이트 장관과 대화를 나누는 가운데 여러 가지 솔직한 이야기를 했습니다. 북한이 전력사정이 나쁘다. 그래서 지금 여러 가지로 어렵다. 가뭄 때문에 수력발전소도 못 돌리고 화력발전소는 석탄이 없어서 돌리지 못하고 있다. 그래서 전력난이 극심하고 여러 가지로 경제적으로 어렵다. 이렇게 자신들의 경제적인 취약점을 솔직하게 다 얘기를 했습니다.

그 얘기를 하고 나서 공연 막판에 대포동 1호를 쏘는 장면이 나오는데, 김정일이 웃으면서 이럽니다. "아 저것이 우리가 최초로 쏜 거고 저게 마지막입니다." 그래서 이튿날 회의할 때 올브라이트가 물어봤습니다. "미사일 쏜 것이 마지막이고 다시는 안 쏜다고 했는데 그 말을 제가 그대로 믿어도 됩니까? 그 말을 기자들한테 다 발표를 해도 괜찮습니까?" 김정일이 상관없다고 했어요. 김대중 대통령과 만났을 때 황원탁 당시 외교안보수석이 김정일 위원장에게 물어봤답니다. "김대중 대통령께서 나를 클린턴 대통령에게 보내시면 이번 정상회담에 대해서 제가 보고를 해야 하는데, 특별히 하거나 하지 말아야 할 말이 있습니까?" 김정일이 이렇게 대답했다는 것입니다. "보태지도 말고 빼지도 말고 그냥 있는 그대로 얘기하세요." 황원탁 수석이 미국에 와서 클린턴 대통령에게 보고하는 자리에도 제가 있었습니다만, 똑같은 이야기를 올브라이트가 했습니다. "여기서 있었던 일을 모두 그대로 클린턴 대통령에게 보고를 하겠습니다. 그러나 제가 대통령한테 보고하기 전에 미리 발표할 수는 없습니다." 그랬더니 김정일이 "다 좋습니다. 그러나 주한미군의 주둔에 대한 우리 입장은 내가 중국이나 러시아 사람들한테 아직 얘기를 안 했으니까 그 얘기를 발표하는 것은 좀 보류해 주십시오"라고 했습니다.

이 문제는 상당히 민감합니다. 김정일의 입장은 이런 것이었습니다. 소련이 와해된 지 10년이 지났고 러시아와 북한의 동맹은 다 없어져버렸다. 중국과의 동맹도 다 없어져버린 거나 마찬가지다. 그러니까 결론적으로 얘기하자면 북한은 미국과 새로운 관계를 맺어서 생존 내지 체제의 안정을 보장받고 새로운 동아시아 질서를 만드는 데 참여하고 싶다. 이런 뜻을 분명히 했습니다. 제가 2006년에 국무성을 그만두고 나오자마자 이 얘기를 터트려서 물의를 좀 일으킨 적이 있는데, 제가 판단하건데 김정일은 중국이나 러시아 편이 아니라 미국 편을 들고 싶다는 이야기였습니다. 그 점은 분명합니다.

재미있는 것은 자기의 장래에 대해서도 올브라이트와 심도 있는 이야기를 합니다. 자기는 중국식의 개방과 시장경제는 싫다는 겁니다. 대신 스웨덴식이 좋다는 것이었습니다. 사회주의를 유지하면서도 시장경제를 하고 있다는 이유였습니다. 올브라이트가 그런 식은 좀 어렵지 않겠느냐고 하니까, 자기는 태국의 왕조체제에 대해서도 관심이 있다고 했어요. 그때 내가 느낀 것은 김정일이 정권을 다 내 놓을 생각은 없다는 것이었습니다. 북한은 역시 왕조입니다. 이를테면 북한의 정체를 유교적 민족주의 독재 아니면 입헌군주제처럼 해서 군주체제는 유지하겠다는 겁니다. 태국은 뭐 민주주의도 하지만 왕권이 지금도 제일 셉니다. 쿠데타를 할 때도 왕에게 허가받아야 하고 개혁하는 것도 그렇습니다. 왕실이 있는 나라들 중에서 태국 왕의 권한이 세고, 중추원을 보면 수상 출신들이 죄다 모여 있는데 왕이 만든 자문위원단입니다. 그래서 아마 김정일이 태국에 관심이 있었던 것이 아닌가 생각을 해 봅니다.

클린턴 정부의 북미관계 개선 노력과 김대중 대통령의 역할

클린턴이 북한에 갔더라면 한반도 역사는 완전히 달라질 수 있었다고 생각합니다. 김대중 대통령과 클린턴은 여러 차례 만났습니다만, 남북정상회담을 일마 앞두고도 동경에서 만났습니다. 김정일을 만나면 나는 이런 이야기를 하겠다. 예를 들면 비핵화를 주장하겠다. 뭐 이런 여러 가지 말씀을 하셨고, 다녀오신 후에도 직접 전화로 얘기하시고, 특사로 황원탁 수석을 보내서 설명하게 하셨습니다. 한국 언론에서 관계가 좋을 때 찰떡공조라는 얘기를 합니다만 제가 볼 때 김대중 정부와 클린턴 정부의 집권기간이 겹치는 시기만큼 공조가 잘된 적은 없었습니다. 제가 한미관계를 반세기 이상 현장에서 지켜봤습니다만 그런 때는 없었습니다. 또 잡음도 없었습니다. 그래서 그때 김대중 대통령께서 클린턴 대통령에게 북한에 가라고, 가는 게 좋다고 권유를 하셨습니다.

또 하나 중요한 게 있습니다. 올브라이트가 평양에서 김정일을 만나고 서울로 바로 옵니다. 바로 와서 비행기에서 내리자마자 청와대로 들어갑니다. 그리고 김대중 대통령님한테 보고를 했는데, 물론 클린턴 대통령에게 보고하기 전에 미리 김대중 대통령에게 보고를 한다는 의미도 있었고, 또 하나는 클린턴에게 보고할 때 김대중 대통령의 생각도 보고하기 위해서 그렇게 했다고 알고 있습니다. 틀림없이 그런 이유였을 겁니다.

올브라이트가 김대중 대통령에게 이런 식으로 질문을 했습니다. "제가 만나보니까 김 대통령께서 얘기하신 것처럼 김정일이 대화상대가 될 수 있고, 우리가 듣고 싶어 하는 얘기도 많이 했고, 상당히 총명한 거 같은데, 그 사람의 말을 우리가 믿을 수 있겠습니까?" 굉장히 어려운 질문이죠. 물론 김 대통령께서 김정일과 직접 정상회담까지 하시고 난 뒤이지만 "그 사람 틀림없습니다. 믿어도 좋습니다."라고 얘기하기는 어려울 것 아닙니까? 사람의 마음이라는 건 변할 수 있으니까요. 특히 독재자이기 때문에 오늘 이런다고 했다가 이튿날에 자기 방침을 바꿔도 '아이고 장군님 어저껜 안 그러더니 오늘은 왜 그러십니까?'라고 할 사람이 하나도 없어요. 김 대통령께서는 역시 현명하신 분이라 이렇게 말씀하셨습니다. "내가 하나 확신할 수 있는 것은 김정일이 미국과의 관계개선을 원하는 것은 분명하다는 것입니다. 왜냐하면 내가 볼 때 그것만이 북한이 살 길이기 때문입니다." 이렇게 이야기하셨습니다.

그래서 올브라이트가 클린턴한테 가서 보고를 했는데 클린턴이 결국 북한에 못 가지 않았습니까? 앨 고어(Al Gore)와 조지 W 부시가 선거를 치렀는데 고어가 당선됐으면 물론 북한에 갔을 것이고, 떨어졌어도 일찍만 떨어졌으면 갔을 텐데, 플로리다에서 개표과정에 말썽이 생겨서 한 달 동안 당선결과가 나오지 않는 거예요. 대법원에 가서 나중에야 판결이 나왔습니다. 한 달을 그냥 버렸어요.

아들 부시가 당선이 되어서 현직 대통령에게 인사를 하러 백악관에 들어갔습니다. 그때 클린턴이 이렇게 물어봅니다. "제가 지금 북한에 갈 생각이 있는데 당선자는 어떻게 생각하십니까?" 그러니까 부시도 말은 옳은 말을 했습니다. "그거야 대통령이 결정하셔야죠. 대통령은 한 분밖에 없지 않습니까?" 아직 자기는 대통령이 아니라는 거예요. 그러나 클린턴의 임기도 다 끝나가니 북한문제는 다음 대통령에게 넘겨야 한다는 생각을 가진 사람들이 있었습니다. 워싱턴에는 방북을 반대하는 사람들이 여럿 있었는데, 북한의 체제가 나쁜 체제니까, 북한은 믿을 수 없으니까, 북한은 인권을 탄압하니까, 북한을 인정해서는 안 된다고 했어요. 어떤 사람은 이 문제는 당연히 다음 대통령에게 넘겨야 된다고 했고, 어떤 사람은 북한을 상대로 미사일방어체계를 개발해야 되는데 만약에 북한과 미사일개발 문제를 해결해버리면 미사일방어체계를 구축할 명분이 없어진다고 했어요.

이것은 굉장히 중요하고 민감한 대목입니다. 사실 미사일방이체계 구축의 경우에는 북한이 미끼로 걸려든 것입니다. 북한 때문에 하는 것이 아니고 사실은 중국 때문에 하려는 것입니다. 북한이 악의 축에 끼어있는데 이란이나 이라크는 그 당시에 장거리미사일이 없었습니다. 미국까지 날아갈 게 없었어요. 북한도 미국까지 날아가는 건 없었는데 대포동을 쏘니까 일본사람들 머리 위로 날아가서 태평양 가운데쯤에 떨어졌어요. 좋은 구실을 미국 방산업자들과 연구팀들한테 준 것이죠. 그 보고를 받고 클린턴은 MD(Missile Defense) 구축 여부를 결정하지 않고 이 문제를 다음 정권으로 넘겼습니다. 당시에는 National Missile Defense라고 해서 NMD라고 불렀습니다. 아들 부시가 이것을 하겠다고 달려든 겁니다.

어쨌든 클린턴은 그래도 북한에 가고 싶어 했습니다. 그리고 오바마 행정부에서 국무성 정보담당차관을 하고 있는 웬디 셔먼(Wendy Sherman)이 당시에 올브라이트의 자문위원으로 있으면서 평양에 가기 위한 준비를 갖추고 있었습니다. 그런데 중동이 항상 문제입니다. 중동이 복잡해지는 것은 한반도에 유리한 경우도 있고 불리한 경우도 있습니다. 9·11 사태가 나고 미국이 이라크와 아프가니스탄을 쳐들어간 것은 한반도에 나쁜 것이 아니었습니다. 그쪽이 조용했으면 한반도로 쳐들어가는 상황도 생길 뻔 했습니다.

중동문제가 복잡해지니까 클린턴이 다시 저울질을 합니다. 팔레스타인과 이스라엘이 상당히 심각한 상태로 돌입하고 있는데 돌파구를 찾을 수 있는 기미가 좀 보였습니다. 그래서 이곳에 집중하기로 결정을 해 버렸습니다. 그리고 김대중 대통령께 전화를 해서 이렇게 이야기합니다. "내가 중동 사정 때문에 일정상 도저히 평양은 못 가게 됐습니다. 대신 김정일을 워싱턴으로 초청했습니다." 김정일은 비행기도 안 타는 사람인데다 준비할 시간도 필요한데 클린턴이 대통령직에 남아있는 기간이 한 달도 안 남았었어요. 그러면 올 리가 없는 거죠. 그래서 북한이 그것은 받아들일 수 없다고 답을 했습니다.

김대중 대통령님이 청와대서 나오셔서 김대중도서관 4층에 계실 때 클린턴이 찾아왔습니다. 자기 자서전을 홍보하러 왔다가 김 대통령께 인사를 드리러 들렀는데 "내가 재임 중에 북한문제를 모두 해결했어야 되는데 못해서 미안하게 됐습니다"라고 했다고 그래요. 그때가 북한 문제를 해결할 수 있는 제일 좋은 기회였습니다. 북미관계도 가장 좋아지는 상황이었고 그 계기를 김대중 대통령이 제공하셨는데 기회를 잃었습니다.

김대중 대통령은 전쟁을 막기 위해서 북핵문제도 해결하려고 했고, 남북한의 화해협력도 추진했습니다. 그런 것이 핵심이 아니겠습니까? 또 전쟁방지, 현상유지가 아니라 전민족의 꿈인 통일을 지향하는 방향에서, 통일을 향해서, 일을 하셨습니다. 요즘에 박근혜 대통령이 평화통일을 위한 기초를 닦겠다고 하시는데 사실 평화통일을 위한 기초는 김대중 대통령께서 그때 만들어 놓으셨던 거예요. 그걸 지키지 못해서 이렇게 된 거지, 그때 초석은 만들어졌던 것입니다.

제 Ⅱ 부

연구자들이 본 김대중 외교

제9장

신뢰, 평화와 동북아시아 공동의 집: 김대중의 유산[40]

와다 하루키(和田春樹) | 도쿄대학 명예교수

I. 한반도를 둘러싼 새로운 위기 발생

오늘날 동북아시아가 직면한 위기는 1980년대 말과 1990년대 초에 한반도에서 일어난 변화에 뿌리를 두고 있다.[41] 1987년 6월 대한민국에서 민주화 혁명이 일어났다. 같은 시기 소련에서는 페레스트로이카(perestroika)가 시작됐고, 미소냉전이 끝나면서 소련체제가 격변했다. 정상화된 대통령선거를 통해 탄생한 노태우 정권은 '북방정책'을 통해

40 [편집자] 원문은 일본어로 저술되었으며 연세대 대학원 사회학과 박사과정에 재학 중인 사카모토 치즈코에 의해 한글로 번역되어 제3회 김대중평화학술회의 자료집에 실렸다. 편집자인 이상근이 번역본을 조금 수정한 뒤 이 책에 수록하였다.

41 [역자] 일본에서는 한반도를 조선반도(朝鮮半島), 한국전쟁을 조선전쟁(朝鮮戦争), 북한을 북조선(北朝鮮), 북일관계를 일조관계(日朝関係) 등으로 표기하고 있다. 이 책에서는 한국인 독자들을 위해 한반도, 한국전쟁, 북한, 북일관계 등으로 번역하였다. 그러나 맥락상 저자의 의도를 살리기 위해 일본식 명칭을 사용한 경우도 있다.

소련과의 국교 수립을 추구하였다. '신사고외교(新思考外交)'로 방향을 잡은 소련은 북한과의 사회주의적 동맹관계를 재검토하고 1990년 9월 한국과의 관계정상화로 나아갔다. 소련이 한국과 외교관계를 맺었다는 것은 북한이 핵우산과 함께 보호자를 잃게 되었으며 소련과의 특혜적 무역관계도 상실하게 되었음을 의미하였다. 그 결과 북한은 심각한 경제적 위기와 안보상의 위기를 동시에 겪게 되었다.

다른 한편으로 1945년에 일본에 의한 전쟁이 끝난 뒤 동아시아에서는 '신(新)아시아 전쟁'이 30년에 걸쳐 지속됐기 때문에 동아시아의 국가들은 오랫동안 일본에 의한 전쟁이 남긴 문제들을 청산할 기회를 가지지 못했다. 1972년 일중공동성명을 통해 새로운 움직임이 보이기도 하였으나 냉전이 종식되고서야 과거 청산에 대한 요구는 본격화되었다. 민주혁명을 성취한 한국은 일본에 대한 비판을 주도하였고 1990년에는 '위안부' 문제가 표면으로 떠올랐다. 결국 한일관계는 새로운 긴장국면으로 접어들었다. 북한의 이중적 위기와 한일관계의 긴장은 1990년대 지역적 위기의 주된 두 원인이었다.

II. '동북아시아 인류 공생의 집' 제안

당시에 나는 한국에서 '동북아시아 인류 공생의 집'을 제안했었다. 1990년 7월 처음으로 방한할 기회를 얻은 것이 그 계기였다. 나는 동아일보와 아사히신문(朝日新聞)이 공동으로 주최한 심포지엄 '21세기의 세계와 한일관계'에서 '동북아시아에서의 한일 양국의 역할'이라는 제목으로 발표하였다. 그때까지 15년 동안 김대중을 비롯한 한국 민주화운동 인사들과 그들의 소망을 지지하며, 그 지향과 사상에서 배워온 사람으로서 페레스트로이카와 냉전 종식이라는 세계사적 변화를 동북아시아에서도 불러오는 것을 서울에서 제안하려고 했다. 구체적으로는 일소관계의 결정적 개선, 북일국교협상 개시, 4자회담에 의한 한국전쟁 평화조약 조인이 나의 제안 내용이었다. 나는 다음과 같이 보고를 끝맺었다.

> 과거 식민지 지배의 진정한 청산—태평양전쟁 청산, 그리고 한국전쟁 청산—, 남겨진 이 역사적 과제를 해결하는 것이 이 지역의 평화와 안정을 위한 틀을 만들어 내는 토대가 되고, 페레스트로이카가 낳은 변화를 이 지역으로 불러들여 상호의존과 대화협력의 새 질서로 향하는 길을 열 것입니다. 그렇게 해야 경제협력과 안전보장을 위한 지역적 기구의 구성도 가능해질 것입니다.
>
> 유럽에서는 '유럽 공동의 집'을 만들자고 하는 고르바초프(Mikhail Gorbachev)의 호소가 독일의 통일과 동유럽의 변혁으로 인해 실현되는 방향으로 가고 있습니다. 소련에서는 발트 제국(諸國)의 독립을 향한 의지와 민족문제 분출 속에서 기존의 연방이 제국적(帝國的)인 질서였음을 밝혀내고, 인간적이고 민주적인 다민족 공생의 원리로 새로운 탐구가 시작되고 있습니다. 이제는 고인이 되신 사하로프 (Andrey D. Sakharov) 박사나 역사가 게프테르(Mikhail Gefter)가 고안해낸 '유라시아의 집'이라는 구상이 주목받고 있습니다. 나는 이를 유라시아의 새로운 집이라고 부르고 있습니다.
>
> 이와 비교해 보면 동북아시아의 소련 극동, 중국, 남북한, 일본, 미국의 새로운 연대는 오히려 가장 다양한 과거의 문화와 현재의 복잡한

문제를 안고 있는 인류가 공생하는 형태라고 할 수 있을 것입니다. 동북아시아가 평화적으로 서로 도우며 살 수 있게 된다면, 전 세계가 마찬가지로 그렇게 살 수 있게 될 것입니다. 그런 의미에서 동북아시아가 지향하고자 하는 것은 인류 공생의 집이라고 말해야 할 것입니다. 그 핵심은 민주주의를 기초로 한 남북한의 접근·융합일 것입니다. 지리적으로 보아도 바로 통일조선, 통일한국이 동북아시아의 중심입니다. 일본은 그동안 경제성장에만 온 힘을 기울여왔습니다. 이제는 이웃나라와의 관계를 바로잡기 위해서 성실하게 노력함으로써 동북아시아 인류 공생의 집 구축사업에 응분의 공헌을 해 나가야만 할 때라고 생각합니다.[42]

이 발표가 후년에 내가 제시한 '동북아시아 공동의 집'의 출발점이 되었다. 이 첫 번째 한국방문 시에 김대중 선생의 동교동 자택을 처음으로 방문하였다. 김대중 선생은 나의 제안을 승인해 주셨다.

III. 1990년대 전반의 사태

그런데 현실적으로는 당면한 위기적 상태에서 탈출하기 위해서 북한은 세 가지 방책을 택했다. 그 첫째는 남북의 접근, 즉 남북고위급회담의 개최이며, 둘째는 자력으로 핵무기를 생산함으로써 소련의 핵우

42 [역자] 인용부분은 다음의 글을 참조하면서 번역하였다. 와다 하루키 저·이원덕 역, 『동북아시아 공동의집: 신지역주의 선언』 (서울: 일조각, 2004), 22-23쪽.

산 상실을 커버하는 것이며, 셋째는 일본과의 국교수립, 나아가서는 미국과의 국교수립이었다. 첫째·셋째 방책과 둘째 방책은 모순되어서 동시에 실현시키기는 어려웠다. 그러나 맨 처음에는 첫째와 셋째 방책이 추진되었다.

일본 내에서는 1980년대 말에 북일관계 개선을 요구하는 지식인·정치가들의 움직임과 식민지 지배의 반성과 사죄에 대한 국회결의를 요구하는 시민운동이 결합되어 1990년 9월 카네마루(金丸)·타나베(田辺) 자민·사회 양당 대표단이 방북을 준비했다. 자민당의 전 부총재 카네마루 신(金丸信)은 평양에서 식민지 지배에 대한 반성을 표명하고 북일국교협상 개시를 실현시켰다. 협상은 1991년 1월에 시작됐다. 그러나 납치문제를 꺼낸 것과 미국의 핵개발에 대한 반발로 인해 1992년 11월, 제8차 협상을 끝으로 중단되고 말았다.

한국은 소련에 이어서 1992년 중국과도 국교를 수립했다. 1991년 9월 남북 양국의 유엔 가입이 실현되었고 남북고위급회담으로 1991년 12월에는 한반도비핵화공동선언도 조인되었지만 북한은 일본, 미국과는 국교를 맺지 못한 채였다. 교차승인 방식이 절반밖에 실현되지 못하고 한반도는 지극히 불안정한 상태에 빠지게 되었다. 그리고 1993년과 1994년에 북한과 미국 간 핵사찰문제를 둘러싼 대립은 전쟁 위기에 직면하게 될 때까지 진행되었다.

일본의 역사문제 면에서는 한국의 '위안부'문제 제기에 대해 자민당 미야자와(宮澤) 내각이 정면으로 대응해서 1993년 '고노 담화'를 발표하기에 이르렀다. 이것은 중요한 진전이었다.

IV. 김대중 시스템의 시동

일본에서는 뒤이어 1995년 8월 '무라야마 담화'가 발표되어 식민지 지배와 침략으로 인해 입은 손해와 고통에 대한 반성과 사죄가 표명되었다. 전후 50년 만에 처음으로 일본이라는 국가가 역사인식을 확립할 수 있었던 것이다. 더불어 일본정부는 '위안부'문제에 대한 사죄와 보상을 위한 국민적 사업을 시행하는 아시아여성기금[43]을 설치하여 활동을 시작하게 하였다. 무라야마(村山富市) 총리는 1996년에 퇴진했지만 이후에도 자민당 총리에 의해 고노 담화와 무라야마 담화는 유지되어 아시아여성기금은 계속 활동했다. 아시아여성기금 사업에 대해서는 한국과 대만에서는 일본 정부의 책임회피라는 비판이 쏟아지며, 피해자들에 의한 수급거부도 일어났으나 필리핀과 네덜란드에서는 기본적으로 호의적으로 받아들여졌다.

북미 간의 위기는 1994년 6월 카터의 방북에 의해 해결의 실마리가 마련되어, 김일성이 타계했음에도 불구하고 1994년 북한과 미국 간에 '제네바합의'가 성사되었고, 북한에 경수로를 제공하는 KEDO 프로젝트가 시작되었다.

1997년 12월 한국에서는 김대중 대통령이 당선되었다. 민주화 혁명 이래 노태우, 김영삼이 대통령이 되고 김대중은 두 번 연달아 대통령 선거에 패했으나 세 번째에는 당선된 것이다. 그러나 이것은 민주화 이후 2대에 걸친 대통령이 새로운 민주주의 정치의 기초를 만들어준 후

43 [역자] 정식명칭은 '여성을 위한 아시아 평화국민기금(Asian Women's Fund)'이다.

에 김대중이 민주정치를 본격적으로 전개할 수 있게 된, 운이 좋은 전개였다고 할 수도 있을 것이다.

김대중은 대북정책의 결정적인 전환을 시도하였다. 이른바 햇볕정책, 포용정책이다. 군사적 충돌을 어떻게든 피하고, 북한을 흡수통일하지 않고, 교류와 경제협력을 진행시킨다는 3원칙에 입각한 대북정책을 내세우고, 서해에서의 충돌에도 불구하고 동요하지 않고 이 정책을 실시하였다. 우선 1998년 6월 미국을 방문하여 클린턴 대통령에게 '햇볕정책'을 설명하고 지지를 구하였다. 더불어 동년 12월에는 일본을 방문하여 일본과의 관계를 조정했다. 무라야마 담화를 인정하고 한일공동선언을 발표하였다. '위안부'문제에 대해서는 아시아여성기금 이상의 조치를 요구하지 않고, 이것을 받지 않는 피해자에게는 한국 정부가 지원금 300만 엔에 상당하는 돈을 지급하기로 했다.[44] 그리고 일본문화개방의 방향으로 나아갔다. 이와 같이 화해와 연대를 진전시키면서 일본 정부에게 북일관계 개선을 촉구하였던 것이다. 남북의 접근을 시도하는 동시에 북미관계 개선을 요청하고 북일협상 재개를 촉구하는 체계적인 정책이 추진되었다. 임동원(林東源) 외교안보 수석보좌관이 준비한 '포괄적 접근전략'이 토대가 되었다.

이런 준비를 바탕으로 2000년 6월 김대중 대통령은 평양을 방문하여 남북정상회담을 열고 6·15 선언이라는 결실을 맺었다. 이것은 남북

44 [역자] 김대중 정부는 이 기금으로부터 돈을 받는 것을 거부하는 피해자들에게 3,150만 원씩의 생활지원금을 1998년 5월 일시금으로 지급하였다. 또, 위안소와 관련이 있는 일본인에 대한 입국 금지 조치를 내리기도 하였다. 장정순, "일본군 위안부에 대한 보호와 지원," (2006.12.1). http://www.archives.go.kr/next/search/listSubjectDescription.do?id=002582 (검색일: 2014.10.26).

관계에서 결정적인 전환점이 되었다. 이는 그 자체로 완결되는 정책이 아니다. 남북관계의 화해를 향한 전환이 북미·북일관계 정상화에의 전환을 불러일으키고, 그와 연결됨으로써 커다란 진전을 이루게 되는 것이었다. 이를 추진한 김대중 대통령은 그 점을 명확하게 인식하고 있었다.

2000년 10월 클린턴 정권은 김정일 위원장의 최측근인 조명록 국방위원회 제1부위원장의 방미를 받아들이고 대통령의 방북 초대장을 받았다. 같은 달에 올브라이트 국무장관이 방북했다. 클린턴 대통령의 방북이 실현됐더라면 북미관계 개선의 불가역적인 진전이 이뤄졌을지도 모르겠다. 그러나 여기서 치명적인 차질이 생겼다. 11월 대통령 선거에서 민주당의 고어 후보가 공화당의 부시 후보에게 패했기 때문에 클린턴 대통령은 북한을 방문할 수 없었던 것이다.[45]

한편 일본은 2001년 9월부터 북한과 비밀리에 협상을 계속 진행해 왔었다. 2002년 9월 고이즈미(小泉) 수상이 드디어 방북해서 평양선언을 발표하며, 북일국교정상화를 향한 신속한 진전을 약속했다. 이것은 김대중 대통령의 방북에 의해 촉구되어 성취될 수 있었던 성과였다. 회담 중 고이즈미 수상은 "이 지역의 신뢰를 조성하기 위하여 6자 협의에 의한 대화의 장이 정비되는 것이 중요하다"고 제안했으며, 김정일 위원장은 그러한 "대화의 장에 참가할 준비가 되어 있다"고 응답하였다.

---

45 [편집자] 클린턴의 방북이 무산된 가장 큰 원인은 2000년 11월 7일 실시된 미국 대통령선거 개표과정에서 발생한 문제로 차기 대통령 당선자가 오랫동안 확정되지 못하고 법정에서 공방이 이루어지는 등 미국 국내정치 상황이 복잡해졌던 것이라고 할 수 있다. 뒤늦게 부시 후보의 당선이 확정되자 공화당 인사들은 임기가 얼마 남지 않은 클린턴에게 북한문제 해결을 차기 정부에 이관할 것을 요구하였다. 통일뉴스 (2000.12.22.). http://www.tongilnews.com/news/articleView.html?idxno=2896 (검색일: 2014.10.27).

남북화해에 이어서 북일국교정상화가 진행된다면 6자 협의라는 장도 만들어질 것이며, 북한의 핵무기 개발 문제도 외교적으로 해결을 시도할 수 있을 것이다. 그러한 위기 극복의 전망이 보였던 순간이었다. 그 길을 갈 수 있게 된다면 한반도를 둘러싸고 1980년대 말부터 생긴 위기를 타파할 길도 열렸을 것이다. 그렇게만 된다면 동북아시아 협력이 유례없는 차원까지 높아질 수 있었을 것이다. 2002년 선거에서 승리하여 김대중 대통령의 후계자가 된 노무현이 2003년 2월 대통령 취임식에서 동북아시아시대의 도래를 강조하며 동북아시아공동체를 실현시키겠다고 선언한 것은 이와 같은 흐름 속에서 달성될 수 있는 목표를 제시한 것이라고 볼 수 있다.

사실, 지역공동체 제안으로는 그보다 1년 3개월 전인 2001년 11월에 열린 아세안+3 정상회의에서 동아시아비전그룹(EAVG, East Asia Vision Group)이 보고서 「평화, 번영과 발전의 동아시아 공동체」를 제출해 놓은 바 있었다.[46] 동아시아비전그룹은 김대중 대통령의 제안으로 아시아 금융위기 이후의 경제위기 극복책을 협의하기 위해서 설치된 민간인 포럼이었지만 보고서는 일거에 '동아시아공동체'를 지향하는 구상을 내세웠던 것이다. 그런 의미에서 이 구상도 김대중 대통령의 정책 시스템 속에 포함되어 있지만, 역시 한반도와 관련해서는 동북아시아 공동체라는 구상이 김대중 시스템의 구성요소로 보다 적합성이 있다고 해야 할 것이다.

46 [편집자] 보고서의 저자와 원래 제목 등은 다음과 같다. East Asia Vision Group. 2001. "Towards an East Asian community: Region of Peace, Prosperity and Progress." Jakarta: ASEAN Secretariat (October).

V. 동북아시아 공동의 집이라는 구상

노무현 대통령은 대통령 자문기관으로서 동북아시대위원회를 설치하고 문정인 선생을 위원장으로 임명하여 동북아시아공동체를 준비하는 작업을 시작하였다. 나는 노무현 대통령의 이 제안에 확신을 얻고 2003년 8월 『동북아시아 공동의 집: 신지역주의 선언(東北アジア共同の家 — 新地域主義宣言)』이라는 책을 썼다. 이 책은 이원덕 씨가 번역해서 2004년 6월 서울 일조각(一潮閣)에서 출판되었다. 내가 그동안 생각해왔던 것을 집대성하여 2000년부터 작동하기 시작한 김대중 시스템의 전개 속에서 내세운 것이다.

나는 우선 지역개념에 대하여 "지역은 자연히 존재하는 것이 아니며, 그 지역들을 연결한다고 해서 세계가 성립하는 것도 아니다. (중략) 하나의 지역을 자신의 인식 대상으로 삼거나 자신이 속한 대상으로 다룸으로써 지역을 창조하는 것이다"라고 썼다.[47] 보통 '동북아시아'라고 말하면 일정하게 확립된 개념이 있다. 이희승의 『국어대사전』에는 동북아시아란 '아시아 동북부 지역'이라고 설명되어 있다. 여기서는 러시아, 중국, 남북한, 일본, 몽골이 들어간다고 설명한다. 중국에서는 '오국육방(五國六方)'이라고 말한다. 남북한을 일국이방(一國二方)이라고 하는 것이다. 북한의 『대백과사전』에서는 '우리나라', 중국 동북, 러시아 연해주, 일본이 들어간다고 한다. 몽골을 포함하지 않기 때문에 사국오방(四國五方)이 되는 것이다. 일본의 경우 북동아시아 지역경제협력을 원하고 있는 니이가타현(新潟県)과 시마네현(島根県) 사람들도 북

47 와다 하루키, 『동북아시아 공동의집』, 47쪽.

동아시아 연구교류네트워크를 만들고 있는 연구자들도 같은 생각이다. 이것이 전통적인 지리적 동북아시아 개념이다.

그런데 또 다른 개념이 하나 있다. 그것은 1990년 이래 내가 가진 생각인데, 미국을 포함하는 것이다. 문정인 선생의 표현으로는 이것은 '기능적인 개념'이다. 한반도의 안전보장 문제 해결, 평화를 염두에 둔다면 미국을 빼고서는 생각할 수 없다. 2003년에 나는 몽골을 포함하는 전통적인 6개국 개념에 미국을 추가시킨 7개국으로 동북아시아를 바라봤다. 2003년 6자 협의가 시작되었지만 이것은 미국을 포함하면서 몽골을 뺀 것이었다. 미국을 포함하는 것에 강력하게 반발하는 사람들도 있지만 안전보장 문제야말로 출발점이기 때문에 나는 어디까지나 미국을 포함한 6개국 내지 7개국으로 바라보는 것을 주장하고 있다.

지리적으로도 이런 생각이 말이 안 되는 것은 아니다. 나의 책에는 하나의 시도로서 동북아시아 전도(全圖)를 실었다. 지역을 묶어서 공동의 집을 지향하기 위해서는 중심이 필요하다. 한반도, 한국이 중심에 서겠다는 것은 노무현 대통령이 내세운 개념이지만 많은 사람들에게 공유되어 있다. 나도 같은 생각이다.

> 동북아시아 각국이 공존공생하며 협력해가기 위해서는 매개체와 중심이 필요하다. 나는 그 중심이 한반도이며 한국과 북한의 블록, 더 나아가서는 통일한국이라고 생각한다. (중략) 한반도는 동북아시아 전체의 운명을 좌우하는 긴장과 대결의 장이다. 따라서 한반도에 평화와 화해가 확립된다면 동북아시아 전체의 평화와 협력이 가능해진다. 또 한국과 북한 사이에 화해와 공존의 블록이 탄생한다면, 이는 동북아시아 공동의 집을 이끌어가는 원동력이 될 것이다. 더 나아가 한국

과 북한의 통일이 실현된다면, 그 견인력은 더욱 강해질 것이다. 마지막으로 한국에는 민주화 혁명을 실현시킨 국민적 에너지가 있다. 한반도는 동북아시아에서 정치적 에너지의 중심인 것이다.[48]

더욱이 한반도가 중심이라고 할 때, 지역을 연결시키는 인간적인 힘도 이 지역에 분산되어 있는 조선족, 한민족이 제공하고 있다고 나는 주장하였다.

역사가 낳은 한민족 디아스포라의 결과, 오늘날 동북아시아 각국에는 많은 코리안들이 살고 있다.[49]

한민족의 역사가 낳은 디아스포라의 결과 다양한 모습의 조선인이 각국에 거주하고 있고, 또한 거주하는 데에 머물지 않고 이동하고 있다. 북한에서 한국으로, 한국에서 또다시 미국으로 건너간 사람, 조선에서 일본으로, 일본에서 북한으로 이주한 사람, 더 나아가 탈북하여 한국으로 망명한 사람, 중국 동북에서 한국과 일본으로 건너와 정착한 사람 등 그 이동이 활발하게 이뤄지고 있다. 종종 이들의 이동은 고통과 슬픔을 동반하기도 한다. 그러나 그 고통과 슬픔을 안고서 이 지역에 사는 코리안은 한반도를 중심으로 한 동북아시아의 인간적·평화적 협력을 위해 일할 잠재적 가능성을 지닌 집단이라 할 수 있다.[50]

48 위의 책, 107-108쪽.
49 위의 책, 134쪽.
50 위의 책, 141쪽.

동남아시아에 화교 세계가 있다면, 동북아시아는 한교, 조선족에 의해 연결될 수 있는 것이다. 일본의 예를 생각해보자. 일본에서는 한류붐이 높아지는 것과 같은 시기에 재일 한국인의 사회적 진출이 두드러졌다. 손정의(孫正義) 씨와 강상중(姜尙中) 씨의 성공은 특히 강조할 만한 일이다. 또 이 점에서는 아시아 국제관계연구 전문가로서 이종원(李鍾元) 씨의 눈부신 활약도 커다란 의의를 가지고 있다.

또 하나, 동북아시아를 연결시키고 있는 것은 이 지역에 있는 큰 섬들의 네트워크이다.

> 동북아시아는 대륙과 섬으로 이루어져 있다 일본이 최대의 열도이고 그 밖에 타이완, 오키나와, 제주도, 사할린, 쿠릴열도, 게다가 하와이가 있다. (중략) 동북아시아의 섬들은 복잡한 과거를 지니고 있다. 오키나와나 하와이 같이 독립국가를 이루었던 섬들도 있다. 타이완, 사할린, 쿠릴열도는 역사와 함께 국가적 귀속을 달리해왔다. 이제부터 진정한 독립을 꿈꾸는 사람들도 있겠지만, 또 다른 길은 현재의 국가적 귀속을 인정하고 국가를 초월한 차원에서 활약하는 것이다. 자신의 지난 역사에서 비롯된 다양성과 혼합성을 기초로 하여 이들 섬에 사는 사람들이 동북아시아를 연결시키는 개방적 촉매 역할을 해줄 것을 기대한다.[51]

섬은 국가의 최전선으로서, 흔히 극도로 군사화하여 군사기지가 되

---

51 [편집자] 다음의 글을 참고하여 번역하였다. 와다 하루키, 『동북아시아 공동의 집』, 205쪽.

고 있다. 태평양지역의 미 해군 사령부는 하와이에 있으며, 중요한 기지는 일본 요코스카(横須賀), 사세보(佐世保)에 있다. 게다가 오키나와(沖縄)는 미군의 가장 중요한 기지들 중 하나이다. 바로 그 때문에 기지에서 벗어나 평화의 섬이 되고 싶다는 섬사람들의 소원도 강하다. 제주도는 '평화의 섬'으로서의 활동을 이미 하고 있지만 오키나와도 미국기지에서 벗어날 수만 있다면 그 방향으로 나아가기를 바라고 있다.

동북아시아 공동의 집은 안전보장의 층부터 건설하기 시작하여, 이어서 환경보호의 층으로 나가고, 그 다음에 경제의 층으로 진행시키는 것이 타당할 것이다.

> 북한을 둘러싼 위기 해결이 동북아시아 지역협력의 대전제라는 점을 모두가 수긍하고 있다. 위기 극복이 바로 지역협력의 출발인 것이다. 그래서 공동의 집을 향한 첫 발걸음은 우선 공동의 안전보장을 위한 최소한의 전제를 조성하는 일에서부터 시작해야 한다고 생각한다.[52] (중략) 지역협력의 체제로서 착수하기 용이한 것은 지역 내에서 발생하는 긴급사태에 대해 인도적으로 지원하는 상설협력체제를 만드는 것이다. 동북아시아는 지진과 수해가 특히 많은 지역이다.[53] (중략) 공동의 환경보호는 지역협력의 첫 번째 중요목표이며, 이미 국가적 차원에서 시작된 과제이다.[54] 원자력의 안전성 문제는 북한을 포함하여 공동의 과제이다. 당연히 핵폐기물의 처리를 어떻게 할 것인가 하는

52 위의 책, 241쪽.
53 위의 책, 248-249쪽.
54 위의 책, 250쪽.

> 문제도 공동의 과제이다.[55] (중략) 대기오염과 산성비의 문제도 심각하다.[56] (중략) 더욱이 이 문제의 배후에는 지구온난화 문제, 다시 말해서 이산화탄소 문제가 있다.[57]

이것은 2003년에도 꿈이었지만 오늘날의 동북아시아 상황에서는 더더욱 꿈에 불과한 것처럼 보인다. 그러나 위기를 극복하지 않으면 안 되는 것이라면 이 꿈도 종국에는 현실적인 목표가 될 수 있을 것이다.

VI. 6자회담으로

현실로 다시 돌아오면, 2002년 9월의 고이즈미 수상의 노력은 곧바로 무산되어 버렸다. 한편으로는 일본 안에 있는 음모적인 움직임 때문이었고, 다른 한편으로는 북한 핵개발에 대한 미국 측의 경계심 때문이기도 하였다. 10월 켈리 국무부 차관보는 평양에 가서 북한이 우라늄 농축을 진행하고 있다고 발표했다. 그럼에도 북한의 핵개발을 중단시키고 싶은 중국, 미국, 한국의 노력으로 북한도 끌어넣는 데 성공하여, 2003년 8월 6자회담이 시작되었다. 동북아시아 6개국 정부대표에 의한 회담이며 북한이 핵무기 개발을 그만두도록 지역의 나라들이 협의하고, 원조하고, 북한의 주장과 요구를 듣는 회담이다. 그러한 대화, 협

55 위의 책, 252쪽.
56 위의 책, 253쪽.
57 위의 책, 255쪽.

의를 거치지 않으면 문제가 해결될 리 없다. 그래서 6자회담은 가장 바람직한 형식이었다.

현실적으로는 이 회담도 난항을 겪었다. 진전이 보였던 것은 2005년 9월 19일의 협의를 통해 공동성명이 채택되었던 일이다. 그것은 장래 문제해결에 도달한 경우에 실현될 것을 열거한 꿈의 프로그램, 즉 희망의 청사진이었다. 우선 "6자는 6자회담의 목표가 한반도의 검증가능한 비핵화를 평화적인 방법으로 달성하는 것임을 만장일치로 재확인하였다"고 하면서 "조선민주주의인민공화국은 모든 핵무기와 현존하는 핵계획을 포기할 것과, 조속한 시일 내에 핵확산금지조약(NPT)과 국제원자력기구(IAEA)의 안전조치에 복귀할 것을 공약하였다. 미합중국은 한반도에 핵무기를 갖고 있지 않으며, 핵무기 또는 재래식 무기로 조선민주주의인민공화국을 공격 또는 침공할 의사가 없다는 것을 확인하였다"고 기술하고 있다.

이어서 "6자는 상호 관계에 있어 국제연합헌장의 목적과 원칙 및 국제관계에서 인정된 규범을 준수할 것을 약속하였다. 조선민주주의인민공화국과 미합중국은 상호 주권을 존중하고, 평화적으로 공존하며, 각자의 정책에 따라 관계정상화를 위한 조치를 취할 것을 약속하였다. 조선민주주의인민공화국과 일본은 평양선언에 따라, 불행했던 과거와 현안사항의 해결을 기초로 하여 관계정상화를 위한 조치를 취할 것을 약속하였다"고 기술하고 있다.

셋째로 "6자는 에너지, 교역 및 투자 분야에서의 경제협력을 양자 및 다자적으로 증진시킬 것을 약속하였다. 중화인민공화국, 일본, 대한민국, 러시아연방 및 미합중국은 조선민주주의인민공화국에 대해 에너지 지원을 제공할 용의를 표명하였다"고 기술되어 있다.

마지막으로 "6자는 동북아시아의 항구적인 평화와 안정을 위해 공동 노력할 것을 공약하였다. 직접 관련 당사국들은 적절한 별도 포럼에서 한반도의 항구적 평화체제에 관한 협상을 가질 것이다. 6자는 동북아시아에서의 안보협력 증진을 위한 방안과 수단을 모색하기로 합의하였다"고 기술했다.[58]

동북아시아 공동의 집, 동북아시아공동체가 꿈속의 꿈이었다고 하더라도 이 공동성명에 담겨져 있었던 꿈의 프로그램이 현재의 위기해결 프로그램, 북한의 핵무기 개발을 중단시키기 위한 프로그램이라면 현실성이 훨씬 강할 것이다. 거꾸로 말해서 이 꿈의 프로그램을 동북아시아 6개국 정부의 대표들이 합의하여 발표했다고 하는 것은 동북아시아 공동의 집, 동북아시아공동체가 단순한 꿈에 불과한 것이 아니라는 점을 증명하고 있다. 그러나 이 공동성명은 실현되지 않았고, 6자회담도 폐회된 채로 있다.

VII. 잃어버린 25년 속에서 구출해야 할 유산: 김대중 시스템

냉전의 종언에서부터 오늘날까지의 25년은 희망에서 환멸로, 전진에서 후퇴로의 역류가 부단히 소용돌이치며 흘러간 역사였다. 동북아

58 [편집자] 9·19 공동성명 인용부분의 번역은 다음을 따랐다. 외교부, "제4차 6자회담 공동성명," (2005.9.19). http://www.mofa.go.kr/trade/hanbando/nuclear/sixpartytalks/index.jsp?menu=m_30_20_10 (검색일: 2014.10.27).

시아 지역의 위기 극복이라는 점에서는 그야말로 잃어버린 25년이라고 해야 할 것이다. 그럼에도 김대중 대통령의 평양 방문, 남북정상회담은 개성공업단지 등 몇 가지 사라지지 않는 성과를 남겨주었으며 불멸의 업적이라 할 수 있다. 여기에서부터 조명록–올브라이트 상호방문과 고이즈미 수상의 평양 방문, 북일 평양선언까지는 뚜렷한 연속선이 그어져 있으며, 이 선은 어두운 정세 속에서도 여전히 빛을 발하고 있다. 우리는 그것을 확실히 볼 수 있다. 노무현 대통령의 동북아시아공동체 제기와 6자회담의 9·19 공동성명은 이제 연결할 선이 보이지 않아, 고립된 두 개의 점에 불과하다. 그래도 이들이 발하는 빛은 보인다. 이 두 점을 연속선으로 이어진 앞의 세 점과 연결시켜서 생각해 본다면 우리는 거기서 오늘날의 동북아시아 위기에 맞설 체계적 정책 프로그램의 중요한 구성요소를 찾아낼 수 있을 것이다.

이성적이며 일관된 남북화해를 향한 제스처 및 정책, 북미·북일관계정상화를 부단히 촉구하고, 그것이 성공한다면 6자회담으로 동북아시아 안전보장의 틀을 만들어내고, 그 연장선상에서 동북아시아 공동의집, 공동체를 지향해 가는 것이다. 이것이 김대중 시스템이며, 김대중 대통령이 남겨놓은 길이다.

나는 올해(2013년) 9월 북한을 방문하고 북한의 북일협상대사인 송일호(宋日昊) 씨와 이야기를 나누었다. 송일호 씨가 한 말들 중 가장 인상적인 것은 "북일평양선언은 살아있다", "6자회담 9·19 공동성명은 살아있다"라는 말이었다. 지금은 북한이 핵보유국가가 되었다고 선언하는 새로운 위기의 단계에 이르렀지만 동북아시아 지역의 위기에 맞서 나가는 기본적인 정책시스템은 갖추어져 있다. 한국은 북한에 대해서 부드러운 화해정책을 취하면서 미국과 일본에 대하여 북한과의 관계정상화를 향해 나아갈 것을 요청할 필요가 있다. 김대중 시스템의 실현을 위해 노력해야만 할 때이다.

■ 참고문헌

와다 하루키 저·이원덕 역. 2004. 『동북아시아 공동의집: 신지역주의 선언』. 서울: 일조각, 2004 (和田春樹. 2003. 『東北アジア共同の家: 新地域主義宣言』. 東京: 平凡社).

장정순. 2006. "일본군위안부에 대한 보호와 지원" (12.1). http://www.archives.go.kr/next/search/listSubjectDescription.do?id=002582 (검색일: 2014.10.26).

외교부. 2005. "제4차 6자회담 공동성명," http://www.mofa.go.kr/trade/hanbando/nuclear/sixpartytalks/index.jsp?menu=m_30_20_10 (검색일: 2014.10.27).

East Asia Vision Group. 2001. "Towards an East Asian community: Region of Peace, Prosperity and Progress." Jakarta: ASEAN Secretariat (October).

제10장

김대중 정부의 햇볕정책과 남북관계: 회고와 평가

김근식 | 경남대 교수, 정치학

I. 문제의 제기

남북관계가 여의치 않다. 이러지도 저러지도 못 하는 사이에 한반도 정세는 조금씩 우리의 손을 벗어나 악화되고 있다. 남북의 화해와 협력이 과거의 아스라한 기억으로만 존재하고 한반도 정세에 대한 우리의 개입력이 갈수록 약화되는 요즘, 더더욱 김대중 대통령의 모습이 떠오른다. 햇볕정책으로 민족화해 증진과 남북관계 개선에 나서고 결국 역사적인 정상회담까지 성사시켰던 김대중 정부. 최초이자 가장 성공적인 남북의 화해·협력을 이뤄내고 한반도 정세에 대한 우리의 주도권을 한껏 고양시켰던 김대중 정부 시기가 자꾸만 생각나는 것은 왜일까? 아마도 경색과 대결로 얼룩진 작금의 남북관계와 한반도문제에 대한 소극적 개입이 중첩되면서 그 시절이 더욱 생각나는 것이리라.

이명박 정부 5년 동안 남북관계는 최악을 넘어 완전파탄에 이르렀고 정체와 답보가 아닌 역사적 퇴행을 지속했다. 박근혜 정부 들어서도 남북관계는 아직 전면적 화해와 협력으로 나아가기 어려워 보인다. 신뢰를 높일 수 있는 북한 측의 조치가 먼저 있어야만 이른바 한반도 신뢰 프로세스가 작동할 수 있다는 논리 구조에 함몰되어 있는 한, 남북의 상호 신뢰는 첫걸음부터 어려울 수밖에 없다.[59] 그리고 남북관계가 갈등과 대결로 남아 있는 한, 북핵문제를 포함한 한반도 정세에 대한 우리의 개입은 그만큼 협소해지고 수동적이게 된다. 6자회담 재개를 위한 최근 북·미·중의 활발한 움직임과는 대조적으로 당사자인 한국이 소외되는 듯한 모양새는 남북관계 경색이 결과한 초라한 정세 개입력을 보여주는 단적인 사례이다.[60]

II. 김대중 정부의 햇볕정책: 탈냉전기적 개입정책

햇볕정책이라는 이름으로 널리 알려진 김대중 정부 이후 한국의 대북정책은 이른바 '포용'정책으로 공식화되었다.[61] 포용정책의 개념적 연원은 미국의 탈냉전 이후 개입정책(engagement)이다. 즉 탈냉전 이후 비정상국가와의 다방면에 걸친 관계 확대를 통해 미국이 의도하는 대로 민주주의, 시장경제, 국제규범을 수용하도록 변화시키는 정책인

59 김근식, "박근혜 정부 남북관계 평가: 신뢰형성의 원칙과 유연함이 필요," 『한반도 포커스』 25호 (2013년 9-10월호).

60 2005년 장기간 공전하던 4차 6자회담을 성사시키고 결국 9·19 공동성명을 도출할 수 있었던 동력은 바로 6·17 면담이라는 남북관계의 끈이었다.

61 김대중, "희망과 번영의 새천년을 열어나갑시다: 김대중 대통령의 1999년 8.15 경축사," 『21세기와 한민족: 김대중 전대통령 주요 연설·대담』 (서울: 돌베개, 2004), 80-81쪽.

개입정책이 외교정책의 대안으로 채택된 것이다. 한마디로 개입정책은 '불량정권의 행동을 변화시키기 위한 전략'이었던 셈이다.[62]

일반적으로 개입정책은 "다양한 이슈영역에서의 접촉을 포괄적으로 확립 및 확대함으로써 대상국가의 정치적 행동에 영향을 미치려는 시도들"로 정의될 수 있다.[63] 즉 비정상적인 행태를 견지하는 문제국가를 정상적인 국가로 변화시키기 위해 기존의 봉쇄나 고립이 아닌 적극적인 교류 및 접촉 확대와 관계 개신으로 정책 목표를 달성하고자 하는 것이 개입정책인 셈이다. 결국 개입정책의 핵심은 '다방면적인 접촉 확대'와 이를 통한 '대상국가의 태도변화'이다. 결론적으로 탈냉전 이후 미국의 개입정책은 과거의 고립화 정책과 억지전략을 벗어나 비정상국가와의 교류·접촉을 확대함으로써 상대국가의 정치적 태도를 변화시키려는 보다 적극적인 외교정책임을 알 수 있다.

이런 점에서 보면 탈냉전 이후 한국 정부의 대북포용정책 역시 큰 틀에서는 미국의 개입정책과 같은 맥락임을 부인하기 어렵다. 즉 냉전기의 남북한 간 적대적 체제경쟁이 끝나고 북한의 지속적 체제위기와 한국의 체제승리가 확정된 탈냉전기에 한국 정부는 과거의 대북 강경정책, 즉 북한과의 모든 접촉과 교류를 부인하고 차단하는 고립정책에서 벗어나 북한과의 화해와 교류협력을 확대함으로써 한반도의 평화를 증진시키고 궁극적으로는 북한의 정상국가화를 통해 한국이 주도하는

---

62 Evan Resnick, "Defining Engagement," *Journal of International Affairs*, vol. 54, no. 2 (Spring, 2001), pp. 551–566.

63 원문은 다음과 같다. "the attempt to influence the political behavior of a target state through the comprehensive establishment and enhancement of contacts with that state across multiple issue-areas," Resnick, 위의 글, 559쪽.

평화통일을 이루고자 했으며, 이는 개념적 내용에서 보면 미국이 비정상국가들에게 취한 개입정책과 동일한 정책방향이었다. 실제로도 김대중 정부 이후 공식화된 대북포용정책의 영어 표현은 개입정책을 의미하는 "engagement policy"였다. 김대중 정부가 내세운 대북정책 목표도 미국의 개입정책과 거의 동일했다. 튼튼한 안보를 통해 평화를 유지하는 동시에 화해와 협력을 추구함으로써 북한이 스스로 변화의 길로 나올 수 있는 적합한 환경을 조성하고, 한반도의 평화와 안전을 도모함으로써 남북 간 평화공존을 실현한다는[64] 대북포용정책은 다방면의 교류협력 확대를 통해 상대국가의 정치적 행동이 긍정적으로 변화하도록 유도한다는 미국의 개입정책과 맥을 같이하였던 것이다.

탈냉전기 체제승리의 자신감을 토대로 북한이라는 상대국가와의 교류·협력 및 대화·접촉 확대를 통해 한반도 평화와 북한의 변화를 도모하는 대북포용정책에는 이를 가능케 하는 수단적 개념으로 기능주의와 상호주의가 포함되어 있었다. 서구의 대표적 통합이론 중 하나인 기능주의(functionalism)는 남북이 활발한 경제협력과 사회·문화교류를 진행하면 신뢰가 축적되고, 그 성과가 정치·군사적 협력으로 파급되어, 결국에는 북한의 유의미한 변화와 공동체로의 통합을 가능케 한다는 순기능적 선순환을 전제한다.[65] 경제협력이 결국 정치·군사적 협력을 가져온다는 기능적 확산을 전제하고 있는 기능주의는 오랫동안 한국 정부 대북정책의 이론적 토대였는데, 대북포용정책 역시 이를 기초로

---

64 통일부, 『국민의 정부 5년 평화와 협력의 실현』 (서울: 통일부, 2003), 2쪽; 『2001 통일백서』 (서울: 통일부, 2001), 20쪽.

65 기능주의에 대한 일반적 개념은 다음을 참고 바람. 구영록, 『인간과 전쟁』, (서울: 법문사, 1988), 324−330쪽.

한반도 평화 정착과 북한의 변화를 추구하였던 것이다.

상호주의(reciprocity)는 국가 간 통상협상에서 비롯된 것으로, 상호 등가물의 교환을 통해 국가 간 협력을 증진시키는 핵심요소로 평가된다. 상호주의는 기본적으로 주고받기(give and take)와 응보의 논리에 기반하며, 내가 하나를 주면 상대방도 하나를 준다는 단순 교환을 기본으로 한다. 남북관계 역시 협상 등을 통해 주고받는 관계이므로 본질적으로 등가의 교환이 전제되는 상호주의 원칙을 준수해야 한다. 이를 통해 장기적으로 정상적인 상호관계로 정착되고, 북한은 남한의 지원과 협력에 상응하는 대가로서 변화를 수용하리라는 것이 남북관계의 논리적 구조였다.

대북포용정책은 일반적 의미의 유화정책(appeasement)과 개념적으로 구분되었다. 개입정책이 잘못되어 유화정책으로 변질되는 것이 아니라 애초부터 유화정책은 개입정책과 개념적 친화성이 없다. 개입정책이 상대국가와의 접촉면 확대를 통해 그 국가의 태도변화를 의도하는 데 반해 유화정책은 영토적, 군사적 양보를 통해 대상국가의 선의에 따른 태도변화를 기대한다는 점에서 근본적으로 다르다.[66] 따라서 영토적, 군사적 양보를 수단으로 하는 유화정책과 반대되는 개념은 개입정책이 아니라 봉쇄정책이다. 개입정책의 반대 개념은 상대국가와의 접촉을 철회하고 줄여나가는 고립정책(isolation or disengagement)이라고 보는 것이 정확하다고 할 수 있다. 그러므로 상대국가와의 접촉을 확대 및 유지하는 동시에 그 국가의 영토적 확장과 군사적 팽창을 억지하는 것이 가능하다. 다시 말해 개입과 봉쇄는 병행할 수 있다.

---

66 Resnick, "Defining Engagement," p. 562.

요컨대 한국의 대북포용정책은 북한의 군사적 도발을 억지하고 팽창을 봉쇄하되 북한을 고립시키지는 않는다. 오히려 개입을 통해 북한의 변화를 촉진함으로써 평화와 통일로 나아가려 한다.[67] 즉, 봉쇄를 통해 한국의 안보를 굳건히 하면서, 기능주의 및 상호주의를 바탕으로 북한의 구조적 변화와 남북한 체제동질성 강화를 촉진하는 등 북한의 의미 있는 변화를 유도하려는 것이 한국식 개입정책으로서의 대북포용정책이다.

이렇게 볼 때, 평화, 화해, 협력이라는 세 가지 핵심개념으로 설명되는 햇볕정책은 엄밀한 의미에서 '통일정책'이 아니라 '대북정책'으로 규정될 수 있다.[68] 햇볕정책은 통일방안이나 통일의 경로 혹은 통일국가의 상(像)을 제시하는 것이 아니라 탈냉전이라는 시대적 흐름에 맞춰 한반도에 평화를 정착시키고 화해와 공존공영의 남북관계를 구축하려는 시도였다. 남한의 여러 정권들이 나름의 통일방안이나 통일정책을 만들어 각각 이름을 붙여 발표하고 선전해왔다.[69] 그러나 정작 현실적

---

67 전재성, "관여정책(engagement)의 국제정치이론적 기반과 한국의 대북정책," 『국제정치논총』 43권 1호 (2003), 248쪽.

68 이와 관련하여 강인덕 전 통일부장관은 "국민의 정부 통일정책의 특징이 통일정책을 통일정책이라고 부르지 않고 대북정책이라고 부르는 것"이라고 밝힌 바 있다. "현 단계 남북정세와 통일논의," 『통일시론』 창간호 (1998년 겨울), 28-30쪽. 바로 이점이 햇볕정책에 대한 진보진영의 비판점이기도 하다. 즉 훌륭한 분단 관리정책은 될지언정 내적 통일기반을 마련하는 장기적 통일전략이 부재하다는 비판이 제기되었다. 이에 대해서는 강정구, "김대중 정부 통일정책의 평가와 전망," 『진보평론』 창간호 (1999년 가을) 참조.

69 전두환 정부의 '민족화합민주통일방안', 노태우 정부의 '한민족공동체통일방안', 김영삼 정부의 '민족공동체통일방안'이 대표적이다. 김대중 대통령도 야당 시절 이른바 '3단계통일론'을 체계화하였으나 대통령 당선 이후 이를 정부의 공식 통일방안으로 제시하지는 않았다.

으로 필요한 합리적 대북정책은 추상적인 통일정책들에 가로 막혀 추진되지 못하였다. 오늘날 보다 필요성이 큰 것은 조급하고 관념적인 통일정책이 아니라 신중하고 차분하며, 그리하여 현실적이고 통일지향적인 대북정책이다.

수십 년간 대결과 반목이 지속되어 온 남북관계에서 정치적, 제도적 차원의 통일이 갑작스럽게 이루어지기는 어렵다. 통일의 시작은 오히려 왜곡되었던 남북관계를 정상화시켜 긴장 대신 평화를, 대결 대신 화해를, 봉쇄 대신 교류협력을 정착시키는 것에서 비롯될 수 있다. 당장의 정치적, 제도적 통일이 어려운 상태에서 한반도의 냉전적 대립관계를 청산하고 평화적 화해·협력, 민족복리의 공존공영을 이루는 것은 통일을 직접 거론하지 않으면서도 실제로는 통일의 기틀을 다질 수 있는 가장 실효성 있는 방식이다. 보다 많은 접촉, 보다 많은 교류, 보다 많은 협력으로 남과 북이 서로 오가고, 주고받으며, 돕고 나누는 것이 바로 사실상의(de facto) 통일이라는 입장은 바로 이런 맥락에서 이해될 수 있다. 결국 국민의 정부가 내놓은 햇볕정책은 당장의 통일을 이루기보다는, 냉전적 남북관계를 발본적으로 해소하고 화해와 협력의 새로운 남북관계를 형성하여 통일의 선행조건을 충족하는 데 일차적 의미를 부여하였다.

III. 햇볕정책의 성과: 화해·협력의 진전

남북관계에서 적대와 대결보다 화해와 협력이 우위를 점하게 된 것은 1998년 김대중 정부 출범 이후 이른바 '햇볕정책'이 지속적으로 추진되면서부터였다. 북한에 대한 흡수통일 배제와 화해·협력의 지속적

증대를 대북정책의 주요 목표로 설정했던 김대중 정부는 북한에 대한 식량 및 비료지원을 확대하고, 다양한 사회·문화적 교류를 활성화했으며, 경협에서 '정경연계' 대신 '정경분리' 원칙을 확고히 견지하며, 북미 관계 개선을 적극 지지·후원했다. 냉전적 대결관계에서 탈냉전적 협력 관계로 전환하기 위한 남북 상호 간 초기 신뢰를 형성하기 위해 일관된 대북포용정책을 추진한 것이다.

김대중 정부 출범 이후 추진된 이른바 햇볕정책은 금강산 관광이라는 역사상 최초의 상시적 대규모 방북을 성사시켰다. 또, 이 정책으로 인해 남북한 간에 조금씩 신뢰가 쌓이기 시작했다. 그 결과 2000년 6월에는 역사적인 남북정상회담이 개최됨으로써 반세기 동안 지속되었던 남북 당국의 적대적 대결관계는 화해적 협력관계로의 전환을 시작할 수 있게 되었다. 북한의 혁명대상인 대한민국의 군통수권자 김대중 대통령과 남한의 주적인 조선민주주의인민공화국의 김정일 국방위원장이 함께 인민군 육·해·공군 의장대를 사열한 것은 역사적 상징성을 가지는 사건이 아닐 수 없다. 상대방을 흡수통일과 적화통일의 대상으로 간주하던 과거의 관계를 감안하면 남북정상회담의 성사와 여기서 합의된 6·15 공동선언은 남북 당국의 상호인정과 평화공존의 시작을 알리는 역사적 계기가 되기에 충분한 것이었다.[70]

남북정상회담 이후 남북 당국 간 관계는 눈에 띄게 개선·발전했고 장관급 회담, 국방장관 회담, 경제협력추진위 회의, 장성급 회담, 이산가족 상봉을 위한 적십자 회담, 기타 경제관련 실무협의 등이 지속적으

---

70 김근식, "남북정상회담과 6·15 공동선언: 분석과 평가," 『북한연구학회보』 10권 2호 (2006).

로 개최되면서 활발한 협력관계가 구축되었다. 당국 간 관계의 발전뿐 아니라 체육, 문화, 학술, 방송, 종교 등 다양한 분야와 여성, 청년, 농민, 노동 등 다양한 부문 간 교류협력도 활발히 진행되었으며, 민간차원의 대북지원 사업도 지속적으로 이루어졌다. 개성공단 및 금강산 사업, 경의선 및 동해선 철도·도로 연결은 남북정상회담 이후 추진되었던 남북경협의 대표주자들이었다.

김대중 정부의 대북정책이 지속적으로 화해·협력의 남북관계를 유지할 수 있었던 데에는 정경분리 원칙의 확고함이 기여한 바가 컸다. 정치·군사적 상황과 상관없이 경제적 협력과 화해·교류를 지속적으로 추진한다는 정경분리 원칙이 그 어느 때보다 확고했기 때문에 김대중 정부는 1999년 연평해전과 2002년 서해교전이라는 사상 초유의 군사적 충돌을 겪으면서도 교류협력의 기조를 후퇴시키지 않았다. 서해에서 총탄이 오고 가는 그 시각, 동해에서는 금강산으로 향하는 배가 그대로 출항했던 것이다.

김대중 정부의 대북정책은 일관성을 견지함으로써 대북포용정책의 체계화 및 안정화의 토대를 마련하였다는 평가를 받을 만하다. 햇볕정책으로 대북포용의 기조를 논리적으로 체계화하고, 일관되게 화해·협력과 남북관계 개선을 추진했으며, 그 결과 남북정상회담을 성사시켰고, 이를 동력으로 삼아 북미관계 진전에 기여하는 등 한반도 정세를 적극 주도하였던 것이다. 2000년 가을 조명록 차수의 워싱턴 방문과 올브라이트 국무장관의 평양 방문이 성사되고 클린턴 대통령의 방북이 추진된 것은 남북정상회담으로 인해 호전된 한반도 정세 덕분이었음을 부인하기 어렵다.

물론 분단 반세기의 적대관계를 대신하여 화해·협력의 남북관계를 본격적으로 시작한 만큼 우리 사회 내부에 대북정책 방향을 둘러싼 남남갈등이 심화되고 객관적 정세에 비해 조금은 서두른 감이 없지 않은 것도 사실이었다. 그럼에도 김대중 정부 대북포용정책의 결과로 한반도의 긴장과 냉전체제가 이완되었고 남북 양측에 냉전적 인식이 탈피되었으며 정책의 일관성이 유지되어 남북한 간 교류와 경협이 확대된 점 등은 성과로 평가하기에 충분하다. 특히 2차 북핵위기가 발생한 임기 말에 김대중 정부는 '북핵과 남북관계 병행론'에 따라 북핵문제의 평화적 해결을 위해 적극적인 노력을 기울이면서도 북핵 때문에 남북관계를 중단하거나 후퇴시키지 않았다. 북핵문제에도 불구하고 남북관계를 유지·발전시킴으로써 오히려 북핵으로 인한 한반도 긴장고조를 완화시킬 수 있는 '안전판'을 확보할 수 있었고, 남북관계 진전을 통해 북핵문제 해결을 촉진하는 역할도 할 수 있었다.

구조적 요인인 대외환경을 감안하면서도 역사적 구조를 변화시켜 나가려는 적극적 노력을 전개한 점이 햇볕정책의 두드러진 특징이다. 김대중 정부의 대북 화해·협력 정책은 국제정세의 구조적 변화가 제공하는 기회의 틈새를 적극 활용하거나 국제적 대외환경의 장애요인을 적극적으로 돌파해 나가기 위해 남북관계를 주도적으로 진전시키는 개입력을 행사했다.[71] 전임 정부 시기와 비교해 보면, 주어진 정세를 주체적 의지로 적극 활용하거나 개선해서 대외환경의 변화를 주동적으로 이끈 점이 더욱 돋보인다.[72]

---

71 김학노, "평화통합전략으로서의 햇볕정책," 『한국정치학회보』 39권 5호 (2005), 256-257쪽.

72 노태우 정부는 탈냉전이라는 국제환경의 변화에 수동적으로 대응함으로써 남북기본합의서 채택에도 불구하고 남북의 화해·협력을 실질적으로 진전시키지 못

IV. 1차 남북정상회담과 6·15 공동선언: 화해·협력과 평화공존의 이정표

2000년 6월 13일, 평양 순안공항. 김정일 위원장의 영접을 사전에 전혀 알지 못한 김대중 대통령이 비행기 트랩에서 내리는 순간, 김정일 위원장이 인민복 차림으로 붉은 카펫 위에 서 있었다. 분단과 전쟁, 적대와 대결의 관계로 일관했던 남과 북의 최고지도자는 반갑게 포옹을 했다. 곧이어 김대중 대통령과 김정일 위원장은 연단 위에 서서 조선인민군 육·해·공군 의장대를 공동으로 사열하였다. 대한민국의 주적인 조선민주주의인민공화국 군통수권자 김정일 국방위원장과 조선민주주의인민공화국의 적화 대상인 대한민국의 군통수권자 김대중 대통령이 나란히 서서 인민군을 사열하는 장면만으로도 남북정상회담의 역사적 의미를 알리기에는 충분했다. 적대와 대결의 남북관계가 공존과 협력의 남북관계로 바뀔 수 있는 희망을 확인한 순간이었다.

1차 남북정상회담의 결과물로 도출된 6·15 공동선언은 오랜 적대적 대결관계를 청산하고 화해적 공존관계의 첫발을 내딛음으로써 상호체제인정과 평화공존에 토대한 남북한 간 평화, 화해, 협력의 실질적 토대를 마련했다는 종합적 의미를 가진다고 할 수 있다.[73] 6·15 공동선언을 통해 남과 북은 과거의 상시적 긴장과 갈등 대신 평화를, 상호

했고 김영삼 정부는 출범초기 화해·협력의 의지를 보였음에도 북핵위기라는 안보이슈로 인해 남북관계를 희생시키고 말았다.

73 평화공존은 '적대적 관계에 있는 두 나라가 적극적 협력이 상호관계의 주된 존재양식이 되도록 관계를 변화시켜 나가는 것'을 의미한다. 박영호, 『남북한 평화공존과 대북정책』 (서울: 통일연구원, 2001), 13쪽.

상승적이었던 불신과 대결 대신 화해를, 소모적 경쟁 대신 협력을 이룰 수 있는 결정적 계기를 마련함으로써 서로 '싸우면서 살아오던' 관계를 청산하고, 화해하고 협력하며 '평화롭게 살아가는' 토대를 마련할 수 있게 되었다.[74]

6·15 공동선언은 한반도 냉전구조 해체와 통일문제에 대한 '민족적' 차원의 접근이 중요하다는 점에 합의함으로써 한반도 문제의 '한반도화'를 이루었고(1항), 급격한 국가적 통합을 시도하기보다는 서로를 인정하고 평화롭게 살아가는 단계를 거쳐 통일을 지향한다는 데 합의함으로써 '체제인정과 평화공존'의 토대를 마련했으며(2항), 이산가족 문제의 해결과 경협을 비롯한 다방면의 협력을 통해 본격적인 화해·협력 관계를 구축함으로써 '사실상 통일' 단계로의 진입을 가능케 하였고(3항, 4항), 공동선언의 실천을 보장하기 위한 당국자 회담 개최 합의를 통해 남북 간 '상시대화 채널'도 확보하였다(5항).

6·15 공동선언에서 가장 관심을 끈 부분은 "남측의 연합제 안과 북측의 낮은 단계의 연방제 안이 서로 공통성이 있음을 인정하고 앞으로 이 방향에서 통일을 지향시켜 나가기로 하였다"는 제2항의 합의이다. 분단 55년 만의 극적인 만남에서 실무적이고 각론적인 합의사항이 아닌 통일방안과 관련한 굵직한 합의내용이 도출되었기 때문이다. 그러나 우리사회 일각에는 북측의 적화통일전략인 연방제에 손을 들어 준 것이 아니냐는 오해와 이제는 체제와 국가상(像) 등 본격적인 통일방안에 합의해야 한다는 지나친 기대가 나타나기도 하였다. 이는 공동선언

74 김근식, "남북정상회담과 6·15 공동선언: 분석과 평가," 『북한연구학회보』 10권 2호 (2006), 51쪽.

제2항의 역사적 의미를 잘못 해석했기 때문이다. 제2항 합의의 진정한 의미는 남 측이 북 측의 연방제안에 접근하였다는 점이 아니라 북 측이 국가연합을 현실적인 통일의 경로로 이해하기 시작한 점에서 찾을 수 있다. 이는 남과 북이 급격한 국가적 통합을 이루는 것이 아니라 체제 인정과 공존공영의 단계를 통해 통일을 지향한다는 것으로, 통일방안보다는 통일에 대한 접근방식에 합의한 것으로 볼 수 있다.[75]

우선 공동선언 제2항이 합의될 수 있었던 것은 북한이 과거의 연방적 통일이라는 국가 중심적 통일 접근방식이 현실적으로 불가능할 뿐 아니라 바람직하지 않다고 인식했기 때문이었다. 북한은 이미 1990년대 이후 과거 연방제안의 경직성에서 벗어나 유연성과 현실성을 점차 인정해 왔다. 6·15 공동선언에 나타난 "낮은 단계의 연방제"는 1991년 김일성 주석의 신년사 중 잠정적으로 연방공화국의 지역적 자치정부에 더 많은 권한을 부여하는 문제를 협의할 수 있다는 대목에서 연유한다.[76] 즉 과거 북한의 연방제안이 중앙정부에 외교와 국방 등의 권한을 부여하는 '높은' 수준이었다면 이제는 이들 권한마저도 지역정부에 줄 수 있다는 '낮은' 수준으로 변경된 것이다. 이로부터 북한의 통일에 대한 접근방식은 과거 1국가론의 연방제 통일에서 2국가론에 가까운 국가연합적 통일로 선회했다고 할 수 있다. 그러므로 6·15 공동선언 제2항의 합의는 우리가 통일방안을 수정한 것이 아니라 북한이 연방제

75 이에 대해서는 김근식, "연방제와 연합제의 공통성 인정: 통일접근 방식과 평화공존에 합의," 『아태평화포럼』 39호 (2000년 7월); 김근식, "연합과 연방: 통일방안의 폐쇄성과 통일과정의 개방성: 6·15 공동선언 2항을 중심으로," 『한국과 국제정치』 19권 4호 (2003년 겨울) 참조.

76 김일성, "신년사," 『로동신문』 1991.1.1.

통일방안의 내용을 수정한 것으로 봐야 한다.

통일은 단일한 제도, 단일한 헌법, 단일한 정부로 완성되긴 하지만 결코 거기서 시작되지는 않는다. 가능하고 바람직한 통일은 섣부른 제도적 통합을 이루는 것이 아니라 분단의 결과인 긴장과 갈등 대신 평화를, 불신과 대결 대신 화해를, 소모적 경쟁 대신 협력을 일상화하는 것이며, 이를 위해서는 2체제, 2정부의 평화공존을 보장해야만 한다. 이런 맥락에서 제2항은 남북이 장기적 공존 방식을 통해 점차 통일로 나가는 경로, 즉 '낮은 단계의 연방' 혹은 '연합'의 방식을 통한 통일과정에 합의한 것으로, 통일을 지향하는 평화와 화해와 협력의 주춧돌을 마련했다는 역사적 의미를 갖는다.

분단현실을 개선하고 통일이라는 현상변경적 목표를 달성하기 위해 가장 필요한 것은 역설적으로 현실을 인정하고 양 체제의 공존을 공식화하는 작업이다. 그리고 이는 통일 이전에 양측의 제도와 이념의 차이를 실질적으로 인정해야 함을 의미한다. 결국 제2항의 통일접근방식에 대한 합의는 급격하고 과도한 법적, 제도적(de jure) 통일을 뒤로 미루는 대신 분단의 피해를 줄이고 고통을 경감하는 차원에서 상호 체제인정과 평화공존 그리고 화해와 협력을 이루는 이른바 사실상의 통일(de facto) 방식에 남과 북이 동의했음을 의미한다.

V. 햇볕정책 이후의 남북관계: 발전과 진통

김대중 정부의 햇볕정책 이후 남북관계는 발전을 위한 진통을 겪어왔다고 평가할 수 있다. 과거에 비해 괄목상대할 만한 눈부신 변화와 발전이 실제로 이루어졌다. 냉전시대에는 상상도 하지 못할 남북관계의 진전이 가시화되었다. 그러나 화해·협력이 진전되다가도 주변정세와 당면한 현안으로 인해 남북관계는 좌초되고 결렬되고 중단되기도 했다. 즉 전반적으로는 발전하면서도 작용과 반작용의 내홍을 겪었던 것이다.

남북관계가 진전과 답보, 발전과 진통을 거의 주기적으로 반복하는 것은 무엇보다 남북 간 정치·군사적 신뢰가 진전되기 어려운 구조적 현실에 기인한다. 경제협력과 사회·문화적 교류는 활성화되는 반면 상대적으로 정치·군사적 차원의 화해·협력은 진전되기 어려운 것이 남북관계의 현실이다. 정전체제의 군사적 대치상황은 하시라도 군사적 충돌과 도발의 유혹을 일으킬 수 있었고, 상대방을 정치적으로 부인하면서 탄생한 분단체제의 대결 상황 역시 서로를 인정하고 화해하기는 어렵게 만들었다.[77] 정치·군사적 차원에서의 남북관계 진전은 그만큼 어려운 것이었다.[78]

남북관계를 제약하는 또 하나의 요인은 여전히 한반도를 둘러싼 국제질서, 특히 북미관계가 냉전의 유제를 완전히 극복하지 못하고 있다는 점이다. 남북화해라는 탈냉전의 힘이 강화되기도 했지만 아직 한반도는 북미 간 적대관계라는 냉전적 구조가 온존하고 있다. 따라서 남북관계의 의미 있는 진전에도 불구하고 2차 북핵위기와 같은 첨예한 북미갈등이 진행되면 남북관계는 상당한 제한을 받을 수밖에 없다. 남북

77 김근식, "남북관계 무엇이 문제인가?: 성찰과 고민," 한국문제연구회 창립 50주년 기념 특별학술회의 자료집 (2013.10.29).

78 노무현 정부 당시 북이 남측에 요구했던 4대 근본문제 모두 매우 민감한 정치·군사적 이슈였고 결국 남북은 하나도 풀지 못했다. 4대 근본문제는 한미합동훈련 중단, 국가보안법 폐지, NLL 폐기, 북한 방문 시 참관지 제한 철폐였다.

관계가 북미관계 개선에 기여하는 우호적 환경을 만들어내는 긍정적 역할을 할 수는 있지만 남북관계 개선이 자동적으로 북핵 해결이나 북미관계 개선을 보장하는 필요충분조건은 아니다.[79] 역으로 북미관계 악화나 북핵문제 답보 상태가 결국은 남북관계에 부정적 영향을 미치게 되고 북미관계 개선이 없는 한 남북관계의 근본적인 질적 발전이 어렵다는 점에서 오히려 북미관계가 남북관계 진전의 필요조건임을 알 수 있다. 북한의 핵실험 사태와 이로 인한 남북관계 중단은 북미대결과 북핵사태의 파급효과가 결국 남북관계에 부정적 영향을 미친 구조적 메커니즘을 보여준 사례이다.

북핵문제가 온존하고 있고 북미갈등이 지속되고 있는 상황에서도 남북관계는 발전해야만 한다. 북핵위기에도 불구하고 한반도의 긴장 격화를 막고 위기를 관리하는 데 남북관계는 긍정적 기여를 적잖게 해왔다. 북미관계에 제약받을 수밖에 없다고 하더라도, 북미대결이 초래하는 한반도 위기상황을 막아낼 '소극적' 필요와 북미관계 개선과 북핵문제 해결에 기여할 우호적 환경을 마련하는 '적극적' 필요 때문에 남북관계는 일관되게 유지되고 발전되어야 한다. 그래야만 북핵위기와 북미 대결관계가 남북관계를 제약하는 구조적 한계를 넘어 남북관계를 진전시키고, 이를 토대로 북미관계 개선과 북핵위기 해결을 유도하는

79 2000년 남북정상회담 성사 이후 남북관계 진전을 바탕으로 그해 가을 조명록 차수와 올브라이트 국무장관의 상호 방문이 이루어지고 북미 정상회담 직전까지 갔던 상황이 대표적인 사례로 꼽힐 것이다. 이 경우에도 남북관계의 진전이 북미간 고위급 상호 방문에 기여했지만 북미관계 자체의 쟁점이 해결되지 않는 한 남북관계만으로 북미관계의 완전한 해결을 추동하는 데는 한계가 있었다. 2000년 당시 올브라이트의 북한 방문과 클린턴 대통령의 방북 취소과정에 대해서는 클린턴, 『마이 라이프』(안양: 물푸레, 2004), 1332쪽.

적극적 역할을 해낼 수 있을 것이다.

햇볕정책 이후 남북관계를 제약하는 국내적 요인은 바로 남남갈등의 심화이다. 2000년 6월의 정상회담 이후 남북 간의 교류가 확대되고 민족화해가 꾸준히 증진되면서 그와 동일한 속도로 우리사회 내부는 더욱 심한 갈등에 빠져들었다. 대북관과 대북정책을 둘러싸고 이른바 남남갈등이 심화되고 확대되면서 남북관계의 화해·협력과는 정반대로 우리 내부의 갈등은 더욱 커졌던 것이다. 남북관계 진전에도 불구하고 북한은 만족할 만한 수준으로 변화하지 않았고 결국 남한 내부에는 대북지원과 남북경협을 '퍼주기'라는 한마디로 폄훼하고 나서는 사람들이 나타났다. 남북관계가 유지되는데도 안보이슈인 북핵문제는 해결되지 않고 오히려 북한이 핵실험을 하는 등 핵능력을 키우자 우리 내부에서는 남북관계가 오히려 북한의 핵무기 개발을 묵인하고 돕고 있다는 비난도 제기되었다. 남북관계와 남남갈등이 동반하게 된 셈이다.

남남갈등의 근본적 원인은 지금의 한반도가 처한 과도기적 상황에서 찾을 수 있다. 즉 지금의 한반도는 냉전이 종식되었지만 아직 탈냉전의 확고한 새 질서가 정착되지 않은 유동적인 과도기적 상황이다. 따라서 남북관계도 화해·협력의 안정적 질서가 확고하게 자라잡지 못한 채 북핵문제의 유동성과 함께 대결적 남북관계로의 퇴행 가능성이 상존하고 있다. 이로 인해 북한은 아직도 우리에게 경계해야 할 적이면서 동시에 화해해야 할 동포의 이중성을 동시에 갖는 존재이다.

한반도를 둘러싼 국제질서가 과거 냉전에서 벗어나 새로운 방향으로 나아가고 있긴 하지만 아직 새로운 국제질서가 완전히 정착되지 못하고 있는 것도 사실이다. 구질서는 사라졌으나 아직 신질서가 완성되지 못한 작금의 상황인 탓에 우리의 대북인식과 대북정책의 방향 역시 과거에 익숙한 냉전적 관점과 새롭게 대두된 탈냉전적 관점이 착종되면서 갈등양상을 보이고 있는 셈이다. 그리고 한반도의 과도기적 상황이 결국은 북한에 대해서도 적(enemy)과 동포(weness)라는 이중적 존재규정을 동시에 가능케 함으로써 일부에서는 아직도 적이라는 관점이 더 강조되는가 하면, 또 다른 일부에서는 이제 더불어 살아야 할 동포라는 관점이 더 역설되는 지금의 현상을 낳고 있는 것이다.[80]

과거 냉전 시기에 익숙했던 대북관과 대북정책은 당연히 적으로서의 북한과 대북강경정책이었다. 남과 북이 분단되어 반세기 동안 전면적 체제 대결과 함께 팽팽한 군사적 대치를 지속하는 상황에서 구성원들이 상대방에 대한 적개심과 적대관계를 우위에 둔 인식을 가지는 것은 자연스러운 일이었다. 냉전구조라는 토대 위에 형성된 대북 적대의식은 당연한 결과였던 것이다. 따라서 냉전이 종식되고 탈냉전의 새로운 질서가 구축되고 상호 적대의 남북관계에서 화해와 공존의 남북관계로의 변화가 굳어진다면, 새로운 정세에 걸맞은 대북관과 대북정책이 자리 잡히게 될 것이다. 그러나 아직 한반도와 동북아는 냉전이 사라졌지만 냉전 이후 질서가 확고하게 자리 잡지 못하여 냉전의 유제와 탈냉전의 변화가 공존하는 과도기적 유동성에 직면하고 있으므로 과거에 익숙한 인식과 변화에 걸맞은 인식이 동시에 착종되어 있다. 바로 이것이 대북관과 대북정책에서 남남갈등의 토양이 되고 있는 셈이다.[81]

---

80 김근식, "남북한 관계의 특성: 과도기의 이중성," 경남대 북한대학원 편, 『남북한 관계론』 (파주: 한울, 2005), 115쪽.

81 김근식, "남남갈등을 넘어: 진단과 해법," 경남대 극동문제연구소, 『남남갈등 진단 및 해소방안』 (마산: 경남대학교 출판부, 2004), 366쪽.

VI. 대북포용정책을 둘러싼 논란: 비판과 반론

대북포용정책을 둘러싼 논란은 크게 3가지로 압축될 수 있다. 포용을 통해 과연 북한이 변화했는가라는 근원적 질문, 정책 추진과정에서 상호주의가 제대로 관철되었는가에 대한 논란, 포용정책의 결과 북한의 핵무기 개발을 용인했다는 비판이다. 이는 곧 포용정책이 목표로 했던 북한변화의 달성 여부와 포용의 방식으로 전제했던 상호주의의 성공 여부 그리고 실제 북한의 군사적 팽창을 봉쇄했는가라는 의문들로서 포용정책의 개념적 전제와 긴밀히 연관된 논란들이다. 교류확대를 통해 상대국가를 변화시킨다는 '기능주의' 개념에서부터 등가의 교환을 전제로 한다는 '상호주의'의 개념 그리고 포용과 '유화정책'은 관련이 없으며 오히려 한국의 포용은 확실한 봉쇄를 전제로 한다는 개념적 전제들에 대한 비판이자 고민인 것이다.

요컨대, 정치·군사적 북한변화의 미흡과 상호주의의 부족 그리고 유화가 아닌 봉쇄를 통한 북핵 폐기의 불확실성이 지금까지 대북포용정책을 실패한 정책으로 단죄했던 핵심 비판들이다. 만약 이런 비판이 타당하고 그 잘못이 바로 포용정책의 근본적 속성에서 비롯된 것이라면 응당 포용정책은 폐기되어야 한다. 그러나 비판이 적실하지 않고 거론된 문제점이 포용정책의 원천적 속성이 아니라 한반도 상황의 특수성에서 비롯된 것이라면 포용의 기조는 유지되어야 할 것이다.

포용정책이 북한을 제대로 변화시킬 수 없다는 주장이 강력히 제기되고 있다.[82] 그런데 이 문제에 관해 논의할 때에는 한국적 개입정책,

---

82 이는 이명박 정부의 대북정책과 비교하면서 기존 대북포용정책의 한계와 실패를

즉 대북포용정책이 분단국가의 상대방을 대상으로 한다는 특성을 충분히 감안해야 한다. 즉 분단체제에서 일방이 타방을 대상으로 개입정책을 펼 경우 상대방은 통일이라는 구심력에 대한 불안감으로 인해 훨씬 더 변화를 주저하고 변화로 인한 체제통일을 두려워할 수밖에 없다. 상대국가가 변화를 수용하기 힘든 현실적 딜레마에 봉착하게 하는 것이다. 이처럼 한국의 포용정책이 분단국 사이의 개입정책이고 따라서 항상 일방이 타방으로 합쳐지는 통일이라는 가능성에 노출되어 있기 때문에 다른 경우의 개입정책에 비해 대상국가인 북한이 훨씬 예민하고 소극적인 대응을 할 수밖에 없다는 점은 실제로 지금까지의 대북포용정책이 비판론자들이 기대하는 만큼의 북한변화를 쉽게 이루지 못하게 하는 현실적 요인이 되고 있다.[83] 이렇게 볼 때, 북한이 대북포용정책에도 불구하고 기대할 만한 수준의 변화를 아직 보이지 않는 것은 포용기조의 잘못 때문이라기보다는 분단국가 사이의 포용이라는 역사적, 구조적 특성 때문인 것이다. 북한의 정치적 변화와 개혁·개방 결단이 바로 남한이라는 존재에 대한 두려움 때문에 쉽지 않음은 심지어 포용정책을 비판하는 논문에서도 인정하고 있다.[84] 유럽의 사례에서 볼 수

지적한 거의 대부분의 연구들이 공통적으로 지적하고 있는 사항이다. 조민, "이명박 정부 대북통일정책 추진방향," 『통일정책연구』 17권 1호 (2008), 9쪽; 박종철, "대북포용정책과 상생공영정책의 비교: 도전과 전략적 선택," 『이명박 정부 대북정책 비전 및 추진방향』, 통일연구원 주최 건국 60주년 기념 통일 심포지엄 발표논문집 (2008.7.18), 20−23쪽.

83 전재성, "대북포용정책의 이론적 고찰," 통일연구원 주최 참여정부 출범 4주년 기념 심포지엄 발표논문집(2007.2.27), 20−21쪽.

84 조민, "이명박 정부 대북통일정책 추진방향," 11쪽. 조민은 "대체세력인 남한의 존재에 대한 두려움이 결단을 더욱 어렵게 만든다"고 주장하며, 각주에는 "중국과 베트남의 경우, 보다 잘살고 자유로운 '반쪽의 조국'인 또 하나의 중국이나 베

있듯이 기능주의적 접근이 상호 동질적인 체제를 염두에 둔 것이었음을 감안하면, 분단 이후 이질화가 심화된 남북관계에 기능주의 접근이 실제 효과를 내기는 그만큼 쉽지 않음을 알 수 있다.[85] 따라서 북한을 상대로 기능주의 접근을 시도하고 있는 한국의 대북정책이 짧은 기간 내에 만족할 만한 북한변화를 이뤄내는 것은 그만큼 어려운 것임을 인정해야 한다.

포용정책이 북한과의 관계에서 상호주의를 충분히 관철하지 못하고 있다는 비판 역시 남북이 이질화된 현실을 감안하지 않고 있다.[86] 상호주의가 처음부터 확고하게 지켜지지 못하는 것은 분단으로 이질화된 남북한 간의 관계가 가진 특수성 때문이다. 남북은 국력과 경제력 및 체제 성격 등의 차이로 인해 상호 유사한 선호도를 가지고 있지 않기 때문에 일반론적인 상호주의 원칙이 기계적으로 적용될 수 없다. 예를 들어, 남한이 요구하는 것이 북한의 입장에서는 남한에게 받게 될 것과는 비교가 안될 정도로 큰 가치를 지니는 것으로 '인식'될 수 있다. 이런 경우 남한의 요구를 북한은 상호주의가 아닌 일방주의로 간주할 수 있는 것이다.[87] 남한의 선도적인 협조와 양보를 북한이 보상하지 않으면

트남이 존재하지 않는다. 개혁·개방 과정에서 흡수당할 우려가 없기에 체제전환을 스스로 결단할 수 있었다"고 한반도적 현실의 특성을 정확히 서술하고 있다.

85 김근식, "대북포용정책과 기능주의: 이상과 현실," 『북한연구학회보』 15권 1호 (2011).

86 대표적으로 김영호, "대북포용정책의 평가: 성과와 한계," 『국제정치연구』 6권 1호 (2003); 김용호, "대북정책과 국제관계이론: 4자회담과 햇볕정책을 중심으로 한 비판적 고찰," 『한국정치학회보』 36권 3호 (2002); 남궁영, "김대중 정부의 대북정책에 대한 비판적 해석: 남남갈등의 쟁점을 중심으로," 『국제정치연구』 7권 2호 (2004); 이경호, "김대중 정부 시기 대북정책과 국가자율성에 관한 연구: 비판적 성찰과 대안의 모색," 『국제정치논총』, 47권 1호 (2007) 등을 들 수 있다.

그에 대한 적절한 응징으로 대처하는 팃포탯(tit-for-tat) 전략이 협력을 유도할 수 있으며, 사실 정부도 이 입장을 견지해 왔다. 그러나 이 경우에도 대북포용을 전제로 한 맞대응 전략이므로 보복의 양이 북한 입장에서 지나치게 과다하면 포용적 관계 자체가 깨어진다는 점에 유의해야 한다. 요컨대 포용정책이 상호주의를 엄격하게 관철하지 못한 주된 원인은 상호 이질화로 인해 남북한의 가치 선호도 차이가 현격해져 등가교환이 어려워진 현실이었다.

한국의 포용정책이 북한의 핵무기 개발을 저지하지 못하고 군사적 도발에 소극적으로 대처하는 등 이른바 확실한 봉쇄 대신 유화의 모습을 보이고 있다는 비판 역시 한반도의 현실을 고려하지 못하고 있다. 봉쇄에도 불구하고 전쟁을 피해야 하는 것이 한반도의 현실이다. 한국의 포용정책은 처음부터 봉쇄를 전제로 한 정책이었다. 포용하되 북한의 무력도발이나 군사행동은 단호하게 대처한다는 포용과 억지의 병행 전략이었다.[88] 김대중 정부의 햇볕정책 제1원칙이 바로 튼튼한 안보 즉 '북한의 무력도발 불용'이었음은 놀라운 일이 아니다. 노무현 정부가 북핵정책의 제1원칙으로 북핵불용을 견지한 것도 당연한 일이었다. 북한의 군사력 증강과 영토적 팽창은 한국의 상황에서 무슨 일이 있어도 저지하고 분쇄해야 한다. 한국의 포용정책은 애초부터 유화정책과는 인연을 맺을 수 없었다. 분단국가로서 북과 대치하고 있는 군사적 현실에서 유화를 수용하는 것은 곧바로 대한민국의 정체성을 훼손하는 것이 되기 때문이다. 한국적 포용은 봉쇄를 전제로 장기적인 차원에서 북한

---

87 박건영, "대북정책의 새로운 접근," 『국제정치논총』 38권 2호 (1998), 103쪽.
88 위의 글, 97쪽.

의 변화를 의도한 것이므로 유화정책과의 공존은 원천적으로 봉쇄되어 있었다.

유화가 아닌 봉쇄를 포용정책의 전제로 견지한다고 해서 전쟁을 불사하고 군사적 수단까지 사용해서 북핵불용과 도발불용을 실천할 수 없는 것이 한반도의 상황이다. 북한의 핵무기 개발을 막아야 하고 군사적 도발에 단호히 응징해야 하지만 봉쇄를 충실히 이행하기 위해 한반도가 잿더미로 변하는 전쟁까지 불사할 수는 없는 것이다. 1994년 북핵위기 당시 미국이 실제로 북한에 대한 군사행동을 상정했을 때 분석한 바에 따르면 전쟁이 개시될 경우 최초 12시간 만에 서울에는 5,000발 이상의 폭탄이 투하되고 전쟁 개시 3개월 이내에 한국군 49만 명, 미군 5만 2천 명의 사상자가 나며 민간피해도 엄청난 규모에 이를 것으로 추산되었다.[89] 이러한 수치는 전쟁이 바람직하지 않다는 점을 넘어, 한반도에서 살고 있는 우리들로서는 결코 받아들일 수 없는 선택임을 입증하고도 남는다. 이처럼 북한의 군사적 팽창과 영토적 야욕에 단호히 대처해야 하지만 전쟁이 아닌 방법으로 이를 이루어야 하는 딜레마에 우리는 봉착해 있다. 그러므로 대북포용정책은 봉쇄의 입장을 견지하면서도 평화적 방법을 끈질기게 사용하는 방식으로 추진될 수밖에 없는 것이다.

요컨대 대북포용정책에 대한 비판으로 제기되는 세 가지 문제점은 하나같이 개입정책이 일반적으로 적용되는 상황과는 차이가 있는 한반도의 현실에 따른 불가피한 딜레마에 기인한 것들임을 알 수 있다. 한국의 포용정책은 탈냉전 이후 불량국가들을 미국이 원하는 방향으로

89 돈 오버도퍼 저·이종길 역, 『두 개의 한국』 (서울: 길산, 2002), 461-463쪽.

변화시키기 위해 선택한 개입정책과 크게 보아 맥락을 같이한다. 그러나 한반도 상황의 특수성으로 인해 조금 다른 결과를 노정할 수밖에 없는 것이다.

VII. 대북포용정책의 발전적 진화: 구조적 포용

한반도적 현실을 충분히 감안하고 대북포용정책의 성과와 한계를 충실히 검토했을 때, 향후 바람직한 대북정책의 방향은 무조건 포용정책을 비난하고 폐기하는 것이 아니라 포용의 기조를 유지하면서 동시에 한반도의 특성에서 비롯된 한계들을 효율적으로 개선하고 극복할 수 있는, 보다 전략적이고 입체적인 포용의 방식을 고민하는 일일 것이다. 포용정책의 잘못이자 대북정책의 실패로 지적된 내용들이 포용정책 자체의 근원적 결함에서 비롯된 것이 아니라 이를 추진해야 하는 한반도의 특수한 현실에서 비롯된 것들이기 때문이다. 이렇게 볼 때, 향후 성공적인 대북포용이 이루어지려면 다방면의 접촉과 교류를 더욱 안정적으로 확대하되 북한의 유의미한 변화 유도, 상호주의 관철, 확실한 봉쇄를 이뤄낼 수 있어야 한다. 이를 위해 향후 대북포용정책은 '구조적 포용'(structural engagement)으로 진화해야 할 것이다.[90]

구조적 포용은 지금까지 축적된 남북관계의 발전을 더욱 안정화하고 제도화하는 것을 의미한다. 지금까지 지속되어 온 경제협력과 사회문화 교류 및 당국 간 대화의 성과를 토대로 경제·사회·문화적 교류를

90 김근식,『대북포용정책의 진화를 위하여』(파주: 한울, 2011).

더욱 안정적으로 구조화하면서, 상대적으로 뒤쳐진 정치적 화해와 군사적 신뢰구축 면에서도 보다 진전된 남북관계를 이루어, 다방면에 걸쳐 접촉과 교류협력이 균등하게 구조화되어야 하는 것이다. 다시 말해, 구조적 포용은 '비가역적인 남북관계의 구조화'를 내포한다.

또한 구조적 포용은 북한의 의미 있는 변화를 고민하는 '전략적 개입'을 염두에 두어야 한다. 개입의 종류로 구분된 관계적 관여와 구조적 관여에서 이제 한국의 대북포용은 구조적 관여를 전략적으로 심각하게 고려해야 한다는 뜻이다. 구조적 관여는 장기적인 전략에 의해 상대국의 확실한 근본 변화를 도모하는 개입전략이다. 따라서 한국의 대북정책은 구조적 포용을 통해 북한체제의 변화에 기여하는 정책방향을 더욱 강화할 필요가 있다. 적대적 대결관계에서 대북포용을 시작할 때에는 당연히 지원과 화해·협력을 우선시하는 관점에서 정책을 수립하고 추진할 수밖에 없었다. 그러나 앞으로의 본격적인 대북포용정책은 본래의 목표인 북한의 변화가 가시화할 수 있는 전략과 방법을 진지하게 고민해야 한다. 요컨대 구조적 포용은 '북한의 구조적 변화를 위한 전략적 개입'을 의미한다.

돌이킬 수 없을 만큼 남북관계를 확대하고 진전시켜 포용을 구조화하면서 동시에 거부할 수 없는 북한의 변화를 이끌어 내기 위해 구조적 개입을 도모해야 한다는 것이다. 그래야만 보수정부가 등장하더라도 하루아침에 남북관계가 중단되거나 파탄나지 않을 것이며, 그래야만 진보 정부가 포용정책을 추진하더라도 북한의 가시적 변화를 이끌어낼 수 있을 것이기 때문이다.

우리는 이명박 정부 들어 너무도 무기력하게 남북관계가 역진하고 퇴행하는 것을 목도했다. 대북포용을 통해 축적했던 남북관계의 경험과 성과가 하루아침에 사라져버릴 수 있음을 깨달았다. 따라서 향후의 대북포용은 정권교체와 상관없이 남북관계가 유지되고 진전될 수 있는, 되돌리기 힘든 구조적 틀을 갖춰야 한다. 남북관계의 제도화와 안정화를 통해 구조적 포용의 기초를 만들어야 한다.

그동안 대북포용정책 논란의 중심에는 항상 북한 변화 여부가 놓여 있었다. 남북관계가 발전하고 확대되었는데 정작 북한은 변화하지 않았다는 비판 앞에 포용론자들은 매번 방어적 해명에 나서야 했다. 퍼주기라는 선동적 정치담론이 먹히는 이유도 북한이 만족할 만한 변화를 하지 않았다는 인식 때문이었다. 따라서 향후의 대북포용은 반드시 북한의 바람직한 변화를 이끌어내는 전략적 개입을 포함하는 것이어야 한다.

구조적 포용을 통해 북한변화를 위한 개입을 하는 것은 통일을 지향해야 하는 입장에서 기능주의적 통합을 가능하게 만드는 데에도 필수적이다. 잘 알려진 것처럼 한국이 추구하는 기능주의적 통합은 이질적 체제가 아닌 동질적 체제 사이에서 가능한 것이다. 정치체제와 경제시스템의 극명한 차이가 존재하는 조건에서는 남북의 평화공존과 화해·협력은 가능하지만 평화적 방법에 의한 통합은 진척되기 어려울 것이다.[91] 따라서 구조적 포용으로 북한의 시장경제의 도입과 정치적 변화

91 이질적인 남북한체제로 인해 기능주의에 입각한 경제공동체의 형성이 어렵다는 주장에 대해서는 구영록, 『한국과 햇볕정책』 (서울: 법문사, 2000), 227-229쪽 참조. 또, 전재성은 대북포용정책은 경제협력이 시장평화를 가져오고 시장평화는 정치·군사적 협력으로 이어질 수 있다는 기능적 확산가능성을 전제로 하지만, 자본주의와 비자본주의 국가 간의 비자본주의적 시장을 통한 경제협력이 자유주의적 복합상호의존을 결과할 수 있는지는 불확실하다고 지적하고 있다. 전재성, "한반도 평화체제와 한반도 민주평화," 서울대 통일연구소 심포지움 발표논문 (2007.10.10), 109쪽.

를 상당한 정도로 끌어내야 남북한 간 체제의 이질성이 완화되고 기능주의적 점진적 통합도 가능해질 것이다. 결론적으로 향후 대북포용정책은 구조적 포용정책으로 발전해야 하며 이를 통해 남북관계는 지금의 화해·협력과 교류증진의 단계를 넘어 명실상부한 평화공존과 북한변화의 단계로 진화해야 한다. 그러나 구조적 포용이 성공하기 위해서는 북핵문제의 해결과 북미관계의 개선이 반드시 병행되어야 한다. 지금까지의 경험을 통해 충분히 드러났듯이 현실적으로 한국의 대북포용정책은 미국과는 달리 약소국의 포용이므로 한계가 있을 수밖에 없다.[92]

2000년 남북정상회담으로 남북관계가 크게 진전되었음에도 그해 겨울 클린턴 대통령의 방북이 무산된 이후 부시 행정부가 출범하자 북미갈등이 첨예해졌고 한국의 포용정책 유지에도 불구하고 남북관계는 정체되거나 교착될 수밖에 없었다. 노무현 정부의 대북포용정책에도 불구하고 북한의 핵실험과 북미 갈등의 고조는 결국 남북관계에 찬 물을 끼얹고 말았다. 그리고 북미 협상의 진전으로 핵문제가 가닥을 잡아간 연후에야 남북한은 정상회담을 열 수 있었다. 한국의 대북포용이 아무리 진전되고 그로 인해 북한이 변화한다 하더라도 미국의 대북 개입정책이 성공하지 못하고 북미 간 갈등이 지속된다면 북한의 성공적 변화는 제한적일 수밖에 없을 것이다. 미국으로부터의 안전보장과 체제인정이 담보되지 않은 상황에서 북한의 변화는 본질적 변화가 아닌 피상적 변화에 그칠 수밖에 없을 것이다. 결국 북핵문제 해결로 미국의 대북포용이 일관되고 성공적으로 진행되어야 한국의 대북포용도 그 빛을

92 전재성, "관여정책(engagement)의 국제정치이론적 기반과 한국의 대북정책," 244쪽.

발하게 되고 가시적 성과를 낼 수 있는 것이다. 이른바 미국과의 '공동관여' 혹은 '공동포용'(co-engagement)이 진행될 때에야 한국의 대북포용정책도 비로소 소기의 목적을 달성할 수 있게 된다.

또한 구조적 포용이 성공하려면 한반도적 특수성에 유의하면서 이를 전략적으로 적절히 조절할 수 있어야 한다. 통일을 지향해야 하는 한반도적 특성 때문에 북한 변화를 통한 체제동질성 확보가 포용정책의 주요 과제로 설정되어야 한다. 북한의 의미 있는 변화를 얻어내기 위해서는 상호주의의 작동방식에 대한 보다 면밀한 고려가 있어야 한다. 유연한 상호주의를 기조로 하되 팃포탯 전략 역시 북한의 태도와 행태를 바꾸는 데 활용될 수 있도록 포용정책의 전략적 작동방식을 보완해야 한다. 즉 구조적 포용이 성공하기 위해서는 유연한 상호주의와 팃포탯의 맞대응 모두가 북한을 효과적으로 변화시키는 방향으로 작용할 수 있도록 면밀한 검토를 거쳐 활용되어야 한다. 그러나 북한의 변화를 가능케 하는 구체적 방식을 고민한다고 해서 대북포용이라는 근본적 기조를 흔들어서는 안 된다는 점을 늘 유념해야 한다.

북한의 변화를 이끌어내는 구조적 포용은 엄격한 상호주의나 개혁·개방 유도를 위한 대북 압박과는 본질적으로 다른 것이다. 구조적 포용은 북한을 화해·협력의 상대로 인정하고 북한과의 신뢰에 기반하여 북한 스스로의 변화를 촉진해야 한다. 개혁·개방을 이끌기 위해 북한에 정치적 압력을 가하거나 혹은 북한의 변화 정도와 연계하여 대북지원과 경협을 추진하는 상호주의는 사실상 강압을 통해 북한의 변화를 강요하는 방식이다.[93]

93 개혁·개방을 조건화하여 압박을 가하는 것이 아니라 북이 긍정적 방향으로 개

결론적으로 향후 대북포용의 방향은 '남북협력관계의 비가역적 구조화'와 '북한의 구조적 변화를 위한 전략적 개입'의 성격을 모두 가지는 구조적 포용으로 발전해야 한다. 포용의 기조를 유지하는 동시에 한반도적 특성으로 인해 충분한 성과를 내지 못했던 북한 개혁·개방 유도, 상호주의 관철, 북핵 폐기 등의 과제가 보다 효율적으로 추진될 수 있는 전략적 포용을 고민하고 추진해야 한다.

VIII. 결론을 대신하여: 그래도 포용이다!

북한과의 화해·협력을 증진시키고 한반도 평화를 정착시킴으로써 북한의 바람직한 변화를 견인하는 포용이야말로 탈냉전 시대에 가장 적합한 우리의 대북정책 기조이다. 관계 확대를 통해 상대방의 변화를 도모하는 이른바 탈냉전 시대의 개입정책이 우리에게는 바로 대북포용정책인 셈이다. 경제협력을 활성화함으로써 정치·군사적 신뢰와 협력이 가능하다는 이른바 기능주의의 희망도 우리에게는 여전히 정당하다. 개성공단이 가동되고 금강산 관광이 활성화되고 철도와 도로가 연결되는 남북경협은 비무장지대 출입을 위해 남북의 군사적 신뢰가 형성되게 하고, 역으로 군사적 신뢰증진은 남북경협을 더욱 증대시키는 선순환의 구조를 가지고 있다. 남북관계의 끈을 놓지 않는 것은 한반도 정세와 동북아 질서와 관련된 우리의 대외전략이 힘을 갖게 하는 핵심

혁·개방을 하는 경우에 이에 대한 인센티브로서 북에 혜택을 제공하는 것이 포용의 기조를 견지하며 북한의 변화를 유도하는 방식이다.

요소이다. 남북관계를 망실하면 대외전략이 실종되는 것이 바로 그 때문이다. 그러므로 대외정책 면에서 가장 우선적인 과제는 하루빨리 대북포용으로의 복귀를 통해 남북관계를 '리셋'하는 것이다.

앞으로의 대북정책이 포용기조로 단순 복귀하는 것에 그쳐서는 안 된다. 대북강경에서 벗어나 대북포용으로 복귀하는 것은 당연하지만 그 복귀가 과거의 모습을 그대로 되찾는 것이어서는 곤란하다. 과거의 모습 그대로의 복귀가 아니라 미래를 지향하는 발전적 복귀여야 하는 것이다. 다시 말해 김대중 정부와 노무현 정부의 대북포용정책으로 회귀하는 것이 아니라 보다 진화된 포용정책으로 나아가야 한다. 한반도를 둘러싼 환경은 이미 변화하였고 앞으로도 지속적으로 변화할 것이기 때문이다.

대북 압박과 강경이 아니라 화해와 협력의 남북관계를 통해 한반도에 평화를 증진시키고 북한의 바람직한 변화를 유도한다는 원론적 의미의 포용정책은 반드시 고수되어야 한다. 그러나 포용정책의 기조가 유지되는 가운데 그 구체적 내용은 변화된 환경에 맞게 진화할 필요가 있다. 진화론에 따르면, 변화된 환경에 가장 잘 적응하는 개체가 지배적인 종으로 자리 잡는다. 이런 맥락에서 포용정책 역시 변화된 환경에 부합하는 진화를 끊임없이 시도해야 한다. 북한의 정세와 우리 내부의 정세 그리고 남북관계 차원의 변화와 동북아 정세 등이 복합적이고 다층적으로 포용정책 추진의 환경을 구성하고 있다. 이러한 환경이 지금까지 어떻게 변화해 왔고 앞으로는 어떻게 변화해 갈 것인지를 면밀히 파악하면서 포용정책의 내용과 적용방식을 끊임없이 보완해 나간다면 북한의 변화와 남북한의 평화공존이라는 목표를 이루어 낼 수 있을 것이다.

강정구. 1999. “김대중 정부 통일정책의 평가와 전망,” 『진보평론』, 창간호 (가을).

구영록. 1988. 『인간과 전쟁』. 서울: 법문사.

구영록. 2000. 『한국과 햇볕정책』. 서울: 법문사.

김근식. 2000. “연방제와 연합제의 공통성 인정: 통일접근 방식과 평화공존에 합의,” 『아태평화포럼』 39호 (7월)

김근식. 2003. “연합과 연방: 통일방안의 폐쇄성과 통일과정의 개방성: 6·15 공동선언 2항을 중심으로,” 『한국과 국제정치』 19권 4호 (겨울).

김근식. 2005. “남북한 관계의 특성: 과도기의 이중성,” 경남대 북한대학원 편, 『남북한 관계론』. 파주: 한울.

김근식. 2006. “남북정상회담과 6·15 공동선언: 분석과 평가,” 『북한연구학회보』 10권 2호.

김근식. 2011. “대북포용정책과 기능주의: 이상과 현실,” 『북한연구학회보』 15권 1호.

김근식. 2011. 『대북포용정책의 진화를 위하여』. 파주: 한울.

김근식. 2013. “남북관계 무엇이 문제인가?: 성찰과 고민,” 한국문제연구회 창립 50주년 기념 특별학술회의 자료집 (10.29).

김근식. 2013. “박근혜 정부 남북관계 평가: 신뢰형성의 원칙과 유연함이 필요,” 『한반도 포커스』 25호 (9-10월).

김대중. 2004. “희망과 번영의 새천년을 열어나갑시다: 김대중 대통령의 1999년 8.15 경축사,” 『21세기와 한민족: 김대중 전대통령 주요 연설·대담』. 서울: 돌베개.

김영호. 2003. “대북포용정책의 평가: 성과와 한계,” 『국제정치연구』 6권 1호.

김용호. 2002. “대북정책과 국제관계이론: 4자회담과 햇볕정책을 중심으로 한 비판적 고찰,” 『한국정치학회보』 36권 3호.

김일성. 1991. “신년사,” 『로동신문』 1.1.

김학노. 2005. “평화통합전략으로서의 햇볕정책,” 『한국정치학회보』 39권 5호.

남궁영. 2004. “김대중 정부의 대북정책에 대한 비판적 해석: 남남갈등의 쟁점을 중심으로,” 『국제정치연구』 7권 2호.

돈 오버더퍼 저·이종길 역. 2002. 『두 개의 한국』. 서울: 길산. (Don Oberdorfer. 2001. *The Two Koreas: A Contemporary History*, new ed. New York: Basic Books).

박건영. 1998. “대북정책의 새로운 접근,” 『국제정치논총』 38권 2호.

박영호. 2001. 『남북한 평화공존과 대북정책』. 서울: 통일연구원.

박종철. 2008. “대북포용정책과 상생공영정책의 비교: 도전과 전략적 선택,” 『이명박 정부 대북정책 비전 및 추진방향』, 통일연구원 주최 건국 60주년 기념 통일 심포지엄 발표논문집 (7.18).

이경호. 2007. “김대중 정부 시기 대북정책과 국가자율성에 관한 연구: 비판적 성찰과 대안의 모색,” 『국제정치논총』 47권 1호.

전재성. 2003. “관여정책(engagement)의 국제정치이론적 기반과 한국의 대북정책,” 『국제정치논총』 43권 1호.

전재성. 2007. “대북포용정책의 이론적 고찰,” 통일연구원 주최 참여정부 출범 4주년 기념 심포지엄 발표논문집 (2.27).

전재성. 2007. “한반도 평화체제와 한반도 민주평화,” 서울대 통일연구소 심포지움 발표논문집 (10.10).

조민. 2008. “이명박 정부 대북통일정책 추진방향,” 『통일정책연구』 17권 1호.

클린턴. 2004. 『마이 라이프』. 안양: 물푸레. (Bill Clinton. 2004. *My life*. New York : Knopf).

통일부. 2001. 『2001 통일백서』. 서울: 통일부.

통일부. 2003. 『국민의 정부 5년 평화와 협력의 실현』. 서울: 통일부.

“현단계 남북정세와 통일논의.” 1998. 『통일시론』 창간호 (겨울).

Resnick, Evan. 2001. “Defining Engagement,” *Journal of International Affairs,* vol. 54, no. 2 (Spring), pp. 551–566.

제11장

김대중 시대의 한·미관계: '성숙한 동반자관계'의 역사와 현재적 함의

김준형 | 한동대 교수, 정치학

I. 서론: 두 개의 미국

해방 이후 한국사회의 인식체계 내에는 두 개의 상반된 미국이 존재해왔다. 하나는 제2차대전 이후 세계최강의 군사력과 경제력을 갖추고 한국을 제국주의 일본의 압제로부터 벗어나는 데 결정적인 역할을 했으며, 이후 전쟁과 빈곤의 나락으로부터 구해준 '구원자'와 '보호자'로서의 미국이다. 대한민국이 식민지에서 벗어나 근대국가를 건설하는 과정에서 미국이 담당한 역할에는 그야말로 '절대적'이라는 단어가 어울릴 것이다. 남한은 미국의 일방적인 원조를 통해 연명하였고, 이후 미국식 시장자본주의를 받아들여 경제발전을 이루었다. 또한 분단이라는 치명적인 안보환경을 미국과의 군사동맹으로 극복해왔다. 이렇듯 정치 및 군사는 물론이고, 경제, 사회, 문화 등 모든 분야에서 느껴지는 미국의 긍정적 존재감은 부인하기 어렵다.[94]

한국사회 속에 존재하는 또 하나의 미국은 긍정적이지만은 않다. 이는 제국주의 일본의 전력에 눈을 감고 그 부흥을 도왔으며, 한반도를 희생물로 삼은 냉전구조와 분단의 책임에서 자유롭지 못한 미국이다. 또, 대한민국이 경제발전과 민주화를 이루는 데 공헌한 바를 무시할 수 없다하더라도, 그 과정의 여러 지점에서 미국은 독재정권들을 비호했고, 패권경쟁의 수단으로 한미동맹을 이용하였으며, 미국의 이익을 한반도의 안보보다 우선적으로 고려하였다. 세계의 모범인 미국 민주주의가 한국의 민주화에 긍정적인 영향을 미친 것은 사실이지만, 미국은 스스로의 이익을 위해 한국의 민주화에 역행하는 행태를 보인 적도 많다. 이런 점에서 미국이 선량한 구원자와 보호자의 모습만을 가진 것은 아니라는 인식이 우리 안에 존재한다.[95]

물론 어떤 국가 간의 관계도 일면적으로만 인식될 수 없으며, 긍정과 부정의 양면성을 가지는 법이다. 그러나 한미관계를 이런 일반적 양면성으로 치부하기에는 우리 사회에의 파급효과가 너무도 크다. 한국사회에 자리 잡게 된 두 개의 미국은 서로에게 영향을 미침으로써 보다 객관적이고 균형적인 대미인식으로 발전하지 못하였다. 오히려 시간이 갈수록 편향된 이미지를 주장하는 배타적 진영들로 나뉘어 싸우는 이념투쟁의 원인이 되어갔다.

전자의 미국관에 충실한 보수 세력에게 미국은 대한민국을 잘 살게

94 한국 현대사에서 미국이 미친 영향의 범위에 대한 논의는 김영명,『한국현대정치사: 정치변동의 역학』(서울: 을유문화사, 1992), 188-189쪽; 박명림, 『한국전쟁의 발발과 기원 II: 기원과 원인』(서울: 나남출판사, 1996), 10장 참조.

95 미국은 독재의 보호자이면서 동시에 민주주의의 후원자라는 이중의 정체성을 가지고 있다. 김준형,『미국이 세계최강이 아니라면』(서울: 뜨인돌, 2008), 177-179쪽.

해준 구원자이며, 생존을 위해 반드시 의지해야 할 대상이었다. 이들 보수세력은 자신들의 미국관을 거부하거나 반대하는 사람들에게 배은망덕하다는 비판을 가한 것은 물론이고 종북 또는 친북의 프레임을 씌웠다. 전자의 미국관에 충실한 이들은 김대중 정부와 노무현 정부 10년 이외에는 줄곧 권력을 독점해왔으며, 친미노선을 권력 유지를 위한 마지노선으로 삼았다. 따라서 미국이 한국에 대해 무관심하거나, 한국을 차별하거나, 한국의 의사와 상관없이 일방적인 정책을 밀고 나간다 하더라도 반기를 들 수 없었다. 미국은 한국의 생존을 위해 어떤 경우에도 매달려야 하는 '생명의 동아줄'이라는 신화가 이들에게 내재되어 있다.

이와 달리 한국과 미국의 이익은 일치하지 않을 수 있고, 미국도 자신의 이익을 우선하는 국가이며, 아무리 미국의 입장이라 해도 우리의 국익보다 앞세울 수 없다는 저항적 인식들이 생겨났다. 이런 인식을 가진 사람들이 독재체제에 저항하면서 미국에 대해 비판적 견해를 피력하기 시작했다. 반독재에는 한목소리를 내는 사람들도 미국에 대한 비판의 스펙트럼은 다양했다. 미국을 독재의 적극적 비호세력이자 제국주의 국가로 비판하면서 미군철수나 동맹철폐를 주장하는 세력, 미국에 대해 비판적이지만 분단질서 아래 사는 한 미국에 의지할 수밖에 없다는 현실론자들, 미국의 역할만큼은 인정해야 한다는 세력 등이 공존하였던 것이다. 이들 중 적극적인 반미세력은 규모도 크지 않았고, 1980년 광주민주화운동과 2002년 두 여중생 사망 이후 등 몇몇 시기를 제외하고는 이들에 대한 국민의 지지도 높지 않았다. 더욱이 민주화가 달성되고 냉전이 종식된 후에는 적극적 반미세력이 설 땅이 점점 좁아졌다.

이렇게 볼 때, 이념적 또는 신화적 대미인식을 지닌 사람들은 인식의 편향성을 유지해 온 반면, 비판적 대미인식을 가진 사람들은 시간이 흐르면서 균형을 잡아왔다고 할 수 있다. 전자의 인식을 가진 사람들이 권력을 독점하다시피 해왔고, 그 권력의 핵심기반이 반북·친미였다는 점이 편향적 인식이 내구성을 가지는 데 막대한 기여를 했다.[96] 이런 가운데 최초의 진보정권인 김대중 정부가 출범하였고, 한미관계는 새로운 차원으로 진입했다. 김대중 정부는 출범 당시부터 미국에 대한 절대적 의존이나 동맹지상주의에서 탈피하기위해 독자적인 외교 전략을 추진했다. 특히 이전의 정부들과는 전혀 다르게 북한을 배제와 타도의 대상이 아니라 포용과 협력을 통해 점진적인 변화를 이끌어내는 대상으로 간주하였다. 대결을 통해서는 한반도 긴장을 해소할 수 없으며, 대화와 협력을 통해 상생의 길을 모색하자는 것이었다. 이러한 '햇볕정책'은 초기에 국민들의 지지를 받았는데, 국제정치적으로 냉전체제가 붕괴하고 한반도의 대결구조가 약화되면서 안보담론이 약화된 것이 주된 원인이었다.

미국이 북한에 대해 한국 정부와 같은 생각을 하고 있었던 것은 아니다. 1990년대 초에 불거진 북한의 핵무기 및 미사일 개발은 미국의 세계전략에 반하는 것이었다. 비록 1994년 북미 제네바합의를 통해 핵개발은 동결되었으나 그 이후의 진전이 순조롭지 않았기에 미국은 북한에 대한 의심을 거두지 않고 있었다. 그러나 김대중 대통령은 과감하게 대북정책의 변화를 선도했고, 클린턴 행정부를 설득하는 데 성공하였다. 이 때문에 1998년 2월 김대중 대통령이 취임한 이후 2000년까지

---

96 정일준, "남북한의 대미정책과 미국," 『황해문화』 (2001년 가을), 87쪽.

한국이 대북정책을 주도하고 미국이 이를 지지하는 바람직한 한미공조가 이어졌다. 이 시기는 건국 이후 미국의 절대적인 영향력 아래에서 특히 대북정책과 관련하여 한국이 자율성을 거의 행사할 수 없었던 양국관계사의 일대 전환점이었다고 할 수 있다. 하지만 변화된 상황은 그리 오래가지 않았다. 부시 행정부가 등장하고 9·11 테러가 일어나면서 과거의 패턴으로 되돌리려는 미국의 압박이 거세졌다. 2001년 이후 김대중 정부 2년과 노무현 정부 5년 동안은 미국의 압박 속에서도 북한에 대한 포용정책이 어렵사리 유지되었다. 그러므로 한미동맹 측면에서는 매우 어려운 시기일 수밖에 없었다.

이 글은 김대중 정부 5년을 한미관계에서 역사상 처음으로 진정한 자율성을 모색했던 시기로 평가한다. 한미 양국이 진정한 '성숙한 동반자' 관계로 발전하기 위해서는 지나친 대미의존은 지양되어야 한다. 탈냉전 이후 미-나토동맹이나 미일동맹도 일방적 위계적 관계를 벗어나 보다 동등한 입장으로 변화해왔지만, 유독 한미 간에는 비대칭적 동맹과 냉전적 관성이 여전히 강력한 힘을 발휘하고 있다. 미국의 지속적인 압력 속에서도 어렵게 대미자율성을 확보하려던 진보정부 10년의 노력은 뒤이은 두 보수 정부에 의해 물거품처럼 사라졌다. 최근 한미동맹의 군사주의가 부활하고, 동북아에서 강대국들의 진영간 대결구도가 부상하고 있으며, 악화된 남북관계는 이런 상황의 불쏘시개 역할을 하고 있다. 그러므로 어려운 상황에서도 과감한 햇볕정책으로 한반도의 봄을 가져오는 동시에 성숙한 한미관계를 이끌어냈던 김대중 정부의 노력들을 되짚어 봄으로써 오늘의 현실을 타개할 수 있는 통찰력을 얻고자 한다. 또한 양국으로부터 역사상 최고라는 찬사를 받은 이명박 정부의 한미관계와, 한미동맹 60주년을 맞아 글로벌 파트너십으로 격상된 박근혜 정부의 한미관계의 실상과 허상을 김대중 정부와의 비교를 통해 분석할 것이다.

II. 김대중 시대의 새로운 도전과 한미관계

문민 2기로 불리는 김대중 정부는 미국에서 이념과 대외정책이 다른 민주당과 공화당이 집권한 기간을 차례로 보냈으며 두 기간 동안의 한미관계는 확연한 차이를 드러냈다. 클린턴 행정부 기간에는 한미·남북·북미관계가 선순환하면서 한국의 대미자율성이 제고되었다. 하지만 3년간 가능했던 새로운 차원의 한미관계 모색은 부시 행정부가 들어서면서 곧바로 난관에 부딪쳤다. 이후 김대중 정부는 미국의 공세적 외교를 완충하는 데 모든 에너지를 쏟아야 했다. 이에 따라 대북포용정책을 통한 한반도 평화정착이라는 프로세스는 암흑기로 진입하였다.

1. 김대중-클린턴 집권기의 한미관계

문민 1기 김영삼 정부는 무원칙한 대미정책과 대북정책으로 일관하여 북한과 미국 어느 쪽의 신뢰도 얻지 못한 채 끝이 났다. 집권초기에는 이념보다 민족을 강조하는 등 남북관계와 통일에 대한 전향적 자세를 보였지만, 후반기로 갈수록 3당 합당의 후유증과 북한의 어려운 사정으로 말미암아 흡수통일론이 힘을 얻게 되었다.[97] 당시 북한은 1980

97 3당 합당은 1990년 1월 22일, 당시 집권여당이었던 민주정의당(약칭 민정당)이

년대 말부터 이어진 한국의 공세적 북방정책으로 국제사회에서 소외되었고, 최악의 자연재해와 식량난으로 극도의 체제위협을 느꼈다. 게다가 1994년 7월 김일성이 사망하면서 남한에서는 북한의 붕괴가 공공연하게 논의되었다. 결국 김정일은 김영삼이 집권하는 동안에는 남한과 상대하지 않겠다는 결론을 내리게 된다.

이런 상황에서 역사상 처음으로 여야 정권교체를 이루고, 문민 2기 정부를 출범시킨 김대중 대통령은 기존의 대북정책에 일대 변화를 일으켰다. 북한붕괴론을 폐기하고 북한의 점진적인 변화를 위한 포용정책을 전면에 내세웠던 것이다. 그는 북한이 체제위협을 느낄 정도로 어려운 상황에 직면한 것은 분명하지만, 체제붕괴는 남한 보수 세력들의 희망적 사고일 뿐이라고 판단했다. 또한 남한사회에 미치는 부정적 파급효과가 너무 크다는 점에서 북한의 붕괴가 바람직하지도 않다고 생각했다. 따라서 흡수통일을 배제하고 남북한이 평화적으로 공존하며 기다리다가, 여건이 성숙되면 통일을 이루는 전략을 선택하였다. 이러한 대북정책은 곧 한반도의 평화를 구축하기 위한 노력인 동시에, 그동안 미국에게 절대적으로 의존하던 대북정책에 있어 독자적인 영역을 구축하려는 새로운 시도이기도 하였다.

한국의 대미정책은 한국 정치사회의 변화를 반영하기도 하였으나 미국의 대한반도정책 변화를 반영하는 면이 훨씬 컸다. 그러므로 한국은 미국의 대북정책과 같은 노선을 거의 자동적으로 택하곤 하였다. 그

제2야당 통일민주당(약칭 민주당), 제3야당 신민주공화당(약칭 공화당)과 합당하여 민주자유당(약칭 민자당)을 출범시킨 것을 말한다. 김영삼 정부 집권 초기는 합당세력들 중 대통령의 지지기반인 진보세력이 힘을 발휘하는 기간이었으나 후반부에는 보수세력의 역공이 거셌다.

러나 김대중 정부는 최초로 한국의 주도적이고 자율적인 영역을 확보하려 하였다. 물론 냉전에서 승리한 뒤 미국 대외정책의 유연성이 증가한데다 자유주의적 국제주의를 대외정책의 기본원칙으로 삼는 민주당 정부가 집권하고 있었다는 점도 큰 힘이 되었지만, 김대중 정부의 부단한 노력과 설득이 가장 중요한 변수였던 것이 사실이다. 김대중 정부 이전까지 한국은 대북정책 면에서 미국의 주도권을 그대로 수용하였다. 한국 측의 불만이 커져서 한미관계가 나빠진 적은 여러 차례 있었다.[98] 그러나 한국이 정책전환을 주도하고 미국이 이에 동의한 것은 김대중–클린턴 집권기가 처음이었다. 클린턴 정부와 함께했던 1998년~2000년은 짧은 기간이었지만 이러한 한국주도의 대북정책이 꽃을 피운 시기였다.

여기에는 김대중 대통령 개인의 철학과 비전도 큰 역할을 했다. 오랫동안 북풍이나 용공조작의 최대 희생자 중의 한 명이었던 그는, 북한 위협을 과장함으로써 국민의 안보 불안심리를 자극하고 이를 동맹의 절대성으로 연결해 권력을 잡았던 이전의 대통령들과는 확연히 달랐

98 미국의 정책을 수긍하지 않은 이승만의 북진통일론, 1·21 사태와 푸에블로호 사건을 미국이 처리하는 방식에 대한 박정희의 불만, 클린턴의 김일성 조문에 대한 김영삼의 불만 등이 대표적인 예이다. 박명림은 역대 한국정부들이 진보와 보수를 막론하고 미국에 대해 접근과 순응이 아니라 저항과 도전으로 말미암아 종속을 피할 수 있었고, 한미관계가 성공적으로 유지되었다고 주장한다. 주장의 근거로 역대 양국 정부 사이에 갈등이 없었던 시기가 거의 없다는 점을 들고 있다. 하지만 양국 정부의 갈등이 미국의 정책에 영향을 끼칠 정도의 변수가 되지 못했다. 특히 대북정책에 관해서는 거의 자율성이 없었다는 점과 친미는 용공조작과 함께 보수정권 권력유지의 가장 유용한 수단이었다는 점에서 박명림의 평가는 과장된 면이 있다. 박명림, "순응과 도전, 적응과 저항: 미국의 범위와 한미관계 총설," 『역사비평』 통권 86호 (2009년 봄).

다. 1998년 6월에 열렸던 한미정상회담은 새로운 대북정책의 출범을 한미 양국이 공식적으로 확인하는 자리였다. 클린턴 정부가 처음부터 김대중 대통령의 햇볕정책을 기꺼이 지지한 것은 아니었다. 미국은 핵무기를 포함한 대량살상무기 확산 방지에 주력하고 있었기에, 북한의 미사일과 핵 개발에 극도로 예민해져 있었다. 햇볕정책은 문제의 심각성에 비해 지나치게 온건한 접근이며 북한에게 일방적으로 양보함으로써 북한으로부터 가시적인 반응을 끌어내기는 어려울 것이라고 미국은 판단했다.[99]

그럼에도 불구하고 클린턴 대통령은 김대중 대통령의 리더십과 민주화투사로서의 역정에 경의를 표했으며,[100] 김대중 대통령의 끈질긴 설득을 수용하였다. 그리고 대북정책에서도 한국의 주도적 입장을 인정하고 지지하겠다는 뜻을 밝혔다. 클린턴은 한국이 대북정책의 운전석을 맡고 미국이 조수석에서 지원하는 것이 바람직하다는 의미 있는 언급도 덧붙였다.[101] 클린턴 행정부는 구체적인 후속지원으로서 4자회담을 보완적으로 추진하였으며, 미국의 대북 경제제재 완화 문제를 남북교류협력의 증진과 연계하여 검토함으로써 북한의 개혁과 개방을 끌어내기로 합의했다.[102] 김대중 정부는 미국의 지원과 동조에 힘입어 남

---

99 To-hai Lion, "U.S.-South Korea Relations under Kim Dae-jung and Beyond," *Tamkang Journal of International Affairs*, Vol. 9, No. 2 (2005), p. 57.

100 당시 미국의 조야는 김대중을 넬슨 만델라와 비교할 정도로 존경심을 가지고 있었다. 미국 망명시절 쌓았던 폭넓은 인적네트워크 역시 큰 역할을 했다.

101 임동원, 『피스메이커』 (서울: 중앙북스, 2008), 377쪽.

102 이를 두고 워싱턴포스트는 '기다리고 따라가기 정책(wait-and-follow policy)'이라고 표현했다. Chico Harlan, "U.S. Won't Push South Korea on North," *Washington Post* (October 6, 2010).

북관계 증진에 박차를 가했는데, 정경분리에 기초한 남북경제협력활성화조치를 발표해 남측 기업의 대북진출을 장려했다.[103] 이러한 노력으로 결국 2000년 6월의 극적인 남북정상회담을 이끌어내며 남북관계의 새로운 장을 열었던 것이다.

2. 김대중–부시 집권기의 한미관계

김대중–부시 행정부 시기의 한미관계는 북한 핵문제에 의해 크게 좌우되었다. 부시 대통령은 집권하자마자 클린턴 행정부의 대북포용정책을 전면 재검토하고 엄격한 상호주의와 검증절차를 강화했으며, 남한에도 대북강경책에 동조할 것을 때로는 암묵적으로, 때로는 명시적으로 압박했다.[104] 대북포용정책에 대하여 어차피 붕괴할 북한정권을 지원할 필요가 없으며 오히려 붕괴를 촉진시키는 것이 더 낫다는 레짐교체론(regime change)이 클린턴 행정부 당시에는 비주류의 의견으로 수면아래에 머물렀으나 부시정권 등장 후에는 대세로 부상했다.[105] 이 때문에 2000년 남북정상회담을 전후로 최고조에 올랐던 화해무드는 급속하게 냉각되어갔고, 한미관계도 어려워졌다. 미국의 집권당 교체로 남한의 대외정책 자율성이 즉각적으로 제한된다는 것은 한반도에서

---

103 이 조치의 결과들 중 일부가 현대그룹 정주영 회장이 500마리의 소떼를 몰고 판문점을 건너간 것과 금강산관광개발을 시작한 것이었다.

104 Condoleezza Rice, “Promoting the National Interest,” *Foreign Affairs*, Vol. 70, No. 1 (January/February, 2000), pp. 45–62.

105 Nicholas Eberstadt, “Hastening Korean Reunification,” *Foreign Affairs*, Vol. 76, No. 2 (1997), pp. 79–80; Karen E. House, “Let North Korea Collapse,” *Wall Street Journal* (February 21, 1997), p. 14.

미국의 영향력이 얼마나 절대적인가를 재확인해주는 것이었다.

김대중 정부는 부시 취임 초기에만 하더라도 대북정책이 크게 변하지 않을 것이라는 기대를 가졌고, 따라서 미국과의 접촉을 통해 대북포용정책을 지속하고자 하였으며, 노력여부에 따라 미국을 설득할 수 있다고 믿었으나 이는 오산이었다. 양국관계는 첫 방미 시의 정상회담에서부터 틀어졌는데, 부시 대통령은 김대중 대통령을 외교적 결례에 가깝게 무시하였고, 햇볕정책에 대해서도 의문을 제기하였다. 부시의 대북 적대감은 김대중 대통령의 어떤 설득에도 흔들리지 않았다.[106] 설상가상으로 미국정부가 최우선순위를 두고 추진하려했던 미사일방어체계(MD, Missile Defence)에 대해 한국이 미온적인 반응을 보이자 부시 대통령과 김대중 대통령의 첫 정상회담은 최악의 결과를 낳았다.

대선 유세과정에서부터 대북강경정책 기조를 내비친 부시 정권은 연속적인 대북강경발언과 더불어 클린턴 행정부 당시의 대북정책을 전환한 것은 물론이고, 남북관계의 진전에도 제동을 걸었다. 첫 단추부터 제대로 끼울 수 없었던 김대중 정부는 임기 내내 선한 중재자로서 미국과 북한 사이에서 관계개선을 이끌어내려 노력했지만 결국 성공하지 못했다. 클린턴 정부 당시 강경했던 페리를 설득하여 포용적인 페리 프로세스를 이끌어냈던 외교력이 이번에는 발휘되지 못했던 것이다. 미국은 자국의 이익과 정책우선순위를 한국을 위해 재조정하려는 어떤 노력도 보이지 않았다. 이는 김대중 정부 외교력의 문제라기보다는 당

---

106 Charles Jack Prichard, *Failed Diplomacy: The Tragic Story of How North Korea Got the Bomb* (Washington, D.C.: The Brookings Institution, 2007; 프리차드 저·김연철·서보혁 역, 『실패한 외교』 (서울: 사계절, 2008), 94쪽.

시 워싱턴을 장악한 네오콘들의 구상 속에 북한에 대한 포용정책이 침투할 틈이 없었기 때문이다. 그들에게 북한은 포용의 대상이 아니라 배제와 제거의 대상일 뿐이었다.

2001년 9·11 테러사건 이후 미국은 외교적으로 더욱 공세적인 자세를 취하였고 이전부터 미미했던 북미관계 개선 가능성은 완전히 사라져버렸다. 이후 미국의 대북정책에서 한국 정부의 의견은 무시되었고, 미국은 테러방지와 대량살상무기 확산방지의 차원에서만 북한문제를 바라보았다. 햇볕정책이 성공하려면 북미관계 개선이 필수조건인데, 부시 행정부 출범이후 북미관계는 악화일로를 걸었다.[107] 사실 공화당은 아들 부시가 집권하기 훨씬 전부터 제네바합의를 못마땅하게 여겼으며 무효화하고 싶어 했다. 결국 네오콘들은 우라늄농축 카드를 이용해서 제네바합의를 폐기하는 데 성공했는데, 그것도 미국이 아닌 북한의 합의위반으로 만들면서 그동안 꾸준히 유지되어왔던 한반도의 해빙무드를 일거에 반전시켰다. 이렇게 되자 북한도 핵시설의 봉인을 해제하였고, 국제원자력기구 감시단을 추방한 뒤 핵확산금지조약 탈퇴 선언으로 대응하였다. 1994년 1차 핵위기를 해소했던 제네바합의는 8년 만에 역사의 뒤안길로 사라졌고 한반도에는 2차 핵위기가 닥쳤다.

냉전을 태생적 기반으로 하는 한미동맹은 탈냉전을 맞으면서 자연스럽게 변화의 기회를 맞았었다. 엄격하게 말하자면, 냉전 종식은 한미관계를 받치고 있는 중요한 기둥이 사라진 것을 의미했다. 냉전의 붕괴

---

107 Sebatian Harnische, "U.S.–North Korea Relations under the Bush Administration: from 'Slow Go' to No Go," *Asian Survey,* Vol. 42, No. 6 (November/December 2002), p. 877.

가 곧 분단구조의 종식으로 이어진 독일과는 달리 한국은 여전히 분단구조가 지속되었기에 한미동맹이 완전히 종식되는 것은 아니었지만, 양극질서가 무너지고 미국이 세계 유일의 패권국으로 부상하자 동맹체제의 정당성은 약화되었다.[108] 미국은 이에 상응하는 대외정책의 변화를 모색했고, 한반도에서는 남북정상회담으로 대표되는 화해무드가 동맹의 축소를 요구하는 변수로 작용했다. 이렇듯 탈냉전 초기에는 한미 양국이 동맹의 축소를 통한 재소정에 공감했었다. 그러나 탈냉전의 세계는 많은 사람들의 기대와는 달리 평화롭지 않았으며, 냉전을 대체할 질서를 파악하기 어려운 불안정한 정세가 이어졌다. 특히 냉전구조의 소멸이 독일통일과 동서통합을 가져온 유럽과는 달리 동북아에서는 강대국들의 패권경쟁과 남북분단의 지속으로 동맹체제가 여전히 힘을 발휘했다.

북한의 핵무기개발과 중국의 급격한 부상이 미국으로 하여금 한미동맹과 미일동맹의 강화 필요성을 더욱 절감하게 하였다. 이런 미국의 움직임과는 달리 한국의 김대중·노무현 두 진보 정부는 한편에서는 대북화해정책을 계속 추진하였고, 다른 한편에서는 대미 자주성 확보에 노력하면서 부시 행정부의 노선과 갈등을 겪었다. 한미동맹은 출범 이후 가장 어려운 시간을 보냈는데, 가장 큰 이유는 위협인식의 차이였다.[109] 냉전소멸로 북방의 위협이 감소하면서 초래된 위협인식의 약화

---

108 김성한, "한반도 안정 위한 민주적 동반자 관계로," 『북한』 (2002년 3월), 41쪽.

109 동맹이론의 대가인 스테판 왈트의 지적처럼 동맹은 주로 외부의 위협에 대항하기 위해서 형성되는데 만일 공통의 외부위협에 대한 동맹 당사자들의 인식이 상이해진다면 기존 동맹관계는 약화되거나 와해될 수 있다. Stephan M. Walt, "Why Alliances Endure or Collapse," *Survival,* Vol. 39, No. 1 (Spring 1997), pp. 156–179.

는 자연스러운 결과였으며, 미국이 내세운 테러에 관한 위협인식을 한국이 동일하게 가질 수는 없었다. 당시의 한미관계가 어렵게 된 것은 김대중 정부의 자주적 대북정책보다는 일본을 포함한 주변국들과도 유리되었던 부시 행정부의 일방적이고 강경한 대외정책의 탓이 더 크다는 점이 분명하게 지적되어야 할 것이다.[110]

결과적으로 지나치게 대미의존적인 동맹의 특성상 한국 정부가 드러낸 입장의 차이는 미국에 대한 배은망덕과 도전으로 간주되었고, 국내 보수세력의 반발을 불러일으켰다. 보수세력은 클린턴 행정부 당시 한미 공조가 순탄하게 이어지고, 남북한 화해와 협력관계가 국민들의 고른 지지를 받을 때는 위축되었으나 한미관계가 난항을 겪고 북미관계가 악화되자 곧바로 반격에 나서 진보 정부의 햇볕정책을 거세게 몰아붙였다.[111]

III. 김대중 정부와 이명박 정부의 한미관계

김대중과 노무현이 이끌던 진보 정부 시기의 한미관계는 지도자의 철학과 국내정치적 이해관계에 크게 영향을 받았다. 기본적으로 북한에 대한 포용정책을 어떻게든 밀고나가 평화로운 한반도를 이루고자

---

110 당시에 한국, 일본, 러시아, 중국은 북한핵문제를 평화적으로 해결하는 것을 선호했던 반면 오직 미국만이 군사적 수단의 사용을 불사한다는 입장을 고수하였다. Dean Nowowiejski, Tamotsu Nakano, and Richard Bush, "Crisis on the Korean Peninsula," *Brookings Institution Asia Survey*, 2002-03.

111 김대중 정부에게는 두 가지 큰 짐이 있었는데, 하나는 여소야대 구조였고, 다른 하나는 금융위기였다. 이로 말미암아 햇볕정책의 추동력은 시간이 갈수록 약해졌다.

했지만, 미국을 지배한 네오콘세력은 전혀 다른 입장을 가지고 있었고, 이는 한미관계를 악화시켰다. 특히 동맹은 위협인식의 공유가 필수였지만, 탈냉전 이후 한국과 미국의 위협인식은 차이를 보일 수밖에 없었다. 탈냉전 초기 아버지 부시와 클린턴 집권 시기만 하더라도 갈등이 크지 않았지만 9·11 이후에는 매우 다른 위협인식을 가지게 되었다. 한국 정부는 대북 위협인식이 약화되었고 탈냉전의 호기를 활용해서 한반도에 평화공존을 달성하겠다는 비전을 가졌던 반면에, 미국은 9·11에 대한 강경한 대응이 우선이었다. 테러리즘과 대량살상무기 확산은 미국에게는 큰 위협이었지만, 한국에게는 당면한 위협이 아니었다. 그러나 미국은 자신들을 향한 포괄적 위협에 북한을 포함시킴으로써 한국을 다시 진영대결이라는 곤란한 지경에 빠뜨렸던 것이다.

이런 맥락에서 이명박 정부의 등장은 한미관계를 다시 전환시켰다. 두 전임정권의 대북 햇볕정책과 자주적 대미관계를 위한 노력들이 한미동맹의 균열을 초래했다고 간주하고, 이를 복구한다는 명분 아래 대북강경노선과 더불어 적극적 친미정책을 폈던 것이다. 북한에 대한 강경책으로의 복귀는 공통의 위협인식이 회복된 것을 의미하였다. 북한 핵개발이 진전된 까닭도 있었지만 9·11 이후 전개된 부시 행정부의 새로운 안보패러다임에 한국이 적극적으로 동조한 것이 보다 중요하였다. 구체적으로 살펴보면, 미국의 새로운 전략은 럼스펠드 국방장관이 주도한 이른바 '해외 주둔군 재배치계획(Global Posture Review, GPR)'으로, 미군을 주둔군 중심전략에서 신속기동군으로 재편하는 것이었다. 주한미군을 기동군화함으로써 한편으로는 해외주둔 병력을 감축하고, 다른 한편으로는 한반도를 넘어 다른 분쟁지역에도 군대를 파견할 수 있는 '전략적 유연성(strategic flexibility)'을 확보하자는 것이다. 이명박 정부는 동맹의 강화를 통해 갈등에서 벗어나려는 것이 일차적 목적이었지만, 미국의 우선순위는 주한미군의 유연한 운용을 포함하여 세계전략 차원에서 한미동맹을 적극 활용하겠다는 것에 있었다.

이렇게 상이한 동기를 가지고 추진된 동맹조정의 결과가 한미전략동맹이었다. 이명박 대통령과 부시 대통령은 2008년 4월 한미정상회담에서 한미동맹을 '전통적 우호관계'에서 '21세기 전략동맹'으로 격상하기로 합의했다. 정상회담에 앞서 이명박 대통령은 코리아 소사이어티에서의 연설을 통해 전략동맹이란 "21세기 새로운 국제환경에 직면하여 한국과 미국이 한반도와 아시아의 평화 그리고 번영에 기여할 수 있는" 관계라고 설명하였다. 핵심내용으로는 '가치동맹', '신뢰동맹', '평화구축동맹'을 표방했다.[112] 2009년 6월의 한미정상회담에서는 '한미동맹을 위한 미래비전'으로서의 전략동맹을 재확인했다. '미래비전'이라는 이름이 붙었지만, 그 내용을 면밀하게 분석해보면, 한미 간의 극심한 비대칭성, 냉전적 진영외교의 부활, 한국의 연루위험 증가 등 그동안 동맹의 문제점으로 지적된 것들이 유지되거나 강화될 위험성을 담고 있다. 간단하게 잠재적 문제점들을 정리해보면 다음과 같다.[113]

'가치동맹'은 민주주의와 시장경제 같은 가치를 공유하는 동반자로서의 한미관계를 설정한다. 냉전적 군사동맹을 벗어나 미래지향의 가치동맹으로 가야한다는 목표는 일견 바람직해 보인다.[114] 하지만 실제

112 최재영, "한미정상회담, 한반도 틀 벗어나 미 세계전략에 적극적 동참," 『경향신문』 2008.4.20.

113 한미전략동맹에 관한 보다 자세한 비판적 분석은 졸문 참조. 김준형, "동맹이론을 통한 한미전략동맹의 함의 분석," 『동아시아국제정치』 12권 2호 (2009).

114 Michael M. Barnett은 공유된 정체성을 가지고 있는 국가들은 적 개념과 적의

로는 전임정권에서 추진하던 대북화해정책이 한미 양국의 대북위협인식을 약화시키고, 이는 곧 동맹의 응집성 약화로 이어졌다는 판단이 크게 작용한 결과였다. 따라서 '악의 축'이며 '깡패국가'인 북한이라는 공통의 적에 대한 위협인식을 제고하고, 이에 대한 군사협력을 강화하는 것을 가치동맹의 출발로 삼았던 것이다.[115] 이 때문에 가치의 공유는 탈냉전적인 것이 아니라 오히려 냉전적 군사동맹으로 회귀할 가능성을 열어놓은 것이었다. 가치동맹의 또 다른 함성은 미국이 가치 판단을 독점한다는 점이다. 민주주의, 시장, 인권 같은 일반가치에 대해서는 어느 국가나 수용할 수 있지만, 현실적으로 많은 경우에 미국은 자신의 이익을 위해 국제사회와 다른 가치판단을 내리곤 한다. 그런 경우에 한국은 국제사회를 등지고 미국의 편에 서야 하는 곤란한 상황에 처할 수 있다.

둘째, '신뢰동맹'에는 미국의 이익과 관련된 영역을 한국이 적극 지원함으로써 신뢰를 획득하겠다는 의미가 내포되어 있다. 군사동맹에는 '방기(abandonment)'와 '연루(entrapment)' 사이의 본질적인 딜레마가 존재한다.[116] 동맹의 형성부터 현재까지 한국은 연루보다 유난히 방기

위협 개념을 공유하는 경향이 있으며, 공유된 정체성을 가진 국가들은 서로를 가장 적절한 동맹상대국으로 여기는 경향이 있다고 지적했다. "Identity and alliances in the Middle East, In Peter J. Katzenstein (ed.), *The Culture of National Security: Norms and Identity in World Politics* (New York: Columbia University Press, 1996); Frank Schimmelfennig, "The Community Trap: Liberal Norms, Rhetorical Action, and the Eastern Enlargement of the European Union," *International Organization,* Vol. 55, No. 1 (2001), pp. 47–80.

115 이상현, "한미동맹의 변환: 21세기 전략동맹의 비전과 과제," 이상현·송대성 편, 『한미동맹의 변환』 (서울: 세종연구소, 2008), 32쪽.

116 Glen H. Snyder, *Alliance Politics* (Ithaca: Cornell University Press, 1997), pp. 181–183.

에 대한 우려가 많았고, 이것이 맹목적인 대미의존의 원인으로 작용했다. 한국은 미국이라는 강력한 동맹파트너로부터의 방기를 피하기 위해 늘 전전긍긍해왔다. 냉전구조가 소멸되고, 북방으로부터의 위협이 현저히 감소되면서 방기에 대한 두려움은 감소했고, 연루의 두려움은 증가하였다. 이는 냉전 소멸에 따른 자연스런 변화였으며, 이에 따라 김대중·노무현 정부는 대미 자율성과 동등성을 확보하고자 했던 것이다. 그러나 미국은 한국의 동등성 확보 요구를 다르게 해석하였다. 즉 미국이 한국을 돕는 만큼 한국도 미국을 도와야 한다는 동맹의 상호성을 더 강조함으로써 한미관계가 갈등을 겪게 되었다. 방기의 우려에 집착하는 국내 보수세력은 집권하자마자 기존 한미동맹의 역학대로 미국의 이익을 위한 적극 지원을 약속하였고, 이를 신뢰회복의 기초로 삼으려 했던 것이다.

'평화구축동맹'을 핵심으로 내세우는 것에도 문제점이 숨어 있었다. 한미동맹은 전형적 비대칭동맹으로서 약소국인 한국이 안전를 보장받는 대신 강대국인 미국이 한국에 영향력을 행사하는 관계다. 이는 냉전구조 속에서 한국의 안보를 위해 불가피한 측면이 있었다. 그러나 위계적 한미동맹이 개선되지 않은 상태에서의 평화구축동맹은 동맹의 목적을 모호하게 만듦으로써 한국에 대한 미국의 통제력을 더욱 커지게 할 여지가 다분하다.[117] 특히 한미동맹이 동아시아 지역 및 범세계적 차원

117 한미동맹에서 미국의 통제력이 더욱 커지는 것은 올리버 윌리엄슨(Oliver E. Williamson)이 주장하는 '자산특수성(asset specificity)'이 더해지기 때문이다. 그에 따르면 특수한 관계가 오래 지속되면 다른 대안적 관계들보다 훨씬 더 큰 가치를 부여받게 되어 좀처럼 변화하기 어렵다. 즉 제도가 보편적이고 규격화되면, 다른 제도와의 차이가 없기 때문에 제도의 변화에 대한 수용가능성이 높은 반면, 특이할수록 한번 안정성을 확보하면 좀처럼 바뀌지 않는다. Oliver E.

의 전략적 이익을 공유함으로써 국제평화에 기여한다는 내용을 가지고 있는데, 이는 동맹의 활동영역을 한반도를 넘어 동북아와 세계로 확장한다는 의미이다.

미국은 김대중·노무현 정부 시절부터 대테러전쟁, 전략적 유연성, 대량살상무기 확산방지구상(PSI), 미사일방어체제(MD) 등에 한국이 참여하도록 꾸준히 압박해 왔었는데, 한국은 이슈별로 수용과 저항을 오갔다. 대표적인 수용사례로 들 수 있는 것이 주한미군의 재편성, 이라크와 아프가니스탄에의 파병, 한반도를 벗어날 경우에는 협의한다는 전제조건을 단 전략적 유연성 일부 수용이다.[118] 대표적으로 저항한 부분은 PSI와 MD에의 참여일 것이다. 그러나 이명박 정권의 출범 이후 매우 적극적인 수용의 입장으로 돌아섰는데, 그 신호탄으로 2009년 4월 PSI에의 전면적 참여를 전격 선언하였다. MD 참여에 관해서는 중국과의 관계 등 매우 복잡하고 민감한 사안인지라 선뜻 참여를 선언하지는 못했다. 하지만 실질적인 면에서 한국과 미국은 MD와 관련하여 상당한 수준의 협력을 진행했다. 이명박 정부는 그간 대북억지가 핵심이고 양 당사국의 영토에 한정되어 있었던 한미상호조약의 적용 범위를 미국의 의도대로 조금씩 확장시켜왔는데, 이는 동맹이 한국의 이익보다 미국의 이익에 더 많은 영향을 받는다는 것으로 해석될 여지가 다분하다.

실제 내용은 어찌되었든 전략동맹으로 대표되는 이명박 정부 시절의 한미관계는 양국이 공히 역사상 가장 좋은 관계로 꼽을 정도였다.

Williamson, *The Economic Institutions of Capitalism: Firms, Markets, Rational Contracting* (New York: Free Press, 2002).

118 Larry A. Niksch, "Korea: U.S.-Korean Relations-Issues for Congress." *Congressional Research Service Report* (July 21, 2006), p. 15.

미국이 전략동맹이란 이름으로 한국의 지위를 격상해준 측면도 있고, 미국의 적극적인 후원을 받아 한국이 G20 회담이나 핵안보정상회담 등을 개최하면서 국제거버넌스에서 주도적인 모습을 보이기도 했다. 그러나 한국이 미국에 대해 대북정책주도권을 행사했던 김대중 정부 당시와는 한미관계의 실체가 크게 달랐다. 부시 행정부와 맺은 전략동맹은 결국 미국의 대북강경책에 한국의 이명박 정부가 자발적으로 순응한 것이다. 자발적인 친미노선을 미국이 막을 이유는 전혀 없었다. 그 결과 대북강경책이 한미관계는 굳건하게 만들었는지도 모르지만 남북관계를 극도로 악화시켰으며 한반도의 비핵화와 평화체제 구축에는 역행했다. 또, 위에서 살펴본 것처럼 전략동맹이라는 이름으로 표면적으로는 한국의 지위가 격상되었으나 실제로는 미국의 세계전략에 한국이 동원될 여지가 커져버렸다.

IV. 김대중 정부와 박근혜 정부의 한미관계

박근혜 정부는 이명박 정부와 기본적으로 이념적 뿌리를 공유하지만 대선 당시 전임정부의 대북강경책과 친미일변도 외교에 대해 비판적 견해를 표명했으며, 한반도 신뢰프로세스와 균형외교를 약속했기 때문에 변화에 대한 기대가 있었다.[119] 하지만 취임을 전후한 2013년

119 박근혜 대통령은 후보시절 *Foreign Affairs* 기고를 통해 구체적인 계획은 아니지만, 자신의 대북정책구상의 방향을 밝힌 바 있다. Park Geun-hye, "A New Kind of Korea," *Foreign Affairs*, Vol. 90, No. 5 (September/October 2011).

초 북한의 도발로 시작된 한반도 안보위기가 수개월간 이어지면서 새 정부는 강경입장으로 선회했고, 남북관계 개선에 대한 당초의 희망이 급격하게 축소되었다. 다행히 위기는 파국으로 흐르지 않았고, 박근혜 정부는 국정기조 발표를 통해 신뢰프로세스를 재확인하였다. 미국 역시 위기상황에서 전례 없는 무력시위를 했으나, 오바마의 재임 출범에 대한 일말의 기대가 남아있었다. 재선된 미국 대통령은 선거에 대한 부담이 없어지기 때문에 역사적 '업적 만들기(legacy making)'에 집중할 가능성이 높아진다고 많은 전문가들이 말한다. 따라서 이란이나 북한 등과의 문제에서 보다 과감한 문제해결을 시도할 가능성이 높다는 기대가 없지 않았다.

이런 예측이 나오는 가운데 열렸던 첫 한미정상회담은 박근혜 정부의 대미외교는 물론이고 한반도 및 동북아정책 방향을 가늠할 수 있는 리트머스 시험지로 주목받았다. 다양한 의제들 가운데 60주년을 맞은 한미동맹에 대한 재확인과 북한문제 해법 제시가 핵심이었다. 양자는 서로 약간의 모순관계를 가지는 것으로 보였다. 전자인 동맹의 견고함을 더 강조하는 것은 곧 북한에게 강경한 경고메시지를 보내는 것인 반면, 후자를 강조하는 것은 북한과의 대화 재개를 포함한 새로운 방안의 제시가 포함될 수 있었던 것이다. 회담 결과 북한에 대해서는 비핵화 원칙에 대한 확고한 한미공조가 천명되었다. 그리고 동맹의 견고함을 과시하는 데 회담의 방점이 찍혔다. 한미동맹 60주년 기념 공동선언은 미국의 한반도에 대한 방위공약을 재확인했으며 '21세기형 포괄적 전략동맹'을 제시했다.

양국관계를 정치·군사동맹과 자유무역협정을 통한 경제협력은 물론이고 사회·문화·인적교류 분야에서도 강화하기로 했으며, 동맹의 외연도 한반도를 넘어 동북아는 물론이고 범세계적 파트너십으로 확장하기로 했다. 한국이 미국의 21세기 글로벌파트너로 '격상'된다는 것은 국력에 걸맞은 지구적 책임을 부여받은 것으로, 대미의존관계를 탈피하는 것이라고 박근혜 정부는 주장했다. 그러나 화려한 외피만큼의 내실은 없었다는 것이 문제다. 오히려 앞에서 지적했듯이 글로벌 협력이라는 이름하에 미국의 세계전략적 필요에 따라 우리 군대와 물자가 동원될 수 있는 여지를 증가시키고, 방위비 분담 증가와 무기구매압력으로 이어질 개연성이 높아졌다. 오바마 대통령은 정상회담 직후 양국이 북한 미사일 위협에 대해 포괄적이고 상호운용이 가능한 연합방위력을 지속적으로 강화해 나가기로 합의했다고 밝히며, 이를 미국의 아시아 재균형(rebalancing)전략과 미사일방어체제에 대한 한국의 적극적 참여 의사로 간주한다면서 정상회담 최대의 성과로 꼽았다.

이렇게 해서 이명박 정부가 시동을 건 전략동맹과 박근혜 정부의 포괄적 전략동맹은 연속선상에 있음이 확인되었다. 이들이 전면에 내세우는 전략동맹이 한반도를 둘러싼 역사 및 구조적 변화에 제대로 대응하고 있다고 보기는 어려운 반면에 미국의 글로벌 전략의 변화에는 상당부분 충실히 부응하고 있다. 한국의 입장에서 보면, 동맹의 발전 또는 미래비전이라는 슬로건이 무색하게 지금까지의 대미의존적인 관계가 답습될 가능성을 높이고, 동등한 파트너라는 허울아래 우리의 부담을 가중시키고 동맹의 연루 위험을 증가시킨 것이다.[120]

---

120 전략동맹에 대해 비교적 긍정적인 평가를 하는 분석들도 공통적으로 동맹의 체제는 유지하되 한미동맹의 배타성, 특히 중국을 포위하는 것으로 비쳐질 우려를 어떻게 극복하는가가 향후의 중요과제라고 지적하고 있다. 최강, "한미동맹 현황과 발전을 위한 과제: 203차 한미정상회담 결과를 중심으로," 『주요 국제문제

〈표 1〉 한미동맹 60주년 기념 공동선언 주요 내용

- 한미동맹은 아태지역 평화와 안정의 핵심축(linchpin)으로 기능
- 미국은 확장억지와 재래식 및 핵전력을 포함하는 모든 범주의 군사 능력을 사용하여 한국에 대한 방위공약을 수행
- 한미 FTA가 양국 경제성장의 엔진으로 기능할 수 있도록 충실히 이행
- 북핵 및 미사일 프로그램과 반복되는 도발행위가 한반도는 물론 동북아 평화와 안정에 심각한 위협임을 우려
- 북한이 고립에서 탈피하고 책임 있는 국제사회의 일원으로 참여하도록 유도
- 북한 미사일 위협에 대한 공동 대응노력과 함께 연합방위력을 지속석으로 강화

박근혜 대통령은 노무현 정부 시절 북한을 방문하여 김정일과 대화도 했었고, 김대중 정부와 노무현 정부를 분리하여, 노무현 정부의 대북정책에 대해서는 소위 '퍼주기'와 '친북좌파'라는 프레임으로 비판의 날을 세웠지만, 김대중 정부의 대북정책은 긍정적으로 평가하는 태도를 보였다. 그러나 노무현 정부가 적어도 대북정책에 있어서는 미국의 압박 속에서도 김대중 정부의 노선을 계승했기 때문에, 이러한 차별적 평가는 설득력이 떨어진다.[121] 그럼에도 불구하고 자체 및 외부평가가 공통적으로 지적하는 대로 박근혜의 한반도 신뢰프로세스는 기능주의적 접근을 통한 신뢰구축을 표방한 헬싱키프로세스와 유사하다는 점에서 김대중의 햇볕정책이 표방하는 기본원칙과 사상적 기반이 크게 다

분석』 외교안보연구원 (2008); 이상현, "미 군사변환의 세계전략과 동맹 네트워크," 동아시아연구원, EAI 국가안보패널 연구보고서 9, (2005.10), 1-24쪽.

121 이런 입장은 국내정치적 함의를 가진 것이다. 노무현 대통령이 집권한 뒤 전임 정부와 대북송금문제로 갈등을 겪었던 상황을 정치적으로 최대한 이용하려던 전략의 일부였을 가능성이 크다.

르지 않다.[122] 문제는 정책실현의 구체적 방법과 의지이다.

이론적으로 한반도 신뢰프로세스는 온건한 햇볕정책과 강경한 비핵개방 3000 사이의 중도론이다. 원칙론을 강조한다는 점에서 전자와 다르고, 북핵문제와 남북관계 개선을 연계시키지 않는다는 점에서 후자와 다르다. 하지만 시간이 갈수록 원칙이 강조되고, 유연성 있는 대북접근이 나오지 않으면서 후자와의 차이가 좁아졌다. 북한도발이 원인제공을 한 점이 인정되지만, 한국 정부의 대화의지가 약화되고, 미국의 단호한 입장이 드러나면서 북한의 진정성 있는 선제적 행동만을 관계개선의 필요조건으로 제시한다. 그 결과 신뢰프로세스가 남북관계 개선을 위한 한국 정부의 이니셔티브인데도 북한에게 선택의 주도권이 넘어가버렸다. 즉 북한이 신뢰받을 행동을 하지 않을 경우 우리의 다음 대안이 없는 것이다.

이는 김대중 정부와 여러 가지 면에서 대비된다. 김대중 정부의 햇볕정책은 북한의 신뢰를 전제로 관계개선을 상정하기보다는 북한에 대한 신뢰가 없는 상황에서 신뢰를 이끌어내고 문제를 해결할 수 있는 방법을 모색하는 것이다. 즉 북한에게 적당한 외부의 인센티브가 제공되면 북한의 행태는 달라질 수 있다고 보고 선제적으로 포용정책을 수행하는 것이다.[123] 반면에 박근혜 정부의 신뢰프로세스는 북한의 신뢰회복이 전제가 되어 전혀 진전이 없다. 물론 이명박 정부가 선핵폐기라는

---

122 Seongwhun Cheon, "Trust: The Underlying Philosophy of the Park Geun-Hye Administration," *CSIS Korea Chair Platform*, CSIS (May 6, 2013).

123 Chung-In Moon, *The Sunshine Policy: In Defense of Engagement As a Path to Peace in Korea* (Seoul: Yonsei University Press, 2012), p. 25.

강력한 전제를 달았던 것에 비해서는 대화 재개를 위해 북한에게 요구하는 신뢰의 수준에 관해 유연성을 발휘할 공간이 있지만, 현시점에서는 그러한 유연성이 보이지 않는다. 비핵화 원칙을 고집하며 북한의 6자회담요구를 거부하고 있기 때문이다.

대미관계에서도 차이점이 발견된다. 앞에서도 살펴본 것처럼 김대중 정부는 미국이 북한의 핵과 미사일에 대한 불신이 깊고, 1994년 제네바협정 위반 가능성을 우려하는 상황에서도 미국정부를 설득해가며 포용정책을 밀고 나갔다. 그러나 박근혜 정부는 오바마 정부의 대북정책에 오히려 끌려가는 듯한 인상이다. 미국이 한국 정부의 한반도 신뢰프로세스를 지지하는 모양새를 취하고 있지만 자세히 들여다보면 한국이 미국의 전략적 인내정책보다 앞서가지 않도록 은근한 압력을 행사하고 있다. 한미정상회담을 전후하여 의회연구소의 한미관계보고서나 포린 폴리시(Foreign Policy)도 거론한 바 있듯이, 미국은 박근혜의 신뢰프로세스가 표방하는 대북억지와 남북대화의 상충 부분에 대한 의구심을 숨기지 않았다.[124] 즉 미국은 단호한 원칙론에 입각한 비핵화를 강조하는데, 오히려 한국은 남북신뢰회복을 강조함으로써 대화의 여지를 두고 있다고 본 것이다.[125]

이를 인지한 박근혜 정부는 한반도 신뢰프로세스가 무조건적 화해

---

124 Mark E. Manyin et al., "U.S.–South Korea Relations," *Congressional Research Service Report* (April 26, February 5, 2013), pp. 3~4; Elias Groll, "Morning Brief: Obama Backs South Korean President's Strategy on North," *Foreign Policy* (May 8, 2013).

125 이것은 케리(John Kerry) 미 국무장관이 한국을 방문했을 때도 감지된 부분이었다. 케리는 한국 정부의 대화를 통한 문제해결 의사를 존중하면서도 비핵화부분에 대한 원칙을 특히 강조하면서 미국의 의사를 확실히 밝혔다.

정책이 아니며, 미국의 대북정책과 마찬가지로 잘못된 행동에는 보상이 없다는 원칙론에 기초하고 있다는 점을 여러 차례 강조하면서 미국측의 의구심을 해소하는 데 상당한 노력을 기울였다.[126] 이러한 움직임은 김대중 정부가 한국이 원하는 방향으로 미국의 대북정책을 바꾸기 위해 설득을 했던 것과는 정반대다. 이를 다른 식으로 표현한다면, 김대중 정부는 신뢰가 없는 상황에서 '신뢰구축을 위한 외교(trust building diplomacy)'을 했던 데 반해 박근혜 정부는 신뢰를 전제한 '신뢰 외교(trust diplomacy)'를 하고 있다. 결국 박근혜 정부의 입장은 북한이 변할 때까지 기다리겠다는 오바마 정부의 전략적 인내(strategic patience)와 유사해져버렸다.

V. 한미관계의 패러독스

결론을 맺기 전에 당면한 한미관계를 냉정하게 짚어볼 필요가 있다. 세계 역사상 드문 오랜 동맹관계와 글로벌 수준으로의 격상이라는 화려한 외교 수사에도 불구하고 우리는 매우 심각한 딜레마적 상황에 놓여있다. 경제규모가 세계 10위권에 이를 만큼 성장했고, 지난 20년간 북한보다 10배나 많은 군사비를 지출했으며, 40배나 많은 GDP를 기록하고 있음에도 한국은 전쟁에서 자신의 군대를 독자적으로 지휘할

126 박근혜 대통령은 정상회담 직전 CBS 방송과의 인터뷰에서 신뢰프로세스가 북한의 도발과 위협을 불용하고 비핵화 원칙에 근거하고 있다는 점을 강조하면서 미국과 이견이 없음을 강조했다.

수 있는 권한을 스스로 거부하고 있다. 이명박 정부의 요청에 의해 전작권 환수가 한차례 연기되었는데, 박근혜 정부가 다시 연기하려 하고 있다.[127] 미국 여론은 자신들은 재정위기로 국방비 삭감의 어려움을 겪고 있는데 한국은 안보 면에서 무임승차를 한다고 비난하는 흐름이다. 미국으로서는 중국이 급속히 성장하고 있는 상황에서 저비용 고효율의 방식으로 영향력을 유지하며 중국을 견제하는 것이 최대의 전략목표다. 이를 위해 한국과 일본에게 가능한 한 많은 군사비 부담을 지우려 하고 있다.[128] 그러나 한국 정부는 이러한 미국의 전략적 의도를 제대로 파악하지 못하고 전작권 환수 재연기를 들고 나와 이미 한참이나 기울어진 한미관계를 더욱 비대칭으로 만들고 있다.

한미관계의 두 번째 패러독스는 한미동맹과 미일동맹의 미묘한 관계에서 초래되고 있다. 지금까지 양 동맹은 대미관계와 동북아의 정세 변화에 따라 때로는 보완재 때로는 대체재 관계였다. 물론 미국 입장에서는 원칙적으로 양국이 보완재로 기능하는 것이 바람직하지만, 한미, 미일, 한일 관계에 갈등이 발생할 경우 동맹의 선호도가 실제로 달라지기도 하고, 선호도를 동맹국을 길들이는 카드로도 사용했다. 한미동맹은 공동의 적과 직접 대치하고 있다는 면에서 동맹의 결속력에 강점이 있다고 할 수 있지만, 미국의 세계전략에서 차지하는 비중은 미일동맹이 더 크다. 또한 탈냉전 이후 한미동맹은 한국의 자율성 확보노력과

---

127 [편집자] 2015년 12월에 환수될 예정이었던 전시작전통제권은 박근혜 정부의 요청으로 2020년대에 환수하기로 한미 국방장관들 간에 합의되었다. "전작권 전환 사실상 무기연기… '2020년대 중반' 목표," 연합뉴스, 2014.10.24.

128 Ralph A. Cossa, "U.S. Northeast Asia Policy: Revitalizing Alliances and Preserving Peace on the Peninsula," 『전략연구』 통권 49호 (2010), p. 24.

대북 위협인식의 감소로 흔들렸던 반면에, 미일동맹은 미국의 세계전략에 대한 일본의 적극적 경비부담과 역할분담 의지를 통해 지속적으로 강화되었다.

미국의 동북아에 대한 최우선 전략목표는 분명하며, 한미동맹은 그 목표아래 종속된다. 패권 약화에도 불구하고 '아시아로의 중심축 이동(pivot to Asia)' 또는 '재균형(rebalancing)' 전략으로 중국을 견제하고 영향력을 계속 유지하겠다는 것이 미국의 목표이다.[129] 그런데 이 전략의 성패가 한국과 일본의 참여를 통한 아웃소싱에 달려있다고 해도 과언이 아니다. 미국이 궁극적으로 원하는 바는 한·미·일 삼각동맹의 구축이다. 이명박 정부 임기 말 시도되었던 한일군사정보비밀협정의 체결 시도는 본격적 포석이며, 배후에는 미국의 압력이 있었다.[130] 아베 정권의 우경화 드라이브는 미국의 이런 구상에 도움이 되는 반면, 한국의 대일강경책은 미국의 구상을 꼬이게 만든다. 박근혜 정부가 척 헤이글(Chuck Hagel) 미국 국방장관과의 대담에서 한일군사협력이 지지부진한 것은 일본의 몰역사적 행동 때문이라고 주장했지만 결국 미국 정부를 설득하지 못했다. 미국이 한국의 입장에 정서적으로는 공감할 수 있지만 국익의 측면에서 일본의 손을 들었다. 이 때문에 한국의 강한 반대에도 불구하고 일본의 집단적 자위권 행사를 지지했다. 그렇다고

---

129 한미전략동맹은 출발부터 중국문제와 특히 밀접하게 관련될 것임이 분명하였다. 당시의 미국대통령 부시는 2008년 4월 한미정상회담 후 기자회견에서 "중국 문제가 한미 양국이 건설적인 방식으로 협력할 수 있는 기회라는 것을 인식하는 것이 21세기 동맹관계에서 대단히 중요하다"라고 발언을 했다. 정욱식, "'전략동맹' 하려면 상호방위조약부터 고쳐라," 오마이뉴스, 2008.4.21.

130 Choe Sang-Hun, "South Korea Postpones Military Pact With Japan," *New York Times* (June 29, 2012).

한국이 일본과 이어지는 삼각동맹에 참여할 경우 국내적으로는 여론의 반발을 불러일으키고, 국제적으로는 중국과의 관계가 큰 어려움에 봉착하게 된다. 향후 한국외교가 당면할 가장 어려운 선택이 될 것이다.

세 번째 패러독스는 지금 한반도를 포함한 동북아에는 안보담론이 거의 도그마로 자리 잡고 있으며 평화담론은 점점 위축되고 있다는 점이다. 냉전이 종식된 지 20년이 지났지만 유럽과는 달리 통합이나 평화보다는 분열과 진영논리가 지속되고 있다. 미·중·일 간 세력전이(power transition)에 따른 불안정성의 증가에 대해 한편으로는 안정적인 관리에 대한 필요성이 제기되지만, 다른 한편으로는 갈등이 심화되고 있다. 미국과 중국 간에 과연 세력역전이 있을지, 역전이 이루어진다면 소위 '투키디데스의 덫(Thucydides' trap)'을 피할 수 있을지는 아무도 확신할 수 없다.[131] 최근의 국제정치에서 대외정책이 국내정치에 끼치는 영향력이 나날이 커지고 있다. 특히 동북아 유관국 6개국은 최근에 정권교체가 이루어지거나 재임정부가 출범했기에, 내부단결과 권력공고화를 위해 강경하고 민족주의적인 대외정책을 우선적으로 채택하고 있다. 이에 따라 갈등구조에 편승하려는 유혹이 커지면서 역내국가들 사이의 신뢰구축이 어려워지고 있다.[132] 북한의 도발, 일본의 우경화 드라이브, 러시아의 반미선동 정책, 중국의 신민족주의, 미국의 중국위협론, 한국의 안보포퓰리즘 등이 모두 유사한 맥락에서 이해될

---

131 Allison은 1500년 이후 지금까지 일어난 15차례의 강대국 간 세력전이 과정에서 11번의 전쟁이 벌어졌다고 주장한다. Graham Allison, "Thucydides's Trap Has Been Sprung in the Pacific," *Financial Times* (August 21, 2012).

132 Charles A. Kupchan, "From Enmity to Amity: Trust's Part in US Foreign Policy," *Global Asia*, Vol. 8, No.3 (Fall 2013), p. 31.

수 있다.[133]

그 중심에 남북관계의 악화가 놓여있다. 단순히 분단을 해소하지 못하고 있는 것이 아니라 더 심화시키고 있으며, 상호적대감도 더 커졌다.[134] 박근혜 대통령이 강조하고 있는 아시아 패러독스의 아킬레스건은 미중관계이고, 한반도 패러독스의 아킬레스건은 바로 남북관계다. 남북관계가 악화되면서 한미동맹은 군사적 요소가 지배하고 있으며 남북은 물론이고 동북아 전체의 안보딜레마와 군비경쟁이 초래되고 있다. 물론 북한의 도발과 호전적 행동이 가장 큰 문제이다. 그러나 한미 양국이 대화를 통한 해결보다는 북한을 압박하고, 이를 동맹 강화나 진영외교를 정당화하는 데 이용하면서 상황을 더 악화시키는 것도 사실이다. 적대적 공생의 역학까지 더해지면서 한반도 패러독스와 아시아 패러독스는 서로를 한층 더 강화시키고 있다.[135]

VI. 결론: 한미관계에 있어 자율성과 실용성의 가치

지금까지 김대중 정부 시기의 한미관계를 살펴보았고, 이명박 정부, 박근혜 정부와 비교하였다. 간단하게 정리하자면 김대중 정부는 출범

---

133 Joon Hyung Kim, "Letting Off Steam: South Korea's Role in Northeast Asia," *Global Asia*, Vol. 8, No. 1, Spring 2013. pp. 25–26.

134 장달중·이정철·임수호, 『북미대립: 탈냉전 속의 냉전대립』 (서울: 서울대학교 출판부, 2012), 41쪽.

135 커밍스는 남북한을 두고 "여전히 싸움에 몰두하고 있는 형제(fighting brothers)"라고 표현한다. Bruce Cumings, *The Korean War: A History* (New York: The Modern Library, 2011).

할 때부터 대북정책에서의 독자성을 강조하였다. 이에 따라 한미 간 비대칭 관계에서 탈피하여 '균형적 동반자 관계'를 실현하고자 노력하였다. 김대중 정부 임기의 전반부에는 햇볕정책이 클린턴 행정부의 관여정책(engagement policy)과 공통분모를 가지면서 한미공조는 순조롭게 이루어졌다. 그러나 뒤이어 등장한 부시 행정부는 대북강경 입장을 택하면서 김대중 정부와 엇박자를 냈고, 한미관계는 악화되었다. 그럼에도 불구하고 김대중 정부는 대북정책에서만큼은 햇볕정책을 고수하며 대미자율성을 유지했다. 노무현 정부에 와서는 남북관계에 비해 한미공조에 상대적으로 더 높은 비중을 두게 되었지만, 대북정책에 있어서는 김대중 정부의 포용정책을 계승하였으며,[136] 한미관계에서는 자주적 측면이 강조되었다. 이 때문에 북한의 정권교체를 공공연하게 전면에 내세웠던 부시 행정부와 마찰을 겪을 수밖에 없었다. 그러나 아프가니스탄에 한국군을 파병하고 FTA를 체결하는 등 다른 분야에서의 실질적인 한미공조는 나쁘지 않았다고 미국도 평가하였다. 또한 2006년 이후 부시 행정부가 대북강경자세를 누그러뜨리고 협상에 나서는 등의 변화를 보이면서 한미관계는 호전되었다.[137]

이명박 정부는 집권하자마자 남북관계를 철저하게 미국과의 공조 속에서 해결하려는 태도를 취했다. 두 진보 정부의 자주성확보 노력과 대북포용정책으로 인해 한미관계가 악화되었다는 판단하에 전면적 수정을 가했다. 그 결과 선핵폐기론에 기초한 대북강경책을 집권기간 내

---

136 백학순, "김대중 정부와 노무현 정부의 대북정책 비교," 『세종정책연구』 5권 1호 (2009).

137 탄홍메이(Hong Mei Than), "한국 정부의 대북정책에 대한 검토적 연구: 김대중, 노무현, 이명박 정부의 비교," 『글로벌 정치연구』 3권 1호 (2010), 101-102쪽.

내 고집했고, 친미정책을 일관되게 유지했다. 미국으로서는 한국의 이러한 입장을 마다할 이유가 없었다. 오바마의 민주당 정부 등장으로 북미대화와 협력의 새 장이 열릴 것을 기대했지만, 재정위기와 더불어 국내 개혁에 쫓긴 미국의 상황으로 인해 전략적 인내정책은 유지되었다. 일견 이명박 정부의 대북강경책이 오바마의 전략적 인내를 지속하게 만든 독립변수라고 볼 수도 있지만 그렇지 않다. 그보다는 북한의 2차 핵실험, 미국의 국내사정, 그리고 동북아 국제정치의 환경변수가 복합적으로 작동한 결과이다. 부시 행정부 임기 말의 변화와 오바마의 공약에 포함된 협상에 대한 의지를 감안할 때 이명박 대통령이 김대중 대통령이 그러했던 것처럼 자율성을 발휘해서 대북정책의 주도권을 행사할 수도 있었겠지만 그의 선택은 반대였다. 결국 대북정책은 물론이고 한미관계도 기존의 패턴을 벗어나지 못하였다.

박근혜 대통령은 후보시절부터 한반도 평화프로세스와 균형외교를 강조해왔다. 그것이 대선승리를 위한 전략에 그치지 않고 진정성 있는 정책으로 실천된다면 김대중 정부가 추구했던 한미 간 성숙한 동반자 관계와 남북관계 개선의 선순환의 주기가 재가동될 수 있을 것이다. 그러나 지금까지는 이명박 정부와의 연속성이 더 부각되고 있으며, 남북관계 개선은 한미동맹의 종속변수에 머물러 있다. 글로벌 파트너십과 포괄적 전략동맹으로 포장된 한미관계는 양국관계를 재확인하는 의미가 있지만, 이면에는 동북아의 군사적 긴장을 유발하고, 미중의 패권경쟁에 끌려들어갈 가능성이 도사리고 있다. 그렇다고 해서 한미동맹의 폐기를 주장하는 것은 아니며, 군사적 측면이 지나치게 강조되고, 냉전적 진영외교가 강화되는 것을 우려하는 것이다. 그런 점에서 한미관계와 한미동맹은 구별되어야 한다. 한미관계가 깊어지는 것은 바람직하지만, 군사동맹을 더 강화하는 것은 우리 국익에 도움이 되지 않는다.

지난 60년간 군사안보 분야를 넘어 사회규범과 정체성마저 일체화되면서 한미동맹은 어느 순간 더 이상 실용적인 차원에서 다루어지지 않고 신화나 이데올로기가 되어버린 듯하다. 심하게 얘기하자면, 한미동맹에 중독된 한국이 동맹을 신성시하면서 남북대결구조가 강화되고 있다. 60년이라는 기간은 친미세력의 제도화와 친미인식의 체질화로 인해 기존 동맹이 다른 대인들보다 훨씬 더 큰 가치를 부여받게 되어 강력한 관성이 발생할 수 있는 긴 시간이다.[138] 그러나 아무리 중요한 동맹도 대한민국의 국익보다 앞설 수 없으며 신성시되어서는 안 된다. 동맹은 국익 실현의 수단으로서 하루빨리 실용화되고 세속화될 필요가 있다. 그럴 때에야 진정한 의미의 성숙한 동반자관계가 구축될 수 있을 것이다.

구조 및 지정학적 변수를 함께 내포한 중국의 부상과 미국의 하락에 따른 복잡하고 불안정한 동북아의 역학은 국가의 명운이 걸린 엄청난 부담으로 다가오고 있다. 우리 입장에서는 남북관계 개선을 통한 한반도의 안정과 평화가 전제되지 않을 경우 강대국들의 권력재편의 소용돌이에 속수무책으로 함몰될 수 있다. 그럴 경우 한민족의 미래는 또다시 국내정치적으로는 기득권의 인질이, 국제정치적으로는 패권경쟁의 인질이 될 수밖에 없다. 이를 벗어나기 위해서는 남북화해와 균형외교가 필수인데, 미중관계가 나쁠 때는 갈등의 완충자로서, 좋을 때는 협력의 촉진자로서의 역할을 감당하는 것이 바람직하다. 미국의 전략에

138 Jae-jung Suh, *Power, Interest, and Identity in Military Alliance* (New York: Palgrave Macmillan, 2007), pp. 13-16.

일방적으로 끌려가는 외교 전략에서 벗어나 미국을 설득해 유연한 대북 및 대중관계를 이끌어내는 영리하고 실용적인 외교를 해야 한다. 한반도 평화체제를 이루기 위해 북미관계 역시 정상화되어야 한다.[139] 김대중 대통령 시절 대북정책과 대미정책에서 발휘되었던 자율성과 실용성의 가치를 이 시점에서 다시금 절감하게 된다.

■ 참고문헌

김성한. 2002. "한반도 안정 위한 민주적 동반자 관계로," 『북한』 (3월), 41쪽.

김연철. 2008. "한반도 평화체제 구축, 동북아 안보협력 발판," 『통일한국』 통권 296호 (8월).

김영명. 1992. 『한국현대정치사: 정치변동의 역학』. 서울: 을유문화사.

김준형. 2008. 『미국이 세계최강이 아니라면』. 서울: 뜨인돌.

김준형. 2009. "동맹이론을 통한 한미전략동맹의 함의 분석," 『동아시아국제정치』 12권 2호.

박명림. 1996. 『한국전쟁의 발발과 기원 II: 기원과 원인』. 서울: 나남출판사.

박명림. 2009. "순응과 도전, 적응과 저항: 미국의 범위와 한미관계 총설," 『역사비평』 통권 86호 (봄).

백학순. 2009. "김대중정부와 노무현정부의 대북정책 비교," 『세종정책연구』 5권 1호.

이상현. 2005. "미 군사변환의 세계전략과 동맹 네트워크," 동아시아연구원, EAI 국가안보패널 연구보고서 9, (10월), 1-24쪽.

139 김연철, "한반도 평화체제 구축, 동북아 안보협력 발판," 『통일한국』 통권 296호 (2008년 8월), 19쪽.

이상현. 2008. “한미동맹의 변환: 21세기 전략동맹의 비전과 과제,” 이상현·송대성 편, 『한미동맹의 변환』. 서울: 세종연구소.

임동원. 2008. 『피스메이커』. 서울: 중앙북스.

장달중·이정철·임수호. 2012. 『북미대립: 탈냉전 속의 냉전대립』. 서울: 서울대학교 출판부.

정일준. 2001. “남북한의 대미정책과 미국,” 『황해문화』 (가을).

최 강. 2008. “한미동맹 현황과 발전을 위한 과제: 203차 한미정상회담 결과를 중심으로,” 외교안보연구원. 『주요 국제문제분석』. 서울: 외교안보연구원.

탄홍메이(Hong Mei Than). 2010. “한국정부의 대북정책에 대한 검토적 연구: 김대중, 노무현, 이명박정부의 비교,” 『글로벌 정치연구』 3권 1호, 93-115쪽.

Barnett, Michael M. 1996. “Identity and alliances in the Middle East,“ In Peter J. Katzenstein (ed.), *The Culture of National Security: Norms and Identity in World Politics*. New York: Columbia University Press.

Cossa, Ralph A. 2010. “U.S. Northeast Asia Policy: Revitalizing Alliances and Preserving Peace on the Peninsula,” 『전략연구』 통권 49호.

Cheon, Seongwhun. 2013. “Trust: The Underlying Philosophy of the Park Geun-Hye Administration,” CSIS Korea Chair Platform (May 6).

Cumings, Bruce. 2011. *The Korean War: A History*. New York: The Modern Library.

Eberstadt, Nicholas. 1997. “Hastening Korean Reunification,” *Foreign Affairs*, Vol. 76, No. 2, pp. 79-80

Groll, Elias. 2013. “Morning Brief: Obama Backs South Korean President's Strategy on North,” *Foreign Policy* (May 8).

Harnische, Sebatian. 2002. “U.S.-North Korea Relations under the

Bush Administration: from 'Slow Go' to No Go," *Asian Survey*, Vol. 42, No. 6 (November/December).

House, Karen E. 1997. "Let North Korea Collapse," *Wall Street Journal* (February 21).

Kupchan, Charles A. 2013. "From Enmity to Amity: Trust's Part in US Foreign Policy," *Global Asia*, Vol. 8, No.3 (Fall).

Kim, Joon Hyung. 2013. "Letting Off Steam: South Korea's Role in Northeast Asia," *Global Asia*, Vol. 8, No. 1, (Spring).

Lion, To-hai. 2005. "U.S.-South Korea Relations under Kim Dae-jung and Beyond," *Tamkang Journal of International Affairs*, Vol. 9, No. 2, pp. 51-87.

Manyin, Mark E. et al., 2013. "U.S.-South Korea Relations," Congressional Research Service Report (April 26; February 5).

Moon, Chung-In. 2012. *The Sunshine Policy: In Defense of Engagement As a Path to Peace in Korea*. Seoul: Yonsei University Press.

Nowowiejski, Dean, Tamotsu Nakano, and Richard Bush. 2002. "Crisis on the Korean Peninsula," Brookings Institution Asia Survey 2002-03.

Niksch, Larry A. 2006. "Korea: U.S.-Korean Relations-Issues for Congress." Congressional Research Service Report (July 21).

Park, Geun-hye. 2011. "A New Kind of Korea," *Foreign Affairs*, Vol. 90, No. 5 (September/October).

Prichard, Charles Jack. 2007. *Failed Diplomacy: The Tragic Story of How North Korea Got the Bomb*. Washington, D.C.: The Brookings Institution. (프리차드 저, 김연철·서보혁 역. 2008. 『실패한 외교』. 서울: 사계절.

Rice, Condoleezza. 2000. "Promoting the National Interest," *Foreign Affairs*, Vol. 70, No. 1 (January/February), pp. 45-62.

Schimmelfennig, Frank. 2001. "The Community Trap: Liberal Norms, Rhetorical Action, and the Eastern Enlargement of the European Union," *International Organization*, Vol. 55, No. 1, pp. 47–80.

Suh, Jae-jung. 2007. *Power, Interest, and Identity in Military Alliance*. New York: Palgrave Macmillan.

Snyder, Glen H. 1997. *Alliance Politics*. Ithaca: Cornell University Press.

Walt, Stephan M. 1997. "Why Alliances Endure or Collapse," *Survival*, Vol. 39, No. 1 (Spring), pp. 156–179.

Williamson, Oliver E. 2002. *The Economic Institutions of Capitalism: Firms, Markets, Rational Contracting*. New York: Free Press.

제12장

협력동반자관계 구축과 한·중관계

이남주 | 성공회대 교수, 중국학

I. 전환기의 한중관계

1992년 수교한 한중관계는 지난 20년간 가장 빠르게 발전한 양국관계 중 하나이다. 양국의 교역액은 1992년 63억 달러에서 2012년 2,563억 달러로 40배 이상 증가했으며, 중국은 2004년 이후 한국의 최대 교역상대국이고 한국은 중국의 3대 교역상대국이다. 상대국 방문자 수는 1992년 13만 명에서 2012년 691만 명으로 50배 이상 증가했다. 교류증가와 함께 정치관계도 빠르게 진전되어 한중관계는 수교 시의 '우호협력관계'에서 1998년에는 '협력동반자관계', 2003년에는 '전면적 협력동반자관계', 2008년에는 '전략적 협력동반자관계'로 격상되어왔다. 그러나 표면적으로 순탄하게 보이는 한중관계에도 어려움이 없었던 것은 아니다. 1998년 1월 김대중 대통령이 취임했던 시기는 한중관계의 외부적 어려움이 가장 컸던 시기라고 할 수 있다. 여기에는 두 가지 원인이 있었다.

첫째, 1997년 하반기 확산된 동아시아 금융위기이다. 직격탄을 맞은 한국은 환란을 겪었고 중국은 사정이 조금 낫다고 할 수 있었지만 경제성장률이 계속 하락하고 있었다. 1996년 9.6%에 달하던 GDP 성장률은 1998년에는 7.8%, 1999년에는 7.1%로 하락했다. 당시 중국은 국유기업 개혁 등 계획경제에서 시장경제로의 전환에 따르는 구조조정을 함께 추진하고 있었기 때문에 실업률도 빠르게 증가했다. 중국의 위기의식도 한국 못지않은 것이었다. 이러한 외부 충격으로 1998년 한중간 무역총액은 185.3억 달러로 전년대비 22.3%가 감소했고 상호방문자 수도 84.4만 명을 기록해 전년대비 −15.2%에 그쳤다. 한국의 대중국투자는 1996년 8.93억 달러에서 1999년 3.48억 달러까지 축소되었다. 특히, 양국은 경제적 어려움을 단기간 내에 극복하기 위해 외부시장에 의존할 수밖에 없었고 이는 양국의 경제관계가 경쟁적 관계로 전환될 가능성이 높아졌음을 의미하였다.

둘째, 동북아 정세 등 국제정세도 복잡해지고 있었다. 가장 큰 변화는 중미관계가 불안정해진 것이다. 중미는 1972년 닉슨의 베이징 방문을 계기로 소련의 팽창을 저지하기 위한 전략적 협력을 시작했고, 1979년 외교관계를 수립하는 등 양국관계는 냉전 후반기에도 안정적으로 발전해왔다. 그러나 1989년 6월 중국의 천안문사태와 1990년대 초반 소련 및 동유럽 사회주의체제의 붕괴가 중미협력의 정치적 기반을 약화시켰다. 미국 내에서는 1990년대 중반 중국위협론이 급부상했고[140], 중국 내에서는 이에 대한 반발로 민족주의적 정서가 고양되기

140 이남주, "미국에서 '중국위협론'의 변화와 부상," 『역사비평』 (2002년 겨울).

시작한다.[141] 1999년 미국 미사일이 주 유고 중국대사관을 폭격해 중국인 사상자를 발생시킨 사건으로 이러한 분위기는 절정에 달했다. 이 시기의 또 다른 변화는 1992년 한중수교 이후 악화되었던 중국과 북한의 관계가 개선되기 시작한 것이다. 1998년부터 양국 지도부 간의 상호방문이 증가하기 시작했고, 이러한 추세는 1999년 6월 3일 북한의 최고인민회의 상임위원장 김영남이 베이징을 방문해 1991년 10월 김일성의 중국방문과 1992년 4월 양상쿤(楊尙昆) 중국 국가주석의 북한 방문 이래 중단되었던 최고위층 상호방문이 재개되었다.[142] 김영남과 장쩌민(江澤民), 리펑(李鵬) 등 중국 정치지도자 간의 회담에서 미국의 패권정치와 강권정치에 반대한다는 점에서 대하여 양국은 목소리를 같이 했다. 이러한 변화는 한국의 대중정책을 어떻게 한미관계, 남북관계와 조화시킬 것인가라는 과제를 새로 제기하는 것이었다.

이처럼 김대중이 대통령이 취임했던 시기에 한중관계는 중요한 전환기에 접어들고 있었다. 경제적으로는 경쟁적 측면이 강화되고, 정치

141 1993년 미국의 방해로 2000년 올림픽 유치 경쟁에서 시드니에 패배하고, GATT로의 복귀가 좌절되었다는 대중의 인식, 1995-1996년 대만해협 위기과정에서 미국 항공모함과의 군사적 대치 등이 민족주의 정서가 폭발하는 중요한 계기가 되었다. 1996년 민족주의적 감정을 자극하는 『노라고 말할 수 있는 중국(中國可以說不)』이라는 책이 베스트셀러가 된 것이 이러한 분위기를 잘 보여준다. 宋强·張藏藏·喬邊,『中國可以說不』(北京; 中國工商聯合出版社, 1996).

142 중국의 전국인민대표대회 상임위원장 리펑은 "1994년 7월 8일 김일성 주석이 불행하게 사망한 이후 조선동지들이 애도기간에 처해 있어 양국 간 고위층 상호방문이 계속 진행되지 못했다. 이에 대해 우리는 이해한다. 이번에 김영남 동지를 단장으로 하는 국가대표단의 내방은 양국 간 고위층 상호방문을 복원시켰고 우리는 매우 기쁘다"라고 언급했고, 김영남도 "이것(김일성 사망에 대한 슬픔에 빠져 있었던 것)이 최근 몇년 동안 양국 간 고위층 상호방문이 실현되지 않은 중요 이유이다"라고 동의를 표시했다. 『人民日報』 1999.6.4.

적으로는 한국의 대북정책과 북중관계가 충돌하거나 중미경쟁에서 한국의 처지가 어려워질 위험이 있었던 것이다. 이러한 새로운 문제에 대응하고 한중관계를 안정적이고 지속적으로 발전시키는 것이 김대중 정부 대중정책의 초점이 될 수밖에 없었다.

II. 한중 '협력동반자관계'의 발전: 1998년~2002년

한중관계의 새로운 발전방향은 1998년 11월 김대중 대통령의 중국 국빈방문에서 확정되었다. 김대중 대통령과 장쩌민 국가주석은 "양국 정상은 UN헌장의 원칙과 한중수교공동성명의 정신 및 수교 이래 발전해 온 양국 간 선린우호협력관계에 기초하여, 미래를 바라보면서 21세기의 한중협력동반자관계를 구축키로 합의"하였다. 이 공동성명은 한중수교 이래 최초의 공동성명이라는 점과 함께 전환기에 처해 있는 한국과 중국이 단순한 협력관계를 넘어서 '동반자(partner)' 관계를 발전시키기로 합의했다는 점에 중요한 의미가 있다. 2000년 10월 주룽지(朱鎔基) 중국 국무원 총리가 방한했을 때 양국은 한중 협력동반자관계를 "전면적 협력의 새로운 단계로 발전시키기"로 합의했다. 양국은 이러한 방침을 기초로 이 시기 여러 어려움에도 불구하고 양국의 정치교류, 경제교류, 인적교류 등을 양적으로 확대시켰을 뿐 아니라 질적으로도 강화할 수 있었다.

1. 정치 · 군사교류

이후 김대중 대통령은 중국 공식방문시 1차례, APEC 등 국제회의에서 5차례 등 장쩌민 국가주석과 매년 회담을 가졌으며 후진타오(胡錦濤) 국가부주석, 주룽지 국무원 총리, 리펑 전국인민대표회의 상임위원장 등이 1차례씩 한국을 방문했고 한국의 총리, 국회의장도 1차례씩 중국을 공식방문했다. 양국의 정상급 교류의 관습이 정착되는 가운데 의회 및 정당 간의 교류도 뚜렷이 증가했다. 의회의 상임위 사이의 상호방문이 이루어졌고, 여당은 물론이고 야당들도 중국과의 정당간 교류에 나섰다. 대선을 앞둔 2002년 9월 이회창 당시 한나라당 대통령 후보가 중국을 방문해 장쩌민 국가주석과 회담을 가졌던 것은 초당적 한중 정치교류가 진행되었다는 점을 보여주는 좋은 사례라고 할 수 있다.

또 다른 중요한 변화는 군사분야의 교류가 시작되었다는 점이다. 〈표

〈표 2〉 군사분야 주요인사 교류(1998~2002)

	방중	방한
1999	조성태 국방부장관(8월)	
2000	조영길 합참의장(8월) 이수용 해군총장(4월)	遲浩田 국방부장(1월)
2001	길형보 육군총장(3월) 김동신 국방부장관(12월)	劉順堯 공군사령원(3월)
2002	이억수 공군총장(1월) 권영효 국방부차관(8월) 문두식 기무사령관(11월)	국방대학교장(3월) 傅全有 총참모장(10월)

출처: 외교통상부,『중국개황 2003』, 219쪽.

2〉에는 군사분야의 주요 인사교류 상황이 정리되어 있다. 이와 함께 한국 함정과 중국 함정의 상호방문도 진행되었다. 중국의 북한과의 특수관계, 한미군사동맹 등 양국 간 군사교류를 가로막는 제약요인이 있음에도 불구하고 이러한 교류가 시작된 것은 양국관계를 동반자관계로 전환한 것에 따른 성과라고 할 수 있다.

2. 경제교류

동아시아 금융위기의 여파로 한중 경제교류는 1997~1998년 수교 이후 처음으로 후퇴하는 상황이 발생했으나 1999년부터 뚜렷한 회복세를 보이기 시작했다. 무역의 회복이 가장 빠르게 진행되어 2002년의 교역액은 411.5억 달러로, 1998년 184.3억 달러에 비해 두 배 이상 증가했고 한국의 대외교역에서 차지하는 비중은 8.2%에서 13%로 증가했다.

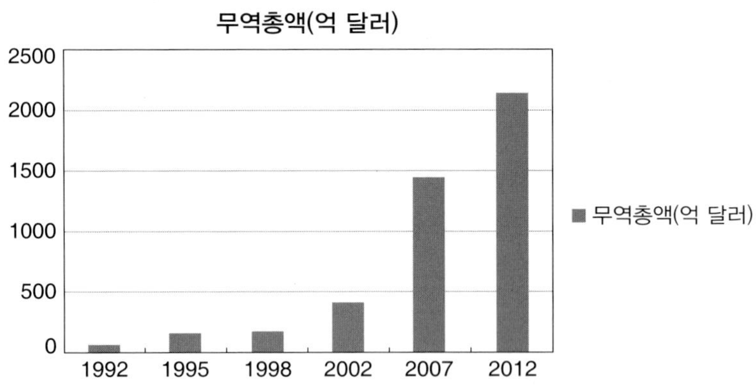

〈그림 1〉 한중교역

자료: 한국무역협회

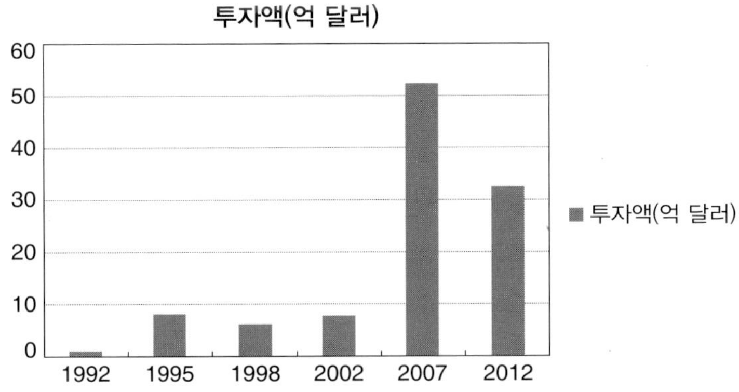

〈그림 2〉 한국의 대중투자 (실행액 기준)

자료: 한국수출입은행

한국의 대중국투자는 빠르게 회복되지 못했다. 그러나 이는 국내외 경제의 불확실성이 증가함에 따라 해외투자가 전반적으로 위축된 결과이지 대중국투자만 위축된 것은 아니다. 다른 지역에 대한 투자에 비하면 대중국투자는 빠르게 회복된 것으로 볼 수 있다. 2002년만을 기준으로 할 경우 한국의 대중국투자는 8.1억 달러로 중국은 한국 제1의 투자 대상국이 되었다. 이는 한국의 총해외투자 중 33.9%에 해당하는 금액이었다. 이 시기 경제교류의 빠른 회복은 2001년 중국이 WTO에 가입한 이후 한국이 중국진출을 본격화할 수 있는 기초가 되었다.

3. 사회 · 문화 교류

한중 간 인적 교류는 매년 약 30%의 증가율 기록하며 꾸준히 증가했다. 2002년 상호방문자 226만 명 중 방중 한국인은 172.2만 명, 방한 중국인은 53.9만 명으로 한국인의 방중 비중이 현저하게 높았다. 항공

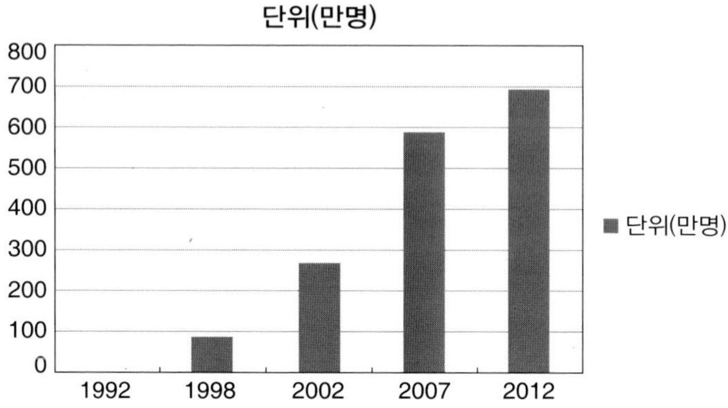

〈그림 3〉 한중 간 상호방문자수

자료: 중국 국가여유국; 한국관광공사

기 운항도 크게 증가하는 등 양국 교류의 활성화를 위한 기반도 강화되었다. 2003년 6월 기준으로 한국의 6개 도시와 중국 22개 도시 사이에 주 약 300편이 운항했다. 이 시기 양국 사이의 사회·문화 교류에서 가장 주목을 끈 것은 중국 내에서 한류열풍이 불기 시작한 것이다. '사랑이 뭐길래'라는 드라마로부터 시작된 한류는 이 시기 한중 사이 우호협력관계의 결과인 동시에 중국인들에게 한국에 대한 좋은 이미지를 심어 주어 이후 경제 및 정치 교류에 긍정적 영향을 주었다.

III. 한중 협력동반자관계의 발전을 위한 대중외교의 원칙과 실행

한중 협력동반자관계의 발전을 위해서 김대중 정부 시기 대중외교에서 중요하게 고려되었던 점은 주요 대국들 사이의 치열한 경쟁 속에서의 한중관계의 방향, 남북관계에서의 주도적 역할과 중국의 협력유도, 한중경제협력의 확대와 질적 제고, 동아시아 지역협력을 위한 한중협력 네 가지이다. 이러한 문제들은 양국관계에만 초점을 맞춘 것이 아니라 당시 동북아와 한반도 정세의 변화, 그리고 한국의 미래지향적 역할 등과도 연관되어 제기되었다. 김대중 대통령은 이 문제들과 관련해 분명한 원칙에 입각한 한중관계의 발전을 추구했고, 이는 당시 한중관계 발전에 긍정적인 영향을 주었을 뿐 아니라 지금도 한중관계의 발전방향을 정하는 문제에 대해 중요한 시사점을 던져주고 있다.

1. 동북아 지정학과 한국의 역할

I장에서 설명한 것처럼 1990년대 중반부터 중미관계에서 경쟁적 측면이 증가하고 있었는데 이는 한국외교에 적지 않은 어려움을 가져다 준 요인이다. 이 문제를 처리하는 김대중 대통령의 원칙은 다음의 말에 잘 요약되어 있다.

> 한국은 4대국 사이에 끼어있는데, 자칫 잘못하면 찢기고 당할 수 있지만 잘만 하면 우리의 지정학적 중요성 때문에 4대국이 서로 협력하려 할 것입니다. 말하자면 색시 하나를 두고 신랑감 넷이 프러포즈를 하게 만들 수 있는 것입니다. 그것이 외교입니다. 그 가장 중요한 외교 상대 가운데 하나가 바로 중국입니다. 그런 점에서 중국은 오늘 이 시점에도 중요하지만 내일은 더 중요한 나라입니다. (1998년 11월 11일 중국 국빈방문 시 조어대에서 열린 동포들과의 간담회 발언)[143]

주변 대국들 사이의 경쟁적 측면이 있지만 이는 주변 대국들이 한국을 중요하게 볼 수 있는 요인도 되며, 그렇게 만드는 것이 외교라는 의미이다. 따라서 대국들의 경쟁 속에서 우리가 어느 한편을 선택하는 것은 상책이 될 수 없다. 이는 지금처럼 중국의 부상이 뚜렷해지면서 더 중요한 의미를 갖는 주장이다. 물론 대국 사이에서의 외교가 쉬운 것은 아니다. 특히 한미동맹관계를 맺고 있는 상황에서는 더 어려운 과제가 될 수밖에 없다. 그렇지만 중국은 자신이 부상하는 과정에서 평화적인 주변환경을 조성하는 것을 핵심적 외교목표로 삼고 주변국가들과의 관계개선을 적극적으로 추진해오고 있기 때문에 중미경쟁, 한미동맹관계에도 불구하고 중국과 우호적 관계를 발전시킬 수 있는 공간은 꽤 넓었고 이는 우리에게 전략적으로 기회의 시기라고 할 수 있었다. 따라서 위와 같은 김대중 대통령의 원칙과 주장이 현실성이 없는 것은 아니었으며, 무엇보다도 이후 한중관계의 지속적인 발전이 이를 잘 증명해주고 있다.

이러한 추세를 유지하는 데 관건이 되는 것은 한미동맹관계가 한중관계에 부정적인 영향을 미치지 않도록 만드는 것이다. 중국은 당시 동아시아에서 미국의 군사적 존재와 쌍무적 군사협정을 당분간은 수용할 것이라는 입장을 보이고 있었다. 그러나 이 입장은 이런 존재들이 원래의 범위를 벗어나서는 안 되며 제3국 특히 중국을 겨냥하는 방향으로 목적이 변화되어서는 안 된다는 점을 전제로 하는 것이었다.[144] 김대중 정부는 한미동맹이 중국에게 위협이 아니라는 점을 효과적으로 설득했

143 김대중 저·신길순 편, 『김대중 자서전 2』 (서울: 삼인, 2010), 128~129쪽.
144 王逸舟, 『全球政治和中國外交』 (北京: 世界知識出版社, 2003), 298쪽.

고 미중관계의 경쟁적 측면이 증가하고 있는 상황에서도 이러한 변화가 한국외교에 큰 딜레마를 조성하지 않도록 관리하는 데 성공했기 때문에 한중관계가 지속적으로 발전할 수 있는 환경을 구축할 수 있었다. 물론 여기에는 당시 미국의 클린턴 행정부가 다자주의를 기초로 냉전체제 해체 후의 국제질서를 관리하려고 한 것도 긍정적인 요인으로 작용했다. 2000년 11월 미국 대통령선거에서 부시가 당선된 이후 상황이 변화하며 한미동맹과 한중관계 사이의 균형점을 찾는 것이 어려워졌다고 할 수 있다. 그럼에도 불구하고 부시 행정부 시절에도 한중관계의 발전이 한미관계의 큰 장애요인으로 작용하지는 않았다.

2. 남북관계에서의 주도적 역할과 중국의 협력

김대중 정부는 출범 이후 경제위기 극복을 가장 시급한 과제로 삼을 수밖에 없었지만 남북관계의 변화도 핵심적 국정과제 중 하나였다. 정권출범 초기 대북정책에서 가장 중요한 변화는 북한붕괴론과 같은 비현실적 전제에 입각한 대북정책의 기조를 "평화공존하며 화해협력을 통해 북한의 점진적 변화를 도모"하는 '화해협력정책'으로 전환시킨 것이었다. 그리고 이러한 정책기조를 실현하기 위해 1997년 12월부터 남북한과 중국, 미국이 참여해 진행되고 있는 4자회담과 남북대화를 분리하여 병행추진한다는 입장을 정리했다.[145] 이는 한반도 문제를 남북이 주도하며 풀어가겠다는 입장을 천명한 것이다. 그러므로 이러한 노력에 대한 다른 나라들의 지지와 협력을 이끌어내는 것이 중요한 외교

---

145 임동원, 『피스메이커』 (서울: 중앙북스, 2008), 342쪽.

적 과제가 되었다. 북한과의 특수관계를 고려하면 중국과의 조율도 빠질 수 없었다.

1998년 11월 한중정상회담에서 김대중 대통령은 "인내심을 가지고 점진적으로 북한과의 교류를 추진해 나갈 예정입니다"라고 새로운 정책에 대한 입장을 설명했다. 이에 장쩌민 국가주석은 "우리는 남북한 당사자 간 해결원칙을 견지해왔습니다 … 남북 양측이 점차 신뢰를 회복하고 관계를 개선해 나가기를 희망합니다"라고 답함으로써 김대중 정부의 남북관계 개선을 위한 노력에 대한 중국의 지지를 이끌어낼 수 있었다. 정상회담 후에 발표된 공동성명의 5항에는 "중국 측은 … 한반도 남북 양측의 대화와 협상을 통한 한반도에서의 자주적인 평화통일 실현을 지지"한다는 내용이 포함되었다.

사실 김대중 정부의 화해협력정책은 중국도 환영하는 변화였다. 중국은 한반도에서 돌발적 사건이 발생하여 원하지 않는 국제분쟁에 연루되고 경제건설에 부정적인 영향이 미치는 것을 우려하고 있었는데 김대중 정부의 정책은 이러한 우려를 크게 줄일 수 있었기 때문이다. 이 시기 중국은 한반도 문제와 관련해 일관되게 '(1) 한반도의 평화와 안정이 중국이 한반도 문제를 처리하는 기본준칙이고, (2) 남북 쌍방이 접촉과 대화를 통해 관계를 개선하고, (3) 최종적으로 자주적 평화통일을 실현하는 것을 지지한다'는 입장을 밝혔다. 이러한 중국의 입장은 김대중 정부의 화해협력정책과 많은 공통점이 있었다. 한반도 문제에 대한 양국의 공감대는 정상회담을 거치며 더 깊어졌다. 1998년 하반기 임동원 당시 외교안보수석 주도로 작성된 '한반도 냉전구조 해체를 위한 포괄적 접근전략'은 한반도문제 해결과 냉전구조 해체를 연관시켜 추진하는 구상이었는데, 1999년 2월 임동원 수석이 이 구상을 직접 중국에 설명했을 때 이들로부터 "한반도 문제 해결을 거시적 시각과 전략적 관점에서 보아야 한다는 김 대통령의 전략구상은 상상력이 넘치며 지금까지 나온 것들 중에서 가장 완벽한 구상"이라는 평가를 받았다.[146] 그리고 2000년 남북정상회담이 실현되었을 때에도 중국은 이를 적극적으로 환영했다.

부시 행정부의 출범 이후에는 북미 사이의 갈등이 증가하고 결국 2002년 10월 제2차 북핵위기가 발생하면서 남북의 화해와 협력을 위한 노력이 높은 벽에 부딪혔다. 그러나 이러한 상황변화에도 불구하고 한국과 중국은 모두 이런 문제를 평화적으로 해결한다는 원칙을 일관되게 견지했다.[147] 그렇지만 대북정책을 둘러싼 한국과 미국, 특히 미국 내 네오콘 세력과의 갈등이 이 시기 효과적인 대북정책을 가로막는 요인이 되었다.

3. 동반성장의 경제협력

경제교류는 양국관계에서 가장 빠르게 진전된 영역이었지만 문제가 없었던 것은 아니다. 중국은 무역불균형을, 한국 내에서는 중국의 빠른 경제성장과 제조업의 중국이전을 각각 우려하고 있었다. 동아시아 금융위기는 자국의 경제안전 문제에 대해 더 민감하게 만들었다. 이에 대

146 위의 책, 421쪽.

147 2002년 10월 2차 핵위기가 발생한 이후 2003년 7월 방중한 노무현 대통령과의 정상회담에서 후진타오(胡錦濤) 국가주석은 한반도정책의 원칙을 "한반도의 평화와 안정, 한반도 비핵화의 견지, 대화를 통한 평화적 문제해결 추구" 등으로 제시했다.『人民日報』 2003.7.8.

해 김대중 대통령은 1998년 11월 13일 한중경제인 오찬 연설에서 "양국 경제가 서로 협력함으로써 성장과 번영에 있어서 동반상승의 효과를 거둘 수 있기 때문입니다 … 일부에서는 한국과 중국은 경제적으로 경쟁관계에 있다는 이야기를 합니다만, 나는 의견을 달리하고 있습니다 … 이렇게 양국 간의 관계가 밀접해지고 있는 까닭은 바로 협력을 통해 보다 많은 발전과 번영의 기회를 얻을 수 있다는 사실을 이미 확인했기 때문입니다"라고 말하는 등 양국 경제의 동반성장이라는 방향을 제시했다.[148] 지금까지의 양국 경제관계의 발전은 이러한 전망이 정확한 것이었다는 점을 증명하고 있다.

한국의 무역흑자는 계속 증가해 2002년 63.5억 달러(중국 측 통계에 따르면 130.7억 달러)를 기록했고 한중 간 최대 통상현안이 되었다. 그러나 한중 간 무역불균형은 주로 산업 내의 수평적 분업구조가 형성된 것에서 기인한 것이고, 중국은 이러한 분업에 기초해 상품경쟁력을 높여 대미수출을 증가시킬 수 있기 때문에 국제분업체제 내에서 양국 교역은 경쟁적이라기보다는 상호보완적이라고 볼 수 있었다. 이는 양국 간 교역에서 무역불균형 문제가 계속 존재하고 지속적으로 확대되었음에도 불구하고 통상마찰을 최소화할 수 있었던 주요 원인이기도 하다. 이러한 교역구조는 지금까지 계속 유지되고 있다.

그렇다고 갈등이 없었던 것은 아니다. 김대중 정부 당시에 소위 '마늘파동'이 발생해 양국에 큰 교훈을 주었다. 2000년 6월 1일 한국 재정경제부는 중국산 냉동마늘과 초산조제 마늘의 관세율을 2003년 5월까

---

148 中華人民共和國外交部亞洲司,『한중수교 20주년: 한중 간 주요 연설 및 문헌집』(世界知識出版社, 2012), 79쪽.

지 30%에서 최고 315%로 대폭 올리는 세이프가드 조치를 취했다. 이는 국내 농민보호라는 측면에서는 정당화될 수 있지만 한국과의 무역에서 적자를 기록하고 있는 중국의 입장에 대한 고려가 부족한 것이다. 중국은 한국의 조치에 대해 강력하게 항의하면서 한국산 휴대폰과 폴리에틸렌의 수입을 잠정 중단하는 보복조치를 취했다. 당시 한국으로서는 교역액이 1,000만 달러에 미치지 못하는 상품에 대한 보호조치에 대응하여 교역액 5억 달러가 넘는 상품에 대한 규제조치를 취한 것에 대한 불만이 높았으나, 중국이 WTO에 가입하지 않은 상태였으므로 WTO 제소 등 이 문제를 해결할 수 있는 방법을 강구하기 어려웠다. 결국 양자협상을 통해 7월 31일 한국은 긴급관세 부과를 철회하고 중국은 보복조치를 철회하는 합의에 도달하면서 이 문제는 일단락되었다. 그러나 이는 양국관계에 영향을 미칠 수 있는 사안에 대해 신중하게 대응할 필요성을 일깨워준 사건이었다.[149] 주룽지 국무원 총리는 한국방문 당시 한국경제단체 오찬회의 연설(2000년 10월 18일)에서 한중협력과 관련해 "협력과정에서 나타나는 문제들을 즉각적이고 적절하게 처리해야 합니다. 중한 경제관계의 빠른 발전에 따라 양국교류 과정 중에 이런 저런 문제가 출현하는 것은 피할 수 없습니다. 중요한 것은 발전의 관점에서 우호협력관계의 수호에 입각하여 실사구시와 호혜 윈윈(win-win)의 원칙에 따라 문제를 원만히 해결할 수 있는 방법을 찾는 것입니다"라고 이러한 문제를 처리하는 원칙을 제시했다.[150]

---

149 마늘파동의 과정에 대한 분석과 평가는 다음을 참고 바람. 정재호, 『중국의 부상과 한반도의 미래』 (서울: 서울대학교출판문화원, 2011), pp. 262-283.

150 中華人民共和國外交部亞洲司, 『한중수교 20주년』, 88쪽.

또, 한류가 중국에서 확산되는 것에 대해 경계심을 갖는 중국인들도 있었다. 사실 한국전쟁 이후 40년 이상 양국관계가 단절에서 10년도 안되는 기간 내에 동반자관계로 전환되었기 때문에 양국 국민들 사이의 가치관이나 문화적 감수성에서의 차이가 큰 상황이었다. 이러한 상황에서 한류가 빠르게 확산된 것도 의외였지만 이와 관련한 문화충돌이 발생할 가능성도 전혀 없다고는 할 수 없었다. 김대중 대통령은 이러한 우려에 대해 2001년 11월 5일 ASEAN+3 회의가 열린 브루나이에서 진행된 주룽지 총리와의 회담에서 "중국은 1500여 년에 걸쳐 중국문화를 우리에게 수출해 왔으며 우리도 이러한 교류를 통하여 우리 문화의 중심을 잡았습니다. 그런 점에서 중국도 1500년까지는 아니더라도 적어도 100년 정도는 우리 문화의 영향을 받아도 문제가 없다고 생각합니다"라며 양국 문화교류를 적극적으로 옹호했다.[151] 중국에서도 이 문제를 기본적으로는 민간 부분의 선택에 맡기면서 한류의 발전을 인위적으로 제약하지 않았다. 따라서 한류는 일부의 불만에도 불구하고 문화충돌과 같은 부정적인 방향이 아니라 문화교류의 확산이라는 긍정적인 방향으로 진전되었다. 다만 21세기 들어 다른 영역에서 양국의 인식적 측면의 갈등이 증가한 것은 사실인데 이에 대해서는 후술하겠다.

4. 지역협력을 위한 동력제공

동아시아 금융위기 속에서 출범한 김대중 정부는 위기를 새로운 발

151 김대중 저 · 신길순 편, 『김대중 자서전 2』, 454쪽.

전과 번영의 기회로 전환하기 위한 동아시아협력을 적극적으로 추진했고 한중협력을 동아시아협력의 주요 동력으로 삼아야 한다는 방향을 제시했다. 김대중 대통령은 1998년 11월 국빈방문 시 한중경제인 오찬 연설에서 "21세기를 명실상부한 아시아태평양 시대로 만들기 위해서 한중양국은 더욱 긴밀하게 협력해야 합니다", "나아가 한중양국은 아시아 경제의 회생을 위한 아시아 국가들 간의 협력에 중심이 되어야 합니다"라며 지역협력 속에서 한중관계의 중요성을 강조했다.[152] 김대중 대통령은 1999년 아세안+3에서 동아시아협력에 대한 논의를 주도하면서 동아시아비전그룹(East Asia Vision Group, EAVG)을 출범시켰다. 2001년 아세안+3 정상회의에서는 "EAVG 보고서"를 채택해 동아시아 협력의 기본방향과 실천전략에 대한 합의가 이루어졌다.[153]

이러한 노력의 성과에 대해 중국 주룽지 총리는 2000년 10월 28일 한국 경제4단체 초청 오찬회 연설에서 "동아시아 금융위기 이후 중한 양국은 위기완화와 지역경제안정에 대해 효과적인 협의와 협력을 해왔습니다. 중한경제협력은 양자관계에서 지역과 다자관계로 확대되었습니다"라며 지역협력을 위한 한중협력에 대해 긍정적으로 평가했다.[154] 중국은 과거와는 달리 동아시아협력 등 다자협력에 대해 적극적인 태도를 보이고 있었다. 이에 따라 이 시기는 "아세안+3" 기제가 가장 활발하게 작동되던 시기라고 할 수 있는데 여기에는 동아시아 금융위기

---

152 中華人民共和國外交部亞洲司, 『한중수교 20주년』, 79~80쪽.

153 "ASEAN + 3"의 동아시아협력에 대한 논의에서 김대중 대통령의 리더십에 대해서는 이재현, "동아시아 지역협력과 역내 리더십: 마하티르와 김대중의 동아시아지역협력 구상," 동아시아공동체연구회, 『동아시아공동체와 한국의 미래』 (서울: 이매진, 2008)을 참고.

154 中華人民共和國外交部亞洲司, 『한중수교 20주년』, 88쪽.

라는 객관적인 상황도 중요하게 작용했지만 한중이 동아시아협력이라는 방향에 대해 입장을 같이 하고 이를 위한 협력을 강화했던 점도 중요한 요인 중의 하나였다고 할 수 있다.

IV. 한중 전략적 협력동반자관계의 한계와 새로운 과제

한중 협력동반자관계는 노무현 정부에서는 "전면적" 협력동반자관계로, 이명박 정부에서는 "전략적" 협력동반자관계로 발전해왔다. 이 시기 한중관계는 경제교류는 물론이고 정치분야 및 국제사회에서의 협력도 빠르게 진전되었다. 한중교역 규모는 한미·한일 교역량을 합친 것보다 많아졌다. 그리고 양자교류와 국제무대에서의 양국 정상 및 지도층 사이의 교류도 꾸준히 확대되어왔으며 양국 사이의 전략적 협력의 중요성에 대한 인식도 증가해왔다. 그러나 한중관계의 발전이 순탄한 것만은 아니다. 노무현 정부에서는 동북공정 등의 문제가 발생하면서 양국 사이의 역사인식을 둘러싼 갈등을 겪었고, 전략적 협력동반자관계로 격상된 이후에는 전략적 갈등이 오히려 증가하는 역설적 상황이 발생하기도 했다. 여기에는 외부적 요인과 내부적 요인이 모두 작용했다. 외부적 환경변화에 따라 한중관계에 새로운 어려움이 등장하는 것은 피할 수 없지만 내부적 요인 때문에 이러한 어려움에 효과적으로 대응하지 못하고 문제를 더 악화시킨 것은 양국관계의 중요성을 생각할 때 반드시 진지하게 성찰해 보아야할 문제이다. 이 시기 진정한 전략적 협력동반자관계로의 발전을 가로 막았던 문제들은 아래의 네 가지이었다.

1. 한미동맹과 한중협력의 충돌

이명박 대통령이 국빈방문을 위해 중국에 도착한 2008년 5월 28일 중국 외교부 대변인은 "한미군사동맹은 냉전시대의 유산이며, 군사동맹으로는 현재 세계 혹은 지역이 직면한 안보문제를 해결할 수 없다"고 말해 작은 파문을 일으킨 바 있다. 당시 양국은 전략적 협력동반자관계를 발전시키기로 합의했지만 한중관계의 발전이 단지 양국관계에 의해서만 결정되는 것은 아니라는 점을 잘 보여준 사건이었다. 사실 중국정부가 수교 이후 한미동맹에 대한 부정적 인식을 이처럼 직접적으로 표명한 적은 없었다. 그리고 주변 대국들이 한국이 다른 대국과 맺는 관계를 부정적으로 인식하는 것은 한국외교가 가장 피해야 할 상황이다. 그런데 왜 이런 문제가 발생했는가?

이는 외부환경 변화의 영향이라기보다는 한국이 자초한 면이 크다. 이명박 대통령은 2008년 미국방문 시 코리아소사이어티 주최의 연례 만찬에서 한미동맹이 약화되었다는 진단을 하며 "한미관계가 장기적 동맹의 관점이 아니라 이념과 정치논리에 의해 잠시 왜곡되었기 때문"이라고 지적했다. 이로부터 "21세기 새로운 국제환경에 직면하여 한국과 미국은 한반도와 아시아의 평화 그리고 번영에 기여할 수 있는 새로운 전략적 마스터플랜을 짜야 한다"고 밝히며 '가치동맹, 신뢰동맹, 평화구축동맹'을 그 방향으로 제시했다. 이러한 주장에는 한중관계가 한미관계에 비해 지나치게 빠르게 진전되었다는 평가나 "한미동맹이 강해져야 한중관계도 잘 발전될 수 있다"는 식의 발상이 작용했다. 이처럼 스스로 한중관계를 한미동맹과 경쟁적 관계로 설정하거나 심지어는 한미동맹의 종속변수로 다루는 것에 중국이 불편함을 느끼지 않을 수 없었던 것이다.

뿐만 아니라 한미동맹의 약화를 한중관계의 발전과 연관시키는 인식에도 근본적인 잘못이 있다. 노무현 정부 시기 한미관계가 불편해졌던 것은 주로 북한문제에 대한 인식의 차이와 부시의 일방주의에 기인한 것이지 중국과의 관계의 영향을 받은 것은 아니기 때문이다. 사실 이 시기에는 중미관계도 좋았던 시기이기 때문에 우리 스스로 중국이냐 미국이냐라는 식으로 이 문제에 접근할 이유는 전혀 없었던 것이다. 그리고 한미동맹 강화의 명분을 더하기 위해 중국을 끌고 들어온 것, 그리고 한미동맹을 가치동맹으로 발전시킨다는 식의 방향이 중국의 반발을 불렀다. 중국의 한미동맹에 대한 우려는 2010년 천안함사건이 발생한 이후 미국 조지워싱턴호의 서해진입을 시도한 것에 대한 반응에 뚜렷하게 나타난 바 있다. 당시 군부가 나서 이를 공개적으로 비판했을 뿐만 아니라 중국의 〈환구시보(環球時報)〉는 "한미동맹을 강화시키면서 동북아 지역의 전략적 균형을 변화시키고 있다", "한국이 주도적으로 미국에 요구하여 미군 항공모함이 서해 군사훈련에 참가하도록 해 중국인의 불안감을 자극하고 동북아 정세에 각축지점을 추가했다"며 한미동맹 자체를 문제로 삼는 논평을 발표했다.[155]

한미동맹이냐 한중협력이냐의 딜레마는 미국이 "아시아로의 회귀(pivot to Asia)"를 추진하면서 실제적인 것이 되고 있다.[156] 중미경쟁이

155 『環球時報』 2010.8.20.

156 Hillary Clinton, "America's Pacific century," *Foreign Policy*, Vol. 189, No.

치열해지면서 중국이 현재 한미동맹 자체를 문제로 삼지는 않고 있지만 이것이 미일동맹과 통합되면서 한미일삼각동맹체제가 구축되는 것에 대해서는 아시아에서 대중국포위망의 강화로 보고 민감하게 반응하고 있다. 미사일방어체제(MD, Missile Defense) 문제에 대한 중국의 민감한 반응도 이것이 결국 중국의 대륙간탄도미사일을 겨냥한 것이라는 이유 외에도,[157] 이를 매개로 한미일의 군사협력체제가 진전되는 것에 대한 우려가 중요하게 작용하고 있는 것이다. 그런데 미국은 아시아로의 회귀 정책을 추진하는 동시에 군사비를 절감해야 하는 딜레마에서 벗어나기 위해 일본의 군사적 역할을 확대시킬 수밖에 없다. 그러므로 이 문제는 앞으로도 중일, 미중 사이의 중요한 갈등요인이 될 뿐만 아니라 한국을 매우 곤란한 상황에 처하게 만들 가능성이 높다. 이제야말로 한미동맹과 한중협력을 어떻게 병행하여 발전시킬 것인가라는 문제가 더욱 중요하게 제기되고 있는 것이다.

---

1 (2011), pp. 56–63. 미국의 이러한 정책전환은 2010년 봄부터 표면에 드러나기 시작했다. 2012년 3월 천안함사건 직후 미국 항공모함의 서해진입을 둘러싸고 중국과 미국 사이의 신경전이 시작되었고, 2010년 7월 아세안지역안보포럼(ARF)에 참가한 힐러리 클린턴(Hillary Rodham Clinton) 미국 국무장관이 "미국은 남중국해에서의 자유로운 항해와 아시아 공동수역에 대한 제한 없는 접근에 국가적인 이해를 갖고 있다"고 주장했고 베트남 등 일부 동남아 국가들이 미국의 개입을 반기는 태도를 취한 것이 중국을 자극했다. 이러한 문제는 센카쿠열도(댜오위다오) 문제를 둘러싼 중일갈등으로 번졌는데 이는 지금까지 동북아를 포함한 동아시아 정세변화에 큰 영향을 주고 있다.

157 임동원 당시 청와대 외교안보수석이 1999년 2월 방중했을 때 중국 측 인사는 "미국 일각에서 북한 미사일 발사를 구실로 지역 내 긴장을 조성하며 MD개발을 추진하고 있는데, 그 과녁이 어느 나라인지는 분명하다"라며 이에 대한 중국의 우려를 표명한 바 있다. 임동원, 『피스메이커』, 421쪽.

2. 북핵문제 해결에서의 중국의 역할

북한문제가 김대중 정부와 노무현 정부 시기에는 한미갈등의 원인이 되었다고 한다면 이명박 정부 시기에는 한중갈등의 원인이 되었다. 김대중 정부와 노무현 정부에서는 북한과 미국을 대화로 끌고나오기 위한 한중공조를 유지했다. 그 중요한 성과가 6자회담 및 9·19 공동성명이있다. 그러나 결국 북미갈등이 해결되지 못하고 북한이 세 차례의 핵실험을 감행하면서 북핵문제는 더 악화되었다. 이는 북핵문제가 남북관계의 개선만으로 해결되기 어려운 문제라는 점을 확인시켜준 것이기도 하다. 이에 따라 북핵문제 해결을 위한 새로운 발상이 필요해진 것은 사실이다. 그렇다고 북한에 대한 국제적 압박과 제재만으로 문제해결을 시도하는 것은 새로운 발상이라기보다는 실현가능성이 낮은 낡은 구상에 지나지 않는다.

그럼에도 이명박 정부는 대북정책을 북한에 대한 압박을 강화하는 방향으로 전환했고, 이것은 남북 간 화해와 교류확대로 북핵문제 해결에 유리한 조건을 형성해줄 것을 희망하는 중국의 입장과는 큰 차이가 있었다. 뿐만 아니라 북한 압박을 위해 중국에게 과도한 요구를 제기한 것도 중국과의 관계를 불편하게 만들었다. 한국 정부는 중국이 북핵문제에 대해 강경한 입장을 표명하게 만들고자 하였고, 나아가 북중관계의 기본 프레임을 전환시키고자 하는 과도한 목표에 많은 외교적 자원을 소모하였다. 이것이 중국을 불편하게 만들 뿐 비현실적이라는 점은 2012년 이후의 북핵위기 전개과정에서 다시 확인되었다. 2012년 12월부터 2013년 4월 사이의 중국은 대북제재에 적극 나섰는데 이는 한국 정부의 외교적 노력의 결과라기보다는 북한의 모험주의적 태도가 중국의 적극적 대응을 초래한 것이다. 그렇지만 최룡해 특사가 베이징을 방문한 5월 이후 북중관계는 다시 복원국면에 진입했다. 오히려 최근에는 6자회담 재개를 위한 북한과 중국 사이의 공조가 뚜렷이 강화되고 있다.[158]

이처럼 북중관계가 "갈등과 복원"의 사이클을 보여준 것은 이번이 1차(1992~2006)와 2차(2006~2011)에 이어 3차(2012~2013)라고 할 수 있다. 중국이 북한의 핵개발을 반대한다는 것은 의심의 여지가 없지만 중국이 이를 위해 북한을 고립시키고 압박하는 방식의 문제해결을 추구하지는 않는 것이다. 이는 북한에 대해 압박일변도 정책은 남북관계는 물론이고 한중관계에도 부정적인 영향을 미칠 것이라는 점을 의미한다. 북한에 대해서는 한반도와 지역평화에 위협을 주는 행동에 대한 비판과 적절한 대응이 필요하다. 그러나 대화를 통해 문제를 풀어가는 길을 찾기 위한 노력을 병행할 때 한중협력도 강화될 수 있고 한반도 평화도 앞당길 수 있다.

3. 지역협력과 관련한 딜레마 증가

김대중 정부 시절 한국은 동아시아협력과 관련한 논의를 주도했다. 노무현 정부에서는 동북아중심국가론 등을 제시했으나 남북관계가 풀

158 2013년 8월 이후 북중 사이에 6자회담과 관련한 의견조율이 빈번해지고 있는 것도 이러한 변화를 잘 보여준다. 8월 26일 중국의 조선반도사무특별대표 겸 6자회담 단장 우다웨이(武大偉)가 평양을 방문해 외무성 제1부상 김계관과 회담을 했으며, 9월 16일 베이징에서 우다웨이는 김계관, 이영호와 회담을 가졌다. 9월 17일에는 외교부 부부장 장예쑤이(張業遂)와 김계관이 회담을 가졌고 왕이(王毅) 외교부장, 양제츠(楊潔篪) 중국 외교담당 국무위원도 김계관을 만났다.

리지 않고 북미관계가 악화되면서 이러한 구상이 실현될 수 있는 기회가 없었고, 한국에서 동아시아협력 관련 논의는 오히려 뒤로 밀리게 되었다. 그러나 동아시아협력 논의가 더 진전되지 못하게 된 더 중요한 원인은 미국과 일본의 개입이었다. 아세안+3의 발전과 2002년 합의된 동아시아정상회의 개최 등이 동아시아에서 미국의 영향력을 감소시키는 반면 중국의 영향력을 강화시킬 것에 대한 우려로 미국과 일본은 이러한 논의에 인도, 오스트레일리아 등 역외 국가들을 끌어들였다. 그 결과 현재 동아시아정상회의는 인도, 오스트레일리아, 뉴질랜드는 물론이고 미국과 러시아도 정식 회원국으로 참여하면서 동아시아협력기구로서의 의미를 사실상 상실했다.

이러한 변화는 지역경제협력에도 영향을 미쳤다. 동아시아비전그룹(EAVG)은 아세안+3를 기반으로 하는 동아시아자유무역지대(EAFTA)의 창설을 제안했다. 그러나 미국은 아세안+3 형태로 FTA가 체결되고 지역경제통합이 강화되는 것을 견제하기 위해 환태평양경제동반자협정(TPP, Trans-Pacific Partnership)을 적극적으로 활용하기 시작했다. TPP는 브루나이, 싱가포르, 베트남, 말레이시아 등의 소국들이 결성한 소규모경제블록에 미국이 참여하면서 회원국을 확대해가고 있는 경제협력체이다. 그런데 미국은 2010년 일본의 참가를 요청하고 아베가 총리에 당선된 이후인 2013년 7월부터 일본이 협상참여를 결정하면서 중국을 견제하는 경제협력체로 주목을 끌기 시작했다. 미국은 중국의 TPP 참여를 환영한다는 입장이나 중국이 환경보호, 노동조건과 같은 이슈까지 다루는 TPP에 참여하기는 어려울 것으로 보인다. 반면 중국은 "아세안+3"을 중심으로 동아시아경제협력을 추진한다는 것이 기존 입장이지만, 2012년 아세안 주도로 아세안+6을 기반으로 하는 역내포괄적경제동반자협정(RCEP, Regional Comprehensive Economic Partnership) 협상이 2015년 체결을 목표로 시작된 이후에는 여기에 우선순위를 두고 있다.

한국은 이러한 다양한 흐름에 어떻게 대응하는가가 중국과의 관계에 영향을 미치는 상황에 직면하게 된 것이다. 당장 한중 FTA와 TPP가 동시에 일정에 올라 있는 상황이다. 이는 과거 한중협력이 지역협력의 동력을 제공할 수 있다고 낙관하던 것과는 매우 다른 상황이며 이에 관한 분명한 방향설정이 필요하다.[159]

4. 인식적 측면의 갈등

교류가 증가함에 따라 양국은 상대방의 역사인식, 가치관 등에서 새로운 면을 발견하게 되고 상대방에 대한 부정적 인식을 증가시키는 사례들이 출현하는 것을 피하기 어렵다. 특히 한중관계는 과거 여러 복잡한 역사적 과정에 대한 상호이해가 부족한 상태에서 빠르게 발전되었기 때문에 그러한 위험성은 더 클 수밖에 없다. 2004년 소위 중국의 동북공정이 초래한 논란이 이러한 문제를 전면에 드러낸 중요한 전환점

159 [편집자] 2014년 11월 10일 중국 베이징에서 개최된 한중정상회담에서 한중 FTA의 실질적 타결이 선언되었다. 산업통상자원부, "한·중 FTA '실질적 타결'…13억 시장 무역 빗장 풀렸다," http://www.fta.go.kr/cn/paper/1/ (검색일: 2014.11.29). TPP의 경우 한국이 가입의사를 밝힌 가운데 협상이 진행되고 있으며 오히려 미국이 한미 FTA를 성실히 이행해야 한국의 가입을 승인할 수 있다는 입장을 취하였다. "미 의회, FTA 성공적 이행해야 한국 TPP가입 승인," 연합뉴스, 2014.9.23.

이 되었다.[160] 이는 동북공정의 기초가 되는 역사인식이 주변국가들에게 어떻게 받아들여질지에 대한 중국의 무감각과 중국의 의도에 대한 한국의 과도한 우려가 상승작용을 일으키면서 정치문제가 되었다. 그 이후 역사인식, 상호인식 등에 관한 다양한 충돌이 연이어 발생하면서 양국 사이의 감정을 악화시켜왔다.

이러한 문제를 악화시키는 중요한 요인은 양국관계의 비대칭적 성격이다. 이는 중국의 주변국가들이 대부분 직면하고 있는 문제이다. 영토와 인구의 현격한 차이에서 비롯된 문제로, 어떻게 보면 동아시아 국가들의 숙명이기도 하다. 최근 중국의 경제성장이 본격적으로 시작되자 영토와 인구의 우위는 빠른 속도로 경제규모와 국방비의 우위로 전환되었다.[161] 지리적으로 인접해 있는 국가로서 이에 대한 경계심이 생기지 않을 수 없다. 동아시아에서 오래 유지되었던 중국의 패권에 대한 기억도 한국을 포함한 중국의 주변국가들이 다시 출현하고 있는 힘의 비대칭성에 민감하게 반응하도록 만들고 있다. 그런데 중국 내에는 여전히 피해의식에서 벗어나지 못하고 외부에 대해 과도하게 공격적인 태도를 취하는 경향도 있어서 비대칭성이 초래하는 부정적인 영향을 증가시키고 있다. 이 문제는 단기간 내에 해결되기는 어려우므로 양국

160 동북공정 문제가 한국의 중국인식에 미친 영향은 다음을 참고 바람. 백영서, "중국의 '동북공정'과 한국인의 중국 인식의 변화: 대중과 역사학계에 미친 영향," 『(핵심현장에서) 동아시아를 다시 묻다 : 공생사회를 위한 실천과제』 (파주: 창비, 2013).

161 예를 들어 1997-2011년 사이에 일본의 GDP는 4조 3,243억 달러에서 5조 8,671억 달러로, 한국의 GDP는 5,163억 달러에서 1조 1,162억 달러로 증가한 반면 중국의 GDP는 1997년 9,527억 달러에서 2011년으로 7조 3,185억 달러로 급증했다. The World Bank, "GDP, current USA$," http://data.worldbank.org/indicator/NY.GDP.MKTP.CD (검색일: 2014.11.29).

사이의 상호이해를 증진시키기 위한 장기적 노력이 필요하다.

V. 결론: 전략적 협력동반자관계의 내실화

전략적 협력동반자관계는 중국이 이미 여러 나라 혹은 지역협력기구와 맺고 있는 관계로 특별한 의미가 있다고 보기는 어렵다. 1990년대에는 중국이 쌍무관계를 '전략적'이라고 규정한 사례가 러시아와 미국밖에 없었고 실제로 중요한 의미를 갖는 표현이었다. 그러나 2003년 후진타오가 중국의 최고지도자로 선출된 이후 EU를 비롯하여 프랑스, 브라질, 인도, 인도네시아, 아르헨티나, ASEAN, 그리고 아프리카 국가들과 연이어 전략적 동반자관계를 맺어왔다. 과거 GATT체제에서 최혜국대우가 마치 특별한 대우를 해주는 것 같은 의미가 있었지만 사실은 일부 국가를 제외한 다른 국가들에게는 동등한 대우를 해주는 관계를 의미했던 것과 마찬가지라고 할 수 있다.

중국이 이러한 관계규정을 통해 달성하고자 하는 외교적 목표는 분명하다. 즉 전략적 협력이란 각국의 핵심이익을 상호 존중하는 것을 기초로 양국관계를 처리해야 한다는 것을 의미한다는 주장을 펴고 있다. 따라서 한중 전략적 협력동반자관계의 발전을 위해서는 먼저 중국의 핵심이익이 무엇이며 우리가 이를 수용할 수 있는가에 대한 판단과 우리는 어떤 것을 핵심이익으로 중국에게 요구할 것인가라는 문제를 정리해야 한다. 지난 시기 전략적 협력동반자관계를 발전시키기로 합의했음에도 불구하고 전략적 갈등이 증가한 것은 이에 대한 분명한 인식이 없이 한중관계를 처리한 것에 원인이 있다.

2009년 7월 중미전략대화에서 따이빙궈(戴秉国) 국무위원은 중국의 핵심이익을 기본제도(사회주의제도)의 유지와 국가안전, 국가주권과 영토의 완정(完整, 구체적으로는 신장, 티벳, 타이완에 대한 주권을 의미), 경제·사회의 지속적이고 안정적인 발전이라는 세 가지를 제시했다.[162] 이들 핵심이익과 한국의 전략적 목표 사이의 양립이 가능하다는 점에서 한중관계가 발전될 수 있는 공간은 넓다고 할 수 있다. 문제는 위에서 살펴보았듯이 주로 제3국과의 관계로부터 갈등이 발생한다는 점이다. 하나는 대미관계이고 다른 하나는 대북관계이다. 이처럼 제3자 문제가 양국관계에 큰 영향을 미치는 것은 불행한 현상이지만, 이는 역사적 산물이므로 피할 수 없는 객관적 현실이기도 하다. 멀게는 1950년대 한국전쟁이 완전히 종식되지 않고 정전협정으로 중단된 상태에서 냉전적 적대관계가 고착화된 것, 가깝게는 1990년대 초반 지구적 차원에서 냉전체제가 해체되었음에도 한반도 및 동북아에서는 냉전적 대립이 청산되지 못한 것이 위의 전략적 갈등요인들이 해소되지 않고 있는 근본적인 원인이다. 이는 한중관계의 안정적인 발전이 한반도 및 동북아에서 냉전적 대립을 청산하고 평화체제를 구축하는 과제와 불가분의 관계가 있다는 것을 의미한다. 그리고 그 과정에서 미국 문제 및 북한 문제와 관련하여 한중 간 갈등이 출현하는 것을 방지하기 위한 노력이 필요하다. 이를 위해 다음의 다섯 가지에 주의할 필요가 있다.

우선, 한미동맹과 한중협력의 관계를 잘 처리하기 위해서는 한미동

162 최근에는 센카쿠열도와 난사군도 문제가 중국의 핵심이익에 포함되느냐 아니냐와 관련한 논란이 있다. 이러한 논란은 중국이 주장하는 핵심이익도 가변적인 것이라는 점을 보여준다. 이런 가변성은 중국과 다른 나라들과의 관계에서 불확실성을 높이는 요인이 된다.

맹의 군사적 성격을 약화시키고 한국의 주도적 역할을 강화할 필요가 있다. 이를 통해 한국이 미국의 대중국 봉쇄의 한축을 구성할 것이라는 우려를 해소시켜야 한다. 또, 한미관계의 발전과 한중관계의 발전을 함께 추구할 수 있는 외교적 공간을 확대해야 한다.

둘째, 한반도문제는 대화국면으로의 전환 가능성도 보이나 언제든지 다시 위기가 출현할 수 있는 가변적인 상황이다. 그러나 과거처럼 대북압박 일변도의 정책을 추진하면 이 문제와 관련한 중국과의 갈등이 다시 초래될 수 있다. 북한의 핵능력 강화에 제동을 걸고 비핵화를 위한 대화의 동력을 만들기 위한 한국의 주도적 노력이 필요하며 이를 위한 한중협력을 복원해야 한다. 그리고 이러한 동력을 강화하기 위해 두만강유역개발을 매개로 하는 중국과의 지역협력을 적극적으로 협의할 필요가 있다.

셋째, 지역협력을 통해 미중경쟁을 관리하고 동아시아의 번영과 발전을 지속시킬 수 있는 환경을 조성해야 한다. 현재 동북아와 동아시아에서 지역협력의 동력이 약화되고 미중경쟁이 지역의 균열을 심화시키는 경향이 나타나고 있다. 이는 장기적으로 볼 때 한국 외교의 가장 큰 위험요인이 될 것이다. 그런데 한국과 같은 중소국가들은 개별적으로는 미중경쟁 혹은 미중갈등을 관리할 능력이 없다. 그러므로 동아시아 차원에서 중소국가들 사이의 네트워크를 강화해 미국과 중국이라는 초강대국을 지역협력이라는 틀 내에서 관리할 수 있는 구상을 마련해야 한다.

넷째, 중국을 상대로 양국관계에서 수평적이고 호혜적 협력이 지속될 수 있는 정치적 기초를 강화해 나가야 한다. 한국과 중국의 핵심이익은 충분히 양립할 수 있는 상황이지만 앞으로 양국의 핵심이익이 충돌하는 상황이 출현하지 않도록 관리하는 것이 중요하다. 특히 해양경계문제(배타적 경제수역)를 대화를 통해 해결하기 위한 노력이 필요하다.

다섯째, 민간 부문에서 양국 사이의 상호이해를 증진시키기 위한 프로그램을 확대할 필요가 있다. 양국은 국가 규모와 힘의 비대칭적 성격에서 발생하는 문제를 자국 중심적으로만 생각할 것이 아니라 상대방의 입장에서도 생각하면서 처리해 나가야 한다. 그러므로 양국 간 민간교류 과정에서도 자국의 입장에 대한 설명을 반복하는 것이 아니라 상대에 대한 이해와 긍정적 인식을 높일 수 있도록 해야 하며, 이에 적합한 교류의 소재를 개발할 필요가 있다.

■ 참고문헌

김대중 저, 신길순 편. 2010. 『김대중 자서전 2』. 서울: 삼인.

백영서. 2013. "중국의 '동북공정'과 한국인의 중국 인식의 변화: 대중과 역사학계에 미친 영향," 『(핵심현장에서) 동아시아를 다시 묻다: 공생사회를 위한 실천과제』. 파주: 창비.

이남주. 2002. "미국에서 '중국위협론'의 변화와 부상," 『역사비평』 (겨울).

이재현. 2008. "동아시아 지역협력과 역내 리더십: 마하티르와 김대중의 동아시아지역협력 구상," 동아시아공동체연구회, 『동아시아공동체와 한국의 미래』. 서울: 이매진.

임동원. 2008. 『피스메이커』. 서울: 중앙북스.

정재호. 2011. 『중국의 부상과 한반도의 미래』. 서울: 서울대학교출판문화원.

中華人民共和國外交部亞洲司. 2012. 『한중수교 20주년: 한중간 주요 연설 및 문헌집』. 北京: 世界知識出版社.

Clinton, Hillary. 2011. “America's Pacific century.” *Foreign Policy*, Vol. 189, No. 1, pp. 56–63.

World Bank. 2014. “GDP, current USA$,” http://data.worldbank.org/indicator/NY.GDP.MKTP.CD (검색일: 2014.11.29).

宋强·張藏藏·喬邊. 1996.『中國可以說不』. 北京:中國工商聯合出版社.

王逸舟. 2003.『全球政治和中國外交』. 北京:世界知識出版社.

제13장

미래지향적 동반자관계 발전과 한·일협력

양기호 | 성공회대 교수, 일본학

I. 2013 한일관계의 변주곡

1. 동북아정세의 복합성과 중층성

21세기 동북아지역의 외교·군사지형이 커다란 변화를 맞이하고 있다. 중국과 미국이 주도하는 글로벌 G2체제로의 전환, 한·중·일 삼국지를 방불케 하는 영토분쟁의 확대, 북한의 핵개발과 미사일위협으로 인한 군사적 긴장은 아직 세계에서 유일하게 냉전 상태로 남아있는 한반도 전시체제의 현실을 실감케 한다. 일본의 집단적 자위권 도입과 헌법 개정 움직임, 중국의 해양 진출과 이에 대한 미일의 공동견제는 동북아지역의 군비경쟁을 불러일으키면서 한국 외교를 시험대에 올려놓고 있다.

미국 정부는 10년 동안 거액의 국방비를 삭감할 예정이므로 미일 간 안보파트너십을 필요로 하고 있는 실정이다. 한중 간 밀월상태와 집단적 자위권을 지지한 미일동맹이 부각되면서 한미중 협력 대 한미일 유사동맹, 지역 내 한중협력 대 한일관계 등, 자칫하면 외교적 대립각이 쉽게 노출될 수 있다. 중국의 부상과 미일동맹 강화는 한국외교에 복잡성과 중층성을 더해가고 있다. 한국은 경제협력 면에서나 북한문제에서 중국에 의존하지 않을 수 없다. 반면, 한미동맹을 기축으로 일본을 더한 유사동맹의 정치·경제·군사적인 면에서 중요성은 아무리 강조해도 지나치지 않다. 일본의 집단적 자위권 도입이 두드러지면서 미일동맹의 종속변수로서 한미동맹의 가치가 저하되고 있으며, 한미일 3국관계는 파열음을 내고 있다. 미국의 중국견제와 중일갈등의 고조 등, 동북아정세 변화는 위기의식을 가중시키면서 지금까지의 한국외교와 군사전략의 재검토를 요구하고 있다.

동북아정세의 복잡성과 중층성, 상호 간 신뢰와 투명성의 저하, 자국 중심의 정치·군사·외교전략의 확산은 역내 교류와 협력을 더디게 하고 있다. 한중일 정상회담, 외무·경제·재무·장관급회담, 비즈니스, 문화포럼 등 수십 개의 동북아 공동협력의 공간이 있지만 영토·역사갈등으로 인한 지역 내 긴장 및 군비경쟁의 심화로 긍정적인 효과를 단기간에 기대하기 힘들다. 또한, 한일관계에서 양국 정상 간 소통 부재, 한국 외교부와 일본 외무성 간 갈등 지속, 일본 내 재일 특권을 용납하지 않는 시민 모임(재특회)의 반한시위와 한국 내 반일 감정으로 인한 시민사회 간 반목, 일본군 위안부 문제를 둘러싼 국제무대에서의 한일 간 상호비난으로 인하여 가까운 시일 내에 양국 관계가 개선되기를 기대하기 어려운 실정이다.

2013년 한일관계의 복합성과 중층성은 심도를 더해가고 있다. 한일갈등은 일본군위안부, 야스쿠니 참배, 독도영유권 분쟁과 같은 기존 쟁점에다 새로운 문제로 등장한 집단적 자위권과 개헌 추진, 한국 사법부의 징용배상 판결, 일본수산물 수입금지, 재특회의 혐한 활동 등이 더욱 문제를 복잡하게 만들고 있다.[163] 한일 양국 간 해결 방법을 더 찾기 어려워진 현실은 일본문부성이 일본군위안부 문제 법적 해결을 교과서에 반드시 기술하도록 하거나,[164] 일본 재계가 징용자 배상판결을 우려하는 담화문을 발표한 데에서도 알 수 있다.[165]

유감스럽게도 1965년 한일 국교정상화 이래 최악상태라는 한일관계는 전혀 개선될 조짐이 없다. 박근혜 정부의 한일관계는 두 가지 면에서 극히 이례적이다. 하나는 취임 1년 내 한미, 한중, 한러 정상회담을 두 차례씩 마쳤는데도, 한일 정상회담만 못한 것이다. 또 하나, 한일관계가 나빴던 김영삼·노무현 정부에서조차 임기초반에는 한국 정부가 과거사문제를 쟁점화하지 않겠다는 자세를 보이면서 양국 관계가 비교적 양호했었다. 요컨대 임기 초반부터 양국관계가 악화되면서 거의 1년 동안 정상회담조차 못 한, 매우 경색된 한일관계라는 이례적인 사태를 보여주고 있다.

한일관계 실종으로 혹평을 받았던 노무현 정부도 2003년 2월 대통령 취임 후 바로 미국을 방문한 데 이어, 2003년 6월 일본을 방문하였다. 노무현 대통령은 당시 고이즈미 준이치로(小泉純一郎) 수상과 한일자유무역협정(FTA) 조기교섭을 개시하는 데 합의하였고, 단기비자 면

163 [편집자] 재특회는 '재일 특권을 용납하지 않는 시민 모임(在日特権を許さない市民の会)'의 약칭이다. 재일 한국인·조선인에게 주어진 특별 영주 자격을 없애고 이들을 다른 외국인들과 동등하게 취급해야 한다고 주장하는 단체이다.

164 2013년 11월 13일자 주요신문들 보도.

165 2013년 11월 6일자 주요신문들 보도.

제, 김포-하네다 조기운항 등으로 협력분위기가 마련되었다. 또한, 북한핵문제에 공조하면서 핵무기폐지를 위한 양국 간 협의를 지속한다는 공동선언문을 발표하였다. 임기 말 독도방문으로 한일관계가 악화되었던 이명박 정부도, 임기 초인 2008년 2월 일본 후쿠다 수상의 방한과 정상회담에 이어, 같은 해 4월 이명박 대통령이 일본을 방문함으로써 셔틀외교를 복원시켰다. 한일 양국 간 FTA 교섭도 재개하고, 워킹홀리데이 확대, 대학생교류, 신시대공동연구위원회 설치를 포함하여, 성숙한 한일파트너십 관계를 발전시키는 데 합의한 바 있다.

동북아 국제정세의 변화가 두드러지면서, 한일갈등 못지않게 중일 간 영토분쟁이 초미의 관심사로 대두하고 있다. 센카쿠열도(尖閣列島: 중국명 댜오위다오)를 둘러싼 갈등이 불거지면서 일본이 집단적 자위권을 추진하고 있으며, 미국, 유럽연합, 아세안 각국, 영국, 호주, 뉴질랜드가 이를 지지하고 나섰다. 2013년 11월 초, 일본 자위대는 오키나와 주변에서 육해공 자위대 3만4천 명이 참가한 전후 최대 규모의 실전 훈련을 벌였다. 중국 관영언론인 〈환구시보〉는 사설을 통해 중일 간 전쟁을 준비하는 단계로 돌입했다고 주장한 바 있다. 동북아지역에서 국지전 가능성이 높아진 것이다.

일본 평화헌법하에서 집단적 자위권은 터부시된 용어였다. 1972년 9월 내각 법제국은 평화헌법 하에서 집단적 자위권은 금지된다는 점을 분명히 하였다. 상대방이 공격해 올 경우 전수(專守) 방위 원칙에 따른 개별적 자위권은 허용하되, 해외에서의 군사작전을 포함한 집단적 자위권은 평화헌법의 범위를 넘어선 것으로 보았다. 그러나 1996년 미일 안보공동선언을 거쳐서, 1997년 신가이드라인, 1999년 주변사태법, 2001년 테러대책특별조치법, 2003년 이라크지원 특별조치법, 2007년

2차 아미티지 보고서(Armitage Report) 발표 이후의 집단적 자위권 유형별 연구, 2013년 아베 수상의 사적 자문기관인 '안전보장의 법적기반 재구축 간담회'의 논의를 거치면서 일본정부는 유사시 주일미군 병참지원을 포함한 후방지역에서의 실질적인 집단적 자위권 행사를 추진해 왔다.

집단적 자위권이 본격적으로 도입될 경우, 공해상에서 일본자위대 함정과 미국 함선이 나란히 항해 중 피격상태에서 즉시 빈격이 가능해지고, 미국본토를 향해 발사된 미사일에 대한 방어와 요격, 평화유지군(PKO) 활동에 참가중인 동맹국에 대한 무기수송 지원, 임무수행 중 기뢰 제거 시 무기사용 등이 가능해진다. 일본 정부는 2013년 11월 국회에서 여야합의로 전시에 해외거주 일본인 구출을 포함한 자위대법 개정안을 통과시켰다. 이렇게 되면, 유사시 일본자위대는 한국 내 약 6만 명의 일본인 구출을 위한 자위대 파병이 가능해진다.

유엔헌장 51조에 따르면, 회원국은 집단적 자위권을 행사할 수 있도록 규정하고 있다. 일본은 당연히 회원국으로 유엔헌장에 따른 개별적, 집단적 자위권을 보유하고 있으나, 53조에서는 2차대전 전범국으로서 독일, 이탈리아와 마찬가지로 아직도 적성국가(Hostile State)로 분류되고 있다. 독일, 이탈리아는 전쟁 반성과 전후 보상을 하면서 유럽 각국과 화해하였고, 해외파병도 북대서양조약기구(NATO) 군대의 지휘를 받고 있다. 그러나 일본은 아직까지 아시아 각국과 영토·역사갈등이 진행 중이다. 다자간 안전보장 시스템이 구축되지 않은 상태에서 미일동맹에 의존하는 일본의 집단적 자위권 행사는 주변국가와 전쟁 가능성만 높이는 결과가 되고 만다.

일본의 집단적 자위권 추진에 대한 한국의 반발에도 불구하고 미국은 중국 견제를 위한 아시아 재균형(rebalancing) 정책의 일환으로 이를 공개적으로 찬성하고 나섰다. 유럽연합, 필리핀, 호주, 뉴질랜드도 중국의 팽창을 견제하고자 지지하고 있다. 중국과 한국의 반발이 커지면서 한일 양국의 시민의식이 적지 않은 변화를 보여주고 있다. 일본에서도 한일갈등이 전방위로 확산되면서 주요언론에서 양국관계 개선포기론마저 나오고 있는 실정이다. 동북아 외교에서 우선순위를 차지하던 한국보다 중국을 더욱 중시해야 한다는 여론이 나오고 있는 것이다.

2. 2013년의 한일관계

최근의 조사결과에 따르면, 한국인의 대일인식은 과거와 사뭇 다른 모습을 보여주고 있다. 미래시점에서 일본은 협력보다 갈등의 요인으로 인식되고 있다. 2013년 9월 조사결과, 국가별 호감도 11점 척도에서 미국 5.86점, 중국 4.66점, 일본 2.66점, 북한 2.43점으로 나타났다. 앞으로 안보협력을 해나갈 주요 국가는 미국 51.6%, 중국 31.5%로 나타난 반면, 일본은 주요대상에 포함되지 못했다. 국가 간 협력과 경쟁관계를 볼 때, 한미협력 82.7% vs 한미경쟁 10.3%, 한중협력 55.4% vs 한중경쟁 36.3%에 이어, 한일협력은 23.1%이고 한일경쟁은 무려 69.2%로 나타났다.

일본은 일반호감도, 안보협력, 양국 간 협력관계에서 중국보다 현저히 낮거나 부정적으로 여겨지고 있다. 한일관계 평가도 긍정 12.2%, 부정 80.3%로 나타났다. 일본의 군사위협에 대한 긍정적 평가가 62.0%로 그렇지 않다는 31.6%보다 무려 2배나 높았다. 이것은 북한의 군사적 위협 70.7%, 그렇지 않다 26.1%와 크게 다를 바 없을 정도이다. 그러나 한일 정상회담이 필요하다는 58.1%로, 필요없다 34.5%보다 상당히 높아, 양국관계 정상화가 필요함을 느끼고 있는 것으로 나타났다.[166]

국내외에서 한일관계 악화에 대한 우려가 높아지면서 바람직한 한일관계의 모델을 찾으려는 논의가 활발해지고 있다. 한일 간에 가장 밀월관계를 보였던 김대중 정부 시기의 김대중-오부치 간 한일파트너십을 상기하자는 주장이 자주 나오고 있다.[167] 당시는 양국관계가 가장 양호했던 시기로, 과거에서 미래로, 대립·갈등에서 화해·협력으로의 변화가 시도되고, 대북정책 상호공조, 일본문화 개방, 한일월드컵 공동개최 등이 양국관계를 화려하게 장식했던 시기였다. 김대중 정부는 어업분쟁, 교과서왜곡, 야스쿠니 참배, 한일파트너십 선언, 공동월드컵 등, 끊임없는 갈등과 협력의 연속가운데 대일외교의 원칙론과 실용론이 조화를 이룬 시기였다고 평가할 수 있다.

특히 과거사문제를 더 이상 거론하지 않고 한일양국이 미래지향적인 관계를 만들어가겠다는 선언을 처음으로 이끌어낸 성과가 1998년 10월 김대중-오부치 간 한일파트너십 선언이었다. 2013년에 15주년을 맞이한 한일파트너십 선언은 일본이 무라야마(村山) 담화에 근거하여 식민통치에 대한 사죄와 반성을, 그리고 한국은 이를 받아들여 화해와 미래를 제안한 것이었다. 김대중 정부의 미래지향적인 한일관계 구축은 기존방식을 뛰어넘는 새로운 전환점이자, 날로 악화되는 한일관계

166 아산정책연구원 2013년 9월 조사결과 (2013.10.29).

167 한일포럼 의장성명, "한일파트너십 공동성명 의의를 재확인해야," 『한국일보』 2013.8.25.; 와카미야 요시부미(若宮啓文), "김대중-오부치선언을 상기하자," 『동아일보』 2013.9.27.

를 복원시켜야 할 '원래 모델(original model)'을 설정한 업적이었다. 약간 장문이기는 하지만, 1998년 10월 8일 김대중 대통령의 일본국회 연설이후 나온 '한일파트너십 공동선언'을 다시 한 번 음미해보기로 하자.

> 오부치 게이조(小淵惠三) 수상은 금세기의 한일 양국 관계를 돌이켜보고, 일본이 과거 한때 식민지 지배로 인하여 한국 국민에게 다대한 손해와 고통을 안겨주었다는 역사적 사실을 겸허히 받아들이면서, 이에 대하여 통절한 반성과 마음으로부터의 사죄를 하였다. 김 대통령은 이러한 오부치 총리의 역사인식 표명을 진지하게 받아들이고 이를 평가하는 동시에 양국이 과거의 불행한 역사를 극복하고 화해와 선린우호협력에 입각한 미래지향적인 관계를 발전시키기 위하여 서로 노력하는 것이 시대의 요청이라는 뜻을 표명하였다.

이 글에서는 김대중 대통령 임기 중의 한일관계를 살펴보고자 전국 일간지에 나온 1차자료를 중심으로 조사작업을 진행하였다. 한국언론재단의 기사검색 시스템을 활용하여,[168] 전국 신문, 전체 지면에서 나온 내용을 중심으로 김대중 대통령 임기인 1998년 2월 25일부터 2003년 2월 24일까지 나온 내용을 검토하였다. 조사결과, 미국 688,370건, 일본 367,143건, 중국 247,659건, 북한 160,781건, 동남아 30,301건으로 나타났다. 일본은 미국의 절반수준으로 나타났으나 중국의 1.5배에 달했다. 북한과 비교하여도 거의 2배, 동남아와 비교하면 무려 12배

168 한국언론재단 기사검색 엔진을 참조할 것. 미디어 가온, http://www.kinds.or.kr (검색일: 2014.12.2).

에 달했다. 한편, 분야별로 검색할 경우, 일본경제가 가장 많은 98,947건, 일본정치 30,301건, 일본외교 22,493건, 한일관계 10,280건, 일본방위 5,058건, 한미동맹은 1,901건의 순이었다.

II. 한일파트너십 선언과 미래지향

1. 한일관계의 부정적 유산

김대중 대통령 재임기의 한일관계는 밝음과 어둠이 교차하는 한편의 드라마 같은 작품들로 이루어져 있다. 김대중 대통령은 일제 식민통치기에 유년기와 청소년기를 보냈고, 한국과 일본을 떠들썩하게 한 1973년 김대중 납치사건의 피해당사자이기도 하였다. 반면, 1998년 일본문화 개방과 한일파트너십 선언, 2002년 한일공동월드컵 개최로 미래지향적인 한일관계의 계기를 만들어낸 당사자이기도 하였다.[169]

김대중 대통령은 임기 초반 김영삼 외교의 부정적인 유산을 물려받은 상태였다. 당시 대통령 인수위원회의 지적에 따르면, 김영삼 정부는 무려 8차례의 한미정상 회담에도 불구하고 클린턴 미국 대통령과의 신뢰관계 형성에 실패하였다. 대북정책의 일관성이 결여되면서 북한핵개발, 잠수함사건, 대북식량 지원 등에서 국내외 갈등이 두드러졌다. 대

169 류상영, "김대중의 일본에 대한 인식과 전략: 주요 저작과 어록을 통해 본 인식의 진화와 정치적 선택," 류상영 외 편저, 『김대중과 한일관계: 민주주의와 평화의 한일현대사』 (서울: 연세대학교 대학출판문화원, 2012), 49쪽.

일외교는 강경외교로 일관하여 불필요한 갈등이 야기되었다. 김영삼 대통령의 "버르장머리" 발언은 한일관계를 냉각시킨 계기가 되었다. 지일파 정치인들이 관련된 숙정으로 주요인맥도 줄어든 상태이었다.[170]

냉전 이후 시작된 한일관계의 엇갈림, 김영삼 정부기 양국 간 갈등, 외환위기 등을 배경으로 김대중 정부의 대일외교는 출발하였다. 김대중 대통령 취임을 전후한 1990년대 후반도 오늘날과 마찬가지로 동북아 국제정치가 전환기에 접어든 시기이었다. 냉전 이후 정치·경제·군사적인 측면에서 한일 양국관계를 점착시키는 연대요인이 이완되면서 새로운 쟁점과 갈등요인이 분출하였다. 냉전적 대결구도가 해소됨에 따라, 양국관계를 결합시켰던 반공이데올로기의 촉매기능과 미국의 중개능력 등이 크게 약화되었다. 반면에 한일 양국에서 내셔널리즘이 고양되면서 역사인식, 영토분쟁, 교과서왜곡 등으로 인한 갈등 가능성이 높아졌다. 한국 정부가 추진했던 1990년 6월 소련과의 국교정상화, 1992년 8월 중국과의 국교정상화 등 북방정책은 일본과의 경쟁관계를 만들어냄으로써 한일관계를 변동시키는 주요 요인으로 작동하였다. 북방외교는 냉전체제의 붕괴 이후 한국의 대미·대일외교 의존에서 탈피하여 러시아 등에서 새로운 시장을 선점하고 남북관계에서 주도권을 모색하려는 시도였다. 동시에 일본의 대북접근이 가능해지면서 1990년 9월 가네마루 신(金丸信) 등, 일본 자민당과 사회당의 대표단이 북한을 방문하였다.

1990년대 들어 한일관계는 정치·경제 파트너십과 과거사문제가 더

170 『한국일보』 1998.2.18.

블 트랙으로 진행되기 시작하였다. 김영삼 정부는 역사바로세우기의 일환으로 1995년 8월 옛 조선총독부 건물을 해체하였고, 그해 11월 일본정치가의 망언을 "버르장머리를 고치겠다"며 비난하였다.[171] 김영삼 정권 들어 노태우 정권기보다 일본 각료들의 역사왜곡 발언이 2배 이상 증가하였다. 일본군위안부 문제가 표면화되었고, 대일 무역역조가 심화되면서 국내 반일감정은 여전히 높은 편이었다. 1995년 8월 아시아침략과 식민시배를 반성한 무라야마 담화에도 불구하고, 두 달 뒤인 10월에 일본의 총무청 장관인 에토 다카미(江藤隆美)는 일본은 식민통치기 한국에 좋은 일도 했다는 발언을 서슴지 않았다. 1996년 일본 하시모토 류타로(橋本龍太郎) 수상은 독도를 일본영토라고 발언하는 등, 일본 정치가의 망언과 영유권분쟁 발언이 일상화되기 시작하였다.[172]

매스컴과 시민단체의 영향력도 증가하였다. 일본군위안부 문제에 관한 정신대대책협의회 활동이나 매스컴의 반일감정 표현은 외교정책에 적지 않은 영향을 미치게 되었다. 일본에서도 우익 매스컴이나 민간단체의 활동이 두드러지면서 한일 간 갈등과 알력을 빈번히 야기하게 되었다. 동시에, 한국의 경제위기로 일본의 경제적 영향력은 증대되고, 북한의 일본인 납치문제가 드러나면서 일본 내 반북감정이 심화되었다. 한국의 경제위기로 일본의 경제협력이 절실해졌고, 북한의 대포동 미사일 발사로 충격을 받은 일본은 한일관계를 강화시키고자 하였다.

171 『동아일보』 1995.11.18.

172 이상봉, "냉전후 한일관계의 특징과 과제: 구조적 요인의 변화를 중심으로," 『한국민족문화』 17호 (2001), 77–85쪽.

2. 김대중 대통령의 대일인식

김대중 대통령의 국제정치에 대한 철학과 신념은 정치가로서의 오랜 경험과 국가진로에 대한 끊임없는 고민에서 우러난 것이었다. 김대중 대통령은 항상 한일관계의 역사를 중시하면서도 과거에 매달리지 않고 양국의 미래를 생각하였다. 일본인들의 오랫동안 관심사이자 현안이었던 일본문화 개방을 결정하는 정치적 리더십을 발휘하였다. 위안부문제에 대해서도 제2차 보상금을 지급함으로써 위안부 개인보상은 한국이 하되, 일본 정부에는 공식적인 사과와 사죄를 요구하였다. 김대중 대통령의 혜안과 결단은 일본 측의 대담한 양보를 얻어냈고, 동시에 많은 일본인들의 감동을 불러 일으켰다.

김대중 대통령이 일본을 보는 시각은 국제질서 속에서 어떻게 평화를 실현할 것인지와 국내질서 속에서 어떻게 민주주의를 이룩할 것인지가 핵심이었다. 국제질서 속에서의 생존과 평화를 위한 그의 정치이념과 전략은 현실주의와 민족주의로 구성되어 있었다. 그는 세력균형과 힘의 논리 속에서 일본을 바라보았다. 일본은 미국과 함께 한국의 안보와 생존에 있어서 중요한 국가이며, 한국은 일본과 우호적인 협력관계를 유지해야 한다는 논리였다.[173]

그는 고이즈미 준이치로(小泉純一郎) 수상의 신사참배 이후에도 정상회담을 거부하지 않았다. 원칙을 강조하면서도 실용성과 유연성을 발휘함으로써 한일관계의 보다 나은 미래를 지향하였다. 김대중 대통령은 한일관계, 남북화해, 동아시아의 미래를 향한 새로운 공동과제를

173 이상봉, "냉전후 한일관계의 특징과 과제," 52쪽.

설정함으로써 일본에 한 발짝 더 나아가는 담대함을 보여주었다. 그의 시야는 동북아에 머물지 않았다. 그는 아세안+3, 동아시아정상회담을 제안하였고, 한중일을 하나로 묶는 정치적 리더십을 발휘함으로써 동아시아의 화해와 번영을 실천하고자 하였다.

김대중 대통령의 실용적 태도는 1960년대 이후 한일회담에 대한 입장을 통해 일찍이 엿볼 수 있었다. 그는 적극적으로 한일 국교정상화를 시사하면서, 한일 양국이 국교를 수립하여 양국민이 과거를 칭산하고, 호혜평등의 원칙 아래 새로운 역사를 개척해 나가는 것이 한국의 안보와 경제에 필요하다고 강조하였다. 그는 1965년 한일 국교정상화를 앞두고 당시 야당 정치인으로서 많은 비판을 받았음에도 불구하고 찬성 입장을 견지하였다.[174]

김대중 정부 초기의 한일관계는 원만하지 못했다. 외환위기를 맞이하여 긴급사태에 빠진 한국 정부의 외채연장 요청을 일본은 거부하였을 뿐 아니라, 한일어업협정마저 파기하였다. 1998년 1월 23일 일본 측은 독도 주변 잠정수역 설정문제를 두고 일방적으로 어업협정을 파기하였다. 김대중 당선자가 우호선린관계를 해칠 수 있다고 경고했음에도 일본이 협정을 파기하자 한국 외교부는 주일대사 소환을 검토하였다.

김대중 당선자는 정권 초기 발생한 한일갈등에 보다 신중하게 대응하였다. 그는 기본적으로 일본과의 선린우호를 증대시켜야 한다는 입장이었다. 1998년 1월 22일 미국 국회의원들을 만난 자리에서 일본을 준동맹국으로 평가하기도 하였다. 새 정부의 동북아전략은 미국, 일본을 안정적인 축으로 중국, 러시아와 유대를 강화하여 국제안정을 이끌

174 류상영, "김대중의 일본에 대한 인식과 전략," 56쪽.

겠다는 것이었다.[175]

김대중 대통령은 취임 직후인 1998년 4월 초 중국, 영국, 일본과의 정상회담에 열린 자세로 임하였다. 한국이 당면한 경제적 위기를 토로하면서 우방의 협조를 요청하는 데 주저하지 않았다. 이는 상대방에게도 마음열기를 주문하는 것이었다. 김대중 대통령은 또 "상호 협력은 서로에게 이익이 되며 어려울 때 돕는 것이 진정한 친구"라는 논리로 철저히 실리외교를 추구하였다. 한일 간 정상회담에서도 철저히 상대방을 배려하여 한국 측 주장을 강요하지 않았다.[176]

김대중 대통령은 1998년 6월 미국을 국빈방문하여 클린턴 대통령과 인사를 나누고, 한미 양국 간 현안과 북한문제에 대한 폭넓은 의견을 교환하였다. 1998년 7월 일본에서 자민당 오부치 게이조(小淵惠三) 정권이 출범하였다. 이미 하시모토 정권 당시 외상으로 한일관계 채널이자 한일의원연맹 부회장이던 오부치가 수상이 된 것은 다행이었다. 한국정치인들과 교분이 두텁고, 두 번이나 서울에서 김대중 대통령과 만난 적이 있는 오부치 수상은 자민당 내 친한파였다. 일본 내에서도 고노(河野) 담화, 무라야마(村山) 담화 등 식민지배와 침략에 대한 반성이 축적되면서, 미래지향적인 한일파트너십 선언을 수용할 분위기가 형성되고 있었다.

오부치(小淵惠三) 수상은 외상 재임 당시부터 한일 간 정계인맥 구축에 힘을 쏟았다. 일본 정부는 한국정치인들의 일본방문 기간 중, 전직 외상들은 물론, 자민당 3역을 별도로 소개하는 등 의원외교에 관심을

175 『한국일보』 1998.1.24.

176 『동아일보』 1998.4.3.

보였다. 한일갈등이 상존하면서 보완적인 채널이 필요하고, 갈등의 중재자 및 조정자들의 역할이 요구되고 있으며, 한일 고위급 간 상호신뢰와 막후접촉이 필요하다는 인식도 있었다. 일본은 의원내각제 국가로서 국회의원들이 당선 회수가 높아갈수록 정무관, 부대신, 대신으로 승진하면서 정책결정자로서 역할을 맡게 된다. 이것이 한일 간 의원외교가 중요한 이유이다.

1970년대 냉전기에 한일의원연맹은 적지 않은 역할을 하였다. 1990년대 정상 간 대화와 한일파트너십, 무라야마·고노 담화 작성 과정에서 한일의원연맹은 중요한 채널이었다. 특히 김대중 정부에서 김종필, 박태준, 지명관 등은 보수와 진보 각 진영에서 일본과 돈독한 인적 네트워크를 구축하여 한일관계 개선에 큰 역할을 하였다. 그러나 2000년대 들어서 양국 간 갈등 시 한일의원연맹의 역할은 약화되었다. 일본의 민주당 정권 시에 한일관계가 우호적이었던 것이나 이명박 정부하에서 큰 영향력을 발휘했던 한일의원연맹 이상득 회장의 역할은 오히려 예외적인 사례였다고 할 수 있다.[177]

---

177 한일 양국 간 굵직한 현안을 수면하에서 조정해 왔던 한일의원연맹, 일한의원연맹의 역할이 눈에 띄게 줄어들었다. 박근혜 정부에서는 이렇다 할 중개역할을 해내지 못하고 있다. 무려 325명의 의원이 가입해 있는 일한의원연맹도 마찬가지이다. 그나마 한국 측에 애정을 가진 당선 10회의 거물급 누카가 후쿠시로(額賀福志郎) 회장을 비롯하여 가메이 시즈카, 고무라 마사히코, 히라누마 다케오, 가와무라 다케오 의원 등 쟁쟁한 정치인들이 참여하고 있으나, 과거사 왜곡에 집착하는 아베 신조 수상의 외교관을 수정하지 못하고 있다.

3. 1998년 한일파트너십 선언

1998년 10월 7일, 김대중 대통령은 일본 도쿄에서 신임 오부치 수상과 21세기 한일파트너십 공동선언을 발표함으로써 1965년 이후 한일관계를 최상의 상태로 끌어올렸다. 주요 내용은 1) 양국 간 대화의 확충: 정상회담을 적어도 연 1회 개최, 2) 국제 평화 안전을 위한 협력: 북한 미사일 개발 저지 협력과 방위교류, 3) 경제분야 협력관계 강화: 무역확대, 산업기술 분야 협력, 기업인교류 확대, 4) 범세계적 문제 협력강화: 개발원조·환경·원자력분야 국제협력, 5) 문화교류 증진: 2002년 월드컵의 성공적 개최를 위한 국민교류, 지역교류 등으로 구성되었다.

오부치 수상은 한국민이 비약적인 경제발전과 민주화를 달성하여, 번영되고 성숙한 민주주의 국가로 성장한 데 경의를 표하였다. 김대중 대통령은 전후 일본이 평화헌법하에서 전수방위와 비핵3원칙을 비롯한 안보정책, 세계경제와 개발도상국에 대한 경제지원 등을 통해 국제사회의 평화와 번영을 위하여 수행해 온 역할을 높이 평가하였다. 양국 정상은 한일 양국이 자유민주주의 시장경제라는 보편적 이념에 입각한 협력관계를 양국 국민 간의 광범위한 교류와 상호 이해에 기초하여 앞으로 더욱 발전시켜 나간다는 결의를 표명하였다.

양국 정상은 대북한 정책을 추진하면서 상호 긴밀히 연대해 나가기로 재확인하고 각급 차원에서의 정책협의를 강화하는 데 의견을 같이 하였다. 양국 정상은 2002년 월드컵의 성공을 위한 양국 국민의 협력을 지원하고 2002년 월드컵 개최를 계기로 문화·스포츠 교류를 더욱 활발히 추진해 나가기로 하였다. 양국 정상은 연구원, 교사, 언론인, 시민단체 등 다양한 계층의 국민 및 지방 간 교류를 촉진하고 비자 간소화를 추진하기로 하였다. 또한, 안보정책협의회와 방위협력을 환영하고 이를 더욱 강화해 나가기로 하였다. 아울러 미국과의 안전보장체제를 견지하는 동시에 아시아-태평양지역의 평화와 안정을 위한 다자간 대화노력을 더욱 강화해 나가는 것이 중요하다는 데 의견의 일치를 보았다.[178]

중국의 베이징방송은 김대중 대통령의 '한일파트너십 공동선언'과 관련, 일본이 통절한 반성과 마음으로부터의 사죄를 선언에 명기한 점은 외교상 커다란 승리라고 논평하였다. 이어서, "공동선언이 비정상적인 한일관계에 종지부를 찍었다"면서 "이번 방일로 한일관계가 보다 밀접해질 것"이라고 전망하였다.[179] 지명관 교수에 따르면, '1965년 체제'가 정치경제 중심이었다면 김대중 정권 당시 한일월드컵 공동개최를 통하여 형성된 한일 간 '2002년 체제'는 문화 기반의 새로운 아시아협력을 모색하는 시민적 체제로 평가될 수 있다. 김대중 정부의 한일파트너십 선언과 월드컵 공동개최 이후 한일 양국 간 시민교류가 촉진되었다. 한일역사공동위원회, 한일문화교류회의 등을 설치함으로서 정치·경제뿐 아니라, 역사·문화교류까지 확대되었다. 지자체와 시민단체, 지식인과 청소년들이 주역인 시민 간 생활교류는 그야말로 기층적 네트워크를 형성하여, 한일 간 문화교류 활성화는 물론이고, 한일관계 안정에 크게 기여할 수 있는 것이다.[180]

---

178 [편집자] 주대한민국 일본국 대사관, "한일공동선언: 21세기를 향한 새로운 한일파트너쉽," (1998.10.8). http://www.kr.emb-japan.go.jp/rel/r_eco/r_eco_981008_01.htm (검색일: 2014.12.1).

179 『서울신문』 1998.10.12.

독일과 프랑스 간 역사화해와 시민교류는 유럽연합의 성립을 위한 기반이었다고 해도 과언이 아니다. 그러한 독불 간 화해협력은 수많은 양국 간 시민교류의 축적이었다. 독불 청소년협회, 독불 대학생 교류, 독불 연합 방송채널인 아르떼(ARTE)는 물론이고, 300개에 이르는 독불협회, 2,200여 개의 양국 도시 간 자매결연, 4,300개 대학 간 파트너관계라는 단단한 양국연대가 시민사회 네트워크를 구축하고 있다. 2010년 독일을 방문한 프랑스인은 약 197만 명에 달하며, 상호학위 인정제 등 학술교류는 말할 것도 없고, 영화협회와 박물관협회에 이르기까지 빈번한 교류가 이어지고 있다.[181] 김대중-오부치의 한일파트너십 선언은 한일 시민교류의 시작을 앞당기는 계기가 되었다고 할 수 있다.

III. 대일원칙과 실용외교의 조화

1. 한일 간 쟁점을 넘어서

한국과 일본이 전략적 연대, 경제협력, 시민교류 등 양국 관계 전반에 걸쳐 서로에게 매우 중요한 우방임은 두말할 나위가 없다. 동아시아에서 유일하게 시장경제와 자유민주주의를 공유하는 선진국가로서 상호협력을 통해 평화와 번영을 누리고 있다는 점은 서로의 전략적 가치

180 김성국, "한일문화교류와 동아시아 문화네트워크 구축," 최장집·하마시타 다케시 편, 『동아시아와 한일교류』 (서울 : 아연출판부, 2008), 103-104쪽.

181 김규륜 외, 『공공외교의 이론적 조명과 주변4국의 한반도통일 공공외교 분석틀』 (서울: 통일연구원, 2012), 89-90쪽.

를 높이고 있다. 북한의 위협에 대처하기 위한 전략적 제휴, 시민교류와 기업 간 경제협력을 통한 공동번영, 양국 간 풀뿌리교류와 상호신뢰는 양국관계를 지탱하는 중요한 요인이다. 그러나 이와 동시에 일본의 왜곡된 역사인식, 야스쿠니 신사참배, 교과서문제, 독도영유권 분쟁, 보수정치가들의 망언으로 양국 관계가 갈등과 대립으로 점철되어 온 것도 사실이다.

마치 숙명처럼 협력과 대립을 반복하는 양국관계를 한층 성숙한 파트너십으로 끌어올리는 것은 쉬운 일이 아니다. 김대중 대통령은 국제관계에 있어서 일본의 전략적 가치를 중시한 보기 드문 한국의 국가수반이었다고 해도 과언이 아니다. 그는 1960년대부터 한국이 미일 양국으로부터 큰 영향을 받지 않을 수 없다고 보았으며, 미일관계의 특수성과 한일관계에서의 미국의 역할을 잘 알고 있었다.[182]

김대중 대통령은 전후 일본의 평화헌법과 비핵3원칙이 동아시아 평화구축에 크게 기여한 점을 높이 평가한 최초의 대통령이었다. 그는 일본문화 전면개방과 한일월드컵 공동개최 등을 주도하였으며, 일본의 일방적인 어업분쟁 야기, 교과서왜곡의 반복, 위안부문제 쟁점화, 야스쿠니 참배에도 불구하고 한일 정상 간 회담을 유지, 발전시켰다. 그는 1998년 처음으로 한일 간 안보협력을 추진하여 한일안보정책 협의회를 개최하기도 하였다. 그는 역사인식, 위안부, 교과서왜곡에 대한 일본의 사죄를 요구하면서도, 동시에 실용적 접근을 통하여 1965년이래 최고의 양국관계를 형성하였으며, 지금까지 가장 바람직한 한일관계의 원형 모델을 구축하였다고 할 수 있다.

182 류상영, "김대중의 일본에 대한 인식과 전략," 74쪽.

김대중 정부는 김영삼 정권에서 실시한 일본군위안부 피해자에 대한 1차보상금 지급에 이어서 두 번째 위로금 지원을 결정하였다. 이것은 일본 정부가 추진해 온 아시아여성기금에 대항하는 성격을 지니고 있었으며, 일본군위안부 피해자 152명에게 3,150만 원의 지원금을 각각 지급하기로 한 것이었다. 나중에, 민간모금액 650만 원씩을 포함하여 개인별 4,300만 원이 각각 지급되었다.[183] 한국 정부는 일본 측에 전쟁보상을 요구하지 않지만, 개인소송이나 배상청구는 가능하다는 입장을 견지하였다. 김대중 대통령은 위안부문제를 일본의 과거청산이 아닌 전시 여성인권이라는 보편적인 시각에서 접근하였다.[184]

김대중 정부의 '대일 햇볕정책' 가운데 가장 대담한 것은 해방 이후 금기시되었던 일본문화 개방이었다. 1998년 4월 문화관광부는 가요, 영화, 방송 순으로 일본 대중문화 개방을 검토하겠다는 입장을 밝혔다. 이에 대한 언론보도는 한국 정부의 개방정책을 지지하는 경향이 강했다. 언론의 반응은 대체로 긍정적이었으며, 일본문화 개방에도 불구하고 충분히 국내에서 수용할 수 있다는 점이 부각되었다.[185] 일본문화 개방은 정부주도로 시작되어 국내 주요언론과의 상호보완적인 역할분

---

183 1993년 김영삼 정부는 일본군위안부 피해자에게 일시금 500만 원, 매달 생활지원금 50만 원과 의료와 임대주택을 제공하고, 일본에 대한 금전배상을 요구하지 않겠다는 도덕적 우위를 선언하였다. 이에 대하여 일본 측이 높이 평가하였고, 1995년 아시아여성기금을 설립하였다. 일본 수상의 사과편지와 위로금 200만 엔, 의료복지 300만 엔을 제공하기로 하였다. 1998년 김대중 정부의 추가조치는 일본정부의 공식사과를 요구하며, 아시아여성기금에 맞대응한다는 의미를 담고 있었다.

184 『동아일보』 1998.4.22.

185 김기정 외, "김대중 정부의 외교정책과 언론: 관계유형의 모색과 사례분석을 중심으로," 『국제정치논총』 40권 4호 (2000), 384쪽.

담을 통해 추진되었다.

김대중 대통령은 전후 최초로 한일 군사협력을 시도하였다. 1999년 1월 한일 국방장관회담이 열리면서 해군 합동 해상재난 구조훈련, 한국 합동참모본부와 일본 통합막료회의 간 군사회담 등을 추진하기로 하였다. 또한, 북한의 장거리로켓 발사와 남해안 반잠수정 침투사건과 같은 긴급 사안이 발생했을 경우에 대비한 군사적 핫라인 설치에도 합의하였다.[186] 오부치 수상이 다시 한국을 답방하면서 1999년 3월 한일 정상회담에서는 동북아 평화와 안전을 위하여 한미일 3국 간 긴밀한 협력을 재확인하고 대북정책의 공조체제를 강화하기로 하였다.[187]

김대중 대통령은 야스쿠니 참배 문제에 대해서도 반대만 하기보다는 보다 전향적인 입장을 강조하였다. 그는 "일본이 국내외를 막론하고 참배할 수 있는 장소나 조형물을 만든다면 나부터라도 희생자에게 조의를 표할 용의가 있다"고 제안하였다. 일본은 고이즈미 정권 때부터 야스쿠니신사 대신 무명용사와 민간인 피해자를 모신 치도리가후치 묘역을 대체시설로 검토해 왔다. 2013년 10월 미국의 케리 국무장관과 헤이글 국방장관이 이곳을 방문한 것은 상징적인 사건이었다.

2. 실용외교의 전개

한일갈등에도 불구하고, 김대중 대통령은 양국 간 협력을 통한 미래 구축이라는 일관된 신념을 바꾸지 않았다. 하시모토 수상의 한일어업

186 『한국일보』 1999.1.8.
187 『한국일보』 1999.3.22.

협정 일방파기, 모리 수상의 일본교과서 왜곡, 재일교포 지방참정권 무산, 고이즈미 수상의 야스쿠니신사 참배에도 불구하고 별로 달라진 바가 없을 정도이었다. 2002년 3월 21일, 야스쿠니신사 참배에도 불구하고, 정상회담을 추진한 김대중 대통령에게 한일 정상회담의 화두는 '한일 양국의 미래를 향한 협력'이었다. 양국 정상은 월드컵 공동개최를 비롯한 한일 간 협력방안과 대북정책 추진방안, 국제무대에서의 협력방안 등에 대해 의견을 나누었다. 2001년 역사교과서 왜곡과 고이즈미 수상의 야스쿠니신사 참배로 한때 악화됐던 한일관계를 정상화하고, 경제·통상협력을 본격화할 수 있도록 전기를 마련했다는 의미가 있었다.

사실 이것은 한일관계가 악화되었던 노무현·이명박·박근혜 정부의 경우와 비교하면 얼마나 절제된 대응인지 알 수 있다. 독도영유권에 대한 과잉대응은 노무현 정부와 이명박 정부에서 반복적으로 이루어졌다. 박근혜 정부 들어서도 역사인식의 차이를 두고 대일비난이 여전히 이어지고 있다. 외교전쟁을 불사하겠다는 2005년 3월 17일의 신대일독트린 발표에 이어 2006년 4월 25일, 노무현 대통령은 '한일관계에 대한 특별담화문'을 발표하였다. 그는 독도가 한국의 고유영토이며, 한일 간 잘못된 역사청산과 완전한 주권확립을 상징하는 문제라고 강조하였다. 노무현 정부의 대일비판은 점차 동북아균형자론으로 구체화되면서 한국의 외교전략이 국제적 쟁점으로 떠올랐다. 또, 위안부문제에 소극적인 일본 정부에 분노한 이명박 대통령은 독도를 직접 방문하였고, 방한 전 일왕 사과 및 일본국력 저하 발언으로 한일관계를 더욱 어렵게 만들었다. 박근혜 대통령은 2013년 취임 후 첫 3·1절 기념사에서 가해자와 피해자라는 역사적 입장은 천년의 역사가 흘러도 변할 수 없는 것이라며 일본의 역사인식 문제를 신랄하게 비판하였다.

김대중 대통령의 초기 대일인식은 기존 대응과 비슷한 원칙론에 가까운 것이었다. 김대중 대통령은 취임 전부터 한일 국교정상화조약 체결 이후 재일교포 법적지위, 원폭피해자, 사할린 동포 문제가 그대로 남아 있는 것은 조약 자체가 잘못된 결과이며, 인간의 양심과 국제적 기준에 맞도록 해결되어야 한다고 주장하였다.[188] 김대중 정부 임기 후반에 접어든 2001년 7월은 한일관계가 매우 악화된 시점이었다.

한국 정부는 새로운 역사교과서를 만드는 모임(새역모)의 교과서가 검정을 통과한 이후, 일본문화개방 연기, 한일교류사업 축소, 고위당국자 교류 중단, 정부 공식문서에서 천황 표기를 일왕(日王)으로 전환, 일본의 유엔안보리 상임이사국 진출 반대 등을 검토하였다. 교과서문제에 대한 양국 간의 대립을 비롯하여, 남쿠릴 열도에서의 꽁치조업, 야스쿠니신사 참배 등으로 마찰이 심화되기도 하였다. 일본교과서 왜곡으로 한일관계가 크게 경색되면서, 결국 최상룡 주일대사가 물러나고, 조세형 민주당 고문이 신임대사로 임명되었다.

김대중 대통령은 2002년 3·1절 기념사에서 지난해의 한일 갈등에도 불구하고 직접적인 대일비난을 자제하였다. 고이즈미 수상과 두 차례 정상회담에서 언급하였기 때문이기도 하지만, 3월 중순 예정된 한일 정상회담을 고려한 조치이었다. 아울러 일본의 과거사 문제를 거론하지 않음으로써 미래지향적인 한일관계를 발전시키려는 뜻도 내비쳤다.[189] 더욱이 3월 22일의 정상회담에서는 한일 양국 간 자유무역협정

188 류상영, "김대중의 일본에 대한 인식과 전략," 62쪽.

189 『세계일보』 2002.3.2.

(FTA)를 논의하기 위한 산·관·학 공동연구회를 설립하는 데 합의하였다. 투자협정 서명과 자유무역협정 논의 본격화는 김대중 대통령이 가장 역점을 기울인 분야였다. 한일 정상회담에서 양국정상은 세계적으로 200여 개 자유무역협정이 발효되어 있으며, 세계경제가 블록화하는 가운데, 상대적으로 뒤처진 한일 양국 간 경제파트너십 형성이 긴요하다는 점에 공감하였다.

일본 총리부가 2000년 1월 22일 발표한 성인 남녀 3,000명 대상의 '외교에 관한 여론조사' 결과에 따르면, 한국에 대해 친근감을 느낀다는 응답이 48.3%로, 처음으로 그렇지 않다는 응답을 상회하였다. 한국에 대해 친근감을 느낀다는 응답은 1년 전보다 2.1%포인트 늘었다. 그렇지 않다는 응답은 46.9%로 전년대비 2.8%포인트 줄었다. 김대중 대통령 집권기는 일본인들의 한국에 대한 호감이 처음으로 반감보다 높아진 전환기였다.[190]

김대중 정권에 있어서 한일 간 현안이었던 역사인식과 교과서왜곡, 독도영유권 분쟁은 총체적으로 한일협력의 큰 전제하에 종속변수로 자리 잡았다. 김대중 정부는 야스쿠니를 참배한 고이즈미 수상과도 북미·북일교섭 촉진을 포함하여 대북정책 전반에 걸친 대화를 지속하였다. 2002년 8월 이후 제4차 일본문화 개방은 소극적인 관료조직에 비하여 오히려 김대중 대통령이 적극적으로 나서서 추진하였다.

2002년 6월 한일월드컵 개최는 양국 국민 간 호감도를 크게 높였다는 점에서 성공적이었다. 이후 한일공동의 음악제, 연극제 등 문화행사가 크게 늘어난 것도 또 하나의 성과였다. 일본 국민들은 8강을 넘어 4

190 『동아일보』 2000.1.24.

강전에 진출한 한국을 전폭적으로 응원하였고, 이것은 한국민들에게 적지 않은 격려가 되었다. 한국에 나와 있는 일본 기업인들도 한국과 독일 경기 시에 수백 명이 롯데호텔에 모여 TV중계를 보며 한국팀을 응원하였다. 풀뿌리 차원의 한일친선과 우호가 크게 진전되었던 시기였다고 평가할 수 있다.

일본의 아키히토(明仁) 일왕이 '혈통' 문제까지 언급하며 한국과의 관계를 강조한 것은 처음 있는 일로, 한국은 물론 일본에서도 이례적으로 받아들여졌다. 아키히토 일왕은 간무(桓武)천황의 생모가 백제 무령왕(武寧王, 501-523)의 후손이라고 속일본기(續日本紀)에 기록되어 한국과의 인연을 느낀다고 언급한 것이다. 2002년 월드컵을 앞두고 직접 한국을 방문하지 못하였으므로 한국민에게 우호적인 메시지를 보내려 한 것으로 해석되었다.[191]

대북문제에서도 김대중 대통령은 정상회담을 통하여 설득함으로써 이견을 해소해 나갔다. 대북정책을 둘러싼 이견은 한일 양국 간에 빈발하는 문제였다. 남북화해와 평화를 중시하는 한국과, 북한의 일본인 납치와 미사일 위협을 우려하는 일본 간에는 정책 우선순위의 차이가 자주 드러났다. 김대중 대통령은 남북관계 진전이 동북아 긴장완화와 평화에 기여하고 일본에도 이익이 되므로 적극 협조해줄 것을 당부하였다. 이에 대해 모리 수상은 북한 미사일문제와 일본인납치문제 등 일본측 관심사항이 적절히 반영되기를 희망하였다.[192]

191 『동아일보』 2001.12.24.

192 『문화일보』 2000.5.29.

3. 몇 가지 문제점

김대중 정권은 과거사문제를 봉합한 것일 뿐, 근본적인 해결책을 제시하지는 못했다. 한국정부가 일본 측에 요구한 교과서왜곡 수정, 재일교포 지방참정권 부여, 그리고 기대했던 일왕 방한은 실현되지 못했다. 1996년 발족한 새로운 역사교과서를 만드는 모임에서 출판한 『국민의 역사』는 2001년 4월 출판 이후 일본 국내에서 수십만 부가 판매되었다. 새역모 교과서가 일본 문부성검정을 통과하자, 한국 정부는 주일대사를 사실상 소환하는 등 크게 반발하였지만 일본 정부는 이에 대응하지 않았다. 일왕의 한국방문도 일본 측이 남북관계 불안정, 안전문제, 내셔널리즘으로 인한 불상사를 우려하여 결국 성사되지 못했다.

김대중 대통령이 수차례 모리 수상에게 2000년까지 법안성립을 당부한 재일교포의 지방참정권도 좌초하였다. 자민당 내 노나카 히로무(野中廣務) 간사장 등이 2000년 9월 선거제도조사회를 열어서 의견조율에 나섰으나 참석의원 중 반대의견이 80%를 넘어 법안 상정조차 어려웠다.[193] 사실, 김대중 대통령은 재일교포 참정권 부여를 위하여 국내 영주권자의 지방참정권까지 일본보다 앞서서 도입하고자 하였다. 한국에서는 2006년부터 영주권자 지방참정권이 부여되면서 지방선거에서 외국인투표가 이루어지고 있다.

김대중 대통령은 2001년 8월 15일 경축사에서 대북·대일정책의 답답함을 토로하였다. 대북한 햇볕정책이 "지금 뜻하지 않은 정체상태"라고 설명하였고, 한일관계에 대해서는 "뜻밖에도 … 한일관계에 다시

193 『세계일보』 2000.10.2.

어두운 그림자를 드리우고 있다"고 언급하였다. 이것은 기대했던 것만큼의 진전이 이뤄지지 않고 있음을 시인한 것이었다. 김대중 대통령은 일본 역사교과서 왜곡문제와 고이즈미 총리의 야스쿠니신사 참배 등으로 갈등을 빚고 있는 한일관계에 대하여 일본정부를 직접 비난하지 않고 '양식 있는 일본인'을 언급함으로써 우려 표명 정도에 그쳤다. 현재의 갈등에도 불구하고 극한 대결로 치닫는 것은 한일 양국에 도움이 되지 않는다고 판단한 것이다.[194]

김대중 정권 동안 일본 정부의 입장은 무라야마 담화를 답습하는 수준에 머물렀다. 2001년 10월 김대중-고이즈미 정상회담에서 일본의 역사인식 실천과 한일파트너십 공유를 확인하였다. 고이즈미 수상은 일본은 전쟁을 다시 일으키지 않는다는 반성 위에서 1998년 '한일파트너십 공동선언'의 정신을 공유하고 있으며, 앞으로 역사를 직시해 나가겠다고 강조하였다. 그러나 한일 과거사에 대한 반성은 무라야마 담화의 수준을 넘지 못했고, 상호 확인한 내용들도 실효성이 담보되지 못했다. 교과서 왜곡이나 신사참배에 대해서는 언급조차 없었고 어업분쟁도 실무자협상으로 미뤄버렸던 것이다.

역사교과서 공동연구에 있어서도 한일 양국은 합의점에 도달하지 못했다. 2001년 김대중-고이즈미 정상회담에서 합의한 한일역사 공동연구위원회가 개최되었으나 일본은 기대할만한 조치를 내놓지 않았다. 한국 측은 일본의 역사교과서 문제를 주요 연구과제로 삼자고 요구하였으나 일본 측은 기구명칭에 '교과서'대신 '역사 공동연구'라는 막연한

---

194 『동아일보』 2001.8.16.

표현을 쓸 것을 주장하였고 일본 측 제안이 채택되었다.[195]

김대중 정부의 구체적인 성과로는 일본의 전략적 가치와 평화국가의 국제적 기여를 인정하고, 양국 간 갈등요인을 완화시키면서, 다양한 분야에서 대화채널을 구축한 것을 들 수 있다. 특히 중앙정부가 아닌 시민단체와 지자체의 교류를 촉진하는 계기를 마련한 것은 높이 평가할 만하다. 양국 정부는 2002년을 '한일 국민교류의 해'로 정하여 다양한 문화행사를 추진하였다. 2002년 4월은 일본 외무성 산하 국제교류기금의 19번째 해외사무소인 서울문화센터가 개소하면서 민간교류를 촉진하는 공공인프라가 설치되었다. 양국 정부와 국민은 역사문제와는 별도로 시민교류를 통한 상호이해라는 또 하나의 관계를 만들어 냄으로써, 보다 여유 있고 균형 잡힌 한일관계를 열어가는 계기를 마련하였다고 할 수 있다.

IV. 김대중 정부의 유산과 시사점

1. 냉철한 동북아정세 인식

한일외교가 실종된 채, 갈등을 해소할 계기를 만들어내지 못하고 있다. 한일 시민사회의 풀뿌리 교류에서도 심리적인 불협화음이 이어지면서 한일 갈등은 당분간 지속될 전망이다. 한일 양국의 정상이 취임 2년이 되도록 회담조차 못 하고 있는 것은 큰 문제가 아닐 수 없다. 한일

195 『동아일보』 2002.6.8.

관계 파행 시 상호 불신감이 고조되면서 다양한 채널에서의 민간교류도 점진적으로 감소할 가능성이 높다. 일본과 북한을 배제한 상태에서 박근혜 정부가 추구하는 신뢰프로세스와 동북아평화협력 구상도 실현이 불가능할 것은 두말할 나위도 없다.

한일 양국이 협력할 경우, 한반도 신뢰외교 추진과정에서 일본의 긍정적인 역할을 당연히 기대할 수 있다. 일본과 북한 간 국교정상화 교섭이 진전될 가능성이 높아지고, 일본의 대북한 경제지원도 유도할 수 있을 것이다. 적어도 지금의 중일 갈등에서 한국이 동북아 평화협력의 매개자 내지 균형자 역할을 맡으면서 박근혜 정부의 외교전략인 동북아평화협력 구상도 탄력을 받게 될 것이다. 일본은 인적·물적 교류 면에서 여전히 중요한 우방이다. 한일 간 인적교류는 약 500만 명에 달하고 있으며, 2012년 기준 한일 간 무역총액은 1,032억 달러에 달하고 있다.

문제는 양국 간 갈등이 해소될 전망이 불투명한 상태에서, 한일 양국 정상의 정치적 임기가 많이 남아있다는 것이다. 일본의 아베 신조(安倍晋三) 수상은 2015년 총재선거, 2016년 7월 참의원 선거에서 승리하면서 장기집권할 것으로 예상되고 있다. 박근혜 정부도 2018년 2월 임기만료로 아직 3년 이상 남아있다. 최소 3년 가까이 한일갈등이 이어질 최악의 시나리오도 배제할 수 없는 실정이다. 2015년 한일 국교정상화 50주년이 변수로 작용할 수 있으나, 2003년 한일 국교정상화 40주년, 2012년 중일 국교정상화 40주년 모두 한일·중일 양국 관계가 최악의 상태로 지나갔던 기억이 새롭다. 말하자면, 2015년 변수는 긍정적으로도, 부정적으로도 작용할 수 있는 것이다.

대중국, 대북한 견제를 위한 일본의 전략적 가치, 경제위기에 대비한 한일 경제협력, 상호 간 신뢰도가 가장 높은 한일 풀뿌리교류, 한일 양국이 공동으로 만들어내는 글로벌협력의 시너지효과는 그 가치를 아무리 강조해도 지나치지 않을 정도이다. 박근혜 정부가 강조하는 '동아시아 패러독스(Asian Paradox)'는 경제적인 상호의존 증대에도 불구하고, 역사와 영토를 둘러싼 갈등이 오히려 커지는 역설적 상황을 말하고 있다. 이를 극복하기 위해 동북아 국가들이 다자간 대화의 틀을 만들어서 가능한 분야부터 대화와 협력을 시작해 신뢰를 쌓아가고, 안보 등 상위분야로 협력가능성을 확대하는 것이 동북아평화협력 구상이라면, 일본 정부와 시민사회와의 협력은 필수적이다.

박근혜 정부의 신뢰외교 프로세스와 동북아평화협력 구상 등 주요 외교전략이 구체적인 내용과 철학이 부재한 상태에서 한미동맹의 가치 저하, 미일동맹의 우위, 남북 간 대화 부재 속에서 외교적 가치와 리얼리즘을 상실해가는 것이 아닌가하는 우려가 높아지고 있다. 9·11 이후 미국의 외교정책은 바뀌었다. 해외주둔 미군을 재배치하여 지역분쟁에 신속 대응할 기동타격대로 역할을 변화시켰다. 글로벌 테러리즘 위협에 한국과 일본이 동참할 것을 미국은 지속적으로 요구해 왔다. 이에 대하여 일본은 비교적 충실하게, 한국은 아젠다 중심으로 동참하였다. 한국은 한미동맹 체결 후 적극적 순응형에서 국가지위 상승과 민주화에 따라 동맹 정체성의 자율성을 추구하였다. 노무현 정부의 동북아균형자론은 전형적인 사례이다.

이에 비하여, 일본은 민주당 시절 약간의 변동은 있었지만, 기본적으로 미일 양국 간 실리추구형 동맹관계를 유지해 왔으며, 동맹일체화 내지 동참형 전략을 구사해 왔다. 미국의 패권추구 동맹정책에 대하여 한국은 한미동맹의 역할을 대북억지력 중심으로 인식해 온 반면, 일본은 미일 간 동맹일체화를 통하여 미국의 대중국 견제에 적극 협력하거나, 미군의 글로벌 재배치전략에 적극 호응해 온 것이다.[196]

김대중 외교의 시사점은 바로 냉철한 동북아정세의 인식에서 찾을 수 있을 것이다. 1960년대부터 김대중은 중일관계에 주목하며, 중국의 강대국화가 일본의 안보정책에 변화를 촉발할 것으로 예상하였다. 탈냉전 이후 중국이 부상하면서 미국은 역내 균형자 역할을 하지만, 지역갈등을 부추기는 악역을 할 수 있다고 경고하였다. 특히 중국에 대한 미국의 평화적 포용정책이 동아시아 안정에 필수적이라고 보았다. 김대중은 만일 미일동맹이 중국에 위협이 될 경우, 중국은 군사국가화하고, 민주화는 멀어지며 결과적으로 중국이 국제사회에 안정적으로 진입하기 어렵게 될 것으로 예측하였다.[197]

김대중은 특히 미국의 일본중시 정책을 경계하였다. 그는 1960년대부터 미국은 일본중심 정책으로 인하여 동아시아정책을 그르칠 위험이 있으며, 따라서 미국을 일방적으로 신뢰해서는 안 된다고 주장하였다. 그는 오히려 미국의 동아시아정책을 냉정하게 바라볼 필요가 있다고 보았으며, 1965년 한일 국교정상화를 야당 정치인으로는 드물게 원칙적으로 찬성하였다. 그는 4대국 안전보장론과 아시아 집단안보기구를 구상하여 제안하기도 하였다.[198]

김대중의 국제관계 인식에서 가장 중요했던 것은 동북아시아의 주

196 김순태 외, "한국과 일본의 대미 동맹정책 비교연구," 『국제정치논총』 49권 4호 (2009), 63−66쪽.

197 박명림 · 지상현, "탈냉전기 한국의 동아시아 인식과 구상: 김대중 사례연구," 『한국정치학회보』 43권 4호 (2009), 156쪽.

198 위의 글, 157−158쪽.

요 4개국이었고, 이것이 4대국 안전보장론과 1동맹-3우호체제 구상으로 나타났다. 김대중은 한중관계를 선린우호 관계에서 협력적 동반자 관계로 발전시켰다. 그는 1998년 11월 장쩌민과의 정상회담에서 1992년 이후 경제분야에 집중되었던 한중관계를 12개 항목, 34개 사업을 통하여 정치, 안보, 사회, 문화 등 다방면으로 확대하는 데 합의하였다.[199] 동북아 국제정치의 냉혹한 현실을 인지하고 있었던 김대중 대통령은 한미동맹, 한일협력을 안정시켜 두고, 한중협력과 남북한 관계개선을 이끌어낸 것이다.

2. 역사와 안보의 분리

김대중 외교의 접근법은 동북아전략이 부재하고, 일본 및 북한과 대립하며, 미일동맹의 변화를 감지하지 못한 박근혜 외교의 실패 국면에서 몇 가지 시사점을 던져주고 있다. 한국의 한반도 신뢰프로세스와 대일외교 3원칙은 일본에게는 일본배제론으로 여겨지고 있다. 일본 정부는 나름대로 독도영유권이나 야스쿠니 문제에 대하여 한국을 배려해 왔다고 생각하고 있다. 경기침체에 빠진 미국과 유럽으로부터 아베노믹스에 대한 지지를, 중국을 견제하려는 미국, 유럽, 아세안 각국으로부터 집단적 자위권에 대한 지지를 얻어냈다는 자신감도 가지고 있다. 일본은 한국 정부가 처음부터 한일관계를 중시하기보다 중국우위를 강조하였다고 본다. 한국의 역대 대통령들 중 일본보다 중국을 먼저 방문한 것은 박근혜 대통령이 처음이다. 더구나 한중정상회담을 앞두고 6

---

199 위의 글, 160쪽.

월 5일 한중 양국 간 전략적 군사협력에 합의한 것은 일본에서 매우 자극적으로 보도되었다.

일본외교는 날이 갈수록 미일동맹 강화와 중국과의 대결이라는 기치를 선명히 하고 있다. 1차 아베내각 당시인 2006년 11월 아베 수상과 아소 외상은 미국의 신보수주의 입장을 반영한 가치관외교를 주장한 바 있다. 일본과 인도, 호주, 뉴질랜드를 잇는 '자유와 번영의 호'(the arc of freedom and prosperity)를 제창한 것이다. 이것은 시장경제, 자유민주주의, 인권, 법치를 공통이념으로 중국을 봉쇄하는 일종의 해상방어선으로 비춰지면서 중국의 반발을 샀다. 영토문제에 공세적인 중국의 태도, 일본국민 80% 이상의 대중국 불신, 북한의 핵실험과 미사일발사에 대한 위기의식 등 공산주의 체제에 대한 일본 정부와 매스컴의 불신은 해소될 기미가 없다.

아베 수상의 '전략외교'는 대중국 견제와 일본의 안전보장을 우선순위에 두고 있다. 아베는 중국을 포위하고자 유럽 NATO의 아시아판을 만드는 것에 관심이 높다. 중국을 견제하고자 취임 후 5개월간 해외 10개국을 방문했고, 12개국 수뇌와 정상회담을 했을 정도이다. 일본 요코하마에서 열린 제5회 아프리카개발회의에 모인 각국 수뇌들에게 1.4조 엔에 이르는 정부개발원조(ODA)를 약속하였다. 러시아, 호주, 인도를 방문하면서 정상회담을 거듭하였으며, 차관과 ODA를 무기로 베트남과 미얀마에까지 경제협력을 제안하였다. 중국도 이에 대항하고자, 시진핑 주석이 러시아를 방문한 데 이어, 왕이(王毅) 외상은 타이와 인도네시아를 공식 방문하였다.

아베 외교의 문제점은 국가 간 갈등을 물리력으로 해결하려는 심리가 짙게 깔려있다는 것이다. '전략외교'는 자국의 군사적인 안전보장에 우선순위를 두고 있다. 대중국 강경대응과 북한 핵기지 선제공격, 집단적 자위권, 평화헌법 개정은 신뢰구축보다 국방능력을 선호하는 심리구조를 보여준다. 2013년 11월 일본 중의원과 참의원은 미국을 모방한 국가안보회의(NSC) 설치 법안을 통과시켰다. 외교안보 관련 정보수집과 분석을 강화하고, 위기관리를 위한 사령탑을 설치하여, 수상이 직접 관리하겠다는 것이다. 사무국 격인 국가안보국을 갖춘 NSC는 수상, 관방장관, 외상, 방위상 4명이 참석하는 회의를 통해 주요 정책을 결정한다. 고이즈미 전 수상이 추진했던 관저주도 외교정책이 부활한 것이다. 일본 아베 정권의 외교전략은 미국은 물론, 유럽연합, 호주, 뉴질랜드, 아세안에 이르기까지 폭넓은 지지를 받고 있으며, 한미동맹이 미일동맹의 종속변수가 되고 있다는 우려가 높다.

그럼에도 박근혜 정부는 일본이 역사인식 등에서 변화된 자세를 보이지 않는 한 어떤 한일관계 개선도 고려하지 않는다는 입장이다. 위안부문제에 대한 박근혜 정부의 입장은 매우 강경하다. 박근혜 대통령은 10월초 미국 헤이글 국방장관과의 회담에서 미국이 한미일 안보협력의 중요성을 언급하면서 한일관계 개선을 기대한 데 대하여, 일본이 사죄는커녕 지속적으로 모욕을 하고 있다고 비난한 바 있다. 또한 역사와 영토문제에서 퇴행적인 발언을 거듭하는 일본정치가로 인하여 한일관계에 불신이 조장되고 있다고 강도 높은 비난을 거듭하였다.

역사인식을 한일관계 정상화의 선행조건으로 내건 박근혜 정부에 대하여 "외교 전략상 융통성이 부족한 것 아니냐"는 지적이 있지만, 청와대는 "그 어떤 것보다 역사문제는 신뢰외교의 핵심 축"이라고 강하게 주장하고 있다. 한국사법부의 배상판결이 이어지면서 강제징용 배상문제가 또 다시 한일 간 쟁점으로 떠오르고 있다. 일본정부는 징용배상에 대해 청구권협정으로 최종 해결된 만큼 한국 법원의 판결을 수용할 수 없다는 입장이다. 일본외무성은 국제사법재판소 제소를 포함해 전면전에 나서겠다는 강경한 태도를 보이고 있다.

3. 김대중 외교의 한계와 시사점

김대중 대통령은 수많은 외교업적에도 불구하고 적지 않은 한계를 보여주었다. 남북정상회담, 한일파트너십 선언, 한중협력처럼 전통적인 양자 간 외교에 치중한 나머지, 양자관계의 성과를 다자주의 기구나 제도로 발전시키지 못했다. 한반도문제에 있어서 남북관계를 우선시하였고, 제도화보다는 리더십에 과도하게 의존함으로써 일정한 한계를 드러냈다. 이것은 과거사논쟁, 영토분쟁, 군비경쟁 등 현재의 동북아 위기를 사전에 해소하는 데 실패하였다는 것을 의미한다.

김대중의 동아시아 구상은 동북아시아를 안보 협력의 중심축으로 상정한 가운데, 경제협력과 통합대상으로 동남아시아를 포괄하였다. 동북아+동남아 경제협력의 필요성은 당시 외환위기로 인하여 더욱 가속화되면서 아세안+3이라는 지역협력 구상으로 구체화되었다. 김대중은 동아시아를 강타한 외환위기 이후 동북아시아와 동남아시아의 인식적 경계를 허물고 공동의 협력과 발전을 위하여 노력해야 한다고 보았다. 그러나 김대중 대통령의 아세안 인식은 경제협력의 대상에서 크게 벗어나지 못했다.

김대중 외교가 제도화나 기구 창설과 같은 가시적인 성과를 내지 못하면서 이후 문제점이 부각되었다. 2000년 미국 대선 결과 공화당 부시정권이 등장하자 남북한관계, 한미동맹은 다시 악화되었다. 한반도

문제 해결을 위한 국제적 실천 지점에서 남북한문제는 지역협력, 지역구상과 연계되지 못했다. 한반도 분쟁상태가 갖는 국제문제, 지역문제로서 본질을 천명하면서 국제적 해결을 위한 로드맵으로 나가지 못했다. 양자주의나 개별의제 중심으로 접근하는 방식에서 벗어나지 못한 한계는 매우 컸다.[200]

흥미롭게도 김대중 외교의 2001년과 박근혜 정부의 2013년은 국제정치와 한일관계 등에서 유사한 점이 엿보인다. 2001년도 미국 부시 정권과 일본 고이즈미 정권은 9·11 이후 미일동맹을 강화시켰다. 일본 자민당은 우경화 노선을 본격적으로 추구하였고, 고이즈미 정권은 개혁을 내세워 높은 지지율을 자랑하였다. 당시 한미관계나 북미관계가 양호하지 못했던 점도 흡사한 부분이 있다. 고이즈미 정권이 신사참배, 교과서왜곡, 꽁치분쟁으로 한국과 갈등을 벌인 점도 2013년 악화된 한일관계를 떠올리게 한다. 2013년 들어 중국의 부상과 강화된 미일동맹, 미국과 유럽의 일본 집단적 자위권 지지, 아베 정권 우경화 과정에서 박근혜 외교가 어떤 선택을 해야 할지, 김대중 외교에서 적지 않은 시사점과 함의를 찾을 수 있다고 본다.

V. 결론

미일동맹 강화와 중국견제라는 일본외교의 전략이 분명해지고 있다. 집단적 자위권 도입, 특정비밀보호법 제정, 국가안보회의(NSC) 설

---

200 박명림·지상현, "탈냉전기 한국의 동아시아 인식과 구상," 161–170쪽.

치는 하나의 세트이다. 일본의 집단적 자위권 추진과 인적 국제공헌은 미국은 물론, 유럽연합, 호주, 뉴질랜드, 아세안 각국의 지지를 얻고 있다. 아베 수상은 2013년 10월 중순 국회 개회 소신표명 연설에서 상호의존이 심화되는 세계에서 평화를 위한 적극적인 공헌을 하겠다는 입장을 밝혔다. 국제협조주의에 바탕을 둔 적극적 평화주의야말로 일본의 외교 슬로건이며, 이를 위하여 국가안보회의(NSC)를 창설하고, 국가안보전략(National Security Strategy, NSS)을 정한다는 것이다.

가치관외교와 전략외교를 추진해온 아베 수상은 유럽 북대서양조약기구(NATO)에 대한 관심이 높다. 해상에서 중국을 봉쇄하면서 공동전선을 구축하는 아시아–태평양판 NATO를 염두에 두고 있는 것처럼 보인다. 그는 미일동맹을 기축으로 자유민주주의, 기본적 인권, 법치제도 등, 가치관을 공유하는 국가들과 네트워크를 구축하여 중국의 패권을 견제하겠다는 의도를 노골적으로 드러내고 있다. 2013년 10월 22일, 아베 수상은 중의원 예산위원회에서 집단적 자위권 행사에 대하여, 국제협조주의를 전제로 이것을 담보할 법률이 불가결함을 지적하면서, 법률정비가 필요하다는 인식을 밝혔다. 같은 해 10월 27일, 아베 수상은 자위대 연설에서 힘에 의한 현상변경은 결코 용납하지 않겠다고 언급하였다. 센카쿠열도에 있어서 중국의 군사적 도발에 적극 대항하겠다는 것이었다.

아베 수상의 사적 자문기관인 '안전보장의 법적기반 재구축에 관한 간담회'는 집단적 자위권을 폭넓게 행사할 수 있도록 헌법의 해석변경을 시도하고 있다. 다만, 일본 정부는 자위권 행사를 일본을 방위하기 위한 최소한도 범위로 한정하고 있다. 안보상 중대한 지장이 있을 경우에만 집단적 자위권을 행사할 수 있도록 한다는 일본 언론의 보도가 나

온 바도 있다.[201]

한국 정부는 일본의 집단적 자위권 행사에 대하여 3대원칙을 제시하였다. 첫째, 한반도 등 지역안정과 평화에 기여할 것, 둘째, 한반도 문제는 한미동맹에 입각할 것, 셋째, 일본의 집단적 자위권 행사는 한국 헌법과 정합성을 갖출 것이다.[202] 이미 김장수 청와대 국가안보실장은 미국을 방문하여 집단적 자위권이 한반도와 한국 주권에 관련된 부분이라면 한국의 동의가 반드시 필요하다고 강조한 바 있다. 그럼에도 여전히 일본의 집단적 자위권 도입과 관련해서 미국과 세계 각국이 적극 지지에 나서기까지 한국외교의 대응이 부족했다는 지적이 높다. 한미동맹을 기축으로 동북아협력을 추진하려는 한국의 전략은 미일동맹의 재부상으로 위기에 처했다는 것이다. 한미일 삼각동맹은 말뿐이며, 미일동맹의 틀 안에 한미동맹이 놓이게 되었다는 지적이 나오고 있다.

박근혜 정부의 외교안보전략은 새롭게 설정되어야 할 상황에 처해 있다. 이미 실효성이 떨어진 신뢰외교와 동북아평화협력 구상을 재검토하여, 일본·북한과의 관계를 정상화함으로써 외교적 지렛대를 강화할 필요가 있다. 동북아 국제정치 지형의 재편에 맞추어 한국외교의 강인함과 지속성을 담보할 수 있는 새로운 전략이 나와야 한다. 이를 위하여 일본·북한과의 관계회복은 불가피하다. 중국의 군사대국화와 미일동맹 속에서 동북아 평화안정을 위한 중재자 역할을 맡을 수 있어야 한다.

나아가, 한중일 다자안보기구를 창설함으로서, 군비경쟁 완화, 투명

---

201 『毎日新聞』 2013.10.28.

202 『중앙일보』 2013.11.25.

성 제고, 신뢰구축에 기여하는, 내실 있고 실현가능한 대안을 모색해야 한다. 동북아지역에서 영토분쟁과 군비경쟁이 심화되면서, 국지전을 예방하기 위한 대화를 지속해 나가야 한다는 목소리가 높다. 중국 내에서도 영토분쟁을 자제하자는 내부 의견이 적지 않다. 일본도 전쟁을 방지하고자 비상시 핫라인 설치를 중국에 요구한 상태이다. 미국도 중일 양국이 절제력을 발휘해야 한다는 점을 강조하고 있다. 이런 상황을 고려하여, 동북아지역에서 영토분쟁과 군비경쟁을 방지할 수 있는, 미국을 포함한 다자간 군비통제 기구를 검토할 필요가 있다.

조속히 한일 정상회담을 개최함으로써 일본군위안부 문제와 강제동원 보상 등 과거사문제에 대한 의견을 교환하고, 한미동맹과 미일동맹 간 상호보완책을 논의하고, 일본의 집단적 자위권에 대한 한국의 입장을 분명히 전달해야 한다. 2015년 국교정상화 50주년을 향한 그랜드플랜 작성을 위한 한일역사와 미래 공동위원회를 설치할 필요도 있다. 한일관계의 극적인 개선을 위한 대형 국민교류 프로젝트를 구상하는 것도 좋은 방법이다. 예를 들면, 2018년 평창 동계올림픽과 2020년 도쿄 하계올림픽을 서로 지원하는 것이다.

일본 정부는 우경화 일변도에서 벗어나 아시아 각국과의 대화를 더 높은 우선순위에 두어야 한다. 위안부 동원의 강제성을 인정한 고노 담화를 준수하고, 야스쿠니신사 참배를 중단해야 한다. 일본의 집단적 자위권 행사는 주변국의 이해가 선행되어야 하며, 동북아지역의 평화와 안정에 기여해야 한다. 집단적 자위권이 유엔 회원국의 권리인 만큼 한국이나 중국이 막을 수는 없지만, 일본 정부는 주변국의 양해와 지역안정에 기여한다는 원칙을 전제로, 집단적 자위권을 논의해야 할 것이다.

동북아 세력균형의 변화가 빠른 속도로 진행되고 있다. 미일동맹의 강화와 일본의 재무장은 착착 추진될 것이다. 중국의 군사대국화와 해양진출, 북한의 핵실험 등으로 역내 불안정성이 점증하고 있다. 미일·한미동맹을 기축으로 한 세력균형 아래서 불안한 평화가 지속될 가능성이 높다. 21세기 동북아의 파워 시프트(Power Shift)를 전제로 한국의 외교·국방전략을 재검토해야 할 시기이다. 무엇보다도, 한국이 지나치게 스스로의 외교력을 과신하고 있지 않은지 되돌아 볼 필요가 있다. 국제무대에서 진정한 자주외교는 강대국의 힘을 활용하는 것이다. 한국외교가 갈등과 대립의 동북아지역에서 평화번영의 중개자이자 촉진자로서 독자적인 외교위상을 확보하는 것이 바람직한 방향이 아닐 수 없다. 박근혜 정부는 당면한 외교적 위기를 극복하고 21세기 국제정치 전환기에 맞는, 안정성과 지속성을 지닌 선진외교의 기반을 구축해야 할 것이다.

■ 참고문헌

김규륜·양현모·전동진·최용환·한인택. 2012. 『공공외교의 이론적 조명과 주변4국의 한반도통일 공공외교 분석틀』. 서울: 통일연구원.

김기정·김용호·정병석. 2000. "김대중 정부의 외교정책과 언론: 관계유형의 모색과 사례분석을 중심으로," 『국제정치논총』 40권 4호, 363-397쪽.

김성국. 2008. "한일문화교류와 동아시아 문화네트워크 구축," 최장집·하마시타 다케시 편, 『동아시아와 한일교류』. 서울: 아연출판부.

김순태·문정인·김기정. 2009. "한국과 일본의 대미 동맹정책 비교연구," 『국제정치논총』 49권 4호, 61-84쪽.

류상영. 2012. "김대중의 일본에 대한 인식과 전략: 주요 저작과 어록을 통해 본 인식의 진화와 정치적 선택," 류상영 외 편저. 『김대중과 한일관계:

민주주의와 평화의 한일현대사』. 서울: 연세대학교 대학출판문화원.
박명림·지상현. 2009. "탈냉전기 한국의 동아시아 인식과 구상: 김대중 사례연구," 『한국정치학회보』 43권 4호, 151-174쪽.
이상봉. 2001. "냉전후 한일관계의 특징과 과제: 구조적 요인의 변화를 중심으로," 『한국민족문화』 17호, 69-95쪽.
주대한민국 일본국 대사관. 1998. "한일공동선언: 21세기를 향한 새로운 한일파트너십," (10.8). http://www.kr.emb-japan.go.jp/rel/r_eco/r_eco_981008_01.htm (검색일: 2014.12.1).

제14장

상호보완적 동반자관계의 확립과 한·러관계

고재남 | 국립외교원 교수, 러시아학

I. 서론

한국은 1990년 9월 30일 러시아와 외교관계를 정상화한 후 북핵문제의 해결과 한반도 평화통일의 달성 그리고 지속적인 경제발전을 위해서는 러시아와의 협력강화가 불가피함을 인식, 대러 협력을 확대·심화하기 위한 정치·외교적 노력을 지속해 왔다. 그 결과 양국은 2008년 9월 이명박 대통령의 방러를 계기로 양국 간 '전략적 협력동반자관계'를 발전시켜 나가기로 합의하였다. 그러나 지난 23년간 한러관계는 '협력과 갈등', '접근과 정체'의 이중주를 경험했으며, 현재는 초기 단계의 전략적 협력 동반자 관계에서 '정체'를 경험하고 있다.[203] 지난 몇 년간

203 한러 간 정치·외교관계 20년을 평가하고 분석함에 있어서 학자들은 양자 관계 차원 또는 한국의 대러 정책 차원에서 시기 구분을 약간씩 달리하고 있다. 우평균 박사는 양자 차원에서 제도화 시기(1990.9–1998.8), 갈등의 국면(1998.8–2000.2), 조정 및 구조화 시기(2000.2–2010.9) 등 세 시기로 구분하고 있는 반

한러관계의 정체 배경을 중요도로 배열하면, 첫째, 과거 정상회담에서 합의한 협력사업들(남·북·러 3각 협력, 에너지 협력, 불곰사업 등)의 가시적인 성과 부족, 둘째, 6자회담 중단에 따른 러시아의 역내 역할 및 가시성(visibility) 축소와 남북관계 악화에 따른 한러 협력요인 약화, 셋째, 양국 총선 및 대선과 신정부 출범에 따른 국내정치 우선주의,[204] 넷째, 미·러, 러·EU 관계 악화 및 러시아의 대중관계 중시주의 등이다.

다수의 양국 내 한러관계 전문가들은 양국 관계의 '전략적 협력동반자' 관계로의 성격규정은 수사(rhetoric)에 불과하며, 향후 실질협력이 부재할 경우 양국관계가 위기에 봉착할 수도 있다고 우려하고 있다. 예를 들어, 2013년 8월 중순 한국을 방문한 한·러 친선협회 회장 가타로

면에 신범식 교수는 국교수립 및 관계정상화 시기(1990.9.30-1995), 양국관계 조정시기(1996-1998), 소강상태 극복을 위한 관리시기(1999-2002), 새로운 동반자관계 발전시기(2003-2008), 미래지향적인 전략적 협력 추진시기(2008년 9월 이후) 등으로 구분하고 있다. 홍완석 교수는 한국의 대러정책을 분석하면서 노태우 정권과 한러 밀월협력(1991.12-1993.2), 김영삼 정권과 한러관계 냉각(1993.2-1998.2), 김대중 정권과 한러관계 정체(1998.2-2003.2), 노무현 정권과 한러 동반자적 협력(2003.2-2008.2), 이명박 정권과 한러관계 교착(2008년 2월 이후) 등으로 구분해 분석하고 있다. 우평균, "한·러 외교관계 20년: 평가와 지향점," 한림대학교 러시아연구소 제7회 학술세미나 (2010.10.15, 서울) 발표 논문; 신범식, "정치·외교 분야의 한·러 관계: 평가 및 관계강화 방안," 한반도 평화연구원 제23회 한반도 평화포럼, 한·러 관계 20년의 평가와 미래협력 강화방안(2010.9.19, 서울); 홍완석, "한·러 수교 20주년의 평가와 양국관계 미래 전망: 한국학자의 시각," 한양대 아태지역연구센터, The 20 Years of Korea-Russia Relations: Accomplishments and Prospects (2010.9.30-10.1, 서울) 발표 논문.

204 러시아는 2011년 11월부터 2012년 5월까지, 한국은 2012년 4월부터 2013년 2월까지이다.

프(Ruslan Gatarov) 상원의원은 한러관계가 "지금은 전보다 좀 더 멀어진 느낌이다. 독일은 (러시아와) 전쟁을 치른 나라지만 아주 긴밀한 파트너다. 정상·장관·차관 등 각급 대화를 잘 진행하고 있다. 지금 한러 대화는 있지만 독일처럼 실질적이지 못하다. 한국이 러시아와 아무 갈등이 없긴 하다. 그러나 이는 서로의 흔적이 아무것도 없는 흰 종이와 같은 그런 관계란 의미일 뿐이다 … 한국 기업이 러시아에서 성공하려면 양국 정부의 긴밀한 협력이 필요하다"고 말했다.[205] 따라서 양국 정부는 전략적 협력동반자관계를 내실화하면서 한 차원 높은 단계로 발전시켜야 하는 과제를 안고 있다.

박근혜 대통령은 2013년 9월 6일 상트페테르부르크 G20 정상회담을 계기로 푸틴 대통령과 짧은 비공식 정상회담을 가진 데 이어 2013년 11월 13일 개최된 서울 정상회담에서 양국 간 전략적 협력동반자관계를 내실화하기 위한 협력사업들을 합의하였다. 박근혜 정부는 그동안 수많은 정상회담과 고위급 회담에서 합의한 협력사업들이 실행되지 않음에 따라 양국 간 불신이 누적되었음을 감안해 단기 추진사업과 중장기 추진사업을 구분해 추진하는 전략을 수립하였다. 따라서 서울 정상회담을 통해 채택된 한러 공동성명 및 협력사업관련 MOU가 실행될 경우 양국 간 실질협력이 크게 증가할 것으로 전망된다.

1998년 2월 25일 출범한 김대중 정부는 한국외교의 목표를 당면한 경제위기의 조기 극복과 21세기 선진통일한국으로의 순조로운 진입에 두면서 한반도 및 동북아의 평화와 공동번영을 위해 주변 4국과 미래지향적·우호적 동반협력 관계를 발전시켜 나가겠다고 밝혔다. 대러 관

205 『중앙일보』 2013.8.18.

계의 경우, 김대중 정부는 러시아를 한반도 평화유지와 북한의 개혁·개방 유도, 동북아와 아·태 지역에서의 평화와 공동번영, 지속적인 경제발전을 위한 상호보완적 경제잠재력 활용 등의 이유로 매우 중요한 협력 파트너라고 인식하였다. 따라서 김대중 정부는 정상 간의 교류 등 고위급 인사교류의 확대와 실질적인 경협확대를 위한 외교적 노력을 기울이겠다고 선언하였다.

그렇다면 지난 24년간의 한러관계사에서 김대중 정부는 어떠한 족적을 남겼는가? 본 논문은 김대중 정부의 대러정책 추진 과정과 성과, 그리고 차후 한러관계에 미친 영향을 분석, 평가하는 데 목적이 있다. 따라서 본 논문은 김대중 정부의 대러정책 추진환경, 추진과정, 성과를 살펴보고, 앞으로의 대러정책 추진 시 고려사항을 제시할 것이다.

II. 김대중 정부의 대러정책 목표와 추진 환경

1. 김대중 정부의 대러정책 목표

탈냉전기 한국은 민주주의와 시장경제를 지향하는 러시아가 소련을 대신하고 북한이 안전보장을 이유로 핵개발 및 미사일 개발을 추진함에 따라 포괄적인 대러협력정책을 추진하기 시작하였다. 즉 한국은 대러정책에서 첫째, 한반도 안정과 평화구축 나아가 평화통일을 달성하기 위한 러시아의 건설적 역할 확보, 둘째, 러시아의 풍부한 에너지·광물자원, 첨단 과학기술, 극동·시베리아지역의 개발 잠재력 등의 활용을 위한 호혜적 경제·과학기술 협력기반 확대, 셋째, 역내 문제 및 국제문제를 해결하기 위한 상호협력, 넷째, 사회·문화·예술교류의 확대 등을 우선적인 정책 목표로 추구해 오고 있다. 김대중 정부의 대북 정책 목표는 상기한 항구적인 대러정책 목표에 더하여 대북 화해·협력 정책에 대한 지지 확보, 당면한 경제위기의 극복을 위한 상호협력, 남·북·러 3각 협력 추진을 통한 대북 화해·협력 정책의 성과 제고, 북한 핵문제의 해결과 정전체제의 평화체제 전환과정에서 러시아의 건설적 역할과 국제공조 강화 등이었다.

한편 러시아는 1990년대에 한국을 포함한 한반도에 대한 구체적인 정책방향을 제시하지 않은 상태에서 넓게는 전반적인 외교정책의 목표, 그리고 좁게는 동북아 지역을 포함한 아·태 지역에 대한 외교정책 목표 속에서 한국에 대한 정책을 결정, 실행하였다. 1990년대 채택된 주요 외교·안보문건 및 대통령 연두교서에 한반도정책에 대한 구체적인 내용이 포함되지 않았다는 사실이 이를 증명하고 있다. 그러나 2000년대 들어 북한 핵문제가 역내 주요 외교·안보 현안으로 등장하고, 6자회담 및 각종 다자 국제기구에 참여하면서 한반도에 관한 러시아의 외교·안보적 관심이 증대되었다. 그 결과 푸틴 정부 들어서 채택된 '국가안보개념'과 '외교정책개념', 러·중 정상회담, 한·러 정상회담, 고위급 양자회담 등에서 한반도 비핵화, 한반도 평화와 안정, 호혜적인 경제협력, 남·북·러 3각 협력 등과 같은 정책방향이 제시되었다.

러시아는 동북아 지역에서의 현상유지와 이를 위한 양자 또는 다자 협력을 바탕으로 과거 소련이 누렸던 영향력의 회복을 도모하면서 새로운 동북아 질서를 모색하고 있다. 즉, 첫째, 동북아 지역에서 미국, 중국 등 어느 한 국가가 주도적인 영향력을 확보하는 것을 견제하고, 둘째, 중국과 일본의 역내 패권경쟁을 저지하고, 셋째, 한반도 평화정착 과정에서 일익을 담당하고, 넷째, 역내 국가들과 긴밀한 경제협력을 바탕으로 극동·시베리아지역을 개발하는 것은 물론 러시아경제를 아·태지역 경제권으로 편입시키고, 다섯째, 극동·시베리아 지역의 안정과 평화에 기여하는 동북아 다자안보협력체를 구축한다는 등의 다양한 외교정책 목표를 추구해 왔다.

한반도에 대한 러시아의 주요 정책 목표는 비핵지대 유지, 정치·군사적 대결해소를 통한 평화와 안정유지, 평화적 통일의 기반 조성을 위한 남북한 간 건설적 대화, 한러·남북러 차원의 호혜적 경제협력 관계 발전, 한반도 주변 3국과의 세력균형 유지, 한반도문제 해결을 위한 국제공조에의 적극 참여 등이다. 이렇게 볼 때, 한러 양국의 상대국에 대한 정책목표는 공통점이 많으며, 갈등보다는 협력의 여지가 많다고 할 수 있다.

2. 김대중 정부의 대러정책 추진 환경

1) 김영삼 정부에서의 한·러관계 균열

노태우 정부는 당시 변화하는 국내외 정세를 잘 활용하여 외교관계 단절 85년 만에 남북분단이라는 냉전적 한반도 상황을 극복하면서 소련과 외교관계를 정상화시키는 역사적 업적을 남겼다. 또한 노태우 정부는 1992년 11월 옐친 대통령의 방한을 계기로 러시아와 '한러 기본관계조약'을 체결하여 과거 수십 년간 지속되어 온 적대관계를 청산하고 선린·우호 협력관계로 양자 관계를 전환시켰다. 이를 통해 여러 분야에서 포괄적 협력을 추진하고 확대할 수 있는 기반을 마련하였다. 물론 외교관계 정상화의 대가로 무리하게 14억 7천만 달러에 달하는 대소 경협차관을 제공함으로써 향후 한러관계 발전에 매우 부정적인 영향을 미치게 했다.

노태우 정부의 뒤를 이은 김영삼 정부는 북한 핵문제에 대한 국제사회의 제재가 한창 논의되던 1994년 6월 김 대통령의 모스크바 방문을 통해 한러 관계를 '건설적이고 상호보완적인 동반자'관계로 발전시키는 공동성명을 채택하였다. 한러 공동선언은 13개항으로 구성되어 있는데 다음과 같은 내용을 포함하고 있다. 첫째, 장기적으로 상호이익을 추구하는 미래지향적인 관계 정립. 둘째, 북한 핵문제, 국제기구의 가입, 군사교류 등 외교·안보 분야에서의 긴밀한 협력관계 유지. 셋째, 호혜적인 경제협력 강화와 과학·기술협력 증진. 넷째, 정상 간 대화를 포함하여 총리, 의회 지도자, 정부 각료 등 여러 수준에서의 정치대화 활성화. 다섯째, 청소년 교류 활성화. 여섯째, 러시아 내 탈북 벌목공 한국귀순 협조 및 강제 이주된 고려인들의 극동지역 이주 지원. 당시 양국은 정상 간의 긴밀한 대화를 유지하기 위해 청와대와 크렘린 간에 직통전화를 설치하기로 합의하였다. 김영삼 대통령은 옐친 대통령에게 1961년 러북 간에 체결된 소위 '군사동맹조약' 내 자동 군사개입조항의 사문화, 대북 무기공급 중단 및 핵사찰 공조, 한반도 정전협정체제 유지에 대한 지지 등에 대한 확약을 받았다. 다시 말해, 김영삼 정부는 노태우 정부 당시 구축된 한러 우호·협력 관계를 한 단계 발전시키는 성과를 거두었다.

한국은 이후 모스크바 공동선언의 내용을 실행하기 위한 제반분야에서의 대러 외교협력을 강화하였다. 그 결과 체르노미르딘 총리가 한러수교 5주년을 기념하여 1995년 9월 방한하였고, 이를 계기로 양국은 경제·과학기술 분야에서의 협력을 확대하기 위한 협정들을 체결하였다. 또한 한국은 러시아와 1995년 대사관부지 교환문제, 기집행된 경협차관의 상환문제 등을 해결하기 위한 방안을 대체적으로 합의하였을 뿐 아니라, 동년 7월 이루어진 그라초프 국방장관의 방한을 계기로 양국 간 군사협력 및 인사교류를 확대하기로 합의하였다. 러시아는 또한 한국의 월드컵 유치를 지지하였으며, UN등 국제무대에서도 한국의 입장을 지지하였다. 한국도 러시아의 APEC 가입 및 KEDO 참여를 원칙적으로 지지하였다.

한편 러시아는 1993년 3월 발발한 제1차 북핵사태 시 북한 핵 문제의 해결을 위한 미북대화가 큰 진전이 없자, 1994년 3월 24일 '8자회담', 즉 남북한, 미, 일, 중, 러, 유엔, IAEA가 참여하는 국제회의를 제안하였다. 그리고 러시아는 '미북 간 제네바합의'가 미국의 대이란 핵정책과 비교해 볼 때 이중적(당근 대 채찍)이라면서 자국의 대이란 원자로 지원에 대한 반대 및 비난에 불편한 심기를 드러내기도 하였다. 그러나 러시아는 일단 제네바합의가 실행에 옮겨지자 과거 소련과 북한의 핵협력 사실을 지적하며, KEDO가 러시아형 경수로를 채택할 수 있도록 외교적 노력, 특히 대북 외교를 강화하였으나 실패하였다. 러시아는 한국에게 러시아형 경수로의 제공의사를 타진하는 등 경수로 외교를 추진했으나 현실적으로 KEDO의 참여국이 아니라는 점 등 여러 고려사항 때문에 성사되지 못하였다. 결론적으로 미북 제네바핵합의는 러시아의 한반도 비핵화정책은 물론 역내 정세의 안정에 기여하였으나, 러시아형 경수로 제공 실패 및 KEDO에의 실질적 참여가 무산되면서 러시아는 외교·경제적 불이익을 감수해야만 했다.

김영삼 정부는 러북관계를 군사동맹에서 통상적인 외교관계로 전환시키기 위한 외교적 노력을 경주하였고, 그 결과 러시아는 북한과

1961년 7월에 체결한 '조러 우호·협력 및 상호 원조 조약'을 현 실정에 맞도록 다른 조약, 즉 '한러 기본관계조약'과 유사한 조약으로 대체하겠다는 의사를 1995년 8월 초 북한 측에 통보하였다. 김영삼 정부는 체약 당사국의 1년 전 사전 통보가 없을 시 5년간 자동 연장되는 '러북 군사동맹조약'의 연장 중단과 동 조약의 폐기를 위한 대러외교를 강화하기 위해 1996년 초 그라초프 국방장관을 방한케 하는 등 다양한 노력을 기울였다. 이후 러북 양측은 1997년부터 신조약 체결을 위한 협상을 지속해 1999년 3월 '러북 선린·우호 협력 조약'을 가서명하였다.

한편 1996년 4월 김영삼 대통령과 클린턴 대통령이 제주도 정상회담에서 한반도에서의 항구적인 평화체제를 구축하기 위한 노력의 일환으로 제안한 '한반도 4자회담'에서 러시아가 배제된 것이 러시아의 강력한 반발을 불러일으켜 양국 간 외교관계가 일시 불편해지기도 했다. 또한 1996년 10월 1일 블라디보스토크 총영사관 주재 최덕근 영사 피살사건이 발생한 후 러시아가 수사에 성의를 보이지 않으면서 한러 간 불협화음이 발생하기도 하였다.

김영삼 정부는 한반도 평화통일 달성과 동북아 안보·협력구조 정착, 그리고 경제협력의 확대 등을 위해서라도 러시아와의 긴밀한 우호·협력 관계가 필요하다는 것을 인식하고, 러시아가 대한관계에서 가장 불만으로 삼고 있는 경제협력 확대 및 투자 증대를 위해 정부차원의 노력을 경주하였다. 또한 김영삼 정부는 4자회담에 대한 러시아의 이해를 구하는 외교적 노력, 즉 4자회담은 정전협정의 당사자들이 참여한다는 대러 설득작업을 벌였고, 그 결과 러시아가 한국의 입장을 이해한다는 선에서 마무리되었다. 이러한 외교적 노력의 결과로 1997년 7월 서울에서 '한러 경제·과학·기술 공동위원회' 및 외무장관 회담이 개최되었다. 또 김영삼 정부는 1997년 7월 프리마코프 러시아 외무장관을 서울로 초청하여 양국 간 외교협력을 강화하는 방안을 강구하였다. 당시 한러 외무장관회담에서 양국 간 정치·외교 협력관계를 규정하는 한·러 공동성명을 채택하였고, 그 결과 양국 외교부가 지원하는 '한러 포럼'이 시작되었다.

김영삼 정부는 1994년의 모스크바 정상회담을 계기로 일시 소강상태에 빠졌던 양국관계를 새로운 협력관계로 발전시키기는 했으나 이후 양국관계를 악화시키는 정치·외교적 과오를 범하였다. 즉 김영삼 정부는 러시아의 한반도 문제에 대한 전략적 이익을 고려하지 않은 채 사전 협의는 물론 통보도 없이 미국과 4자회담을 개최하기로 합의하였다. 이는 이미 제1차 북핵사태 해결과정에서 소외된 러시아가 동북아에서의 존재감 상실을 실감하는 계기로 작용하였다.

이러한 김영삼 정부의 대러정책 실패는 모스크바 정상회담 이후 러시아가 한국을 맹목적으로 지지할 것이라는 외교적 낭만주의에 사로잡혀 러시아의 중요성을 망각한 것 때문이었다. 김영삼 정부의 이러한 러시아 경시주의는 복합적인 국내외 요인들에 기인한다. 즉 옐친 정부 시기 러시아의 총체적 국력약화, 러시아를 무조건 부정적 국가로 인식하는 냉전적 사고의 확산, 러북관계 단절에 따른 러시아의 효용가치 상실, 중국의 대북 영향력 증대, 제1차 북핵사태 해결과정에서 미국의 중심적 역할, 경협차관 미상환에 따른 부정적인 국민여론 등이 영향을 미쳤다.[206] 이러한 김영삼 정부의 러시아 경시주의와 러시아의 대북 영향

206 한국외국어대 연구산학협력단, "러시아 문화교류 기초조사," 15쪽. http://www.mcst.go.kr/web/s_data/research/researchView.jsp?pSeq=517 (검색

력 상실에 대한 자아비판은 뒤에 설명하는 바와 같이 러시아의 대한반도정책, 특히 대북정책을 획기적으로 변화시키는 핵심 요인으로 작용하였다.

결론적으로, 김영삼 정부 시기 한러관계는 한편으로는 총선(1995.12) 및 대선(1996.6-7), 옐친의 심장병 수술(1996.11) 등과 같은 러시아 국내 정세 및 러시아의 대미, 대중, 대일 등 주요 강대국 외교 우선주의 때문에, 다른 한편으로는 한국의 북한 핵문제 및 4자회담 등 당면 외교 현안에서의 러시아 배제, 러시아의 APEC 미가입에 따른 양국 대통령 회합기회 축소 등으로 인해 냉각기에 들어갔다. 1999년 5월 김대중 대통령의 러시아 방문까지 5년 동안 한러정상회담이 이루어지지 않는 등 상당한 기간 동안 냉각기는 계속되었다.

2) 러시아의 남한 편중외교 시정과 러·북관계 정상화

러시아의 한반도 정책에 대한 변화는 1993년부터 넓게는 전반적인 외교정책의 변화, 좁게는 대북정책의 변화로 인해 이루어졌다. 옐친 정부는 1992년 초부터 시장경제 및 민주주의를 지향하는 체제전환을 전격적, 대대적으로 단행하였다. 그러나 이러한 급진 체제전환 정책은 심각한 사회·경제적 위기를 초래했음은 물론 러시아의 대외적 위상과 영향력을 크게 약화시켰다. 특히 시장경제로의 개혁과정에서 기대했던 서방세계의 경제지원 부족, 러시아의 국익과 위상이 무시된 중동부 유럽에서의 미국과 NATO의 일방주의적 군사작전, 옛 소련지역에서의 영향력 약화 및 러시아인을 포함한 러시아어 사용 민족들의 피해 급증

일: 2014.12.9).

등은 기존 외교·안보 정책에 대한 반성과 새로운 정책의 필요성을 증대시켰다. 그 결과 옐친 정부 초기의 맹목적 친서방주의가 서서히 옛 소련지역과 그 인접지역 국가들과의 관계와 역내 강대국 지위 회복을 중시하는 유라시아주의로 변화되었다.

옐친 정부의 외교안보정책 변화는 한반도정책의 변화를 수반하였다. 옐친 정부는 1993년 발발한 제1차 북핵사태를 계기로 러시아의 한반도에 대한 전통적 영향력이 대폭 감소하였음을 실감하였다. 또한 곧 붕괴할 것으로 예상되었던 북한체제가 예상외로 공고하다는 점, 북한과의 성급한 관계단절로 인한 손실을 경제적·정치적으로 보상받지 못했다는 점, 극동지역 안정을 위해 접경국가와의 선린·우호 협력관계가 필요하다는 점, 서방의 북한 고립화 전략 추종에 대한 공산당 등 국내 보수세력의 비판 고조도 옐친 정부의 대북정책을 변화시킨 요인들로 지적할 수 있다.[207]

제1차 북핵사태 해결 과정에서 소외되고 있던 러시아는 1994년 7월 김일성 사망을 계기로 대북정책을 변화시키기 시작하였다. 한소수교 후 정상 차원에서 거의 정치·외교적 접촉이 없던 러시아는 북한에 김일성 사망을 애도하는 조전을 옐친 대통령 명의로 발송하고 애도성명을 발표하여 북한의 한국 편중외교에 대한 반발을 약화시키기 위한 외교적 노력을 기울였다. 또, 1994년 9월 파노프 외무차관, 동년 10월 지리노프스키 자유민주당 당수, 1995년 4월 파노프 외무차관, 1996년 4월 이그나텐코 부총리 등 고위급 인사들의 방북이 이루어졌다. 그리고 1996년 후반기에 개최된 '러북 경제무역 공동위원회'를 통해 북한의 경

207 위의 글, 16쪽.

협요구 수용, 탈북자 남한 인도 중단, 북한 인권문제 거론 자제 등에 합의하였다. 또한 러시아는 1997년 북한에 인도적 차원의 식량 및 물자 지원, 북한 핵개발 의혹과 관련된 유엔의 대북제재 반대 등의 정책을 추진하였다.

이후 옐친 정부는 한편으로는 한국과의 '건설적이고 상호보완적인 동반자'관계를 발전시키기 위한 노력을 기울이면서 다른 한편으로는 러북관계를 정상화하기 위한 외교적 노력을 기울였다. 러북관계 정상화를 위해서는 과거 군사동맹 관계를 현실에 맞게 재조정해야 했다. 따라서 러시아는 군사동맹조약을 선린·우호 협력관계로 규정하는 신조약의 체결을 위한 대북 협상을 진행하였다. 이는 물론 김영삼 정부의 요청에 따른 것이기도 했지만 러북 관계를 정상화시키기 위해 우선적으로 추진해야 할 대북정책이었다. 따라서 러시아는 상기한 바와 같이 기존 조약의 재연장 불가 사전 통보기한 내에 신조약을 체결할 것을 북한에 제안하였다. 신조약 체결을 위한 협상은 1997년 초부터 본격 추진되어 1999년 12월 가서명되었다.

이러한 옐친 정부의 대북정책 조정 가속화는 1996년 1월부터 외무장관직을 수행한 프리마코프(Yevgeny Primakov)의 등장과도 무관하지 않다. 당시 옐친 대통령은 전직 외무장관 코지레프의 친서방주의에 대한 비판이 거세어지자 유라시아주의자인 프리마코프를 외무장관으로 임명해 재선을 위한 입지강화에 활용하였다. 프리마코프는 미국의 일방주의를 반대하면서 이에 대항하기 위해 중국, 인도 등 부상하는 신흥국과의 연합을 주장하는, 다극주의 신봉자였다. 또한 옛 소련지역은 물론 인접지역 국가들과의 긴밀한 협력관계를 구축해 러시아 접경지역의 안정과 강대국의 위상을 회복, 유지시켜야 한다는 강대국주의자였다.

그러므로 그의 임명을 통해 옐친 집권 2기 정부하에서 러시아의 대북관계 정상화를 위한 기초 작업이 진행될 수 있었던 것이다.

2000년 1월 푸틴 정부의 출범은 러북관계 정상화의 완결을 가져왔다. 푸틴 정부는 경제발전 및 법치확립을 통한 강국건설과 이를 통한 강대국지위 회복을 국정목표로 설정하고, 이를 위한 대내외정책을 적극적으로 추진하였다. 한반도정책의 경우, 러시아의 동북아지역에서의 전통적 영향력을 회복하기 위해 중국과의 전략적 동반자관계 강화와 러북관계 정상화가 시급하다고 인식하였다. 따라서 푸틴 대통령은 한편으로는 중국과 전략적 동반자관계 강화를 통한 대미 견제를, 다른 한편으로는 대북관계 정상화를 마무리 짓기 위한 외교를 추진하였다.

대북정책의 경우, 푸틴 대통령은 집권 직후인 2000년 2월 외무장관을 평양에 보내 가서명된 '러북 선린·우호 협력조약'을 정식 체결하고 동년 7월에는 소련과 러시아의 최고지도자로서는 처음으로 평양을 방문해 김정일 국방위원장과 정상회담을 개최하였다. 이후 김정일 국방위원장의 2001년 7-8월 모스크바 방문, 2002년 8월 블라디보스토크와 하바로프스크 방문 등을 통한 연례 정상회담이 3년이나 계속되었다. 김정일은 푸틴 대통령과의 정상회담 이후 수차례 평양주재 러시아 대사관을 방문하거나 대사를 초빙하여 양국 간 의제는 물론 국제문제에 관한 대화를 나눈 것으로 보도되었다. 다시 말해, 푸틴 집권 1기(2000.1-2004.5) 동안 러시아는 김정일 국방위원장에게 가장 중요하고 긴밀한 국가였다.

김대중 정부는 대북 화해협력 정책을 추진하면서 과거 어느 때보다 북한과 긴밀한 관계를 유지하고 있는 러시아와의 협력을 통해 북한의 변화를 추동하고 싶어 했다. 또한 평소 한반도의 안정과 평화를 위해 북한에 대한 주변 4강의 보장을 주장하던 김대중 대통령의 입장에서 러시아와의 긴밀한 협력관계 구축은 매우 중요한 외교전략 중 하나였다.

3) 김대중 정부의 대북포용정책과 4대국 안전보장론

김대중 정부는 한편으로는 취임직전 발생한 외환위기의 극복을 위한 국내외 정책을 본격적으로 추진하면서 다른 한편으로는 김대중 대통령 본인이 30여 년간 준비해 온 대북정책을 추진하는 데 호의적인 대외환경을 조성하기 위한 정치·외교적 노력을 기울였다. 김대중 대통령의 대북정책은 화해와 협력 정책, 한반도 주변 4대국 안전보장론, 남북한 당사자주의 등으로 대강 정리해 볼 수 있다. 한반도 주변 4대국 보장론은 1971년 대선 후보시절 제시한 공약으로 6자회담의 뼈대가 된 구상이다. 한반도 주변 4대국인 미국, 중국, 소련, 일본이 한반도 안전을 보장하고, 한반도문제는 남북이 당사자가 되어 4대 강국과 긴밀하게 협조하여 해결한다는 것이 주된 내용이다.

이러한 김대중 대통령의 대북정책을 포함한 한반도정책 구상은 러시아를 포함한 주변 4국에 대한 정상외교 강화와 대북 화해·협력정책의 본격적인 추진으로 나타났다. 과거 정부들과는 크게 다른 대북정책은 현대그룹 정주영 명예회장의 방북과 금강산 관광사업 시작, 개성공단 추진, 한반도 분단 이후 최초의 남북정상회담 개최를 결과하였다. 김대중 대통령의 대북 화해·협력정책에 대해 당시 주변 4대국은 모두 환영하면서 지지를 보냈다. 물론 부시 행정부 출범과 9·11 테러 발생은 대북정책을 둘러싼 한미 간 마찰과 정책대립을 불가피하게 하였다. 김대중 대통령의 대북정책에 대해 비판적이던 부시 행정부는 9·11 테러를 계기로 북한을 '악의 축' 국가들 중 하나로 지정하면서 대북 압박

정책을 강화하였다. 특히 부시 행정부는 2002년 10월 켈리(James Kelly) 미국 국무부 차관보의 방북을 계기로 북한의 농축우라늄을 이용한 핵개발을 추궁하였고, 이를 계기로 제2차 북핵사태가 발생하면서 김대중 정부가 적극적으로 그리고 성공적으로 추진해 오던 대북정책이 위축될 수밖에 없었다.

김대중 정부의 대북정책과 한반도 주변 4대국 안전보장론은 러시아가 추진해 온 한반도정책과 맥을 같이하고 있으며, 따라서 러시아는 적극적으로 지원하였다. 김대중 정부는 푸틴 대통령의 평양방문과 3차례의 러북 정상회담 개최 등 러북관계가 과거와 다른 차원으로 발전됨에 따라 한러관계 강화를 통한 대북 화해·협력정책의 성과 제고를 위해 의욕적인 대러시아정책을 추진하였다. 이는 김대중 정부의 대북 화해·협력정책에 대한 미국의 압박이 거세지고 있는 상황에서 북방의 후원세력을 확보하기 위한 전략이기도 하였다.

III. 김대중 정부하의 한·러관계 전개

1. 정보외교관 맞추방 사건의 발생

한러관계는 1996년에 접어들면서 양국의 국내외 정세에 의해 급속히 냉각되기 시작했으며, 이는 김대중 정부 출범 후인 1998년 7월의 정보외교관 맞추방 사태로 비화되었다. 상기한 바와 같이, 한·러 관계는 1996년 1월 프라마코프 외무장관 취임, 동년 4월 제주 한미정상회담에서 제안된 '한반도 4자회담'의 러시아 배제, 동년 10월 최덕근 총영사 피살과 사건 수사를 둘러싼 갈등, 러시아의 KEDO 사업 불참과 대북 경수로 수출 실패, 러시아의 기대에 훨씬 못 미친 한국의 대러경협, 경협차관 상환 지연을 둘러싼 한국 내 반러여론 등으로 인해 김대중 정부 출범 당시에는 외교관계 정상화 이후 최악의 상태에 도달해 있었다. 그런데 김대중 정부는 출범 직전 발생한 외환위기 극복을 위한 주변 4대국에 대한 외교 중시 방침과 이를 구체화하는 대러정책 방향을 설정하였음에도 러시아 관련 현안에 대해 특별히 관심을 기울일 여유는 없었다.

이런 가운데 1998년 여름 발생한 한러 양국의 상대국 정보외교관 맞추방 사건은 수교 이래 최대의 외교위기를 초래하였다. 러시아 정부는 1998년 7월 3일 사전 예고 없이 조성우 주러 한국대사관 참사관을 모이세예프 러시아 외무부 아·태 1국 부국장으로부터 비밀정보를 수집한 혐의로 체포하고 '비우호적 인물'(persona non grata)로 규정해 3일 내에 추방하라는 명령을 내렸다. 한국 정부는 이에 유감을 표명하면서 아브람킨 주한 러시아 대사관 참사관을 추방하는 조치를 7월 8일 발표하였다. 이에 카라신 외무차관은 이인호 주러 대사에게 맞추방을 철회하지 않을 경우 양국 정보기관 간 협조체제가 희생될 수 있다고 경고하였다. 이에 한국 정부는 동년 7월 말에 마닐라에서 개최되는 아세안지역포럼(ARF)에서 외무장관 회담을 통해 이를 해결하기로 합의하였다. 그러나 동 회담을 앞두고 개최된 양측 정보기관 간 회담에서 러시아 측이 양국 내 동수의 정보외교관 파견을 주장했고, 김대중 정부는 이를 수용해 모스크바 주재 2명과 블라디보스토크 주재 3명을 추가로 철수시켰다.

한국 정부는 정보외교관 맞추방 사건이 전반적인 한러관계에 매우 부정적인 영향을 미칠 것을 우려해 사태 해결을 위한 적극적인 외교적 노력을 기울였고, 이 과정에서 아브람킨 재입국 보장을 둘러싼 정보누설로 취임한 지 몇 개월 되지 않은 박정수 외교장관이 사임하는 사태가 발생하였다. 즉 마닐라에서 개최된 ARF 외무장관 회담을 계기로 7월 26일과 28일 개최된 한러 외무장관 회담에서 프리마코프 외무장관은 박정수 장관에게 아브람킨의 재입국을 촉구하였고, 박정수 외무장관은 기피인물 철회 불가를 전제로 가사정리 등 사적인 업무를 위해 아브람킨의 한국 재입국을 정보기관 간에 협의할 것을 검토하겠다는 의사를 밝혔다. 박정수 장관은 남북 대치상황을 고려해 러시아 내 한국 정보외교관의 증원을 허용해 줄 것을 요구하였고, 프리마코프 외무장관은 이런 제안을 신축적으로 검토하겠다는 약속을 하였다. 양인은 이러한 합의를 비밀에 부치기로 하였다. 따라서 박정수 장관은 아브람킨의 한국 재입국은 양국 장관회담에서 논의되지 않았다고 발표하였다. 그러나 김대중 정부의 아브람킨 재입국 수용이 프리마코프의 발언을 통해 알려지면서 국내에서 대러 굴욕외교에 대한 거센 비판이 제기되었다. 박정수 장관은 7월 30일 러시아 측과 아브람킨의 재입국을 논의한 사실을 시인하고 사임하였다.[208]

1990년대 초 주러 대사를 역임한 홍순영 본부대사가 8월 4일 신임 외교부 장관으로 임명되었고, 홍 장관은 정보외교관 맞추방을 둘러싼 한러 간 외교갈등이 더 이상 지속되어서는 국익에 도움이 되지 않는 다

---

208 한러 양국 간 정보외교관 맞추방 사건에 대한 보다 자세한 분석은 다음 문헌 참조. 여인곤, "한·러 관계의 현황과 전망," 『통일연구논총』 7권 2호 (1998.12), 147-167쪽.

고 판단하였다. 이에 홍 장관은 9월 17일 아파나세예프 주한 러시아 대사와 양국 간 외교분쟁으로 치닫는 정보외교관 상호 추방문제를 더 이상 거론하지 않기로 합의하였으며, 그 결과 2개월 이상을 끌어 온 양국 간 외교분쟁이 일단락되었다.

2. 김대중 대통령 방러와 한러 간 실질협력 강화 노력

정보외교관 맞추방 사건은 김대중 정부가 한러관계의 현주소를 재인식하는 계기로 작용하였다. 평소 한반도 평화와 안정을 위한 주변 4대국 보장론을 주장하면서 주변 4국과의 정치·외교 관계 강화를 주장해 오던 김대중 대통령으로서는 수교 후 최악의 국면에 있는 한러관계를 더 이상 방치할 수 없었다. 또한 김 대통령이 적극 추진하던 대북 화해·협력정책도 북한의 접경국이자 과거 군사동맹 관계였던 러시아와의 관계를 하루라도 빨리 명실상부한 '건설적이고 상호보완적인 동반자관계'로 복원할 필요가 있었다.

김대중 정부는 대러관계 개선을 위한 적극적인 정치·외교적 노력을 기울였다. 한러 간 '건설적이고 상호보완적 동반자' 관계의 복원을 위한 돌파구는 1998년 11월 중순 말레이시아에서 개최된 각료회의에서 마련되었다. 11월 14일 이바노프 러시아 외무장관은 김대중 대통령의 공식 방러를 희망하였고, 김대중 정부도 출범 후 4강 외교의 마무리와 양국 관계의 복원을 위해 가능한 한 빠른 시일 안에 방러하겠다는 입장을 밝혔다. 김대중 대통령은 옐친 대통령의 초청 형식으로 1999년 5월 모스크바를 방문하여 5년 만에 한러 정상회담을 가졌다. 김대중 대통령은 방러를 통해 악화된 양국관계를 명실상부한 '건설적이고 상호보완적인 동반자'관계로 복원하고 실질협력 증진 방안을 논의하고자 했다. 김대중 대통령의 또 다른 방러 목적은 취임 후 추진해 온 주변 4강에 대한 정상회담을 마무리 지으면서 대북 화해·협력정책과 '동북아 6자회담' 구상에 대한 러시아의 공식적인 지지를 얻어내는 것이었다.

김대중 대통령과 옐친 대통령은 정상회담 후 채택한 공동성명을 통해 "건설적이고 상호보완적인 동반자관계 강화가 21세기를 앞두고 양국 간의 다각적인 상호교류에서 지도적인 개념이 된다는 데 합의"하였음을 밝히고 이러한 접근이 양국의 장기적인 국익과 동북아의 안보, 안정, 번영을 위해서도 필요하다는 점을 강조하였다. 이 공동성명은 한반도문제가 동북아 불안정의 잠재적 근원이 되고 있으며, 한반도에서의 항구적인 평화 구축이 역내 안정을 위해 긴요하고, 한반도문제 해결을 위한 남북 간 직접대화가 재개되어야 함을 밝히고 있다. 특히 옐친 대통령은 김대중 정부의 대북 화해·협력정책이 한반도뿐 아니라 지역 전체의 평화와 안정을 공고하게 할 것이라며 적극 지지하였다. 또 옐친 대통령은 김대중 대통령이 구상하고 있는 6개국의 동북아 다자안보협력 대화를 환영하면서 4자회담과 동시에 개최될 수 있음을 인정하였다. 또한 양국은 한반도 비핵화를 위해 1992년의 비핵화 공동선언과 1994년의 제네바합의가 이행되어야 한다고 선언하였다.[209]

공동성명에서 제일 먼저 언급이 된 내용이 양국 간 경제협력 관련 문제들이라는 점이 보여주듯이, 모스크바 정상회담에서 양국의 주요

---

209 외교부, "한·러 공동성명(1999. 5월, 모스크바)." http://www.mofa.go.kr/webmodule/htsboard/template/read/korboardread.jsp?typeID=24&boardid=11781&tableName=TYPE_KORBOARD&seqno=551 (검색일: 2014.12.9).

관심사는 경제협력이었다. 양국 정상은 모스크바 정상회담을 계기로 채택된 '형사사법공조조약', '나홋카 한·러 산업공단 설립 협정', '원자력협력협정', '산업협력에 관한 양해각서' 체결을 환영하면서, 경제 및 교역 부문에서 정부 간 및 민간 차원의 협력확대가 필요함을 공감하였고, 이를 위해 적극적인 정책적 뒷받침을 해 나가기로 합의하였다. 또한 양국 대통령은 양국 경제의 상호 보완성을 인정하면서 에너지와 광물자원, 과학과 기술 및 공업 분야에서의 협력 확대가 경제관계 강화에 실질적으로 기여할 것임을 재확인하였다. 또한 양국 정상은 중소기업 부문에서의 협력확대를 위해 '실무위원회'를 설치하기로 합의하였다. 그리고 한국은 러시아의 ASEM과 WTO 가입을 지지하기로 하였다.

이후 러시아에서의 푸틴 정부 탄생과 한반도에서의 남북정상회담의 개최는 양국 당국자들로 하여금 상호관계의 중요성에 대한 인식을 제고시켰다. 그 결과 2000년에는 양국 정상 간에 수차례의 통화가 이루어졌고 외무장관 간 회담도 1999년에 4차례(1월 모스크바, 5월 대통령 방러시, 7월 싱가포르 ASEAN/PMC, 9월 오클랜드 APEC), 2000년에 2차례(6월 모스크바, 7월 방콕 ASEAN/PMC)나 개최되었다. 특히 김대중 대통령은 2000년 9월 초 유엔에서 개최된 밀레니엄 정상회담 참석을 계기로 푸틴 대통령과 정상회담을 갖고 한러 수교 10주년의 평가 및 한반도 주변정세에 대한 의견을 교환하였다. 양국 정상은 양국 간 경제분야 등 제반분야에서의 실질협력 확대 필요성을 공감하고 이를 위한 양국 총리회담을 10월 중순 모스크바에서 갖기로 합의하였다.

3. 푸틴 대통령 방한과 남북한에 대한 균형정책 구체화

2000년 2월 북한과 신조약을 체결하고 동년 7월 소련 및 러시아 지도자로서는 처음으로 평양을 방문한 푸틴 대통령은 2001년 2월 서울을 방문해 남북한에 대한 러시아의 균형정책을 구체화하였다. 푸틴 대통령의 남북한에 대한 균형정책 강화는 그의 한반도 정세에 대한 객관적 현실인식과 1990년대 한반도정책의 공과에 대한 냉철한 평가를 기초로 추진되었다고 볼 수 있다. 푸틴 정부는 북한과는 정치·안보적 측면에 비중을 두고 한국과는 한미동맹의 특수성을 감안해 정치보다는 경제협력에 주안점을 두는 균형정책이 바람직하다고 인식하였다. 따라서 푸틴 정부는 비록 김대중 대통령의 초청 형식으로 방한하였지만 2000년 7월과 2001년 2월의 북한·남한 순차방문을 통해 남북한에 대한 균형정책을 완성하고자 하였다. 또한 푸틴 정부는 2000년 6월 김대중 대통령의 평양 방문으로 성사된 남북정상회담 이후 한반도 정세가 급변하고 있음을 높이 평가하면서 남북한에 대한 교차승인국으로서 한반도 문제에 대한 영향력 제고와 남북러 3국 간 호혜적 협력을 촉진하고자 하였다. 푸틴 정부는 나아가 한러 정상회담을 통해 미국의 NMD 추진과 이를 위한 ABM 조약 수정에 반대하는 러시아의 입장에 대한 한국의 지지를 끌어내고자 하였다.[210]

210 [편집자] NMD는 National Missile Defense의 약자로 적국이 발사한 탄도미사일을 요격하여 미국 본토를 방어하는 국가미사일방위체계를 의미한다. ABM 조약 또는 ABM 협정은 탄도탄요격미사일(Anti Ballistic Missile) 제한 협정/조약의 약어이다. 1972년 미국과 소련 간에 맺어진 뒤 1974년에 개정된 이 조약의 골자는 두 나라가 각각 한 개의 기지에만 요격미사일을 배치할 수 있으며, 각 기

푸틴 대통령은 2001년 2월 26일부터 28일까지 한국을 방문하여 김대중 대통령과 정상회담을 갖고 7개항으로 된 공동성명을 발표하였다.[211] 김대중 정부는 푸틴 대통령과의 정상회담을 통해 '건설적이고 상호보완적인 동반자'관계를 심화시킬 수 있는 계기를 마련하였다. 즉 양국 정상은 동반자관계의 지속적 발전이 양국 국민들의 이해와 동북아의 안보 및 안정 강화에 중요하다는 점에 동의하고, 정상, 총리, 각료, 의회 지도자들을 포함한 다양한 수준에서의 대화와 협의를 증진해 나가기로 합의하였다. 또 무역과 투자, 에너지와 자원, 산업, 중소기업, 과학기술, 정보기술과 통신, 항공, 철도, 환경, 관광 및 지역협력 등을 포함한 다양한 분야에서 양국 간 협력을 강화해 나가기로 합의하였다. 그리고 양국 대통령은 이르쿠츠크 가스전 개발, 나홋카 공단 건설 및 수산협력 등 실질 협력 증진방안을 협의했으며, 시베리아횡단철도-한반도종단철도(TSR-TKR) 연결사업 등 남·북·러 3각 협력에 대해서도 협의하였다.

또한 김대중 정부는 푸틴 대통령과의 정상회담을 통해 대북 화해·협력정책에 대한 적극적인 지지를 확보하였다. 즉 양국 정상은 공동성명을 통해 2000년 6월 개최된 남북정상회담과 후속조치가 한반도에서

지의 요격미사일은 100개 이하만 허용한다는 것이다. 2002년 6월 미국이 공식 탈퇴하여 ABM 조약은 폐기되었다. Arms Control Association, "The Anti-Ballistic Missile (ABM) Treaty at a Glance," (August 2012). http://www.armscontrol.org/factsheets/abmtreaty (검색일: 2014.12.9).

211 외교부, "한·러 공동성명(2001.2월, 서울)." http://www.mofa.go.kr/webmodule/htsboard/template/read/korboardread.jsp?typeID=24&boardid=11781&tableName=TYPE_KORBOARD&seqno=550 (검색일: 2014.12.9).

의 긴장완화와 평화정착은 물론 남북한 간의 화해와 협력을 위한 기반을 조성하였음을 재확인하였다. 즉 러시아는 한반도 긴장완화를 위한 한국과 김대중 대통령의 노력을 긍정적으로 평가하면서 남북관계의 개선과 진전을 위해 협력할 것임을 밝혔다. 한국도 한반도의 평화와 안정을 위한 러시아의 건설적 역할과 기여를 긍정적으로 평가하였다.

양국은 1999년 모스크바 정상회담에서와 같이 한반도 비핵화와 북한의 미사일 문제의 평화적 해결을 희망하였다. 공동성명 7항은 "한반도에서 핵 위협을 제거하기 위해 1992년 한반도 비핵화 공동선언과 1994년 제네바합의가 충실히 이행되어야 한다는 데 동의하였다"고 적고 있다. 또한 양국 정상은 북한의 미사일 문제가 관련국 간의 지속적인 대화를 통해 해결되어야 한다는 데 의견을 같이 하였다. 또한 양국은 공동성명 제5항에서 국제 테러리즘에 대항하기 위한 국제협력 강화와 세계적 및 지역적 차원의 전략적 안정 유지를 위한 대량살상무기(WMD) 비확산을 위해 협력하기로 합의하였다.

한편 한국 정부의 대러관계 개선 조급증 또는 미러관계에서 ABM 조약이 갖는 전략적 의미에 대한 무지로 인해 한러 공동성명에 ABM 조약에 관한 러시아 측 입장을 지지하는 조항이 삽입되었다. 이 때문에 미국의 비판을 받게 되었으며, 그 결과 이정빈 장관이 책임을 지고 사임하는 사태가 발생하기도 하였다. 한러 공동성명은 "ABM 조약이 전략적 안정의 초석이며 핵무기 감축 및 비확산에 대한 국제적 노력의 중요한 기반이라는 데 동의하였다. 양측은 ABM 조약을 보존하고 강화하는 가운데 START II의 조기 발효와 완전한 이행, 그리고 START III의 조속한 체결을 희망한다"는 문구를 포함하고 있었다. 당시 부시 행정부는 푸틴 정부의 반대에도 불구하고 북한 등 불량국가의 미사일 공격에 따른 안보위협에 대응하기 위해 미사일 방어망을 구축하려는 정책을 적극 추진하고 있었다. 그러므로 1972년에 체결된 ABM 조약을 폐기 또는 대폭 수정해야 하는 입장이었다.

IV. 결론

김대중 정부의 대러정책은 김영삼 정부에서 크게 악화된 한러 관계를 복원시키는 데 기여했다고 평가할 수 있다. 김대중 대통령의 적극적인 대러관계 개선 정책은 대통령 자신의 한반도를 포함한 동북아의 현실적인 전략환경에 대한 인식과 대북포용정책을 성공적으로 추진하기 위한 주변국들의 협력 필요성에 대한 인식 등에 기인하였다. 한편 2000년대 들어 푸틴 정부의 출범과 러시아의 정국안정, 경제성장의 지속, 국제적 위상 제고, 러북관계 정상화는 한러 간 정치·외교관계를 활성화시키는 요인으로 작용하였다.

그러나 김대중 정부는 대러관계 개선을 위한 조급증으로 과도한 대러협력 공약(잠수함 2척 구입, 남북러 3각 철도협력)을 남발하였고, 이것이 실질협력으로 구체화되지 않으면서 양국 간 신뢰를 약화시키는 요인으로 작용하였다. 또 푸틴 대통령 방한 당시 채택한 공동성명에 "ABM 조약을 보존하고 강화하는 가운데"라는 문구를 포함시켜 NMD 추진을 위해 ABM 조약의 수정 또는 폐기를 추진하고 있던 미국과의 마찰이라는 외교적 파장은 물론 외무부장관 경질 사태를 초래하였다.

한국은 향후 대러정책을 수립·집행하는 과정에서 다음과 같은 점들을 인식해야 할 것이다. 첫째, 푸틴은 국가이익을 중시하는 지정학적 실용주의 및 성과 중시주의 경향을 가지고 있다. 특히 한러관계 면에서의 성과 부진에 대한 불만을 가지고 있다. 둘째, 푸틴 정부는 경제·군사 부문의 현대화 정책과 극동·시베리아 발전 계획을 추진하고 있다. 셋째, 동북아 국가들을 포함한 아·태지역 국가들과의 협력확대 정책인 동방정책이 강화되고 있다. 넷째, 한국과 러시아 간에는 전략적 이익의 비대칭성과 외교·전략의 지역적 범주 차이가 존재한다. 러시아는 미국, EU, 중국과의 관계 등 세계적 주요 행위자들과의 관계 및 CIS, 중동지역 등을 중시하는 반면 한국은 북한, 미국, 중국 등 동북아 국가들과의 관계를 우선시한다. 즉 러시아는 세계전략 차원에서 대한반도 및 대한국 외교를 추진하는 반면, 한국은 동북아 차원과 양자 차원에서 대러정책을 펴고 있다. 다섯째, 푸틴 정부는 에너지·자원을 전략적으로 활용한다. 에너지와 자원은 러시아의 경제·군사 부문 현대화와 아·태지역 국가들과의 협력 확대를 위한 수단이자 자산이다. 여섯째, 푸틴 등 고위 정치인, 외무부 고위인사들, 일부 학계 인사들은 한국의 한미동맹 중시주의에 대한 불만을 가지고 있다. 그러므로 유럽 MD, 시리아 사태를 비롯한 중동문제 등을 둘러싼 미러관계 악화의 파장이 한국에 미칠 수 있다. 일곱째, 러시아는 대국주의 성향이 있으며 이에 따라 정치·외교적 자존심이 강하다. 여덟째, 러시아의 대북 영향력에 대한 정확한 평가가 필요하다. 현재로서는 그리 크지 않다는 평가가 정설이지만 남북러 3각협력이 실현된다면 러시아의 영향력이 증대될 것이다.

신범식. 2010. “정치·외교 분야의 한·러 관계: 평가 및 관계강화 방안,” 한반도 평화연구원 제23회 한반도 평화포럼. 서울, 9월 19일.

여인곤. 1998. “한·러 관계의 현황과 전망,” 『통일연구논총』 7권 2호 (12월), 147-167쪽.

우평균. 2010. “한·러 외교관계 20년: 평가와 지향점,” 한림대학교 러시아연구소 제7회 학술세미나. 서울, 10월 15일.

한국외국어대 연구산학협력단. 2014. “러시아 문화교류 기초조사,” 15쪽. http://www.mcst.go.kr/web/s_data/research/researchView.jsp?pSeq=517 (검색일: 12.9).

홍완석. 2010. “한·러 수교 20주년의 평가와 양국관계 미래 전망: 한국학자의 시각,” 한양대 아태지역연구센터, The 20 Years of Korea-Russia Relations: Accomplishments and Prospects. 서울, 9월 30일~10월 1일.

외교부. 1999. “한·러 공동성명(1999. 5월, 모스크바).” http://www.mofa.go.kr/webmodule/htsboard/template/read/korboardread.jsp?typeID=24&boardid=11781&tableName=TYPE_KORBOARD&seqno=551 (검색일: 2014.12.9).

외교부. 2001. “한·러 공동성명(2001.2월, 서울).” http://www.mofa.go.kr/webmodule/htsboard/template/read/korboardread.jsp?typeID=24&boardid=11781&tableName=TYPE_KORBOARD&seqno=550 (검색일: 2014.12.9).

Arms Control Association. 2012. “The Anti-Ballistic Missile (ABM) Treaty at a Glance.” http://www.armscontrol.org/factsheets/abmtreaty (검색일: 2014.12.9).

제15장

동아시아공동체 비전과 한·아세안관계

이선진 | 서강대 동아연구소 교수, 전 주인도네시아 대사

I. 서론

2001년 10월 아세안+3 정상회의에 제출한 동아시아비전그룹(EAVG)의 건의서는 "평화, 번영 및 발전의 지역공동체"를 동아시아비전으로 제시하고 정치, 경제, 사회, 문화 등 각 분야별 주요 사업을 예시하였다. 이에 아세안+3 정상들은 정부 관리들로 구성된 동아시아연구그룹을 설립하여 비전그룹의 건의서 내용을 검토하여 정부 정책으로 개발하기로 하였다. 동아시아연구그룹의 최종보고서는 장·단기사업 26개 항목을 포함하고 있으며, 2002년 11월 아세안+3 정상회의에서 채택되었다.[212] 이 두 보고서는 최초로 동아시아 지역협력의 비전과 방

212 13개국 현인그룹으로 구성된 동아시아비전그룹(EAVG, East Asia Vision Group)은 1999년 10월에서 2001년 10월 사이에 여러 차례 회의를 거쳐 건의서를 제출하였다. 정부 관리만 참가한 동아시아연구그룹(EASG, East Asia Study Group)은 2001년 11월에 결성되어 EAVG 건의 내용을 1년 동안 검토하

향을 제시한 초석과 같은 문서이다. 이러한 최종보고서에 "김대중 한국 대통령의 제안에 따라" 비전그룹과 연구그룹이 설치되어 동아시아 비전과 실천 방안들이 검토되었다고 명시되어 있다. 그 후 동아시아 지역협력과 공동체에 관한 논문들은 거의 예외 없이 한국과 김대중 전 대통령의 업적을 기술하고 있다.

비전그룹과 연구그룹이 제시한 비전과 방안은 13개국의 현인들과 정부가 3년에 걸쳐 지혜를 모으고 검토한 결과인 만큼 어느 개인이나 특정 그룹의 발상이나 소유물이라고 평가하기 힘들다.[213] 그러나 한국이 좌장 역할을 맡아 진행되었던 만큼 김 대통령과 한국 측 현인들의 생각이 많이 반영되었을 것이다. 실제로, 1998년 아세안과의 정상회의 시 마하티르 말레이시아 총리가 경제분야에 국한된 지역협력을 제시한 반면, 김 대통령은 훨씬 포괄적인 지역협력 내지 지역공동체 구상을 제시하였다. 결국 김 대통령의 제안이 받아들여졌음에 비추어 한국 측의 비전과 생각이 많이 반영되었음을 짐작할 수 있다.

이 글은 우선 동아시아공동체에 관한 김대중 대통령의 구상과 핵심 과제를 논하게 된다. 다음으로는 그의 구상이 실천되는 과정에서 어떻게 변화되었는지를 살펴봄으로써 동아시아공동체 실현의 현주소와 문제점을 알아보고자 하였다. 이어서 한·아세안 관계의 발전을 설명한 후 동아시아 협력을 위한 한·아세안 협력방안을 제시하였다. 필자에게 동아시아공동체와 한·아세안관계라는 크고도 서로 다른 두 주제를 제

여 2002년 11월 아세안+3 정상회의에 최종보고서를 제출하였다.

213 비전그룹에는 13개국으로부터 각각 2명씩, 총 26명이 참가하였다. 한국에서는 한승주 전 외교부 장관과 이경태 박사가 참가하였다. 한승주 장관은 비전그룹의 좌장이 되었다.

시한 회의 주최 측의 의도가 무엇인지 고민하였으나, 한·아세안관계는 동아시아 협력에 관련된 내용만 한정하여 다루기로 하였다. 이 글을 쓰는 과정에서 동아시아공동체 및 지역협력에 관한 김대중 전 대통령의 구상에 대한 자료가 충분치 않으며 체계적인 연구도 진행되지 않고 있음을 알게 되었다. 앞으로 김 대통령의 국제적 명성에 걸맞게 자료발굴과 체계적 연구가 이루어지기를 기대해 본다.

II. 김대중의 동아시아공동체 구상과 핵심과제

김대중 대통령의 연설문집과 2010년 발간된 자서전에 실린 자료를 토대로 동아시아공동체에 관한 그의 구상과 핵심 과제를 아래에 정리해 보았다.[214]

1. 동아시아공동체의 구상 및 성격

김 대통령의 상기 연설문집과 자서전을 통해 동아시아 지역협력의 장기적 목표에 관하여 두 가지 표현이 사용되었음을 확인할 수 있다.

---

214 김대중 저·대통령비서실 편, 『金大中 大統領 演說文集 第1卷: 1998年2月25日-1999年1月31日』(서울: 大統領秘書室, 1999); 『 金大中 大統領 演說文集 第2卷: 1999年2月1日-2000年1月31日』(서울: 大統領秘書室, 2000); 『金大中 大統領 演說文集 第3卷: 2000年2月1日-2001年1月31日』(서울: 大統領秘書室, 2001; 『金大中 大統領 演說文集 第4卷: 2001年2月1日-2002年1月31日』(서울: 大統領秘書室, 2002); 김대중 저·신길순 편, 『김대중 자서전 2』(서울: 삼인, 2010).

1999년 12월 아세안+3 정상회의(APT)에서 동아시아 협력방안을 제안하면서, 김대중 대통령은 중장기적으로 "동아시아 전체를 하나의 협의체"로 발전시켜 나가자고 하였다. 또, 2003년 12월 '동아시아 포럼' 창립총회 연설에서는 "동아시아공동체의 실현"이 바람직하다고 하였다.[215] 그는 또한 자서전을 통해 "동아시아공동체를 위하여 미래에 철학과 통찰력을 지닌 지도자들이 많이 나와야 한다"고도 하였다.[216] 요컨대 김대중 대통령은 처음에는 동아시아 '협의체'를, 나중에는 동아시아 '공동체'를 실현해야 한다고 주장하였다.

김 대통령이 동아시아 지역협의체를 마련하려는 당초 목표를 공동체 수준으로 격상시킨 이유를 밝히지는 않았다. 그러나 그는 2001년 11월 아세안+3 정상회의(APT)에서 "동아시아 협력이 구체적인 틀을 갖추어 체계적으로 발전해야 할 시점"이라며 동아시아비전그룹(EAVG)이 제안한 바와 같이 "아세안+3 정상회의를 동아시아정상회의(EAS)로 전환"할 것을 강조하였다. "아세안+3 정상회의를 동아시아 정상회의로 전환"하는 방안은 비전그룹에서 중장기 방안으로 제시한 것이다. 그럼에도 불구하고, 김 대통령이 동아시아 협의체를 동아시아공동체로 전환하자고 강조한 것은 동아시아 지역협력이 예상보다 빠르게 진행된 당시의 현실을 반영한 것으로 보인다. 또한 동아시아 지역협력에 대한 이 지역 국가들의 열기와 '아시아 시대'와 동아시아의 미래에 대한 김 대통령의 기대와 신념도 한몫하였을 것으로 추측된다.

그럼에도 불구하고, 상기 연설문집과 자서전에서 '공동체'에 관한 언

215 김대중 저·신길순 편, 위의 책, 156쪽.

216 위의 책, 157쪽.

급은 두 번밖에 없다는 점을 주목할 필요가 있다. 사실 동아시아공동체 창설 문제는 아세안+3국의 현인들로 구성된 비전그룹(좌장 한승주 전 외교부 장관)이 1999년 10월 활동을 개시한 이후 주요 쟁점 사안의 하나였고 의견대립이 있었다. 비전그룹은 결국 동아시아공동체 창설이 시기상조라고 결론짓고, 우선 공동체의식 고양에 힘쓰기로 합의하였다.[217] 김 대통령은 이러한 의견 대립에 대한 보고를 받았을 것이다. 이에 비추어 김 대통령도 동아시아공동체 창설을 장기적 과제로 보고, 지역협력의 증진이라는 단기적인 과제에 보다 많은 관심을 보였던 것으로 풀이된다.

다음으로 주목해야 할 점은 공동체(지역협력)의 성격이다. 이 문제는 1998년 아세안+1(한국) 정상회의에서 김대중 대통령이 마하티르 말레이시아 총리와 토론한 내용을 통해 김 대통령의 의도를 파악할 수 있다.[218] 마하티르가 "동아시아경제협의체(EABC, East Asian Business Council)"의 창설을 거론한 데 대하여, 김 대통령은 "경제뿐 아니라 정보, 문화, 청소년, 학술교류 등 21세기를 향한 종합적인 발전 방향을 검토하자"고 제안하였다. 2004년 제2차 동아시아포럼에서는 "정치 · 안보협력, 경제협력, 동아시아자유무역지대와 투자지대, 금융협력, 에너지협력, 빈곤퇴치"에 관한 협력을 구체적으로 제기하였다.[219] 다시 말

217 한승주 전 외교부 장관이 필자에게 설명한 내용이다. EAVG 건의문에 'East Asian Community'를 대문자 C를 사용한 "Community"로 표기하여 EU와 같은 공동체 창설을 목표로 설정하자는 의견과 소문자 c를 사용한 "community"로 표기하여 공동체 의식 고양을 우선적 목표로 하자는 의견이 대립하였으나 최종 결론은 "community"로 표기한 건의서를 채택하였다고 한다.

218 김대중 저 · 신길순 편, 『김대중 자서전 2』, 153쪽.

219 위의 책, 156 쪽.

해, 경제에 국한되지 않고 정치·경제·문화·사회협력을 포함한 지역 공동체를 제시한 것이다. 김 대통령의 구상은 결국 받아들여졌다.

2. 핵심사업

비전그룹의 제안서가 아세안+3 정상회의에 보고된 것은 2001년 11월 제6차 프놈펜 회의에서였다. 김 대통령은 동 회의석상에서 비전그룹 제안 내용 중 몇 가지 사업을 선택하여 집중 추진할 것을 제안하였다.[220] 2003년 및 2004년의 동아시아 포럼에서도 중점사업을 제시하고 있는 바, 반복적으로 강조된 내용들은 다음과 같다.

1) '동아시아정상회의' 설립

김 대통령은 동아시아정상회의 창설을 가장 강조하였으나 구성원, 창설 방안 등에 관하여 구체적으로 언급하지는 않았다. 그러나 2003년 동아시아포럼에서 아래와 같이 언급한 것으로 보아 동북아 및 동남아 지역 국가의 참여만을 상정한 것이 아닌가하는 풀이가 가능할 것이다.

> 외환위기의 경험, 32.4%에 달하는 역내교역비율, 지역안보 중요성 등에 비추어 볼 때 동북아시아와 동남아시아를 구별하는 것은 무의미합니다. 동아시아정상회의가 이루어져서 지역공동체 발전을 위한 강

220 2001년 아세안+3 정상회의 기조연설에서 김 대통령이 제안한 네 가지 사업은 다음과 같다. (1) 아세안+3를 동아시아정상회의로 전환하여 지역협력을 체계화하자. (2) 동아시아자유무역지대를 창설하자. (3) 금융을 포함, 경제협력 체계를 구축하자. (4) 발전 격차 해소와 인적 개발을 위한 협력을 강화하자.

력한 정치적 의지가 표현되기를 기대합니다.

2) '동아시아자유무역지대' 창설

동아시아정상회의의 창설과 마찬가지로 동아시아자유무역지대와 동아시아투자지대 창설에 대한 김대중 대통령의 강조도 2001년 아세안+3 정상회의, 2003년 및 2004년 동아시아포럼에서 되풀이되었다. 이에 비추어 김 대통령이 비록 정치, 경제, 사회, 문화, 교육 협력을 포함하는 동아시아공동체를 추구하였으나 단기적으로는 무역·투자 협력을 가장 중시하고 있었음을 알 수 있다.

3) '동아시아포럼' 설치

동아시아 지역협력사업 추진의 장기화에 대비하고, 이 사업의 제안 및 추진 과정에 민간부문의 참여를 제도화한 점이 김 대통령 구상의 또 하나의 특징이다. 그는 1998년 민간으로 구성된 동아시아비전그룹(EAVG) 창설을 제안하였으며, 그 후 비전그룹의 제안 내용을 정부 차원인 동아시아연구그룹(EASG, East Asia Study Group)에서 검토하도록 하여 최종적으로 단기과제 17개, 중장기과제 9개를 선정하도록 하였다. 김 대통령은 동아시아비전그룹, 동아시아연구그룹에 이어 '동아시아포럼' 창설을 제안하였다. 이는 동아시아 지역협력과 공동체 창설 논의가 중단되지 않고, 민관이 함께 참여하여 "균형 잡힌 경제발전과 문화교류, 사회적 빈곤 퇴치, 교육 발전 등 각 분야에 대한 합의를" 도출하기 위한 논의의 장을 마련하려 한 것으로 보인다.[221] 동아시아포럼은 2003

221 김대중 저·신길순 편, 『김대중 자서전 2』, 155쪽.

년 서울에서 창설된 후 현재 관과 민이 함께 참여하는 1.5 트랙 차원에서 매년 개최되고 있다.

4) 한반도와 동아시아의 평화·번영은 하나

김 대통령은 2000년 및 2001년 아세안+3 정상회의에서 "한반도와 동아시아의 평화는 하나"이며, "한반도의 번영과 동아시아의 번영도 긴밀한 관계"에 있다고 역설하였다. 또한, 2001년 아세안+3 정상회의 참석 귀국보고에서 "남북대화를 통한 한반도 평화·안정 도모와 함께 동아시아에서의 협력의 틀 마련은 우리 민족에게 항구적인 평화와 번영"을 가져 올 것이라고 하였다. 김 대통령은 한반도와 동아시아라는 두 개의 안보 축을 하나로 묶었다. 여기서 동아시아란 동북아와 동남아를 포함하는 개념이다. 이 명제는 그로부터 10여 년이 흐른 지금, 미중관계를 포함 동아시아 정세 변화와 한·아세안 관계의 발전을 감안할 때 그 유용성이 한결 분명해지고 있다.[222]

III. 동아시아 지역협력 진전 현황

김대중 대통령의 비전과 구상이 김대중 정부 이후 어떻게 전개되었는가? 그의 구상은 다음과 같이 느리게, 변형된 모습으로, 때로는 김 대통령의 구상과는 다른 방향으로 진전되었다.

---

222 이에 관한 내용은 뒤에서 다룰 것이다.

1. 동아시아정상회의

동아시아정상회의(EAS)는 2005년 12월 말레이시아 쿠알라룸푸르에서 기존 아세안+3에 인도, 호주, 뉴질랜드를 추가하여 16개국으로 발족되었다. 동아시아정상회의 구상은 2002년 11월 채택된 동아시아 협력 발전을 위한 26개 사업들 중, 중장기사업의 하나이다. 그러나 2004년 아세안+3 정상회의에서 말레이시아는 동아시아 정상회의를 다음 해에 발족할 것을 제안하였고, 이 제안이 채택되었다. 그렇지만 2005년 12월에 발족하기까지 1년 동안 동아시아 정상회의 발족 방안을 두고 아세안 내부에 많은 논란이 있었다.[223]

그중 핵심 쟁점은 첫째, 아세안+3 13개 회원국으로 동아시아 정상회의를 구성하는 방안과 인도, 호주, 뉴질랜드를 추가하여 16개국으로 하자는 방안이 대립하였다. 둘째, 아세안 10개국과 역외국 모두를 동등하게 취급하는 방안과 아세안의 중심적 역할(소위 ASEAN Centrality)을 계속 인정받아야 한다는 방안이 대립하였다. 아세안의 중심적 역할이란 회의 개최장소, 의제 선정, 의장국(의장 성명)을 아세안이 결정한다는 의미이다. 이는 아세안+3와 같이 아세안이 계속 주인 역할을 하고 +3 또는 +6에 해당하는 역외국은 손님 역할을 하는 방식이다.

이러한 대립으로 인해 일본과 중국 사이의 경쟁에 못지않게 아세안 내부의 이견이 동아시아 정상회의 방향 설정에 절대적인 영향을 미쳤다. 당초 대부분의 아세안 국가들은 아세안+3 13개국으로 동아시아정

223 당시의 쟁점은 졸고, "동아시아 지역주의, 태동과 발전," 이선진 외, 『대사들, 아시아 전략을 말하다』 (서울: 늘품플러스, 2013)을 참조.

상회의를 구성하고 아세안과 역외국의 차별화를 폐지하자는 말레이시아의 방안에 찬성하였으나 인도네시아가 이견을 보인 결과 인도네시아의 안이 아세안의 최종 입장으로 채택되었다. 당시 인도네시아 외교부장관은 필자와의 면담에서 중국의 부상 등으로 인해 아세안의 영향력이 동북아 3개국의 힘에 함몰될 가능성을 우려하여 호주 등 다른 역외국의 추가를 주장하였다고 설명하였다.[224]

결과적으로 일본 중국 간 경쟁 및 아세안 내부 이견으로 김 대통령의 구상과는 달리 동아시아정상회의는 동북아와 동남아의 연합과는 다른 모양이 되었다. 다시 말하여, 아세안+3와 동아시아 정상회의가 병존하고, 아세안+3에 호주, 인도, 뉴질랜드 추가되며, 아세안 중심주의의 골격을 유지하는 타협안으로 결착되었다. 지리적으로 동아시아 이외 지역의 국가들이 참여하였고, 2011년에는 미국과 러시아마저 참가하였다.

더욱이 동아시아 정상회의 발족을 계기로 동아시아 내부의 경쟁과 마찰이 표면화되면서 1997~1998년 외환위기 이후 고조되었던 동아시아 공동체 설립 열기가 퇴조하였다. 2005년 이후 아세안은 내부 결속으로 눈을 돌렸으며, 중국이 동아시아 지역주의보다 동남아 진출에 한층 힘을 쏟게 되자 동남아를 중심으로 하는 소지역주의가 강화되었다. 아세안 공동체 계획의 조기화, 메콩강 유역 개발사업 활성화, 중국과 아세안(대륙) 사이 국경무역 활성화 등이 그 예이다.

---

224 하산(Hassan Wirajuda) 장관의 2007년 10월 2일 Chicago Council on Global Affairs에서의 연설. 하산 장관은 2011년 8월 필자와의 장시간 면담에서도 당시의 상황을 설명하였다.

2. 동아시아자유무역지대 및 투자지대 창설

2002년 아세안과 중국의 자유무역협정(FTA) 협상이 개시되었다. 그 이후 아세안은 한국, 일본, 호주, 인도, 뉴질랜드 등 소위 +6개국과 양자 FTA를 맺었다. 이러한 양자 FTA를 지역차원(Regional FTA)으로 통합하자는 방안을 중국과 일본이 각각 제기하였다.[225] 중국과 일본이 제안한 내용의 가장 큰 차이점을 살펴보면, 중국 안은 아세안+한·중·일을 대상으로 하며 무역에 중점을 둔 반면, 일본 안은 아세안+6(한·중·일+호주·인도·뉴질랜드)를 대상으로 하고 무역보다 투자와 서비스 분야에 중점을 두고 있다.[226]

중국과 일본 양국은 절충안을 마련하지 못하였다. 그러던 중 2011년 11월 아세안 정상회의에서 아세안 주도의 '역내 포괄적 경제동반자 협정(RCEP, Regional Comprehensive Economic Partnership)'을 추진하기로 결정하였고, 이 결정은 아세안+6 경제장관회의를 거쳐 2012년 동아시아정상회의에서도 받아들여졌다. RCEP 협상은 2013년 5월에 개시되었고 2015년 협상 완료를 목표하고 있다. 무역, 투자, 서비스를 포함한 포괄적 협정이며 아세안+6개국을 대상으로 하고 있다는 점에서 일본의 당초 제안 내용이 많이 반영된 것이다.[227] 우리는 이 에피소드

---

225 중국은 동아시아 자유무역지대(EAFTA, East Asia Free Trade Area)를 2005년에 제안하였으며, 일본은 동아시아 포괄적 경제 파트너십(CEPEA: Comprehensive Economic Partnership in East Asia)을 2006년 8월 ASEAN+3 경제장관회의에서 제안하였다.

226 Shujiro Urata, "CEPEA: Japan's New Regional Cooperation Initiative in East Asia," *Japan Spotlight* (November/December, 2008).

227 아세안이 RCEP에 주도적 역할을 한 것은, 미국 주도의 환태평양경제동반자협

에서 몇 가지 교훈을 얻을 수 있다. 지역 대국인 일본과 중국의 경쟁 관계가 지역협력 증진에 오히려 장애로 등장하고 있다는 점, 이러한 상황에서 아세안의 예와 같이 중견국들이 지역협력의 견인차 역할을 할 수밖에 없다는 점 등이다.

3. 분야별 지역협력과 교류의 빠른 신장

앞에서 언급한 바와 같이, 동아시아 정상회의 창설 과정에서 지역대국들 간에, 아세안 내부에 이견과 갈등이 표면화되면서 동아시아공동체 창설에 대한 기대는 크게 퇴조하였다. 그럼에도 불구하고, 동아시아 지역협력과 교류가 분야별로 느리지만 꾸준히 강화되고, 소지역협력도 확대되는 등 새로운 차원에서 활력이 발휘되고 있다.

첫째, 민간 차원의 경제교류, 인적교류, 사회·문화적 교류가 계속 신장되고 있다. 한국·중국·일본 및 아세안 사이의 역내 무역이 크게 증가하였다(〈표 3〉 참조). 대다수 동아시아 국가의 최대 무역 파트너가 1990년대까지 미국, EU이었으나 이제는 주변국이 최대 경제 파트너로 부상하였다.[228] 인적 왕래도 빠르게 증가하고 있다. 한 예로, 2001년과 2011년 아세안 10개국을 찾는 아세안+한중일 방문객 규모를 비교해

정(TPP, Trans-Pacific Partnership)에 아세안 4개국이 참가하여 TPP가 성립될 경우 자칫 아세안의 내분으로 이어질 수 있다는 우려가 있었기 때문이다. 한편, 중국이 RCEP에 참가한 것은 TPP에서 배제된 마당에, 아세안 주도의 RCEP에서도 제외될 경우 고립될 수 있다는 우려 때문이다.

228 한국의 경우, 1990년 대외무역에에서 미국(29%)과 EU(17%)의 점유율이 거의 절반에 가까웠으나 2012년의 경우 동아시아(중국, 일본, 아세안, 대만, 홍콩)의 점유 비율이 절반(48%)을 차지하였다.

〈표 3〉 아세안+한중일 역내무역 증가

(단위: 백만 달러)

무역 대상	2001년	2012년	증가배율
한·중 무역(A)	31,492	215,106	6.8배
한·일 무역(B)	43,138	103,159	2.4배
중·일 무역(C)	87,700	329,400	3.8배
동북아 3국 간 무역 (A+B+C)	162,330	647,665	4.0배
아세안 가입국 간 무역 + 아세안과 한·중·일 간 무역(D)	308,127	1,312,937	4.3배
아세안+한중일 총무역 (A+B+C+D)	470,457	1,960,602	4.2배

출처: 한중 및 한일무역은 한국무역협회, 중일무역은 중국 세관, 아세안 국가들 간 무역 및 아세안 국가들과 한·중·일 간 무역은 아세안 사무국 통계

보면 2배 이상 증가하였다. 2001년 아세안을 찾는 아세안과 한중일 3국의 방문자 규모는 2,500만 명이었으나 2011년에는 5,200만 명으로 증가하였다.[229]

둘째, 이러한 민간 차원의 교류 증가에 맞추어 정부 차원의 협력사업이 폭발적으로 늘고 있다. 지난 10여 년 사이 창설되었거나 협상 중인 정부 차원의 동아시아 기구를 대충 일람하여도 그것을 알 수 있다(〈표 4〉 참조). 이러한 지역협력의 지속적 확대·심화는 10여 년 전과 달리 동북아와 동남아 사람들 사이에 이웃이라는 인식을 확산시키고 있다. 다시 말하여, 동아시아는 현재 '공동체 인식'의 초보적 단계를 지나

229 아세안 사무국의 통계를 인용하였다. 이 통계에는 아세안 가입국들 간 국경지역 또는 아세안·중국 국경지역 주민의 상호 왕래는 계상되어 있지 않다. 국경 주민들은 여권이나 비자 없이 주민증만으로 단기간 방문을 할 수 있다.

〈표 4〉 분야별 동아시아 지역기구

분야	기구 명칭
정치·안보	– 아세안+3, 동아시아정상회의(EAS), – ARF, ADMM+(국방장관회의), – 상그릴라 대화 (민간기구, 그러나 다수의 국방장관, 고위 군인사 참여)
경제	– 양자 FTA, 지역 FTA(RCEP) (이상 무역·투자) – 치앙마이이니셔티브(CMIM), ABM(채권) (이상 금융)
소지역협력	– ASEAN 공동체 실현 계획, 메콩 유역협력 관련 – 한·중·일 3국 협력 기구 등
기타	– 비전통안보 협력(초국가 범죄, 환경, 방역 등) – 교육 및 연구기관 네트워크 등

고 있다고 볼 수 있다.

IV. 한·아세안관계의 발전

1. 한·아세안 양자 교류 급속 신장

한·아세안관계는 동아시아의 전반적인 협력과 교류 증가 추세 속에서 빠르게 발전하고 있다. 아세안은 중국과 함께 현재 한국의 최대 경제 파트너로 부상하였다. 2012년 한국 측 통계에 의하면 한국 경제에서 아세안이 차지하는 분야별 비중은 다음과 같다.

– 제2의 무역 상대이자 수출시장: 중국, 아세안, 미국, 일본, EU 순
– 한국의 최대 투자대상지: 아세안, 미국, 중국, EU 순

– 제2의 건설시장: 중동, 아세안 순
– 한국인이 중국 다음으로 많이 찾는 방문지역: 연간 약 600만 명 왕래
– 제2의 무역흑자 지역: 중국 535억 달러, 아세안 271억 달러, 미국 151억 달러 순

김대중 대통령은 2001년 11월 한·아세안 정상회의 기조연설에서 2000년도 한·아세안 경제교류 수준을 언급하였다. 이를 2012년 교류 통계와 비교하여 보면 한·아세안 간 협력과 교류의 신장 속도가 매우 빠르다는 점을 알 수 있다(〈표 5〉 참조). 아마 김 대통령도 이와 같은 아세안의 부상과 한·아세안 교류협력의 급속한 확대를 예상하지 못했을 것이다.

박근혜 대통령은 취임 첫 해인 2013년에 국제회의 참가를 위한 동남아 방문을 제외하고도 이미 두 차례 동남아시아 국가(베트남, 인도네시아)를 방문하였다. 박 대통령은 취임 첫 해에 4강인 미국, 일본, 중국, 러시아를 먼저 순방한 후 취임 둘째 해에 동남아를 방문하던 이제까지

〈표 5〉 한·아세안 교류와 협력 규모 비교(2000/2012년)

구분	2000년도	2012년도	증가배율
무역 (억 달러)	383 (제4위 교역대상)	1,311 (제2위)	3.4배
투자	제3위 투자 대상	제1위 투자 대상	–
인적왕래 (만 명)	145	560	3.8배
원조 (백만 달러) *	55	234(2010년)	4.3배
아세안 협력기금	200만 불	500만 불	2.5배

* 원조는 유상과 무상의 합계

의 관례를 깬 것이다. 이와 같이 한·아세안 사이의 정상, 장관 및 실무 수준의 방문교류가 계속 늘어나고 있다.

2. 아세안의 부상

한·아세안의 교류 증대는 아세안의 경제 성장 및 정치적 부상과 밀접히 관련되어 있다. 아세안 사무국 통계에 의하면 아세안은 2004년~2011년에 연평균 5.7%라는 높은 경제성장률을 기록하였다.[230] 2008년 세계 금융위기 및 2010년 유로존 경제위기에도 불구하고 높은 성장을 계속한 것이다. 이러한 가운데 한중일 동북아 3국의 대아세안 경제 진출이 크게 늘어나고 있다. 앞의 〈표 3〉에 정리된 통계치들은 다음과 같은 사실들을 보여주고 있다. 첫째, 한중일 동북아 3국 사이 무역이 동아시아 총무역(아세안과 동북아 3국 무역)에서 차지하는 비중은 1/3에 불과한 반면, 나머지 2/3는 아세안과 관련된 무역(아세안 상호 무역 + 한중일과 아세안의 무역)이다. 둘째, 2000년대 들어 동북아 3국 사이 무역 증가보다 대아세안 무역이 빠르게 증가하고 있다. 다시 말하여, 동북아 3국이 아세안을 향해 남하하는 추세가 나타나고 있다는 점이다. 이러한 변화의 배경에는 아세안의 빠른 경제성장, 아세안의 경제통합계획 진행, 동북아 3국의 대아세안 투자 가속화, 동북아 3국 사이의 정치적 마찰 등이 있다.

아세안의 정치적 지위도 높아지고 있다. 아세안은 동아시아 경제위

---

230 ASEAN Secretariat, *ASEAN Statistical Yearbook 2012* (Jakarta: ASEAN Secretariat, 2013).

기가 발생한 1997년 한중일 3국 정상을 아세안 정상회의에 초청하여 ASEAN+3가 탄생하였으며, 그 후에도 동아시아 지역협력의 아이디어를 제공하고 지역협력기구 창설과 관련하여 선도적 역할을 수행하여 왔다. 또, 소위 '아세안 중심주의(ASEAN Centrality, ASEAN in driver's seat)'를 활용하여 국제무대에서 아세안의 정치적 지위를 높여왔다. 이와 같은 아세안의 경제적, 정치적 부상은 한·아세안은 물론, 동아시아 전체 교류·협력의 주요 동력이 되고 있다.

반면, 한중일 3국의 정책과 태도는 일관성을 잃고 있거나, 아세안+3 창설 당시의 동아시아 협력에 대한 열기 대신 민족주의적 성향이 더욱 강해지고 있다. 그 예는 한국의 정책에서도 쉽게 찾아볼 수 있다. 김대중 정부는 동북아와 동남아의 지리적 구분을 넘어서려 했으나 노무현 정부는 '동북아시대 구상'을 제시하며 동북아로 회귀하였다. 노무현 정

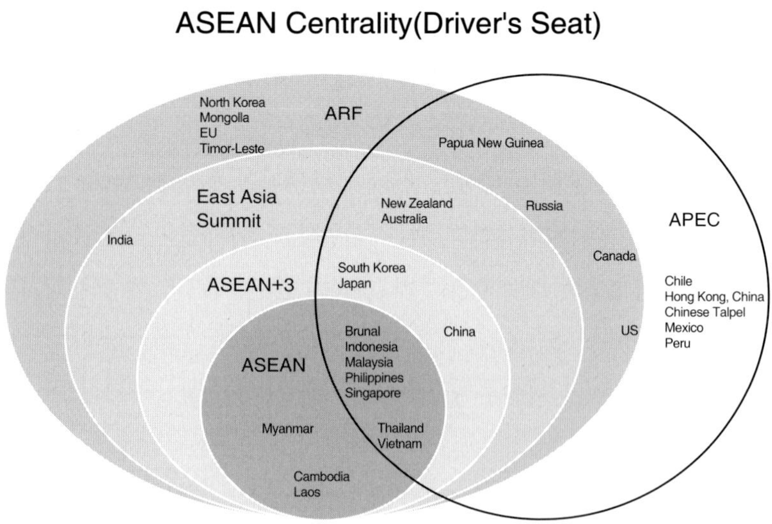

〈그림 4〉 아세안 주도의 동아시아 협력기구

부가 들어선 2003년 7월에 ARF가 개최되었다. 이를 계기로 윤영관 외교부 장관과 자야쿠마르(S. Jayakumar) 싱가포르 외교부장관 사이에 회담이 개최되었다. 이 자리에 참석했던 필자는 싱가포르 외교부 장관의 질문을 아직도 생생히 기억한다. 그는 회담 첫머리에 한국 신정부의 동북아 시대 구상에 관하여 문의하면서 한국의 동아시아공동체 구상이 어떻게 동북아시대 구상으로 바뀌었는지 의아해하는 표정을 지었다.

V. 결론

이상에서 살펴 본 바와 같이, 김대중 대통령이 제시한 동아시아공동체 구상은 실현 과정에서 현실과의 타협이 불가피하였다. 동아시아 지역은 냉전 이후 국제질서 변화에 빠르게 적응하지 못한 결과 1997년~1998년에 외환위기를 경험하였으며, 외환위기 극복 이후에도 지역통합을 논할 준비가 되어 있지 않았다. 돌이켜 보면, 이러한 상황에서 동아시아공동체 구상이나 동아시아정상회의와 같은 정치적 통합을 서두른 것이 오히려 역내 대립과 마찰을 부추기거나 표면화하는 데 일조하였다. 동아시아정상회의 창설이 중장기 사업으로 채택된 것이 2002년 말이었다. 그러나 말레이시아가 불과 2년 후에, 아세안 내부의 의견을 충분히 수렴하지도 않고 창설을 제안하였다.[231] 이는 너무도 성급한

231 水本達也, 『インドネシア: 多民族国家という宿命』(東京: 中央公論新社, 2006). 水本達也(미즈모토 다쓰야)는 2004년에 지지통신 인도네시아 주재원이었으며, 이 책에서 동아시아정상회의 창설을 두고 아세안 내부에서 일어난 갈등을 상세히 기술하고 있다.

제안이었다고 본다.[232]

1. 아시아 패러독스(Asian Paradox)

각 국은 지역협력의 필요성에 공감하였으나 빠르게 진행되는 구조적 정세변화에 대응하기에 급급하여 장기적인 지역협력 목표 설정에 합의하지 못하였다. 무엇보다 중요한 변화는 중국의 부상이다. 이 나라는 지난 십여 년 사이 지역대국(regional power)의 위치를 거쳐 지금은 세계 제2의 경제대국에 이어 세계대국(global power)의 위치를 확보해 가고 있다. 이에 반하여, 동아시아 경제에서 일본의 퇴조, 미국 대아시아 정책의 일관성 상실(대중국 협력→경쟁→협력), 아세안의 내부갈등 및 지도력 부재 등으로 동아시아공동체 창설 과정에 예상되는 장애물들이 제거되기보다는 새로운 장애물들이 나타나고 있다. 앞으로도 동아시아 공동체라는 장기적 과제는 물론, 지역협력체제 구축이라는 단기적 발전마저도 큰 성과를 기대하기 힘들게 되었다. 미국, 중국을 포함한 대국들이 "세력의 균형점"을 찾기에는 많은 시일이 소요될 것으로 전망된다.

이러한 가운데 아시아 패러독스가 화두로 떠오르고 있다. 지역 경제 협력과 연계가 강화되고 있는 반면, 정치·안보 협력이 진전을 보이지 못하고 있다는 것이다. 지역협력에 있어서 이러한 정치와 경제의 불균

232 아세안 일부에서는 동아시아 정상회의에 미국과 러시아가 참여하도록 한 결정도 너무 성급하였다는 의견도 제기되었다. 하산(Hassan Wirajuda) 전 인도네시아 외교장관과 필자의 인터뷰 (2011.8).

형이 자칫 경제협력 분위기마저 손상시킬지 모른다는 위기감도 높아지고 있다. 실제로 중국과 일본의 영토 분쟁, 남중국해 문제 등이 관련국 경제협력에 심각한 마이너스 효과를 미치기도 하였다. 앞에서 언급한 바와 같이 중국과 일본이 각각 동아시아 지역무역협정 방안을 제시하고도 2011년 역내 포괄적 경제동반자 협정(RCEP) 추진이 결정되기까지 5년 이상 아무런 타협을 하지 못하였다. 이는 대국의 정치적 이해가 지역 경제협력을 저해한 사례이다. 동아시아 각국은 1980년대 이후 동아시아 경제연계(connectivity)의 심화와 확대 속에서 높은 경제성장을 이룩하였다.[233] 따라서 역내 경쟁과 불화가 이제까지 구축해 온 지역경제 연계체제를 손상시킨다면 각국 경제에 심각한 악영향이 미치고 동아시아공동체의 필요성에 대한 회의론마저 제기될지 모른다.

2. 한·아세안 협력론

이를 우려하여 최근 여러 가지 지역협력 방안이 제안되기도 하였다. 한국은 과거 동아시아비전그룹의 성과를 바탕으로 유사한 형태의 비전그룹(EAVG II) 설치를 제안하여 아세안+3 정상들의 합의를 얻었다. 이후 1년간 토론을 거쳐 2012년 건의서가 제출되었다. 이 건의서에는 2020년까지 '동아시아경제공동체'를 발족하는 방안이 포함되어 있다.[234] 그러나 아세안+3가 동아시아정상회의에 밀리는 상황에서, 아세

233 박번순, 『아시아 경제, "힘의 이동" : 일본에서 중국으로 옮겨가는 경제주도권』 (서울: 삼성경제연구소, 2002); 박번순 외, 『동아시아 경제, 공존의 모색; 중국의 부상과 동아시아의 생존 전략』 (서울: 삼성경제연구소, 2005).

234 2011년 아세안+3 정상회의에서 한국은 EAVG II를 설립하여, 지난 십여 년간의

안과 동북아 3개국만을 대상으로 하는 공동체 계획이 주목을 받지 못하고 있다.

한편, 우리의 주목을 끌고 있는 것은 중견국협력론이다. 대국들이 움직이기 힘든 상황을 감안할 때, 중견국들이 협력하여 대국들의 경쟁을 완화함으로써 고래 싸움에 새우 등 터지는 일이 없도록 예방하고 지역협력을 계속 발전시키자는 의견이다.[235] 그중에서도 한국·아세안 협력론이 가장 주목을 받고 있다. 실제로 아세안이 주도하고 한국이 지지하여 동아시아 지역협력에 있어서 성공을 거둔 사례가 적지 않다. 동아시아공동체 구상, 아시아·유럽정상회의(ASEM), 금융협력(CMIM, Chiang Mai Initiative Multilateralization) 등이 이에 속한다.[236] 이러한 경

동아시아공동체 구상의 진전 상황을 점검하고 향후 발전방안을 제시하도록 하자고 제안하였다. 이후 윤영관 전 외교부장관을 포함한 13개국 관료와 학자들이 참여하여 향후 발전방안을 건의하였다.

235 중견국협력론을 주장하는 주요 학자들로는 아시아 협조체제(Concerts of Asia)를 제안한 호주국립대학의 화이트(Hugh White), 인도네시아 CSIS의 수크마(Rizal Sukma), 일본 게이오대학의 소에즈 등이 있다. 화이트에 따르면 새로운 지역질서로 상정 가능한 시나리오들 중에서 패권을 둘러싼 미중 대립구조, 중국의 패권구조는 모두 바람직하지 않다. 대안적 시나리오는 미국이 중국과 균형관계를 유지하는 수준에 머무르는 것이다. 즉, 미국이 중국의 세력을 견제하기 위해 아시아에 관여하지만 아시아를 지배하려는 시도는 하지 않는 것이다. 이를 위하여 중견국들이 협력하자는 것이 화이트의 주장이다. Hugh White, "The Limits to Optimism: Australia and the Rise of China," *Australian Journal of International Affairs*, Vol. 59, No. 4 (Dec., 2005) pp. 469-480.

236 ASEAN+3는 원래 아세안의 구상이지만 한국이 제안한 동아시아비전그룹(EAVG), 동아시아연구그룹(EASG)을 통하여 당초의 구상을 발전시켰다. ASEM도 아세안의 구상이지만 2000년 서울에서 열린 ASEM 3차 정상회의를 통하여 서울선언을 발표하며 정례화의 틀을 잡았다. 2000년에 체결된 치앙마이 이니셔티브(CMI, Chiang Mai Initiative)를 2010년 치앙마이 이니셔티브 다자화체계(CMIM, Chiang Mai Initiative Multilateralization)로 발전시키는 방안을 두고

험을 바탕으로 한·아세안 협력의 재현을 통하여 지역협력의 성공사례를 만들어야 할 시점이다. 이를 위하여 구체적으로 다음과 같은 단기 협력 방안을 제안하려 한다.

첫째, 아세안이 주도하는 역내 포괄적 경제동반자 협정(RCEP)을 조기에 타결하도록 한·아세안이 긴밀히 협력해야 한다. RCEP는 기존의 양자 FTA를 수렴하여 동아시아지역 전체에 적용하는 무역과 투자의 규범을 만드는 작업이다.[237] 각국의 경제적 이해가 달라 험난한 협상 과정이 예상되고 아세안 혼자 협상을 주도하기 힘들다.[238] 일부 한국 언론은 마치 RCEP가 중국 주도로 추진되는 것처럼 보도하며 미국 주도의 환태평양 경제동반자 협정(TPP)과 대칭인 것처럼 보이게 하고 있다. 그러나 앞에서 설명한 바와 같이 RCEP는 중국과 일본의 방안을 절충한 아세안의 방안이며, 한국 정부는 RCEP 협상 참가를 이미 발표하였다.

한국이 RCEP의 조기 타결을 지원해야 할 이유는, RCEP 타결 과정에서 중일의 대립을 막고 아세안 회원국 일부가 참여하고 있는 TPP가 RCEP와 대립하는 것을 예방하기 위해서이다. 더욱 중요한 것은 아세안의 지도력을 유지시키는 것이다. 아세안이 현실적으로 동아시아 지역협력의 중심에 위치하고 있으며 지역협력을 주도하고 있다. 이러한

도 중일 간 대립이 있었으나 한·아세안의 협력을 통해 문제를 해결할 수 있었다.

237 아세안은 역외 동아시아 국가인 한국, 일본, 중국, 인도, 호주, 뉴질랜드와 양자 FTA를 체결하였다. 그러나 이들 FTA 사이에 상호 모순도 많고 때로는 비밀조항마저 있어서 WTO에 정식 등록되지도 않았다.

238 조성대, "RCEP 추진 현황 및 전망," Trade Brief 34호 (2013.10.1). http://www.kita.net/newtri2/report/iitreporter_view.jsp?sNo=1053 (검색일: 2014.12.16).

아세안이 역외세력에 의하여 분열되거나, 2015년 아세안 경제공동체 설립 구상이 지연될 경우 동아시아 지역협력이 중심을 잃게 된다. 동아시아 지역협력의 혼란은 이 지역 정세를 불안정하게 하고, 한국 기업들을 포함한 많은 역외기업들도 직접적 피해를 입게 될 것이다.

둘째, 한·아세안 협력이 한반도 긴장 완화에 기여할 수 있는 방안을 강구해야 한다. 김대중 대통령은 "남북대화를 통한 한반도 평화·안정의 도모와 함께, 동아시아에서의 협력의 틀 마련은 우리 민족에게 항구적인 평화와 번영을 가져 올 것"이라고 하였다.[239] 한반도문제가 동아시아 안보구조로부터 분리될 수 없다는 중요한 명제를 제시한 것이다. 특히, 동아시아 지역이 기존체제 유지를 희망하는 미국과 새로운 체제로의 전환을 추구하는 중국 사이의 격전장이 되고 있는 오늘날, 이 명제는 현실에 그대로 부합하고 있다. 우리는 2010년 이후 동아시아 정치·안보분야에서의 긴장이 동북아에서 동남아로, 그리고 동남아에서 동북아로 옮겨 다니는 것을 목격하였다. 이에 비추어, 북한 핵문제, 남북한관계, 동북아정세를 6자회담, 남북관계, 4강관계를 통해서만 해결하려는 자세는 새로운 정세에 맞추어 수정되어야 한다. 아세안은 북한과도 신뢰관계를 유지하고 있다. 태국은 2000년 남북정상회담 분위기를 활용하여 북한의 아세안지역안보포럼(ASEAN Regional Forum, ARF) 가입을 주도하였다. 이와 같이 아세안은 남북한 관계 개선을 위하여 지원을 아끼지 않았다.[240] 아세안의 공정한 중재자(honest broker) 역할을

---

239 김대중, "동아시아 공동번영의 기반: 아세안과 한·중·일 정상회의 참석 귀국보고" (2001.11.6). http://www.kdjpeace.com/home/bbs/board.php?bo_table=d02_02&wr_id=629 (검색일: 2014.12.16).

240 아세안은 남북한이 대립하는 사안에 대하여는 중립적 입장을 견지하였다. 일례

활용할 수 있는 방안을 찾아야 한다.

이런 모든 일들을 시작하기에 앞서, 한·아세안 협력을 위해 서둘러야 할 일이 있다. 우선, 우리사회가 아세안의 가치를 직시하고 국제적으로 부상하고 있는 아세안의 지위와 능력을 받아들여야 한다. 다음으로는 먼저 주변국들과의 관계 개선을 서둘러야 한다. 김대중 대통령의 공동체구상이 지지받을 수 있었던 것은 한국이 미·일·중·러 4강 및 북한과 대화와 협력이 가능한 나라였기 때문이다. 즉, 4강과의 정상회담 및 남북정상회담이라는 외교환경 조성 작업을 통하여 주변국들과의 신뢰부터 먼저 쌓았으며 이들에게서 배척당하지 않았기 때문에 아세안도 한국을 신뢰했던 것이다.

▪ 참고문헌

김대중. 2001. "동아시아 공동번영의 기반: 아세안과 한·중·일 정상회의 참석 귀국보고." (11.6). http://www.kdjpeace.com/home/bbs/board.php?bo_table=d02_02&wr_id=629 (검색일: 2014.12.16).

김대중 저·대통령비서실 편. 1999. 『金大中 大統領 演說文集 第1卷: 1998年2月25日-1999年1月31日』. 서울: 大統領秘書室.

김대중 저·대통령비서실 편. 2000. 『金大中 大統領 演說文集 第2卷: 1999年2月1日-2000年1月31日』. 서울: 大統領秘書室.

김대중 저·대통령비서실 편. 2001. 『金大中 大統領 演說文集 第3卷: 2000

로, 2008년 금강산 관광객 피살 사건, 2010년 천안함 폭침 및 연평도 포격 등에 대하여 북한을 비난하는 내용을 의장성명에 삽입해 달라는 한국의 요청을 거부하였다.

年2月1日-2001年1月31日』. 서울: 大統領秘書室, 2001.
김대중 저·대통령비서실 편. 2002.『金大中 大統領 演說文集 第4卷: 2001年2月1日-2002年1月31日』. 서울: 大統領秘書室.
김대중 저·신길순 편. 2010.『김대중 자서전 2』. 서울: 삼인.
박번순. 2002.『아시아 경제, "힘의 이동" : 일본에서 중국으로 옮겨가는 경제주도권』. 서울: 삼성경제연구소.
박번순 외. 2005.『동아시아 경제, 공존의 모색; 중국의 부상과 동아시아의 생존 전략』. 서울: 삼성경제연구소.
이선진. 2013. "동아시아 지역주의, 태동과 발전," 이선진 외,『대사들, 아시아 전략을 말하다』. 서울: 늘품플러스.
조성대. 2013. "RCEP 추진 현황 및 전망." (10.1). http://www.kita.net/newtri2/report/iitreporter_view.jsp?sNo=1053 (검색일: 2014.12.16).
ASEAN Secretariat. 2013. *ASEAN Statistical Yearbook 2012*. Jakarta: ASEAN Secretariat.
Urata, Shujiro. 2008. "CEPEA: Japan's New Regional Cooperation Initiative in East Asia," *Japan Spotlight* (November/December).
White, Hugh. 2005. "The Limits to Optimism: Australia and the Rise of China," *Australian Journal of International Affairs*, Vol. 59, No. 4 (December), pp. 469-480.
水本達也. 2006.『インドネシア: 多民族国家という宿命』. 東京: 中央公論新社.

찾아보기

ㄱ

ㄴ

ㄷ

ㄹ

ㅁ

ㅂ

ㅅ

ㅇ

ㅈ

ㅊ

ㅋ